KB274270

양명학이란
무엇인가

박연수 지음

양명학이란 무엇인가

KSi 한국학술정보㈜

머 리 말

  우리는 주변에서 진지한 지적(知的) 탐구심과 비판정신을 외면한 채, 안이하게 그리고 맹목적으로 관습이나 여론, 권위에 따르는 경우를 흔히 볼 수 있다. 때로는 개인 및 사회의 성급한 편견(偏見)이나 선입견이 편협한 교조주의(敎條主義)와 형식적인 율법주의(律法主義)를 조장하여 개인 및 사회의 자율(自律)과 창의(創意)를 저해하는 것을 경험하게 된다. 한편 일부 지식층 또는 사회지도층이라고 하는 인사들의 풍성한 말잔치나, 표리부동한 언행을 보면서 그들의 가식(假飾)과 거짓에 대해 불신과 혐오감을 갖게 된다. 뿐만 아니라 오늘날 두루 퍼져 있는 물질주의와 이기주의적 풍조는 우리 스스로 자신과 이웃을 가치절하(價値切下)하고, 자신과 이웃 사이에 높이 벽을 쌓으며, 때로는 적대하면서 대립·투쟁을 격화하고 있다.

  약 500여 년 전 중국에서 살았던 양명(陽明) 왕수인(王守仁, 1472~1528)은 명대(明代) 중엽 유학자(儒學者)이며 군 지휘관으로 활동하던 문무(文武)를 겸비한 인물이다. 그는 어려서 성인(聖人)이 되고자 하는 뜻을 품었으며, 또한 마원(馬援) 장군과 같은 인물이 되고자 하였다. 그는 유학자로서 옛 성인처럼 먼저 깨달은 자로서 도덕적 인간과 도덕사회를 실현하기 위한 가르침을 펼쳤으며, 군 지휘관으로서 무고한 백성의 희생을 최소화하면서 반란군과 도적을 평정하여 사회질서를 회복하였다. 양명은 따뜻한 가슴과 뜨거운 열정으로 인류가 하나가 되는 사회를 이루고자 하는 위대한 꿈을 실현하고자 노력하였던 인물이다.

역사상 위대한 사상들은 개인과 사회를 좋은 방향으로 변화시키고 육성하는 창조적 생명력을 지속적으로 발휘해 왔음을 알 수 있다. 그러한 힘은 그 사상이 지니는 현실에 대한 통찰력과 미래에 대한 비전에서 나오는 것이다. 저자가 왕양명(王陽明)의 학설을 굳이 논의하고자 하는 까닭은 왕양명의 철학사상이 현실에 대한 비판적 통찰에 기초하여 미래의 위대한 비전을 제시하고 있기 때문이다. 왕양명은 인간 및 사회가 안고 있는 근본적인 문제를 통찰하고, 그러한 문제를 해소할 수 있는 방안을 제시하며, 그 자신이 몸소 실행하였다.

저자는 양명학설이 우리 각자와 사회에 꿈을 주고, 그 꿈을 현실화할 수 있는 지혜와 용기를 줄 수 있을 것으로 기대한다. 우선 양명학에 대한 독자들의 이해를 돕기 위해 이른바 양명학의 핵심적인 명제(命題)라고 하는 것들, 즉 첫째, "마음이 곧 이치이다."[心卽理] 둘째, "지행은 하나로 합한다."[知行合一] 셋째, "천지만물은 한 몸이다."[天地萬物爲一體] 넷째, "내 마음의 양지를 구현하라."[致良知] 등에 대하여 간단히 설명하고자 한다.

왕양명의 "내 마음이 곧 이치이다."라는 명제는 무슨 의미인가? 이것은 이치가 없는 공허한 마음이나 마음과 무관한 이치를 주장하는 기존의 학설에 대한 비판으로부터 나온 것이다. 마음을 말하면서 사물의 이치나 인간의 도리를 외면하거나, 사물의 이치나 인간의 도리를 말하면서 마음을 외면한다면 그 이치는 공허하고 거짓된 것이라고 한다.

그는 사물의 이치나 인간의 도리, 즉 일을 처리하는 원칙이나 행위의 옳고 그름의 보편적 기준으로서 원리(principle)란 마음을 떠나 있지 않으며, 우리의 마음이 바로 구체적으로 사리(事理)와 윤리(倫理)를 분별하고 판단하는 기준이며 주체라고 하는 것이다. 『대학』에 "마음이 거기 있지 아니하면, 보아도 보이지 않고 들어도 들리지 않는다."라고 하는 말이 있다. 나의 마음이 없는 곳에는 타인도 사물도 없다. 내 마음이 기울이는 정도에 따라 대상은 그만큼 나에게 알려진다. 개별적 사물을 바르게 처리하는 원칙으로서의 사리(事理)나 타인과의 올바른 관계를 위한 인간의 도리(道理)가 그 사물이나 타인에게 객관적으로 존재하는 것이 아니라, 그 행위 주체의 마음에 있다는 것이다. 좀 더 정확히 말하자면 그 마음 자체의 이치라고 하는 것이다. 이 마음의 이치가 개별적인 사리(事理)와 도리(道理)의 근원이라는 점에서 천리(天理)라고 일컬어진다.

왕양명이 지행합일(知行合一)을 말하는 근본취지는 무엇인가? 그는 사물의 이치[事理]나 인간행위의 의리(義理)가 객관적으로 실재한다는 주장이 원인이 되어 지행(知行)이 분리되었다고 한다. 또한 그는 지행의 분리와 불일치의 현실은 이기적 욕구로 인한 것이며, 지행의 본래적인 모습이 아니라고 한다. 그는 지행을 나눔으로써 악한 생각이 행위로 드러나지 않은 것이라고 해서 그것을 금하려 하지 않기 때문에 악한 의도를 더욱 조장한다는 것이다.

양명이 주장하는 지행합일이란 이기적 욕구로 왜곡되고 은폐된 비본질적인 마음을 바로잡아 회복해야 할 마음의 본체를 지칭하는 것이다. 그는 지(知)와 이치의 실현인 행(行)은 그 구조 및 작용에 있어서 상호 의존적이며 보완적인 것으로 분리될 수 없다는 것이다. 행이란 지를 구현하는 것이며, 본체로서 지는 그 행을 지향하는 것이다. 양명에 의하면 일련의 목표와 과정의 면에서 본다면 지가 목표요, 행은 그 과정이라 할 수 있으며, 시작과 완성이라는 면에서 지가 시작이요, 행은 완성이라고 하는 것이다. 과정 없는 목표, 시작 없는 완성은 생각할 수 없는 것이다. 참다운 지는 구조적으로 이미 그 자체에 실천의 의도가 잠재해 있으며, 실질적 작용의 측면에서 본다면 지는 현실적으로는 행동의 기반 또는 조건이 된다. 한편 참다운 행이란 구조적으로 미지의 앎에 대한 동경과 이를 향한 과정으로 볼 수 있으며, 현실적으로는 행동은 이미 알고 있는 앎의 확증 또는 구현이라 할 수 있다.

심리 및 인식의 구조 및 작용에 있어서 지와 행은 분리될 수 없다고 한다. 양명은 "의(意)는 바로 행(行)의 시작이다."라고 하여, 의의 순수성을 전제할 때 그 의를 매개로 지와 행이 하나로 합한다는 것이다. 앎 가운데 참되고 절실하며 독실한 것은 곧 행으로 구현되며, 주체의 분명한 자각과 판명한 구별에 의해 이루어지는 행에는 이미 지가 깃들어 있다고 하는 것이다. 지와 행이 합하여 하나가 된다고 하는 것은 지와 행 사이에 시간적 간격이나 단절이 없다는 의미이다. 참다운 지는 곧바로 행으로 자연스럽게 온전히 이행된다는 의미이다. 이것은 이기적 욕구가 개재되어 있지 않은 자연스러운 감정에 충실한 상태이며, 외적 제약이나 비본질적 자아의 욕구로부터 자유로운 상태를 지칭하는 것이다.

왕양명은 발본색원론(拔本塞源論)과 대학문(大學問)에서 천지만물이 한 몸을 이루는 대동사회(大同社會)가 실현될 때만이 자기의 '광병(狂病)'이 치유될 수 있을 것이라고 말했다. 그는 대동사회란 도덕성에 기초하여 모든 사람이 자기의 재능을 충분히 발휘할 수 있는 유기적(有機的)으로 통일된 사회라고 보았다. 또한 사농공상(士農工商)의 직업적 평등과 타인을 살리는 직업적 의무[生人之道]를 주장하였다. 말하자면 양명은 천지만물을 자신의 몸처럼 돌보는 도덕적 심성이 실현되고, 서로를 부양하기 위해 다양한 개인의 재능이 존중되는 사회를 바람직한 사회로 본 것이다. 그는 사람들이 다른 존재를 자신의 한 몸[一體]처럼 여기고, 고통을 함께 나누며 공감할 수 있는 것은 누구나 그 마음에 본래 인(仁)이 있기 때문이라고 한다.

왕양명의 대동사회 사상은 전통적으로 유교에서 도덕만을 강조해 왔던 도덕 지상주의와 구별되며, 물질적 풍요로움을 위해 과학기술의 발달과 경제발전을 지상의 목표로 삼고 지식과 기술만을 중시하는 현대사회에 대해 경각심을 불러일으키는 것이라 하겠다.

왕양명은 그 스스로 치량지(致良知)가 학문의 핵심이며, 성인(聖人)의 으뜸가는 가르침이라고 하였다. 양명이 말하는 양지(良知)란 경험이나 사유를 통해서 얻어지는 지식과 구별되며, 선천적으로 주어진 것으로 지선(至善)한 밝은 지성(知性)이라고 하겠다. 그것은 성인(聖人)이든 평범한 사람이든 누구나 다 지니고 있는 인간의 보편적 지성이다. 또한 양지는 시비선악(是非善惡)을 분별할 줄 아는 일종의 도덕적 분별 및 판단력이다. 그것은 부모에게 효도하고 형을 공경할 줄 아는 마음이며, 이웃에 대한 측은지심(惻隱之心)으로 일종의 도덕적 감정이며 실천능력이다. 양지는 치우침이 없이 지극히 공정하고, 외물에 흔들림이 없으며 오히려 다양한 사건에서 그에 합당한 사리(事理)를 분별하는 완전무결한 창조적 판단력이다. 양명은 다양한 상황에 대한 시비선악의 판단기준으로서 양지를 방원장단(方圓長短)에 대한 규구척도(規矩尺度)에 비유하였다. 따라서 내 마음의 준칙(準則)으로서 양지는 다양한 대상과 변화하는 상황에서 의리(義理)에 비추어 시비선악(是非善惡)을 시의적절(時宜適切)하게 판단하고 결단하는 능력이라고 하겠다.

왕양명이 주장하는 치량지(致良知) 또는 치지(致知)란 '양지를 구현한다' 또는 '지극한 앎을 이르게 한다'라는 말인데, 그것은 곧 선악시비에 대한 내 마음의 지극한 앎인 양지를 나의 의(意)가 지향하는 사물(事物)에 이르게 한다는 의미이다. 다시 말해서 개별적 이치의 근원인 천리(天理)에 대한 자각으로서 내 마음의 양지를 나의 뜻이 지향하는 사물에서 구현한다는 것을 지칭한다. 따라서 양명이 말하는 치량지란 것은 인간 누구나 선천적으로 지닌 자신의 양지에 준거하여 다양하게 변화하는 상황에 따라 선악과 시비를 공평무사하게 판단하고 처리하는 것이다.

왕양명은 성인(聖人)이 되고자 하는 학문방법의 근본이며 핵심을 입지(立志)와 성의(誠意)라고 한다. 그는 뜻[志]이 확립되지 못할 때에는 목표와 근거가 없어 허송세월하거나 방탕, 방종하기 마련이라고 한다. 그래서 뜻이 확립되지 못한 것을 방향타가 없는 배와 재갈이 없는 말에 비유한 것이다. 그가 주장하는 입지란 성인(聖人), 천리(天理), 양지(良知), 선념(善念), 집의(集義) 등을 지향하는 것이다.

양명은 『대학』 공부의 중심을 성의(誠意)로, 『중용』의 핵심을 성신(誠身)으로 이해하고, 궁극적 경지를 지성(至誠)으로 파악하였다. 그는 학문의 대두뇌처로서 성의란 우리의 의지[意]가 어떤 물을 지향할 때 또는 어떤 일[事]을 도모할 때 그 스스로를 속이지 않는 것이며, 스스로 만족하게 여김을 일컫는 것이라고 한다. 이것은 또한 자기 자신만이 아는 앎[獨知]을 속이지 않는 공부이다. 이러한 점에서 양명은 성인을 독실하게 믿었던 자하(子夏)보다 부단히 자기 자신을 돌아보고 살피던 증자(曾子)를 더욱 존중하였던 것이다.

양명학설은 더불어 사는 사회에 대한 비전을 제시해 주고 있다. 그 사회는 기능(技能) 위주의 사회가 아니라, 인의(仁義)와 같은 보편적 도덕성을 기반으로 삼고, 다양한 재능이 존중되는 사회이다. 양명은 가식적(假飾的)인 개인과 사회를 지양(止揚)하고, 진실한 마음과 진리를 소중히 여기는 개인과 사회를 지향하였다. 그는 타인을 속이지 않을 뿐만 아니라 자기 자신도 속이지 않는 진실한 인간, 앎과 행동 그리고 내외가 일치하는 주체적인 인간을 추구하였다. 그는 이기심을 극복하고 인간 본연의 양지(良知)·양능(良能)을 자각하며 실천하는 자이다.

이제 우리 모두 온고지신(溫故知新)이라는 말을 마음에 새기면서, 학문적 폐쇄성으로 인해 지난 500여 년간 버려지고 매몰되었던 왕양명의 지혜를 오늘에 되살려, 진정한 자아를 성취하고 질서와 화합의 사회를 이루기 위한 지혜를 모색하여야 할 것이다.

2009년 12월 10일
박연수

차 례

머리말 / 5

주제 1: 양명학의 형성배경

　Ⅰ. 사회적 배경과 문제의식　　　　　　　　　15
　Ⅱ. 생애와 교학(敎學)의 과정　　　　　　　　27

주제 2: 왕양명의 심철학

　Ⅰ. 머리말　　　　　　　　　　　　　　　　45
　Ⅱ. 마음에 관한 사실 – 기술적 설명　　　　　49
　Ⅲ. 마음에 관한 당위 – 실천적 규정　　　　　65
　Ⅳ. 맺음말　　　　　　　　　　　　　　　　72

주제 3: 왕양명의 지행합일설

　Ⅰ. 머리말　　　　　　　　　　　　　　　　77
　Ⅱ. 학(學)의 규정　　　　　　　　　　　　　79
　Ⅲ. 지와 행의 문제　　　　　　　　　　　　100
　Ⅳ. 맺음말 – 지행합일의 의의　　　　　　　133

주제 4: 왕양명의 윤리사상

    Ⅰ. 머리말   137

    Ⅱ. 도덕적 가치 및 원리   140

    Ⅲ. 도덕적 앎과 실천   149

    Ⅳ. 도덕의 실천방법   161

    Ⅴ. 맺음말   173

주제 5: 왕양명의 인간관

    Ⅰ. 머리말   177

    Ⅱ. 가치도덕의 실천 주체   180

    Ⅲ. 지행합일의 실천 주체   186

    Ⅳ. 대동사회의 실현 주체   196

    Ⅴ. 노동을 공유하는 자   204

    Ⅵ. 맺음말   208

주제 6: 왕양명의 사회사상

    Ⅰ. 머리말   211

    Ⅱ. 중국전통의 이상사회   213

    Ⅲ. 왕양명의 대동사회   223

    Ⅳ. 대동사회의 실현   234

    Ⅴ. 맺음말   246

주제 7: 왕양명의 군사사상

Ⅰ. 머리말   249
Ⅱ. 군사적 업적   252
Ⅲ. 군사에 대한 근본적 인식   259
Ⅳ. 군사력 운용의 전략과 전술   265
Ⅴ. 군사력 건설의 원칙   280
Ⅵ. 맺음말   285

주제 8: 사회적 분열과 갈등의 양명학적 해소

Ⅰ. 머리말   289
Ⅱ. 분열과 갈등의 현상 및 그 원인   292
Ⅲ. 감통과 조화의 실현   304
Ⅳ. 맺음말   324

주제 9: 양명학의 영향과 전개

Ⅰ. 중국양명학의 전개   329
Ⅱ. 한국양명학의 전개   356
Ⅲ. 일본양명학의 전개   396
Ⅳ. 서양의 양명학   405

참고문헌 / 407

양명학의 형성배경

Ⅰ. 사회적 배경과 문제의식[1]

1. 정치적 상황

14세기 제이사반기(第二四半期)에서 몽고[元] 통치의 점차적인 쇠퇴는 황족 내의 분열에 의해 촉진되었으며, 1340년대의 반란과 1351년에서부터 1353년에 이르는 여러 중요한 반란 등은 원(元)의 패망을 재촉하였다. 한편 1333년 이래 15년간 빈번히 일어난 기근은 황하의 범람에 의해 절정에 이르렀다. 홍수와 기근은 곡창을 고갈시켰으며 원의 정치토대를 위태롭게 하였다.

원말(元末) 홍군(紅軍) 또는 향군(香軍, 미륵불을 신앙하는 天台宗의 한 종파인 白蓮敎徒의 비밀결사)의 주원장(朱元璋, 1328~

---

1) 이 주제는 『양명학의 이해』(박연수, 집문당, 1999년 9월) 제1부 제1장의 내용을 수정, 보완한 것임.

1398)은 동향(同鄕)의 무장(武將) 서달(徐達), 이선장(李先長)[이들
은 제국 건설 후 中書省의 左丞相을 독점]과 강남(江南) 지주집단
의 유기(劉基), 송렴(宋濂)[제국 건설 후 戶部를 비롯하여 각 부
요직에 포진]의 도움을 받아, 양자강 하류의 곡창지대를 손에 넣고
1368년 금릉(金陵, 南京)에서 명(明, 1368~1644)을 건설하였으며,
1382년 전 중국을 통일하였다. 명나라는 몽고인(蒙古人)을 배척하
고 민족의식을 고취하여 중국의 전통을 되찾는 데 노력하였으며,
대명률(大明律)을 작성하여 형법(刑法)을 바로잡고 주자학(朱子學)
을 관학(官學)으로 삼았다.

홍무제(洪武帝) 태조(太祖, 1368~1398 재위)는 교육을 보급하
고자 향촌(鄕村)에 많은 사학(社學)을 설치하고, 육유(六諭, 부모에
孝順하고, 鄕堂과 和睦하고, 長上을 존경하고, 자손을 교훈하고,
각각의 生理(生業)에 안주하고, 非違를 행하지 말라)를 선포하여 민
중을 교화하였으며 황폐한 농촌의 재건에도 힘썼다.

태조는 중앙집권적인 황제의 절대적 독재체제를 유지하기 위하
여 대관료(大官僚)와 강남 지주의 유착을 배제하였다. 홍무제는 최
고의 행정기관인 중서성(中書省)을 영구히 폐지하여 개인적이며 직
접적인 통치를 하였다. 또한 그는 5~6명의 대학사(大學士)를 두어
그의 비서와 같은 역할을 하게 하였다. 그는 왕의 전제정치를 보좌
하는 기구로서 ① 육부(六部)와 기타 기구하의 민정(民政)을 위한
관료제도, ② 중앙집권적인 군사조직, ③ 정사(政事)에 관하여 보
고하는 별개의 감찰제도(監察制度, 御史制度) 등을 두었다. 이른바
내각은 초기에는 단지 황제의 사적인 고문의 성격을 지니고 있었
으나 후에 황제권력을 배경으로 환관(宦官)과 각축하면서 그 지위
를 강화해 나가 실질적으로 관료제도의 정점에 위치하게 되었다. 각

신(閣臣)의 지위는 때로는 육부(六部)를 압도하게 되었고 또 때로는 상서(尙書)를 겸하기도 하였다. 특히 내각에 대한 과도한 권력집중은 내각의 총수(總帥)인 수보(首輔)의 권력쟁탈을 위한 분쟁을 발생시키기도 하였으며, 수보(首輔)의 전횡 정치[嘉靖(1522~1566) 때의 엄숭(嚴崇), 萬曆(1573~1619) 때의 장거정(張居正)]가 있기도 하였다.

명나라의 전제정치의 또 하나의 중요한 기구는 환관제도였다. 태조는 환관의 정치개입을 엄금하여 환관에게 문자를 가르치지 않도록 하였으나, 영락제(永樂帝)는 정란시(靖亂時) 정보를 제공한 환관의 도움을 잊을 수 없었고, 반대 세력을 견제하기 위하여 환관을 중용(重用)하였다. 황제의 신임받는 대행자로서 환관들은 군대의 지휘관으로서 그리고 지방의 감찰관으로서 매우 큰 세력을 얻었다. 그리하여 영종(英宗, 1435~1449) 때의 환관의 총수 사례태감(司禮太監) 왕진(王振), 헌종(憲宗, 1465~1487) 때의 왕직(王直), 무종(武宗, 1506~1521) 때의 유근(劉瑾), 장영(張永) 등 이른바 팔호(八狐), 그리고 희종(熹宗, 1621~1627) 때의 위충현(魏忠賢) 등이 전권(專權)을 휘둘렀다. 황제의 전제정치를 보좌하던 양대 세력인 환관과 대학사(大學士)들 간의 긴장과 투쟁이 끊임없이 지속되었으며, 이들의 투쟁은 북부 중국[환관]과 중부 및 남부 중국[대학사]의 알력을 보여 주는 것이기도 하였다. 특히 환관 유근(劉瑾)과 위충현(魏忠賢)이 보여 준 전권(專權)의 행사는 많은 내란을 초래하였다.

태조는 당대(唐代)의 복식(服飾)을 부흥시키고 외국복식을 금하였으며, 관리(官吏)의 세심한 선발과 지방행정의 끊임없는 감독을 강조하였다. 이러한 목적을 위하여 그는 유교의 전통적인 교의(敎義)와 실천(實踐)을 적용하였다. 그리하여 과거제도(科擧制度)를 부

활시켰다. 과거에 합격한 자들은 신사(紳士) 또는 진신(搢紳)이라고
하였다.

송(宋)나라 이후 군주독재의 중앙집권적 전제국가 체계가 크게
확립되었으나, 명의 태조가 여러 인물들에게 국내 각지의 봉토를
나누어 줌으로써 명의 독재 권력에 장애가 되었다. 태조의 손자인
혜제(惠帝)가 봉건 제후들의 권력을 약화시키려고 하자, 북경(北京)
의 연왕(燕王) 주체(朱逮, 洪武帝의 4子)가 정란(靖難, 나라의 危
難을 평정함)을 일으켜 제위(帝位)를 빼앗고 황제의 자리에 오르니
이가 영락제(永樂帝) 성조(成祖)이다. 그는 1421년 명의 수도(首都)
를 북경(北京)으로 천도하고 웅장한 계획 아래 북경을 재건하였다.
성조는 북으로는 원(元)과 여진을 치고, 남으로는 티베트, 안남 등
을 정복하였다. 15세기 전반 환관 정화(鄭和)가 함대를 이끌고 남
해제국(南海諸國)을 초무(招撫)하였다. 명은 배외적 경향이 강하여
서방의 여러 나라와 통하는 육상교통을 폐쇄하고, 왜구의 위협으로
해상무역을 통제하였으며 조공(朝貢) 형식의 관업(官業) 무역에 한
정하였다.

명조(明朝)는 ① 홍무제의 건국과 확립의 초창기(1368~1398)
② 영락제 치하의 활기 있는 건설과 팽창기(1403~1424)와 15세기
중엽에 이르러 황실 재정을 긴축시킨 그의 후계자들의 시기 ③ 국
내외적으로 제국의 세력이 점점 기울기 시작한 1세기 ④ 16세기
후반기의 개혁의 시기, 즉 장거정(張居正, 1525~1582)의 개혁 시
기 ⑤ 17세기 초기의 병폐의 격화와 쇠망의 시기 등으로 구분해
볼 수 있다.

북으로 쫓겨난 몽고[元]는 계속 중원(中原)을 회복코자 명(明)을
괴롭혔으며, 15세기 초에는 동부 몽고에 타타르족, 서부 몽고에는

오이라트족의 위협이 있었으며, 폐쇄적인 명의 무역정책에 불만을
품으며 괴롭히던 타타르가 특히 16세기 중엽에 내몽고를 통일하고
북경을 포위하여 대대적으로 약탈을 자행하였다. 왜구(倭寇)와 남
해제국도 명을 계속 괴롭혔다. 1405년에서 1433년 사이에 환관 정
화(鄭和)가 주도하는 7차례의 대규모 해양원정이 이루어졌다. 한편
1433년에서 1549년 사이에 수백 명으로 구성된 일본의 대규모 사
절단이 중국 조정과 왕래하기도 하였다. 일본은 가마쿠라 바쿠후
(鎌倉幕府, 1192~1333), 무로마치 바쿠후(室町幕府, 1338~
1573), 전국(戰國) 시대(1467~1568), 도쿠가와 바쿠후(德川幕府,
1600~1867) 등 막부시대가 이어졌다. 1514년에는 포르투갈 사람
이 중국에 도착하기도 하였다.

2. 사상적 배경

　명나라는 주자학을 관학으로 하여 군주독재체제를 확립하고자 하
였다. 태조는 백온(伯溫) 유기(劉基, 1311~1374)의 협력에 따라 관
리등용시험[科擧]의 방법을 엄밀히 하였다. 출제는 사서오경(四書五
經)으로 하고 그 해석은 대체로 주자학을 받아들였다. 더욱이 명왕
조의 영속화를 기도한 태조는 군주권력의 절대성을 조금이라도 해
칠 위험이 있는 사상은 설령 그것이 경서(經書)에 있다 하더라도 배
제하려고 하였다. 예컨대 『맹자』에 악한 군주는 토벌해도 좋다고
하는 역성혁명(易姓革命)을 시인한 사상이 있다. 태조는 그와 같은
합당치 못한 곳 85개 조항을 삭제하고 『맹자절문(孟子節文)』을 짓
게 하여, 이러한 부분은 과거의 출제범위에서 제외시켰다.

영락제((永樂帝) 성조(成祖, 1403~1424)는 호광(胡廣) 등에 명하여 『오경대전(五經大全)』, 『사서대전(四書大全)』, 『성리대전(性理大全)』을 편집하게 하였지만 이것은 경서에 대한 주자학적 해석을 모은 것이며, 송학(宋學)을 가지고서 사상의 통일을 꾀하고자 한 것이다. 대전(大全)을 편집한 이념은 태조를 계승하여 혁명설을 부정하고 군주를 절대화하고자 하는 것이었다. 『맹자대전(孟子大全)』(離婁下)에서는 군주가 신하를 먼지와 같이 취급함이 있다 하더라도 신하는 군주를 구적(仇敵)과 같이 증오함과 같은 것이 있어서는 안 된다고 한다. 이는 주자의 『맹자집주』의 입장보다도 훨씬 철저히 군주를 절대시한 것이다. 성조(成祖) 당시에 송유(宋儒)를 비판했던 주계우(朱季友)가 처벌되었던 사건도 있었다.

제(諸) 『대전(大全)』에 따라 과거(科擧)의 답안 내용이 규제됨과 더불어 답안의 문장 형식까지도 세부적으로 규정되었다. 서술의 순서도 규격화되어 대구(對句)를 주로 한 문체를 사용하지 않으면 안 되었다. 이것을 팔고문(八股文)이라고 하지만 이와 같은 형식주의는 주자학의 형해화(形骸化)를 초래하고 표리(表裏)를 바꾸었다. 과거(科擧)를 위한 공리적(功利的)인 학문을 부정했던 주자학이 역으로 과거를 위한 도구로 변했다는 것은 명대(明代) 주자학의 비극이었다.

경렴(景濂) 송렴(宋濂, 1310~1381), 자충(子充) 왕위(王褘, 1321~1373), 희직(希直) 또는 정학(正學) 방효유(方孝孺, 1357~1402) 등 명초(明初)의 학자들은 누구나 송대(宋代) 유학의 집대성자인 주자(朱子)의 공적을 최대한 칭송하였다. 그들은 주자의 학설에 대해 조금도 의문을 제기하지 않았고, 관학으로서 주자학에 대한 의문이 용납되지 않았다. 따라서 학자들이 할 일은 스스로 이치[理]에 대한 사색을 하기보다는 단지 주자의 학설에 따라 실천하는 것뿐이었다. 문물제도 및 제자백가에 대한 폭넓은 지식을 가지고 명조 초창기에 여러 제도를 정한 송렴(宋濂)은 "성인(聖人)의 도는 우선 마음을 다스리는 데에 있다."라고 말하여 실천이 궁리보다 더 중요하다는 점을 주장하였다. 이것은 "육경(六經)은 다 심학(心學)이다." "육경(六經)은 다 내가 주해(註解)하였다."라고 하는 육상산(陸象山)의 주장과 흡사하다. 이들은 다 마음의 실제적 수양을 강조한 것으로, 이로 인해 주자학이 융성하는 가운데 주육(朱·陸) 절충의 학풍이 상당히 나타나게 되었다. 이러한 학풍들은 경서를 경시하는 것이 아니라 경서를 마음의 이치[理]와 불가분의 것으로 삼아, 경서와 주자학적 이치[理], 그리고 내 마음을 일체(一體)로 보았다. 이것은 경전을 가볍게 보는 것이 아니라 실천을 중시하는 것이었다. 경헌(敬軒) 설훤(薛瑄, 1389~1464) 또한 주자 이후 도가 밝혀졌으니 번거로이 저작을 하는 것보다 주자의 가르침에 따라 실천궁행하여 마음의 본성에 돌아갈 것을 주장하였다. 지적(知的)인 탐구심을 결여한 실천주의는 곧 주자학을 공허한 것으로 만들어 더욱더 과거(科擧)를 위한 도구로 삼는 결과를 초래하였다.

주자는 실제의 사물에 즉(卽)하여 그것의 리(理)를 구하고자 하였다. 사물은 기(氣)에 의해서 구성된다. 따라서 리(理)가 기(氣) 가운데 있고, 리(理)와 기(氣)는 떼어낼 수 없는 일체(一體)의 관계가 된다.

그러나 한편 주자는 이선기후(理先氣後)를 주장하기도 하였다. 기(氣)가 없어도 리(理)만 독립해서 존재한다고 본 것이며, 천지가 생(生)하기 이전에 리(理)만은 엄연히 존재해 있다고 하는 것이다. 리(理)는 기(氣)에 앞서서 존재하는 절대자이다.

명대의 주자학에서는 리(理)가 더욱 강조되었으며, 즉물궁리(卽物窮理)의 지적(知的) 탐구가 방치된 안이한 실천주의와 병행하여 인의충효(仁·義·忠·孝) 등의 리(理)가 절대화되었고 수구적 전통을 낳았다. 경재(敬齋) 호거인(胡居仁, 1434∼1484)은 이선기후설(理先氣後說)을 취하여 "리(理)는 기(氣)의 주인이며, 기(氣)는 리(理)의 도구이다."(『居業錄』, 卷2)라고 하였다. 더욱 그는, 도리를 아는 것은 유자(儒者)뿐이고 일반 백성은 도리를 알 수 없다고 생각했다. 리(理)는 인간을 초월하는 선천적(先天的) 이법(理法)으로 인간을 구속하는 것이 된다. 현실의 사물과 인간을 분리해서 이해되는 리(理)는 더욱더 초월화하고 관념화하여 형식적인 것이 되어 버렸다. 명초(明初)의 주자학은 박학(博學)을 버리고 지적(知的)인 탐구심을 버린 안이한 실천주의와 리(理)의 절대화에 따른 교조주의(敎條主義)로 변했다고 말할 수 있다.

명대의 심학(心學)은 송대(宋代)의 이학(理學)에 대비해서 명대 학풍의 특징을 드러내는 말이다. 명대의 심학은 백사(白沙) 진헌장(陳獻章, 1428∼1500)에서 싹트고, 양명(陽明) 왕수인(王守仁, 1472∼1528)에 의해 대성하였지만, 거슬러 올라가면 육상산(陸象山)에 연원(淵源)한다고 말하는 것이 통설이다. 심학이란 마음을 닦는 학이라고 하는 것이지만, 주자학 역시 심을 닦는 것을 말하고 있기 때문에 글자 뜻만으로 심학의 특색을 이해하기 어렵다.

주자학에서는 수양의 방법으로 독서와 지경(持敬)을 말한다. 지경이라고 하는 것은 자기의 정신을 통일하고 욕망을 억제하고 천리(天理)를 항상 자각하는 것이고, 실제의 방법으로서는 정좌(靜坐)를 하는 것이다. 독서는 지적(知的) 수양방법이고 지경(持敬)은 행적 수양방법이며 양자를 겸하여 수양하다가 갑자기 천하 사물의 이치[理]를 이해하는 단계에 이른다. 이것이 활연관통(豁然貫通)의 경지이고 수양의 극점(極點)이다. 수양방법으로 독서를 강조하는 주자와 달리 상산은 정좌를 중시한다. 그는 정좌함으로써 마음을 맑고 깨끗하게 하여 리(理)를 직관(直觀)하고 실천을 통해 그것을 구현한다는 것이다.

진백사(陳白沙)는 광동에서 태어나 27세에 과거공부를 그만두고 주자학의 신봉자인 강재(康齋) 오여필(吳與弼, 1392～1469)에게서 공부하였다. 그러나 그로부터 수양의 단서를 이해하지 못하여 고향에 돌아가 폭넓게 독서에 열중하였으나 "내가 이 마음과 이 리(理)가 일치하지 않았다."라는 것이다. 여기서 번잡한 독서를 그만두고 정좌를 시도할 때 "내가 마음의 진실한 자세[本體]가 자각되고 물(物)의 리(理)를 체인(體認)했다."라고 하는 것이다. 그래서 백사는 정좌야말로 최상의 수양방법이라고 믿고 제자들을 가르쳤다. 그는 학문하는 데는 "모름지기 정좌 가운데로부터 단예(端倪, 끄트머리)를 길러 내야 한다."라고 말하였다. 정좌에 의해 체인(體認)된 이치는 경서에 기술되어 있는 성인의 가르침과 완전 일치한다고 말하는 것으로부터 정좌 이전의 독서에 의거해서 한번 이해했던 경서의 도가 정좌에 의거해서 재확인되어 하나의 신념으로까지 올라갔다고 보는 것이 가능하다. 백사는 스스로 납득이 가지 않는 것은 주자가 말한 것이라 할지라도 믿지 않겠다는 태도이며, 그 까닭에 독서보다 정좌를 중시하고, 이치를 직관하고 체인하는 방법을 취했다. 그는 "육경(六經)의 말을 암송하려고만 하고 그의 깊은 맛을 잊는다면 육경은 조박(糟粕, 양분 없는 찌꺼기)에 지나지 않는다."(『白沙子全集』, 卷1)라고 하여 박학(博學)을 위한 독서가 아니라 인격의 도야(陶冶)를 위한 육경의 연구가 되어야 한다는 것을 말하였다.

일재(一齋) 루량(婁諒, 1422~1491)은 진백사와 마찬가지로 오강재(吳康齋)에게 배웠다. 현존하는 그의 저서가 없으므로 그의 사상을 정확히 알 수는 없으나 호경재(胡敬齋)가 전하는 바에 의하면, 주자와 같이 궁리, 독서를 하되 단지 이는 자신의 견해를 옹호하기 위해 성현(聖賢)의 말을 빌리기 위한 수단일 뿐이라고 한다. 또한 그의 학설은 선가(禪家)와 흡사한데 그것은 그가 지각운동(知覺運動)하는 것을 곧바로 성(性)이라고 하는 설이 있기 때문이다.

양명은 18세때 이상의 인물들 가운데 루일재(婁一齋)로부터 가르침을 받았으며, 34세에 진백사(陳白沙)의 제자인 담감천(湛甘泉)과 사귀었다.

3. 왕양명의 문제의식

주원장(朱元璋)이 명나라를 건설하고 전 중국을 통일하였으나, 밖으로는 북방의 몽고족과 여진족, 남방 이민족의 위협이 여전히 상존하였다. 명은 중화주의(中華主義)에 따라 주변국들에 대해 속국의 보호자로서 위협과 회유의 양면정책을 썼다. 그러나 몽고족의 약탈행위와 이적(夷賊)의 침략으로 인해 중국의 변방은 계속 시끄러웠다.

한편 안으로는 절대적인 왕권을 유지하기 위하여 중앙집권적 정치·군사 제도를 확립하였으며, 또한 주자학을 관학(官學)으로 삼아 사상적 통일을 꾀하고 사서오경(四書五經)을 내용으로 한 엄격히 규정된 형식의 과거시험(科擧試驗)을 통해 관리를 등용하였다. 이 결과 명대의 학풍은 학문을 권세(權勢)와 이욕(利欲)을 추구하는 수단으로 삼았으며,2) 진지한 학문적 탐구심을 결여하고 단지 형식적 이치에 대한 박학광구(博學廣求)나 맹목적 실천주의로 흐르는 경향을 초래하였다.3) 세상에는 왕도(王道)가 종식되고 패술(覇術)이 번창하여 간사한 꾀와 공벌(攻伐)의 계책을 구함으로써 투쟁과 겁탈의 화가 이루 다 말할 수 없었고, 사람들이 금수와 같이 타락하기에 이르게 되었다.4) 또한 포악하고 어리석은 군주들의 잇따른 실정(失政), 당쟁과 관료의 부패, 환관의 전횡(專橫) 그리고 재해의 빈발(頻發) 등으로 국가기강은 파괴되고, 여러 차례의 내란과 도적들의 빈발로 백성들은 질고(疾苦)에 허덕였다.5)

이러한 시대적 상황에서 명대 중기에 학자, 정치관료, 또한 군사 지휘자로서 활약하였던 왕양명은 일찍이 두 가지 과제를 해결하고자 하였다.

첫째, 공자와 맹자가 추구하였던 유학의 목적과 그 방법을 다시 정립하고자 하는 것이었다. 그는 학문이란 과거시험에 합격하기 위한 것이 아니라 성인(聖人) 됨을 위한 것이라고 보았다. 그는 성인의 학을 심학(心學)이라 규정하면서, 인간 본연의 마음으로서 '중(中)을 지키는 것', '인(仁)을 구하는 것'6)이며, '양지(良知)를 다하는 것',7) '인욕(人欲)을 버리고 천리(天理)를 보존하는 것'8)이라고

---

2) 「傳習錄 中」, 答顧東橋書, 143조목: 功利의 독소가 사람의 心髓에 깊이 스며들어 습관화되고 결국은 성품으로 되어 버린 지 몇천 년이나 되었다. 세상 사람들은 서로 지식만을 자랑하고 서로 권세만으로 충돌하고 서로 공리만을 다투고 서로 기능만으로 자만하고 서로 명예의 탈취에만 급급하게 되었다.

3) 「傳習錄 中」, 答羅整庵少宰書, 172조목과 答顧東橋書, 130조목 참조.

4) 「傳習錄 中」, 答顧東橋書, 143조목.

5) 李福登, 『王陽明的政治思想』, 21~25쪽.

6) 『王文成公全書』, 卷7, 文錄4, 象山文集序. 이하는 『全書』로 약칭함.

7) 「傳習錄 下」, 260조와 「傳習錄 中」, 答顧東橋書, 139조목 참조.

8) 「傳習錄 上」, 99조목.

하며, "대인(大人)의 학이란 오직 그 사욕의 가림을 제거하여 명덕
(明德)을 밝힘으로써 천지만물과의 일체(一體)인 본래성을 회복함
이다."9)라고 하였다. 특히 양명학의 최종적 결론은 치량지(致良知)
로 귀결되는데,10) 그것은 천지만물을 일체(一體)이게 하는 인간 본
연의 보편적 마음인 양지에 대한 자각과 양지의 창조적 작용에 따
라 이러한 통일을 대상과 상황에 합당하게 차별적으로 구현하고자
하는 것이다.11)

둘째, 국내의 무질서와 갈등 그리고 내란, 밖으로 이민족의 침략
으로부터 질서와 평화를 지키고자 하는 것이었다. 왕양명은 이미
15세에 오랑캐의 부락들을 돌아보면서 방어책을 마련하기도 하고,
후한(後漢) 시대의 복파(伏波) 장군 마원(馬援)을 동경하였다.12)
26세 때에, 변방이 어지러워지자 양명은 경사(京師, 北京)에 머물
면서 병가(兵家)의 글을 읽고 병법을 정밀하게 연구하였으며, 28세
에 몽고족이 창궐한다는 것을 듣고 명을 받들어 변무팔사(邊務八
事)를 지어 올리기도 하였다.13) 그는 45세에 병부상서(兵部尙書)
왕경(王瓊)의 추천에 의해 도찰원좌첨도어사(都察院左僉都御史)로
등용됨으로써 무인의 능력을 발휘할 수 있었다.14) 또한 그는 만년
에 『무경칠서(武經七書)』에 대한 비주(批註)를 남기기도 하였다.15)

---

9) 『全書』, 卷26, 大學問.

10) 「傳習錄 中」, 答歐陽崇一, 168조목: 致良知, 이것은 학문의 大頭腦이며, 聖人이 사람을
가르친 제일의 뜻이다. 「傳習錄 下」, 211조목: 이 致知 두 글자는 참으로 오래전 성인이
전한 秘法이다. 「傳習錄 下」, 253조목: 치량지는 학문의 極至處이다.

11) 「傳習錄 中」, 答顧東橋書, 139조목 참조.

12) 『全書』, 卷32, 年譜1, 憲宗 22年 15歲.

13) 『全書』, 卷32, 年譜1, 孝宗 12年 28歲.

14) 『全書』, 卷32, 年譜1, 正德 11年 45歲.

15) 魏汝霖, 『中國歷代名將及其用兵思想』, 제54 王守仁.

이처럼 양명이 그의 군사적 소양을 기르고 군사 활동에 참여한 것은 당시의 중국사회의 군사적 필요성에 의한 것이라 하겠으며, 보다 근본적으로는 모두가 한 몸이 되어 질서와 평화를 이루는 대동사회(大同社會)를 실현하고자 한 양명의 실천적 학문과 교육사상의 현실적인 구현이라 하겠다.

Ⅱ. 생애와 교학(敎·學)의 과정

1. 왕양명의 생애[16)

■ 헌종(憲宗) 성화(成化) 8년, 임신(壬申, 1472)

왕양명(王陽明, 憲宗 成化 8년 1472~世宗 嘉靖 7년 1528)은 명대(明代, 1368~1644) 중엽에 활약하던 인물로, 이름은 수인(守仁), 자(字)는 백안(伯安)으로 절강성(浙江省) 여요(餘姚)에서 출생했다. 그의 선조는 진(晉)나라의 광록대부(光祿大夫) 왕람(王覽)이다. 명필로 알려진 왕희지(王羲之)는 람(覽)의 증손(曾孫)이며, 우장군(右將軍)이었다. 조부의 이름은 윤(倫), 자(字)는 천서(天敍), 호(號)는 죽헌(竹軒)이며, 문인의 기질이 있어 독서, 시작(詩作)을 좋아하였다. 양명은 어릴 적 조부의 영향을 크게 받았다. 그의 아버지의 이름은 화(華), 자(字)는 덕휘(德輝), 호(號)는 실아(實庵) 또는 용산공(龍山公)이라고 칭하기도 하였다. 부친은 성화(成化) 17

---

16) 『全書』, 卷32(年譜1)~卷36(年譜5) 참조.

년(양명 10세)에 진사(進士) 제1등에 급제하여 벼슬이 남경이부상
서(南京吏部尚書)까지 올랐으나 환관(宦官) 유근(劉瑾)과 의견이 달
라 사직하였다.

⊙ 성화(成化) 18년, 임인(壬寅, 1482) 11세 북경에 머물다
경사(京師, 北京)에서 사숙(私塾)과의 대화에서 양명은 공부에서
제일 중요한 것을 '성인(聖人)이 되는 것'이라고 하였다.
양명이 시를 지어 조부를 놀라게 하였다.

> 금산이 한 점 주먹과 같이 큰데, 유양(維揚) 물속의 하늘을 깨뜨린다. 취
> 하여 묘고대에 기대어 달을 우러러본다. 옥피리 소리가 들려오니, 굴속의
> 용도 잠이 드누나.

다시 「폐월산방(蔽月山房)」이라는 제목으로 한 수의 시를 부탁
하자 양명이 다음과 같이 읊었다.

> 산은 가깝고 달은 멀어 달이 작은 듯하니, 바로 이르되 이 산이 저 달보
> 다 크다고 한다. 만일 사람이 눈을 하늘과 같이 크게 뜬다면, 도리어 산이
> 작고 달이 크다는 것을 알게 될 것이다.

⊙ 성화(成化) 22년, 병오(丙午, 1486) 15세 북경에 머물다
변방[居庸三關]을 돌아보고 사방을 경략(經略)하고자 하는 뜻을
지녔다. 변방 이민족의 취락을 돌면서 방비책을 스스로 만들기도 하
였다. 호(胡)나라 아이들과 기사(騎射)에 열중하였고, 복파(伏派)장
군 마원(馬援, 後漢 光武시대의 명장)을 꿈에 보고, 시를 지었다.

> 전쟁을 끝내고 돌아온 복파 장군 마원, 젊은 나이에 병법 연구로 귀밑머리

하얗게 되었네. 구름이 구리기둥[標柱]을 덮어 버리고(전쟁의 목표를 달성함) 군사의 함성과 병장기 부딪치는 소리가 끊어졌는데, 여섯 글자의 시제(詩題, 夢謁伏波將軍)는 오히려 닳지 않네.

경기 지역에 도적과 난이 일어나자 그는 여러 차례 조정에 헌책(獻策)하고자 하였으나, 그의 아버지가 광기의 망상이라고 일축하였다.

■ 효종(孝宗) 홍치(弘治) 원년(元年), 무신(戊申, 1488) 17세 강서에 머물다

고향에 돌아와 7월에 결혼하기로 한 전날 철주궁(鐵柱宮)에 들어가 도사(道士)에게 장생설(長生說)을 듣다가 다음 날 아침까지 돌아오는 것을 잊었다.

◉ 홍치(弘治) 2년, 을유(乙酉, 1489) 18세

루일재(婁一齋, 1422~1491)를 뵙고 가르침을 받았다. 그는 송유(宋儒)의 격물(格物) 학설을 이야기하고, 성인은 반드시 배워서 이를 수 있다고 하였다. 양명은 크게 깨닫고, 성인의 학에 뜻을 두게 되었다.

◉ 홍치(弘治) 5년, 임자(壬子, 1492) 21세 월(越)의 소흥(紹興)에 머물다

주희(朱熹)의 즉물궁리(卽物窮理) 설에 따라 대나무 앞에서 7일 동안 그 이치를 탐구하였으나 끝내 병만을 얻고 소득이 없어 주자학에 회의를 품게 되었다.

⊙ 홍치(弘治) 10년, 정사(丁巳, 1497) 26세 경사(북경)에 머물다

이미 전년부터 병법을 연구하였으며, 북경에 머물면서 병법을 배웠다. 군사업무에 뜻을 두고 모든 병가의 비서(秘書)를 정밀하게 연구하였다. 또한 진법을 연구하였다.

⊙ 홍치(弘治) 11년, 무오(戊午, 1498) 27세

박학을 통해 정밀함에 이르고자 하였으나 종래 나의 마음과 이치(理)가 판연히 둘이 됨을 깨달아, 침울하여 도교의 양생설에 심취하고 또 입산하여 마음을 길렀다.

⊙ 홍치(弘治) 12년, 기사(己未, 1499) 28세

회시(會試)에 급제하여 진사가 되었다. 여전히 도사와 교분을 맺고 불교에 관심을 가졌다.

양명이 과거에 오르기 전 꿈속에서 위(威) 영백(寧伯)의 활과 검을 받는 꿈을 꾸었는데, 그가 공부(工部)에서 일을 볼 때, 위녕백(威寧伯) 왕월(王越)의 묘를 건설하는 일의 감독관으로 일을 마치고 위녕백 왕월이 패용하던 보검을 그 가문의 사람으로부터 받았다. 그는 공사 중 '십오법(什伍法)'으로 일꾼을 부려 효율적으로 작업을 하였으며, 휴식할 때에는 '팔진도(八陣圖)'(八陣, 가장 오래된 것은 太古의 風后의 天·地·風·雲·龍·虎·鳥·蛇가 있고, 諸葛亮의 洞當 龍騰 連衡 握機 虎翼 折衝 中莫 鳥翔이 가장 유명함)를 실제로 연출하였다.

이때에 몽고족(타타르족)이 일어났다. 양명은 명을 받들어 '변무팔사(邊務八事)'를 올렸다.[17]

___

17) 『王陽明全集』, 卷9, 別錄, 奏疏, 陳言邊務疏.

◉ 홍치(弘治) 15년, 임술(壬戌, 1502) 31세

8월 병으로 말미암아 고향 여요(餘姚)로 돌아와 양명동(陽明洞)에 집을 짓고 학문을 연구하였으며, 사상의 일대 전환기를 맞이하였다. 지금까지 닦았던 도가의 장생술이나 도인술(導引術)을 버리고, 또한 불교가 인정에 어긋남을 깨닫고 유교로 돌아왔다.

◉ 홍치(弘治) 17년, 갑자(甲子, 1504) 33세

9월에 병부(兵部)의 무선청리사주사(武選淸吏司主事)로 발탁, 기용되었다.

◉ 홍치(弘治) 18년, 을축(乙丑, 1505) 34세

병부주사(兵部主事)로 복관(復官)하여 북경으로 귀임(歸任)하였다. 문인(門人)을 모아 학문을 강학하였고, 진백사(陳白沙)의 제자인 약수(若水) 담감천(湛甘泉)과 사귀었다. 그는 성인(聖人)이 되고자 하는 입지(立志)를 강조하였다.

■ 무종(武宗) 원년(元年) 정덕(正德) 1년, 병인(丙寅, 1506) 35세

예부좌시랑(禮部左侍郎) 때, 환관 유근(劉瑾)의 비위(非違)를 간하다 투옥되었던 남경(南京)의 감찰어사(監察御史) 대선(戴銑), 박언휘(薄彦徽) 등을 구하려고, 처음으로 유근을 탄핵하다 뜻을 이루지 못하고 오히려 하옥되어 정장(廷杖) 40대에 기절했다가 깨어났다. 다음 해(1507) 겨울 유배지로 출발 그 이듬해(1508) 봄에 용장(龍場) 역승(驛丞)에 도착하였다. 귀양길에 루일재(婁一齋) 선생을 조문(弔問)하고, 굴원(屈原)을 조문하였다. 이곳은 야만인들이 굴에서 거주하는 땅으로 풍토병이 많고 생사를 기약할 수 없는 곳인데,

여기서 양명은 명리(名利)와 생사(生死)마저 초탈한 높은 경지에 이른다.

◉ 정덕(正德) 3년, 무진(戊辰, 1508) 37세 봄에 용장에 이르다

"일체 성인의 도가 나의 본성 가운데 저절로 족하니 밖을 향하여 사물에서 이치를 구함은 잘못이다."라고 하였다. 이는 주자학에 대한 부정이며, 이른바 심즉리(心卽理), 격물치지(格物致知)의 학설을 깨달은 것이다.

◉ 정덕(正德) 4년, 기사(己巳, 1509) 38세 귀양에 이르다

환관 유근이 죄사(罪死)하자 유배에서 풀려 귀양(貴陽)에 이르렀다. 처음으로 '지행합일설'을 말하였다. 귀양의 제학(提學, 學政을 맡은 官名) 석원산(席元山)이 주육(朱·陸) 이동(異同)의 변(辨)을 물었다. 「진중(辰中)의 제생(諸生)에게 주는 서(書)」에 양명의 학문관이 잘 집약되어 있다.

◉ 정덕(正德) 5년, 경오(庚午, 1510) 39세 길(吉)에 이르다

여능현(廬陵縣)의 지현(知縣)으로 부임, 위엄과 형벌을 일삼지 않고, 인심을 계발하고 훈유(訓諭)하는 것을 근본으로 하는 선정(善政)을 베풀었다. 이후 49세까지 '격물치지, 지행합일'의 이론을 중심으로 새로운 사상을 선포하였다. 공(功)이 없음을 걱정하기보다는 뜻(志)이 없음을 걱정해야 한다고 하였다. 성인(聖人)이 되기를 바라고 이를 위해 심체(心體)를 확청(廓淸)해야 한다고 하여, 정좌(靜坐), 즉 묵좌징심(默坐澄心)을 주장하였다.

◉ 정덕(正德) 9년, 갑술(甲戌, 1514) 43세 저(滁)에 머무르다

남경에 있을 때 서애(徐愛)를 비롯한 제자들이 많이 모였다. 정

좌(靜坐)보다 실제의 일에 따른 마음 다스리는 공부를 가르쳤다.
그래서 천리(天理)를 보존하고 인욕(人欲)을 제거하는 것은 성찰극
치(省察克治)의 실제적인 공부로 삼았다.

⊙ 정덕(正德) 11년, 병자(丙子, 1516) 45세 남경에 이르다

9월에 도찰원좌첨도어사(都察院左僉都御史)로 승진, 비적(匪賊)
들이 들끓는 강남(江西)의 남(南, 南江, 江西의 남부), 공(贛)과 복
건(福建)의 정주(汀州, 長汀), 장주(漳州, 龍溪) 지방을 순무(巡撫)
하고, 10월에 회계(會稽, 本家)로 돌아왔다. 이때 정장(汀·漳)의
각 군(郡)에 세력이 큰 도적들이 있었다. 이에 병부상서 왕경(王瓊)
이 양명을 추천하였으며, 왕사여는 양명이 큰 공을 세우리라고 예
측하였다.(王思輿語季本曰 陽明此行 必立事功. 本曰何以知之. 曰
吾觸之不動矣.)

⊙ 정덕(正德) 12년, 정축(丁丑, 1517) 46세 공(贛)에 머무르다

요(瑤, 茶寮)에 도적이 크게 일어나 강(江), 광(廣), 호(湖), 침(郴)
의 가(家)가 소란스러웠다. 강서(江西)의 병력을 독려(督勵)하여 남
강(南康)으로 들어갔다. 횡수, 좌계의 도적 소굴을 격파하니 적이
도망갔다. 11월에 통강(桶岡)을 공격하고 여러 차례 싸워 적을 격
멸했다. 도적의 소굴 84곳을 격파하고 3,000여 명을 사살하고, 3,600
여 명을 포로로 잡았다. "병은 흉기이니 부득이한 경우에야 쓰는
것이다."라고 하였다.[18)

양명이 만안(萬安, 江西省의 길안)을 지날 때, 유적(流賊) 수백
을 만나 상선(商船)은 감히 전진을 하지 못했다. 양명은 상선을 모
아 대형을 갖추고 기를 날리면서 북을 치고 진격의 태세를 보이자

---

18) 『王陽明全集』, 卷25, 外集7, 平茶寮碑 丁丑.

유적이 나와 기아상태 유민의 구제를 애걸하였다. 양명이 배를 강안에 대고 구제를 약속하고 타일러 해산시켰다. 양명이 공(贛)에 도착하여 유적으로부터 성민(城民)을 방어하기 위해 십가(十家)씩 편성, 내통을 방지하고 교대로 경비케 하는 십가패법(十家牌法)을 시행하였으며, 예의도덕의 정치를 폈다.

민병(民兵)을 뽑아 병부(兵符)를 주고,[19] 민병제를 시행하고[20] 군대조직을 편성하였다.

2월, 장주(漳州)의 비적(匪賊)을 평정하였다. 복건(福建)의 대모산(大帽山)에 있던 첨사부(詹師富), 사지유(謝志由), 지중용(池仲容) 등의 무리를 평정하였다.

5월, 병부(兵符)를 세웠다. 평화현(平和縣, 廣東省 東北部)을 설치하여 방두(枋頭)의 순검사(巡檢司, 경찰서)를 이동시킬 것을 청하는 상주문을 썼다.

6월 염법(鹽法)을 소통(疏通)할 것을 상소로 청하였다.

9월, 제독(提督)이 되어 남, 공, 정, 장 등지의 군무(軍務)를 감독하였다. 광동성의 낙창(樂昌), 용천(龍川)을 순무(巡撫)하였다.

10월, 강서(江西)의 남서(南西) 성경(省境)에 있는 횡수(橫水)와 통강(桶岡)의 비적을 평정하였다.

12월, 양명이 제구(諸寇)를 평정하고 군을 철수시켰다. 군이 남강(南江, 江西의 남부)에 이르렀을 때, 백성이 연도에 나와 향을 피우고 환영하고 절하였다. 또한 주경(州景)의 언덕에 사당을 세우고 양명의 초상을 모시기까지 하였다.

---

19) 『王陽明全集』, 卷16, 別錄8, 公移, 選揀民兵.
20) 『王陽明全集』, 卷16, 別錄8, 公移, 兵符節制.

◉ 정덕(正德) 13년, 무인(戊寅, 1518) 47세

공주(贛州)에서 문무(文武) 양 부문에 힘썼다.

1월, 삼리(三浰, 강서 광동성 변경)를 정벌하였다. 설간(薛侃)에게 보내는 편지에서 필승의 비책을 말했다. "산중(山中)의 적(賊)을 격파하기는 쉬우나 심중(心中)의 적(賊)을 멸(滅)하는 것은 지난(至難)하다."21)라고 하였다.

3월, 대모(大帽, 福建省에 속함), 이두(浰頭, 광동성에 있는 山)의 비적을 토벌하였다. 대소 30여 회전(會戰)에 38곳을 멸하고 3,000여 명을 죽이거나 포로로 잡았다.

4월, 학교를 설치하고, 교육에 힘썼다.

5월 화평현(和平縣, 광동성 동북부)을 설치할 것을 상주하였다.

6월, 도찰원우부도어사(都察院右副都御史)에 승임(昇任)되었다.

7월, 고본대학(古本大學)을 간행하였다. 격물치지(格物致知)는 성의(誠意)에 뿌리 두고 있음을 말하였다.

8월, 전습록(傳習錄) 초본(현재의 전습록 상)을 건주(虔州)에서 설간(薛侃)이 간행하였다.

9월, 염계서원(濂溪書院)을 열었다.

10월, 향약(鄕約)을 만들었다. 염(鹽)을 소통하는 법을 만들어 상주(上奏)하였다.

이해에 양명은 강서(江西), 복건(福建), 호남(湖南), 광동(廣東)에 접하는 지역 산중의 농민폭동을 진압하여 군사적 성공을 거두었고, 또한 그의 새로운 사상을 확충하였다. 동시에 많은 비난도 받았으며, 논적으로 정암(整庵) 나흠순(羅欽順, 1465~1547)이 나타났다.

---

21) 『王陽明全集』, 卷4, 與楊仕德薛尚誠 丁丑.

◉ 정덕(正德) 14년, 기묘(己卯, 1519) 48세 강서에 머무르다

6월 14일, 강서성 남창(南昌)에서 왕족 영왕(寧王) 신호(宸濠)가 반란을 일으켰으며, 양명은 이것을 35일 만에 평정하고 신호를 잡았으나, 왕의 총애를 받던 간신 장충(張忠)과 허태(許泰) 등이 양명을 참소(讒訴)하여 반란자로 몰아, 생명의 위험을 당하였다.

◉ 정덕(正德) 15년, 경신(庚辰, 1520) 49세

6월 「나정암소재(羅整庵少宰)에 답하는 글」이 있으며, 제2의 사상적 전기를 맞이하였다.

◉ 정덕(正德) 16년, 신사(辛巳, 1521) 50세

강서(江西)에서 신호(宸濠)를 토벌하던 중에 깨달았다는 치량지(致良知, 양지를 지극한 곳까지 확충함)의 새로운 학설을 확립하였다. 수행방법이 자기 억제적인 것으로부터 적극적 자기실현이라는 관점으로 전환하였다. 백록동서원(白鹿洞書院)에서 강학하였다.

6월, 남경병부상서(南京兵部尚書)로 임명되었다.

12월, 강서(江西)의 비적들을 평정한 공로로 신건백(新建伯)에 봉해졌다.

■ 세종(世宗) 가정(嘉靖) 1년[1522년, 51세]

이후 양명은 "이미 깨달아 간직한 바를 더욱 원숙히 하고, 체득한 바를 더욱 승화시켰다."(所操益熟 所得益化)라고 하는 것이다. 이후는 곧 사상의 원숙기라고 할 수 있다.

◉ 가정(嘉靖) 3년 갑신(甲申, 1524) 53세 월(越)의 소흥에 머무르다

문인(門人)들이 크게 불어났다.

8월 15일, 문인을 천천교(天泉橋)에 불러 연회를 베풀었다.

10월, 문인 남대길(南大吉)이 전습록(傳習錄)의 속록(續錄, 오늘의 중권)을 간행하였다.

⊙ 가정(嘉靖) 4년 을유(乙酉, 1525) 54세

「대학문」을 썼다.

답고동교서, 발본색원론을 썼다.

10월, 문인들이 월성(越城) 회계에 양명서원(陽明書院)을 세웠다.

⊙ 가정(嘉靖) 6년, 정해(丁亥, 1527) 56세

5월, 도찰원좌도어사(都察院左都御史)로 임명되어 광서성(廣西省)의 전주(田州)와 사주(思州)의 비적을 정벌할 것을 명받았다.

9월, 월성(越城)을 출발하기에 앞서 천천교(天泉橋)에서 왕기(王畿)와 전덕홍(錢德洪) 등에게 사구종지(四句宗旨, 四句敎)를 설하였다. 복파장군 사당에 절하였다.

12월, 양광(兩廣)을 순무(巡撫)할 것을 명받고 사의(辭意)를 상소했으나 윤허를 얻지 못하였다.

⊙ 가정(嘉靖) 7년, 무자(戊子, 1528) 57세 오(梧)에 있었다

2월, 사주(思州)와 전주(田州, 廣西省)의 묘요족(苗猺族)을 무혈로 평정하였다.

6월, 사전(思田)학교와 남녕(南寧)학교를 세워 변경 주민의 교육에 힘썼다.

7월, 호광으로 돌아가는 병력 8천 명으로 1개월 내에 팔채단등협(八寨斷藤峽)을 격파하고 수만의 야만적(野蠻賊)을 무찔렀다.

11월, 병세의 악화로 강서성(江西省)의 남단(南端)에 있는 남안

(南安)에서 "이 마음 광명하도다. 이제 무슨 말을 되풀이할까 보냐?"라는 말을 남기고 29일 진시(辰時)에 사망하였다.

◉ 가정(嘉靖) 8년, 기축(己丑, 1529) 58세
1월 남창(南昌)에서 발상(發喪)하였다.

■ 가정(嘉靖) 35년, 병진(丙辰, 1556)

전덕홍(錢德洪)이「전습록」하권을 펴냈다. 일본의 양명학자 삼륜희현(三輪希賢)에 따르면 하권은 전체 115조로 진구천(陳九川)의 21조목, 황이방(黃以方)의 15조목, 황수이(黃修易)의 11조목, 황성증(黃省曾)의 68조목으로 구성되어 있다고 한다. 그러나 황성증이 기록한 것 가운데 하정인(何廷仁) 조목 이하 51조목은 전서산(錢緒山)이 기록한 것으로 추단되며, 여기에「주자만년정론(朱子晚年定論)」과「천천증도기(天泉證道記)」가 수록되어 있고, 치량지(致良知)를 주로 다루고 있다.

■ 융경(隆慶) 6년(1572)

전덕홍(錢德洪) 등이「전습록」,「문록」,「별록」,「외집」,「속편」,「연보」,「세덕기」로부터「주소」,「제문」,「행장」,「묘지명」등에 걸쳐 총 38권을 편집하여『왕문성공전서(王文成公全書)』를 간행하였다. 이후 간행된 책들은 모두 이 책에 의존하였다.

■ 천계(天啓) 원년(元年, 1621)

모진거(茅震車)가 왕양명의 평주본(評注本, 批注)『무경칠서(武

經七書)』를 간행하였다. 중국의 병법서들을 정선하여 『무경칠서』라는 명칭으로 간행한 것은 북송(北宋) 신종(神宗, 1080)으로부터 비롯하였다. 이후 명(明) 가정 31년(1552)에 협번각본(陜蕃刻本), 숭정(崇禎) 9년(1636)에는 주석서가 간행되었다. 청(淸) 강희(康熙) 48년(1709)에는 노경회해본(魯經會解本)이 간행되었고, 그 밖에 1898년, 1935년에도 간행되었다.

양명의 생애를 요약하자면, 11세에 학문의 목표가 성현(聖賢)이 되는 것이라는 점을 깨달았다. 15세에 안남[지금의 베트남 일부]을 정복했던 동한(東漢)의 명장 마원(馬援)과 같은 인물이 되고자 꿈꾸었다. 17세에 도교의 장생설에 심취하였다. 18세에 루일재(婁一齋)를 만나 송대의 성리학에 접하였다. 21세에 주자의 즉물궁리(卽物窮理)에 대해 회의하였다. 25∼26세에 병법을 연구하였다. 28세에 회시에 급제하고, 변무팔사(邊務八事)를 올렸다. 다양한 학문적 편력을 하던 그가 31세에 도불(道・佛) 등을 극복하고 유교의 정통성을 확립하고자 하였다. 35세에 환관(宦官) 유근(劉瑾)의 모함으로 귀주(貴州)의 용장(龍場) 역승(驛丞)으로 귀양을 갔다. 37세에 주자의 격물치지(格物致知)설에 반대하고 그의 독특한 심즉리, 격물치지설을 내세웠다. 38세에 지행합일설을 내세웠다. 39세에 수양방법으로 정좌(靜坐)를 주장하고, 주육(朱・陸)의 선지후행설(先知後行說)에 반대하여 지행합일(知行合一)을 주장하였으며, 43세에 사상마련(事上磨鍊)을 주장하였다. 45세∼47세에 변방의 도적을 토벌하였다. 48세에 강서성 남창(南昌)에서 일어난 왕족 영왕(寧王) 신호(宸濠)의 반란을 평정하였다. 50세에 치량지설(致良知說)을 정식으로 제창하였다. 56세에 도찰원좌도어사(都察院左都御

史)로 임명되어 광서성(廣西省)의 전주(田州)와 사주(思州)의 비적
을 정벌할 것을 하명받으며, 천천교(天泉橋) 상에서 왕기(王畿)와
전덕홍(錢德洪) 등에게 사구종지(四句宗旨)를 설하였다. 복파장군
사당에 절하였다. 57세에 전주(田州)와 사주(思州)의 묘요족(苗猺
族)을 무혈로 평정하고, 팔채단등협(八寨斷藤峽)을 격파하고 수만
의 야만적(野蠻賊)을 무찔렀다.

2. 학문 편력 및 사상의 변천

학문적 편력 왕양명의 학문탐구 과정은 소위 학(學)의 삼변(三
變)과 오닉(五溺)으로 설명된다. 학의 삼변이란 그가 젊었을 때 사
장(詞章)에 전념하다가 주자의 즉물궁리(卽物窮理)에 심취하였으
며, 주자의 학설로부터 얻는 바가 없어 노자와 불씨의 학문에 출입
하였으며(27세), 용장(龍場)에 귀양을 가서(37세) 성현의 종지(宗旨)
를 깨닫게 되었다는 것을 가리킨다.[22]

한편 오닉(五溺)이란 임협(任俠), 기사(騎射), 사장(詞章), 신선
(神仙), 불씨(佛氏) 등에 관한 양명의 다양한 체험을 지칭하는 말
이다.[23]

가르침의 변천 양명이 제자들을 가르칠 때 그 가르치는 주 내
용이 세 번 변했다고 한다. 그래서 이것을 교(敎)의 삼변(三變)이라
고 일컫는다. 그가 귀양(貴陽)에 있을 때(1509년, 38세) 지행합일

---

22) 『全書』, 舊序, 面5 〈刻文錄敍說〉 錢德洪記. 『明儒學案』(黃宗羲), 卷10, 姚江學案.
23) 『全書』, 卷37, 〈陽明先生墓誌銘〉 甘泉 湛若水撰 面10.

(知行合一)을 제창하여 지행의 본체가 하나임을 역설하고 본체를 회복하도록 가르쳤으며, 저양(滁陽)에 이르러서는(1513년, 42세) 정좌(靜坐)의 공부를 권장하였다. 그러나 학자들이 공허(空虛)의 병통에 빠지므로 강우(江右)에서는(1521년, 50세) 치량지(致良知)의 가르침을 제시하였다. 그리고 이 치량지(致良知)를 성문(聖門)의 정법안장(正法眼藏)이라고 하였다.[24]

결국 양명의 교육핵심은 치량지(致良知)에 있다고 하겠다. 이 치량지설은 심즉리(心卽理)론을 이론적 근거로 한 도덕성의 실현방법으로서 격물치지(格物致知), 지행합일(知行合一)론과도 불가분의 관계에서 성립된 것이다.

3. 유학의 도통론(道統論)

다양한 학문적 편력과 사상 및 교육의 변천을 통해 최종적으로 도달한 양명의 결론은 그의 도통론으로 요약된다고 하겠다.

양명은 유학의 근원을 요순우(堯・舜・禹)가 서로 주고받았다고 하는 "인심유위(人心惟危) 도심유미(道心惟微) 유정유일(惟精惟一) 윤집궐중(允執厥中)."(『書經』 虞書 大禹謨)이라는 구절에서 찾았으며, 그래서 이들 성인들이 전한 학문을 심학(心學)이라고 하였다.[25] 양명에 의하면 심학이란 '심체(心體)를 밝힘',[26] '명덕(明德)을 밝힘',[27] '인욕(人欲)을 없애고 천리(天理)를 보존함'[28]이라고 하는

---

24) 『全書』, 刻文錄序說, 錢德洪 記.

25) 『全書』, 卷7, 象山文集序.

26) 『全書』, 卷1(傳習錄 上), 31조목.

27) 『全書』, 卷26 大學問.

것이다. 양명은 이처럼 성현(聖賢)들이 주고받은 심학(心學)으로서의 유학(儒學)의 도통(道統)을 요순우(堯·舜·禹)로부터 공자(孔子)가 계승하고, 안자(顔子)와 증자(曾子)로 이어져 다시 맹자(孟子), 주자(周子, 周濂溪)와 정자(程子, 明道)로 계속되었다고 보았으며, 이후 상산(象山)의 학설이 주정(周·程) 두 선생의 학설에는 미치지 못하지만 간이직절(簡易直截)함에 있어서 맹자의 가르침에 접하고 있다고 보았다.[29]

이러한 심학(心學)의 도통을 이루는 구체적 내용을 살펴보면 공자의 인(仁), 맹자의 인성(人性)으로서 인의예지(仁義禮智)와 그것의 구현방법으로서의 구방심(求放心), 『중용(中庸)』의 성(誠)과 중화(中和) 및 신독(愼獨), 『대학(大學)』의 명명덕(明明德)과 성의(誠意), 『시경(詩經)』의 온유돈후(溫柔敦厚), 『서경(書經)』의 백왕심법(百王心法), 『역경(易經)』의 궁신지화(窮神知化), 『춘추(春秋)』의 예의대종(禮義大宗), 『예기(禮記)』의 친친존존(親親尊尊) 등이다. 또한 송대(宋代) 주자(周子)의 "무극이태극(無極而太極) 정지인의(定之仁義) 중정이주정(中正而主靜)"과 정명도(程明道)의 "동역정(動亦定) 정역정(靜亦定) 무내외(無內外) 무장영(無將迎)," "학자는 모름지기 먼저 인(仁)을 알아야 한다."고 한 것, 육상산(陸象山)이 "의리(義·利)를 변별(辨別)하고 그 대(大)를 먼저 세워야 한다," "학(學)은 반드시 마음에서 구해야 한다."라고 주장한 것들이다. 양명은 이 모두가 심체(心體)를 말한 것에 지나지 않는다고 한다.

양명의 학설 전반을 검토해 볼 때, 그가 지칭하는 심학(心學)의 심(心)이란 ① 공(空)이나 무(無)가 아니라, 안으로 리(理)를 자각

---

28) 『全書』, 卷1(傳習錄 上), 11조목.
29) 『全書』, 卷7, 象山文集序, 別湛若水序, 朱子晚年定論序 등 참조.

하고, 밖으로 사(事)를 지향하는 궁극적 실재이며 ② 본체로서 양지(良知)와 작용으로서 행(行)을 함유하고 있다. ③ 내재하는 인(仁)에 의해 만물을 일체(一體)로 자각하고, 역동적인 양지에 의해 무수한 사(事)에서 그 리(理)를 구현하는 주체이다. ④ 이러한 심(心)의 완전한 구현은 무수한 일 가운데에서 부단한 자기반성을 통해 이루어진다는 것이다.

　결론적으로 말하자면 양명에 의하면 유학(儒學), 즉 성인(聖人)의 학이란 나의 마음에서 참다운 이치를 구하는 것이라고 한다. 나의 마음이 납득할 수 없는 것은 진리로 받아들일 수 없다는 것이다.[30]

---

30) 『王文成公全書』, 卷7, 文錄4, 稽山書院尊經閣記 및 重修山陰縣學記과 「傳習錄 中」 答羅整庵少宰書 참조.

왕양명의 심철학[1]

Ⅰ. 머리말

양명(陽明) 왕수인(王守仁, 1472~1528)의 마음의 철학은 당시 유행하던 선불교와 주자학파의 마음에 대한 이해와 이로부터 비롯한 행동 양태에 대한 비판과 반성으로 형성된 것이라고 할 수 있다. 첫째, 양명은 불교와 도교란 인륜(人倫)과 사물의 상도(常道)를 버린 공허한 마음, 즉 리(理) 없는 마음을 밝히고자 하는 것이라고 보았다. 불교는 평정한 마음의 본체로 돌아가고 차별적인 사물의 특성에 대한 집착으로부터 자유로울 수 있도록 무념(無念)의 경지를 추구하였다. 그러나 양명은 무념(無念)의 상태란 인간의 의식이 깨어 있는 한 불가능하다고 한다. 즉 그것은 잠잘 때나 생명이 없는 상태라고 보는 것이다.[2] 또한 불교는 현상의 사물에 대한 집착

____

1) 박연수, 「王陽明의 心哲學」(『陽明學』 제2호, 한국양명학회, 1998.12.)을 일부 수정, 보완한 것임.

에 의해 받게 되는 고통으로부터 벗어나기 위하여 무집착(無執着), 즉 무애(無碍)의 마음을 목표로 한다고 하지만 실상은 부자, 군신, 부부 등의 형상에 집착하기 때문에 이러한 관계로부터 도피하고자 한다. 그래서 이러한 인간관계에서 당연히 지켜야 도리인 인(仁), 의(義), 별(別) 등 도덕적 책임을 회피하고 오히려 고통으로부터 회피하고자 하는 이기심에 집착하고 있다는 것이다.[3] 또한 양명에 의하면 불교가 깨달음의 방법으로 제시한 돈오(頓悟)란 공허한 것이라고 한다. 그것은 인간의 일상사를 도외시하고 깨달음을 구하기 때문이다.[4] 이처럼 불교에서 말하는 마음이란 사물을 단절하고 세상과 교섭이 없으니 불교는 세상을 다스릴 수 없다고 한다.[5] 진영첩(陳榮捷)은 불교에 대한 양명의 비판이 주로 마음에 대한 기능에 집중적으로 지향되어 있다고 한다.[6] 이러한 지적은 타당한 것으로 보인다. 왜냐하면 양명은 불교에서 추구하는 마음이란 리(理)에 대한 자각과 구현능력을 결여한 것이지만, 양명이 말하는 마음이란 내적인 리를 자각하고 사물에서 그것을 무수한 이치로 구현하는 기능을 지니는 것으로 보기 때문이다.[7]

둘째, 양명에 의하면 주자(朱子)는 심(心)과 리(理)를 둘로 나누고, 마음을 떠나 객관적 사물에 일정한 리(理)가 있다고 한다는 것이다.[8] 이러한 견해는 몇 가지 폐단을 초래하였다는 것이다. ① 의

---

2) 「傳習錄 上」 120조목.

3) 「傳習錄 下」 236조목.

4) 「傳習錄 中」 131조목 答顧東橋書.

5) 「傳習錄 下」 270조목.

6) 진영첩, 「양명학의 불교적 특색」(박연수 편역, 『양명학이란 무엇인가』, 경희종합출판사) 53쪽.

7) 「傳習錄 中」 135, 137, 152조목과 「傳習錄 下」 244, 261조목 등 참조.

8) 「傳習錄 中」 135조목 答顧東橋書과 「傳習錄 下」 321조목 참조.

(義)를 외적인 것으로 삼고, 지선(至善)을 밖에서 구함으로써 외형상의 합리(合理)만을 추구하게 되고 진실한 마음 없이 단지 형식적인 의례(儀禮)나 가식적인 행위만을 일삼게 되었다는 것이다.[9] ② 천리(天理)란 상황에 따라 다양하게 구현됨에도 불구하고, 사물의 도리를 일일이 격식화하고 그것에 집착하고 있다는 것이다.[10] 또한 인정의 변화에 따라 예(禮)의 형식이 변하게 마련인데도 마음에 납득이 가지 않은 채 과거의 예제(禮制)에 구애되어 맹목적으로 실천하고 있다는 것이다.[11] 결국 리(理)를 외적인 것으로 봄으로써 리(理)와 그 리(理)의 형식인 예(禮)가 절대화되었다고 하는 것이다. ③ 마음과 이치를 나누는 즉물궁리설(卽物窮理說)에 의하면, 격물(格物)을 외적인 사물의 리(理)에 대한 탐구로서의 궁리(窮理)라 하고, 이것을 오로지 지(知)에 귀속함으로써, 격물(格物)은 행(行)이 없게 되었다는 것이다.[12] 즉 심(心)과 리(理)를 분리함으로써 리(理)에 대한 지(知)란 진실하고도 절실한 실천적 의지를 결여한 것이 되고, 리(理)의 구현으로 행(行)이란 리(理)에 대한 주체의 분명한 자각과 정밀한 고찰이 없는 행(行)이 되어, 결국 지(知)와 행(行)이 분리되었다는 것이다. 이러한 지행(知行)의 분리에 대한 인

---

9) 「傳習錄 上」 4조목: 만약 저 사소한 儀式과 절목상에서만 적당히 구하는 것을 至善이라고 한다면, 배우가 그럴싸하게 가장하여 부모를 따뜻하게 하거나 서늘하게 하여 드리는 儀節만으로 적당하게 봉양하는 행동 또한 지선이라고 할 수 있을 것이다. 「傳習錄 下」 321조목: 그것은 오직 세상 사람들이 마음과 理를 나누어 둘로 삼기 때문에 곧 많은 여러 가지 폐단이 생기는 것이다. 예를 들면 춘추시대의 五覇들이 오랑캐를 물리치고 周나라 왕실을 존중하였던 것은 모두 한결같이 사사로운 마음에서 나온 것이어서 곧 理에 합당하지 않다. 그러나 사람들은 그들의 행동이 理에는 맞으나, 단지 마음에 순수하지 못함이 있다고 한다. 흔히들 그들이 한 바를 좋아하고 흠모하면서 외면상으로만 보기 좋게 하려 하고, 오히려 마음과는 전혀 관계가 없는 것으로 생각하려 든다. 마음과 理를 나누어 둘로 삼으니, 그 결과 覇道의 거짓됨에 빠지게 되는데도 자신들은 그것을 알지 못하는 것이다.
10) 「傳習錄 上」 52조목.
11) 『王陽明全集』 卷6 寄鄒謙之.
12) 「傳習錄 中」 137조목 答顧東橋書.

식은, 아직 행동으로 나타나지 않았다고 해서 악한 생각이나 의도를 금하려고 하지 않게 되었다고 하는 것이다.[13] 또한 사욕에 의한 지행(知行)의 단절을 지행의 본질적 모습이라고 잘못 인식한 것이라고 한다.[14] ④ 또한 허다한 사물의 일정한 이치와 절목을 하나하나 강구하는 당시의 학자들은 박학(博學)의 지리(支離)함에 빠지고, 그 요령을 잃게 되었다고 한다.[15]

이상과 같은 당시의 문제를 요약하면 리(理) 없는 마음이나, 마음 밖에서 객관적으로 실재하는 사물의 리(理)를 구하고자 하는 데 있다고 하는 것이다. 이러한 반성으로부터 양명은 성인(聖人)의 학을 '심학(心學)'이라 규정하고,[16] 사서오경(四書五經)이란 심체(心體)를 밝힌 것에 지나지 않으며, 따라서 심체를 밝히는 공부를 학문의 핵심으로 파악하였다.[17] 그는 "성인의 도(道)는 나의 성(性) 자체로서 족하다. 사물에서 리(理)를 구하기를 지향하는 것은 잘못이다."[18]라고 하여, 마음에 도리가 내재하며, 그러한 마음에서 도리를 밝히고자 한 것이다. 이러한 심체에 대한 양명의 주장은 보편적인 도덕적 행위의 법칙 또는 이치가 행위 주체인 각자의 마음에 주관적 준칙으로 또는 마음의 조리(條理)로 주어져 있으며, 이것에 준거하여 그 마음이 무수한 사건 가운데에서 이에 합당한 무수한 사물의 이치와 행위의 옳음을 구현할 수 있다는 것이다.

이러한 본연(本然)의 심성을 보존하고, 구현하고자 하는 왕양명

---

13) 「傳習錄 下」 226조목.

14) 「傳習錄 上」 5조목.

15) 「傳習錄 中」 130조목 答顧東橋書.

16) 『王陽明全集』 卷7 象山文集序.

17) 「傳習錄 上」 31조목. 心體인 道心을 밝히는 것을 學의 頭腦處라고 한다.

18) 『王陽明全集』 卷32: 聖人之道 吾性自足 向之求理於事物者誤也.

의 심학은 심성에 관한 사실(事實) - 기술적(記述的) 설명과 실천(實踐) - 당위적(當爲的) 규정(規定)을 명백히 구분하고 있지 않다. 그러나 논자는 논의의 편의상 양명의 심철학을 심성의 본체에 대한 사실 - 기술적 설명과 이의 구현을 위한 실천 - 당위적 규정으로 구분해서 고찰하기로 한다.

Ⅱ. 마음에 관한 사실 - 기술적 설명

왕양명의 마음의 철학은 주로 마음의 본체에 대한 사실(事實) - 기술적(記述的) 설명에 초점이 맞추어져 있다. 마음의 본체(體)란 마음으로 하여금 그러한 마음이 될 수 있게 하는 근본적 바탕 또는 은폐되고 상실된 비본래적 모습이 아닌 마음의 본연성을 지칭하는 것이다. 그런데 그는 마음의 본체란 마음의 기능 또는 구현으로서의 작용(用)과 분리될 수 없는 하나라고 한다.

1. 심(心)의 체(體)는 용(用)과 일원(一原)이다

왕양명이 마음을 체(體)와 용(用)이라는 개념으로 구분하는 것은 마음을 역할 또는 기능의 측면에서 본체와 작용으로 구분해 본 것이다. 또한 일원이라고 하는 것은 마음의 본체(本體)와 작용(作用)은 분리될 수 없다는 것을 의미한다.

미발(未發)의 중(中)을 보통 사람들이 모두 지니고 있다고 말할 수 없다.
대저 체용(體用)은 하나의 근원이니, 이 체(體)가 있으면 곧 용(用)이 있
다. 미발의 중이 있은즉 발(發)하여 모두 절도(節度)에 적중하는 화(和)가
있다. 오늘날 사람들이 발하여 모두 절도에 적중하는 화를 가지지 못하는
것은 모름지기 미발의 중 또한 온전히 얻지 못함이 있는 것이다(「傳習錄
上」 45조목).

이것[마음의 본체]은 곧 적연부동(寂然不動)이요 곧 미발지중(未發之中)
이요 곧 확연대공(廓然大公)이다. 스스로 그처럼 감응(感應)하여 마침내
통(通)하며, 자연히 발(發)하여 중절(中節)하며, 자연히 물(物)이 오면 순
응한다(「傳習錄 上」 72조목).

양명은 마음의 본체를 적연부동, 미발지중, 확연대공으로 설명하
고, 그 작용을 감이수통(感而遂通), 발이중절(發而中節), 물래이순
응(物來而順應)하는 것이라고 한다. 따라서 적(寂), 중(中), 공(公)
의 심체(心體)를 확립할 때 그 마음은 자연히 사물에 감통하고, 중
절하며, 순응하게 된다고 하는 것이다. 양명은 마음의 본체와 작용
을 천리(天理)의 적연부동(寂然不動)과 감이수통(感而遂通),[19] 성
(性)의 본체[體]로서 천(天)과 작용[用]으로서 인의예지(仁義禮智)
등의 표덕(表德),[20] 만물일체의 본체[體]인 인(仁)과 이의 작용[用]
인 친민(親民),[21] 양지(良知)의 본체로서 미발지중(未發之中)·확
연대공(廓然大公)·적연부동(寂然不動)과 양지의 작용,[22] 마음의
허령명각(虛靈明覺)인 양지[體]와 이의 감동으로서 의(意)[用], 의
(意)의 본체로서 지(知)와 작용으로서 물(物),[23] 마음의 본체로서

____

19) 「傳習錄 中」 145조목.
20) 「傳習錄 上」 38조목.
21) 『王陽明全集』 卷26 大學問.
22) 「傳習錄 中」 155조목.
23) 「傳習錄 中」 137조목 答顧東橋書.

정(定)과 작용으로서 동정(動靜)[24] 등으로 말한다. 따라서 양명이 말하는 체용(體用)이란 본체와 작용, 즉 주체 또는 주재와 그 기능 또는 작용, 본체와 그 현상, 본체로서의 리(理, 理體)와 이의 구현자로서 기(氣, 氣用), 통일성으로서 본체와 다양성으로서의 작용, 정적(靜的)인 본체와 동적(動的)인 작용 등을 지칭하는 것으로, 이것들은 분리불가하며 상호 의존적이며 상호 보완적 관계를 지칭하는 개념이다.

2. 심체(心體)인 성(性)은 통일적 생리(生理)이다

왕양명은 송대(宋代) 성리학자(性理學者)들이 주장해 온 것처럼 "마음의 본체는 성(性)이요, 성(性)은 리(理)이다."라는 명제를 받아들인다.[25] 천명(天命)으로서의 성(性)은 곧 리(理)이며, 성(性)은 심체(心體)라고 하는 것이다.

그런데 양명은 성(性)을 고정, 불변하는 실체가 아니라 생리(生理)로 파악하였다.

소위 너의 마음이 그처럼 능히 보고 듣고 말하고 움직일 수 있는 것이라고 말하는 것은 곧 성(性)이며 천리(天理)인 것이다. 이러한 성(性)이 존재하고서야 비로소 성(性)의 생리(生理)가 능히 일어나게 되는 것이며 이것을 곧 인(仁)이라 부르는 것이다. 이러한 성(性)의 생리(生理)가 눈에서 발생하면 볼 수 있고, 귀에서 발생하면 들을 수 있고, 입에서 발생하면 말할 수 있고, 사지에서 발생하면 움직일 수 있는데, 이와 같은 것은 모두 천리(天理)의 발생 작용에 지나지 않는다. 특히 그러한 리(理)가 내 일신

---

24) 「傳習錄 中」 156조목 答陸原靜書.

25) 「傳習錄 中」 133조목 答顧東橋書과 『王陽明全集』 卷8 答徐諸陽卷 참조.

(一身)을 주재하기 때문에 마음이라고 하는 것이다. 이러한 마음의 본체는 원래 하나의 천리에 지나지 않으며 본래 예(禮)가 아님이 없다. 이것이 바로 너의 참자기[眞己]인 것이며, 이러한 진기는 바로 육체의 주재자인 것이다. 만일 참자기가 없으면 육체도 없는 것이다. 참자기가 있으면 곧 삶이요, 그것이 없으면 곧 죽음이다(「傳習錄 上」 122조목).

양명은 심체(心體)인 성(性)의 법칙성을 리(理)라고 하는 것이며, 그 리(理)의 창조적 활동을 생(生)이라고 한 것이다. 이러한 성(性), 즉 생리(生理)가 마음의 본체라고 하는 양명의 주장은 리(理)와 예(禮)를 획일적으로 고정화, 격식화하려는 당시 학풍에 대한 비판의 근거이며, 도덕성의 창의력을 내포하고 있는 것이라 할 수 있다.

양명이 이처럼 성(性)을 생리(生理)라고 이해한 것은 이러한 리(理)가 이의 구현자로서 기(氣)와 분리될 수 없다고 하는 데서 찾았다고 하겠다.

생(生)하게 하는 것을 성(性)이라 한다. 생 자(生字)는 곧 이 기 자(氣字)이니, 기(氣)가 곧 성(性)이라는 말과 같다. … 맹자의 성선(性善)은 본원(本原)에 따라서 말한 것이다. 그러나 성(性)이 선(善)한 단서는 모름지기 기(氣)에서 비로소 볼 수 있는 것이다. 만일 기(氣)가 없으면 볼 수 없다. 측은, 수오, 사양, 시비는 기(氣)이다. … 만일 자성(自性)이 명백한 때를 볼 수 있다면, 기(氣)는 곧 성(性)이요, 성은 곧 기이니 원래 성(性)과 기(氣)는 나눌 수 없다(「傳習錄 中」 150조목 啓問道通書).

양명은 성(性)을 리(理)라고 하면서 또한 성(性)을 기(氣)라고 주장하였는데, 그것은 이기(理氣)의 합일(合一)로서 성(性)을 주장하는 것이며, 성(性)의 법칙성과 활동성을 함께 주장한 것이다. 양명은 성(性)의 선(善)한 이체(理體)와 사단(四端)의 기용(氣用)은 분리될 수 없으며, 그래서 성(性)을 생리(生理)라고 하는 것이다.

또한 양명은 성(性)이란 일정한 실체(實體)가 없다고 하며,[26] 인의예지 등과 같은 무수한 덕목으로 구체화된다고 하는데, 그것은 심의 활동에 의한 것이다.

> 인의예지(仁義禮智)는 표덕(表德)이니, 성(性)은 하나일 뿐이다. 그 본체[體]로서 말하자면 천(天)이라 하고, 주재(主宰)로서 말하자면 제(帝)라 하고, 유행(流行)으로서 말하자면 명(命)이라 하고, 사람에게 부여된 것으로서 말하자면 성(性)이라 하고, 육신을 주재하는 것으로서 말하자면 심(心)이라 한다. 그래서 그러한 마음이 발동하여 부모를 만나면 효(孝)라 칭하고, 임금을 만나면 충(忠)이라 칭한다. 이런 식으로 나아가면 그 명칭이 무수하게 되지만 결국은 하나의 성(性)에 지나지 않을 뿐이다. 마치 사람은 똑같은 한 사람인데, 아버지에 대해서 말하면 아들이요, 아들에 대해서 말하자면 아버지라 하는 것과 같다. 이런 식으로 나아가면 사람의 명칭이 무궁하지만 단지 한 사람일 뿐이다. 사람은 단지 성(性) 위에서 공부하는 것이 필요하다. 하나의 성자(性字)를 분명히 알게 되면 만 가지 리(理)가 밝게 될 것이다(「傳習錄 上」 38조목).

> 육신의 주재는 마음이며, 마음의 발현은 의(意)이며, 의의 본체는 지(知)이며, 의의 소재는 물(物, 事)이다(「傳習錄 上」 6조목).

양명은 천(天)·제(帝)·명(命)·성(性) 등 다양한 수준의 존재들이 하나의 통일체를 이루고 있으며, 이러한 통일성은 심(心)·신(身)·의(意)·지(知)·물(物)·행(行)에도 적용된다고 보았다. 이러한 통일성에 대한 주장은 모든 존재가 근원적으로 일체(一體)이며, 일체의 중심이 인간의 성(性)이라는 것에 기초한 것이다. 마음은 본체로서의 성(性)을 마음의 작용에 의해 무수한 리(理)로 구현한다고 하는 것이다. 다시 말해서 양명은 본체로서의 성의 역동적

---

26) 「傳習錄 下」 308조목 黃省曾錄 : 性無定體.

법칙성[生理]과 통일성의 실현자가 바로 마음이라고 주장한 것이다. 중국의 방동미(方東美)나 성중영(成中英) 등은 양명의 '양지의 마음[心]'을 통일성과 창조성을 지닌 것으로 파악하였다.[27]

3. 심체(心體)는 리(理)이며 양지(良知)이다

양명 심철학의 대표적인 명제는 "마음이 곧 리(理)이다[心卽理]."라는 것이다. 이것은 송대 성리학자들이 '심체는 성(性)이다', '성(性)은 곧 리(理)이다.'라고 하되, 마음과 이치를 별개로 보았던 주장과 대립하는 것이다. 이러한 왕양명의 주장은 이상에서 기술한 천(天)으로부터 물(物)에 이르는 것들이 하나의 통일체라고 하는 주장에 근거하고 있는 것이다.

양명이 주장하는 심즉리(心卽理)란 무슨 의미인가? 첫째, 마음을 떠난 리(理), 리(理) 없는 마음은 존재하지 않으며, 마음의 리(理) 없이는 어떠한 존재는 성립될 수 없다는 것이다.

> 마음의 본체[體]는 성(性)이며, 성은 곧 리(理)이다. 천하에 어찌 심외(心外)에 성(性)이 있으며, 어찌 성외(性外)에 리(理)가 있겠는가? 어찌 리외(理外)에 마음이 있겠는가? 심(心)을 도외시하고 리(理)를 구하는 것은 고자(告子)의 의외(義外)의 설이다(『王陽明全集』 卷8 答徐諸陽卷).

양명은 리(理)나 사(事)가 내 마음을 떠나 독립적으로 성립할 수 없다고 하는 것이며, 마음 또한 리(理)나 사(事) 없는 공허한 존재

---

27) 方東美의 「역사적 관점에서 본 양명학의 眞髓」와 成中英의 「양명 心學의 통일성과 창조성」 (박연수 편역, 『양명학이란 무엇인가』, 경희종합출판사, 1997.7) 참조.

가 아니라고 하는 것이다. 예컨대 효의 도리나 부모 섬김의 일이란 내 마음이 부모에게 있지 않으면 성립할 수 없다는 것이며, 또한 그 마음이 준거하는 리(理)가 없는 어떠한 마음도 없다는 것이다.

둘째, 내 마음에 리(理)가 갖추어져 있다는 것이다.

> 모두[忠·孝·信·仁의 理]가 이 마음에 있다. 이 마음은 곧 리(理)이다. 이 마음이 추호의 사욕의 가림이 없으면 그것이 곧 천리인 것이며, 밖에서 한 푼도 더 보탤 것이 없다(「傳習錄 上」 3조목).

> 마음은 하나뿐이나 이것은 단지 불쌍하고 측은하게 여겨 차마 하지 못하는 인간의 전체적인 마음으로 말하자면 인(仁)이라 하는 것이고, 그 의당함을 얻은 면에서 말하자면 의(義)라 하는 것이고, 그 조리(條理)의 측면에서 말하면 리(理)라 하는 것이다(「傳習錄 中」 133조목 答顧東橋書).

양명은 사욕이 없는 내 마음을 천리라고 하는 것이다. 그것은 마음의 조리, 즉 마음 자체의 본유적 원리(innate principle)로서 인의 등과 같은 다양한 이치로 구현되는 마음의 근원적 리(理)라고 하는 것이다. 이 천리는 행위의 옳고 그름의 기준, 구체적 사물의 이치의 궁극적 표준이며, 그것은 내적 도덕성과 도덕법칙으로 더 이상의 조건이 필요 없는 그 자체로서 완전한 이치이며, 지선(至善)이다.

셋째, 내 마음은 천리(天理)를 자각하고, 무수한 개별적 리(理)를 구현하는 역동적이며 창조적인 기능을 지니고 있다는 것이다.

> 무릇 마음의 본체는 천리(天理)이다. 천리의 소명령각(昭明靈覺)을 이른바 양지(良知)라고 한다(『王陽明全集』 卷5 答舒國用).

> 양지라는 것은 맹자가 말한바 시비지심(是非之心)이다. 사람은 누구나 그

것을 가지고 있다. 그것은 숙고하지 않아도 알고 배우지 않아도 할 수 있
는 것이다. 이런 까닭에 양지라고 한다. 이는 바로 천(天)이 명(命)한 성
(性)이요, 오심(吾心)의 본체이다. 자연히 영소명각(靈昭明覺)한 것이다(『
王陽明全集』卷26 大學問).

양명은 양지(良知)란 모든 사람의 마음에 선천적으로 주어진 것
으로, 천리(天理)에 대한 명석한 영적(靈的) 각성(覺性)이라고 한
다. 천리에 대한 영각(靈覺)으로서 양지는 천지만물을 한 몸[一體]
으로 삼는 범인류애적 감정, 시비(是非)의 분별력, 효(孝)·제(悌)·
측은(惻隱) 등과 같은 도덕적 의무 및 감정으로 지칭된다.[28]

또한 이러한 양지는 만 가지 이치의 근거가 되고, 행위의 옳고
그름의 평가 기준이 된다는 것이다. 따라서 양지는 도덕적 행위의
주관적 준칙이라고 할 수 있다.

마음[心]의 본체[體]는 성(性)이며 성은 곧 리(理)이다. 그러므로 어버이
에게 효도하고자 하는 마음이 있으면 효(孝)의 리(理)가 있다. … 마음은
비록 한 육신에 대해 주재가 되지만 실로 천하의 리(理)를 관장한다. 리
(理)가 비록 만사에 흩어져 있으나 한 사람의 마음 밖에 있지 않다(「傳習
錄 中」133조목 答顧東橋書).

대저 절목시변(節目時變)에 대한 양지(良知)는 방원장단(方圓長短)에 대
한 규구척도(規矩尺度)와 같다. 절목시변을 미리 정할 수 없는 것과 같이
방원장단은 이루 다 궁구할 수 없다. 그러므로 규구가 진실로 확립되면 방
원을 속일 수 없고 천하의 방원을 이루 다 쓸 수 없다. 척도가 진실로 베
풀어지면 장단을 속일 수 없고 천하의 장단을 이루 다 쓸 수 없다(「傳習
錄 中」139조목 答顧東橋書).

양명에 의하면 양지(良知)는 미발(未發)의 중(中)·확연대공(廓然

___
28)「傳習錄 中」179조목 答聶文蔚書와「傳習錄 上」8조목 등 참조.

大公)·적연부동(寂然不動)한 마음의 본체이며, 지선(至善) 즉 궁극적이며 절대적 선으로 그 자체 목적적이며 본질적인 것으로 다른 것을 위한 수단적, 조건적 선이 아니다.[29] 마치 자나 저울이 온갖 사물의 장단(長短)과 경중(輕重)을 잴 수 있듯이, 양지는 온갖 선악과 시비의 평가기준이며, 자신의 덕성을 밝히고 백성을 친애하게 하는 궁극적이며 주관적인 준칙이다.[30] 따라서 모든 사물의 이치와 행위의 시비는 이 양지에 비추어 결정된다고 한다.

또한 양명에 의하면 양지(良知)는 중(中)·대공(大公)·부동(不動)하는 본체[31]에 따라 그 스스로의 작용에 의해 확충, 구현됨으로써 만 가지 이치를 구현하고, 행위의 옳고 그름을 스스로 평가한다는 것이다.

> 천지 사이에 활발발(活潑潑)한 것은 이 리(理)가 아님이 없으니 이것은 곧 내 마음의 양지(良知)가 유행불식(流行不息)하는 것이다. 치량지(致良知)는 반드시 일이 있는 중에서의 공부이다(「傳習錄 下」 330조목).

> 양지(良知)는 조화(造化)의 정령(精靈)이며, 이 정령은 천(天)을 생(生)하고 지(地)를 생하며, 귀(鬼)를 이루고 제(帝)를 이루니, 모두가 이것으로부터 나온다. 진실로 이것은 물(物)과 견줄 수 있는 것이 아니다(「傳習錄 下」 261조목).

양명에 의하면 마음의 본체인 천리(天理)나 양지(良知), 인(仁) 등은 천지의 생성, 조화의 존재론적 원리로서 그 자체 무한한 창조

---

29) 「傳習錄 中」 155조목 答陸原靜書.

30) 『王陽明全集』 卷26 大學問: 至善이란 것은 明德, 親民의 지극한 準則이다. 天이 命한 性은 순수하게 至善이다. 그 靈昭不昧한 것은 이 至善의 發이요, 이는 바로 明德의 本體요, 바로 良知라고 하는 것이다. 「傳習錄 下」 206조목에서는 良知를 '自家底準則'이라고 한다.

31) 「傳習錄 中」 155조목 答陸原靜書.

적 기능을 지니고 있으며, 스스로 작용한다고 하는 것이다. 따라서 그로부터 무한한 개별적 이치와 시비가 분별되고,[32] 천지만물을 한 몸[一體]으로 삼는 인심(仁心)이 다양한 형태로 구현된다고 하는 것이다.[33] 또한 마음의 본체의 작용은 감이수통(感而遂通), 발이중절(發而中節), 물래이순응(物來而順應)하는 것이라고 한다. 따라서 양지의 작용은 내면의 도덕성과 도덕법칙을 그때그때 상황에 합당하게 구현할 수 있는 무한한 창조적 능력이라고 할 수 있다.[34]

4. 심체(心體)는 지행합일(知行合一)이다

지행(知行)에 관한 양명의 이론은 주체와 대상의 이분법(二分法 dichotomy)을 전제로 하는 인식론(認識論)이 아니라, 지행합일(知行合一)을 심체(心體)의 근본적 구조로 보았다는 점에서 심성론(心性論)의 또 다른 표현이라고 할 수 있다.

첫째, 양명이 사용하는 지(知)라는 개념이란 외적 사물로부터 획득된 관념적이고 추상적인 지식을 지칭하는 것이 아니라, 본유(本有)의 선험지(先驗知)이며 주체적 반성을 통해 자각(自覺)되고 구현되는 지성(知性)이다. 행(行)이란 무의식적인 행위나 우둔한 행위가 아니라 행위 주체의 자기반성과 자각에 기초한 행위이다.

그는 말하기를 "지(知)의 진절독실처(眞切篤實處)가 곧 행(行)이요, 행(行)의 명각정찰처(明覺精察處)가 곧 지(知)이다. 지행공부는

---

32) 「傳習錄 上」 8조목과 「傳習錄 中」 179조목 答聶文蔚書 등 참조.

33) 『王陽明全集』 卷26 大學問.

34) 「傳習錄 上」 22조목: 義理無定在 無窮盡. 「傳習錄 中」 168조목 答歐陽崇一: 良知不由見聞而有 而見聞莫非良知之用 故良知不滯於見聞 而亦不離於見聞. … 蓋日用之間 見聞酬酢 雖千頭萬緒 莫非良知之發用流行 除卻見聞酬酢 亦無良知可致矣.

본래 나눌 수 없다. … 진지(眞知)는 행위의 소이(所以)가 되며 행하지 않음은 지(知)라고 할 수 없다."35)라고 하여, 마음의 리(理)에 대한 진절독실한 지(知)는 곧 행위로 나아가고, 마음의 리(理)에 대한 명각정찰한 행(行)은 곧 지(知)를 기반으로 삼는다고 한다. 따라서 "지(知)는 행(行)의 주의(主意)요, 행(行)은 지(知)의 공부이다. 지는 행의 시작이요, 행은 지의 완성이다."36)라고 한다. 지란 행위를 그 중요한 취지로 삼으며, 행위는 지를 이루는 공부라고 하는 것이다. 따라서 지는 행위를 가능하게 하는 시원적 근거로서, 행은 지를 실증하고 확증하는 것으로, 양자는 서로를 그 자체에 포함하고 있다는 것이다. 양명에 의하면 참다운 지는 구조적으로 이미 그 자체에 실천의 의도가 잠재해 있으며, 실질적 작용의 측면에서 본다면 지는 현실적으로는 행동의 기반 또는 조건이 된다. 한편 참다운 행이란 구조적으로 미지의 앎에 대한 동경과 이를 향한 과정으로 볼 수 있으며, 현실적으로는 행동은 이미 알고 있는 앎의 확증 또는 구현이라 할 수 있다.

둘째, 양명은 심리 및 인식의 구조 및 작용의 측면에서 본다면 지와 행은 분리될 수 없는 하나라는 것이다.

> 사람은 반드시 음식을 먹고자 하는 마음이 있은 후에 먹을 줄 안다. 먹고자 하는 마음이 곧 의(意)이니 이것이 행(行)의 시작이다. 음식 맛의 좋고 나쁨은 반드시 입에 넣어 본 후에 안다. 어찌 먹어 보지 않고 이미 먼저 음식 맛의 좋고 나쁨을 알겠는가? (「傳習錄 中」 132조목 答顧東橋書)

양명은 한 생각의 발동[一念發動] 또는 무엇을 하고자 하는 의

---

35) 「傳習錄 中」 133조목 答顧東橋書.

36) 「傳習錄 上」 5조목.

욕[意]을 행위의 시작이라고 정의한다.[37] 그런데 한 생각이나 의욕이란 아무런 근거나 목적 없이 이루어지는 경우는 거의 없다.

> 마음의 허령명각(虛靈明覺)은 소위 본연(本然)의 양지(良知)이다. 그 허령명각한 양지가 감응하여 동(動)하는 것을 의(意)라고 한다. 지(知)가 있은 후에 의(意)가 있는 것이며 지(知)가 없으면 의(意)는 없는 것이다. 그러므로 지(知)는 의(意)의 본체[體]가 아니냐? 의(意)의 소용(所用)에는 반드시 그 물(物)이 있는 것이며 물은 곧 사(事)이다. 마치 의(意)가 어버이를 섬김에 작용하면 어버이를 섬기는 것이 하나의 물(物)인 것과 같다 (「傳習錄 中」 137조목 答顧東橋書).

양명에 의하면 한 생각이나 의(意)는 마음의 본체인 지(知), 즉 양지(良知)로부터 연유하며, 행(行)의 발단인 의(意)는 사물과 분리할 수 없는 지향성을 지니며, 행(行)은 본연의 양지에 따라 그 사물을 바르게 하는 것이라고 한다. 따라서 양명이 주장하는 지행합일이란 의(意)의 순수성[誠意]을 전제로 하며, 그 의(意)를 매개로 하나가 된다는 것을 의미한다.

셋째, 지행합일(知行合一)이란 양지 자체가 지니는 역동적 특성으로 설명될 수 있다. 즉 행이란 양지 자체의 자연적 유행(流行)이며 그래서 지행은 하나라는 것이다.

> 천지 사이에 활발발한 것은 이 리(理)가 아님이 없으니 이것은 곧 내 마음의 양지(良知)가 유행불식(流行不息)하는 것이다. 치량지(致良知)는 반드시 일이 있는 중에서의 공부이다(「傳習錄 下」 339조목).

풍우란(馮友蘭)은 양명에게 지(知)란 양지(良知)를, 행(行)이란

---

37) 「傳習錄 下」 226조목.

치량지(致良知)를 의미한다고 한다.38) 그렇다면 양명에게 행(行)이란 '양지(良知)의 구현'이라는 의미이다. 근본적으로는 양지는 그 자체 스스로를 구현하는 능동성을 지닌다. 지와 행이 합하여 하나가 된다고 하는 것은 지와 행 사이에 시간적 간격이나 단절이 없다는 의미이다. 마치 호색(好色)을 보면[知] 자연스럽게 호색을 좋아함[行]과 같다.39) 참다운 지는 곧바로 행으로 자연스럽게 온전히 이행된다는 의미이다. 이것은 사욕이 개재되어 있지 않은 자연스러운 감정에 충실한 상태이며, 외적 제약이나 비본질적 자아의 욕구로부터 자유로운 상태를 지칭하는 것이다. 결국 지행합일이란 양지 자체가 지닌 유행성(流行性), 조화성(造化性), 영명성(靈明性) 등 역동적 활동의 특징을 지칭하는 것이라고 할 수 있다. 즉 궁극적 실재인 천리와 동일시되는 인간의 내적 천리(天理)인 내 마음의 양지는 그 스스로 무수한 사물에 유연하게 창조적으로 대응한다는 것이다. 양지 자체의 확충, 구현이 곧 지행합일(知行合一)의 경지이다.

양명의 지행합일론이란 마음의 본체인 지(知)는 내적 리(理)에 대한 명각(明覺)으로 행(行)과 하나라는 것이다. 지(知)와 행(行)은 심리적 구조상 하나의 통일체를 형성하며, 양자는 상호 의존성을 지니고 있으며, 또한 지(知) 자체는 부단한 창조성을 지니고 있다는 점에서 지행합일을 주장한 것이라 하겠다.

---

38) 馮友蘭 『中國哲學史 上』 952쪽. 「傳習錄 中」 139조목 答顧東橋書: 신하로서 당연히 충성해야 한다는 것을 아는 자 모두를 그 충성의 知를 능히 이룬(致) 자라고 한다면, 천하에 누군들 致知하지 않았다고 하겠는가? 이런 식으로 말하자면 致知는 반드시 行에 있다는 것을 알 수 있고, 행하지 않고서는 致知를 했다고 말할 수 없는 것이 더욱 분명하지 않은가?

39) 「傳習錄 上」 5조목.

5. 심체(心體)는 천지만물(天地萬物)과 한 몸(一體)이다

양명은 당시 사람들 가운데에는 이기심과 물욕으로 인해 본심을 소홀히 여기고, 인정이 막혀 자타를 구별하고, 심지어는 부모와 형제를 원수처럼 여기는 자가 있다고 한다. 또한 성현(聖賢)의 도(道)가 사라지고, 외형만 그럴듯하고 이기적인 욕망을 채우고자 하는 패자(覇者)들이 남을 속이는 잔꾀와 타국을 공벌(攻伐)하는 데 마음을 돌리는 등 하늘을 기만하고 사람을 속여 명리(名利)만을 취하는 데 여념이 없다고 한다. 이로 인하여 투쟁과 겁탈의 화란(禍亂)이 그치지 않게 되었다고 하는 것이다.[40]

양명은 이러한 당시의 폐단을 바로잡고자 천지만물을 한 몸으로 삼는 본심(本心)의 회복을 종신(終身)토록 절규하였다고 한다.[41] 이러한 그의 노력은 이른바 발본색원론(拔本塞源論)과 답섭문위서(答聶文蔚書), 대학문(大學問) 등에 잘 표현되어 있다.

> 대인(大人)은 천지만물을 한 몸으로 삼는 자이다. 그는 천하를 보기를 일가(一家)와 같이 여기고, 중국(中國)을 일인(一人)과 같이 보는 자이다. … 대인이 천지만물을 한 몸으로 삼을 수 있음은 의도적인 것이 아니라, 그 마음의 인(仁)이 본래 그러하기 때문이다. … 대인의 학이란 오직 그 사욕의 가림을 제거하여 명덕(明德)을 밝힘으로써 천지만물과의 한 몸[一體]인 본래성을 회복함이다. … 명명덕(明明德)은 일체(一體)인 본체[體]를 세움이요, 친민(親民)은 천지만물 일체(一體)의 작용[用]을 달성하는 것이다(『王陽明全集』 卷26 大學問).

양명은 대학의 목표를 천지만물을 일체(一體)로 삼는 인간 보편

---

40) 「傳習錄 中」 142조목 答顧東橋書.

41) 「傳習錄 中」 錢德洪序.

의 인심(仁心)의 자각과 실현에 두었다. 천지만물을 일체로 삼을 수 있는 것은 인(仁)이 인간의 마음에 본래 주어져 있어 정신과 기운이 서로 통하여 자타의 구분과 물아(物我)의 간격이 없기 때문이다.[42]

양명은 인심의 영명한 일기(一氣)가 만물을 일체(一體)이게 하는 것이라고 한다.

> 제자가 물었다. "인심(人心)과 물(物)은 동체(同體)라고 하는데 내 몸과 같은 것은 원래 혈기가 유통하므로 그것을 동체라 할 수 있겠습니다만, 다른 사람에 대해선 체(體)가 다릅니다. 그리고 금수나 초목은 더욱 먼데 어찌 동체라 합니까?"
> 선생께서 말했다. "너는 다만 감(感)하고 응(應)하려고 할 때에 보아라. 어찌 금수초목뿐이겠는가? 비록 천지라도 나와 더불어 동체이며 귀신도 나와 동체인 것이다."
> 여쭈어 물으니, 선생께서 말씀하셨다. "네가 이 천지 가운데서 보면 무엇이 천지의 마음이겠는가?"
> 대답하기를 "일찍이 사람이 천지의 마음(心)이라고 들었습니다."
> 선생께서 물었다. "사람에게선 또한 무엇이 마음이라 가르쳤는가?"
> 대답하기를 "단지 하나의 영명(靈明)일 뿐입니다."
> (선생께서 말했다) "그래서 천지에 충만한 것은 다만 이 영명이 있음을 알 수 있는 것이다. 인간은 형체로써 스스로 간격이 있는 것이지만 나의 영명은 곧 천지귀신의 주재(主宰)이다. 천(天)에 나의 영명이 없다면 누가 올려다보아 그것을 높다고 하겠는가? 지(地)에 나의 영명이 없다면 누가 내려다보아 그것이 깊다고 하겠는가? 귀신에 나의 영명이 없다면 누가 길흉재상(吉凶災祥)을 변하겠는가? 천지 귀신만물에 나의 영명이 떠나면 곧 천지만물이 없는 것이다. 나의 영명이 천지 귀신만물에서 떠나면 또한 나의 영명이 없는 것이다. 이와 같은 것은 곧 일기(一氣)가 유통(流通)한 것이니 어째서 그것과 간격이 있겠는가?"(「傳習錄 下」336조목 黃省曾錄)

한 몸[一體]으로 삼는다고 하는 것은 천하 사람들에 대하여 내외

---

42) 「傳習錄 中」142조목 答顧東橋書와 「傳習錄 下」336조목 黃省曾錄 참조.

(內外)나 원근(遠近)의 구별을 두지 않고, 혈기 있는 것이면 형제나 자식처럼 여기어 그들을 안전하게 하고 가르치며 부양하는 것이다.43) 또한 이웃의 불행을 보면 체면이나 자신의 위험을 무릅쓰고 구하고자 하는 것이다.44) 이처럼 천지만물을 일체로 삼는 마음을 양지(良知)라고도 한다.

그래서 양명은 천지만물을 자신과 한 몸으로 삼는 인심(人心)의 본체인 인(仁)을 실현하는 방법으로 『대학』에서 제시한 바 있는 명명덕(明明德)과 친민(親民), 그리고 치량지(致良知)를 제시한다. 양명에 의하면 만물을 한 몸으로 삼는 인(仁)을 구현하는 근본적 주체는 양지(良知)이다. 양지는 인(仁)을 자연스럽게 그리고 창조적으로, 가까이에서 멀리까지 대상과 상황에 따라 적절하게 구현한다. 어린애가 우물에 빠지는 것을 볼 때 반드시 그리고 자연적으로 출척측은지심(怵惕惻隱之心)을 발휘하며, 새나 짐승이 슬피 울고 벌벌 떨 때 불인지심(不忍之心)을 가지게 되며, 초목이 꺾일 때 민휼지심(憫恤之心)을 가지며, 기와나 돌이 깨질 때 고석지심(顧惜之心)을 드러내는 것은 인간이면 누구나 지니고 있는 일체적(一體的) 동류의식(同類意識)으로서 인(仁)을 깊이 자각하고 이것을 대상과 상황에 따라 표출할 수 있기 때문이다. 이처럼 일체(一體)의 후박(厚薄)에 대한 판단을 양지(良知)의 자연스러운 조리(條理)라고 한다.45) 따라서 만물을 일체로 삼는 인(仁)에 대한 자각과 실천력으로서 양지를 확충하는 치량지(致良知)는 대동(大同) 사회의 실현을 목표로 삼는다고 하겠다.46)

---

43) 「傳習錄 中」 142조목 答顧東橋書.
44) 「傳習錄 中」 181조목 答聶文蔚書.
45) 『王陽明全集』 卷26 大學問.
46) 「傳習錄 中」 183조목 答聶文蔚書.

Ⅲ. 마음에 관한 당위 – 실천적 규정

양명은 학문의 핵심과 궁극적 목적을 치량지(致良知)라고 한다.[47] 양명의 심철학을 대표하는 명제인 치량지는 양지 자체의 확충, 구현의 작용을 방해하고 왜곡하는 이기적 욕구[私欲]와 물질을 지향하는 욕구[物欲]를 극복하고, 본연의 양지를 온전히 구현하고자 하는 실천 – 당위적 규정(prescription)의 의미를 함축하고 있다.

양명은 입지(立志)를 학문을 함에 있어서 본원(本原)이라 하고,[48] 긴요대두뇌(緊要大頭腦)라고 한다.[49] 한편 그는 성의(誠意)에 대해서 무외유내(務外遺內)하고 박이과요(博而寡要)한 당시 학자들의 고질(痼疾)을 바로잡는 공부의 제일의 뜻이라고 하며,[50] 학문적 대두뇌처라고 한다.[51] 그런데 입지(立志)와 성의(誠意)는 내 마음의 천리(天理)인 양지(良知)를 보존, 확충하는 핵심적 방법들이다.

1. 뜻을 세움[立志]

양명에 의하면 입지(立志)란 이 마음의 천리(天理)를 보존하기를 생각하는 것이라고 한다.

---

47) 「傳習錄 中」 168조목 答歐陽崇一: 致良知 是學問大頭腦 是聖人敎人第一義.

48) 「傳習錄 上」 30조목: 爲學須有本原 須從本原上用力 漸漸盈科而進. … 立志用功 如種樹然.

49) 「傳習錄 中」 144조목 啓問道通書: 大抵吾人爲學緊要大頭腦 只是立志.

50) 「傳習錄 中」 130조목 答顧東橋書: 來書云 近時學者務外遺內 博而寡要. 故先生特倡誠意一義 鍼砭膏肓 誠大惠也. … 若誠意之說 自是聖門敎人用功第一義.

51) 「傳習錄 中」 129조목 答顧東橋書: 所以提出箇誠意來說 正是學問的大頭腦處.

> 단지 천리(天理)를 보존하기를 생각하는 것이 곧 지(志)를 세우는 것이다
> (「傳習錄 上」 16조목).

> 선한 생각[善念]을 보존할 때 이것이 곧 천리(天理)이다. 이 생각이 선한
> 즉 다시 어떤 선을 생각하겠는가? … 이 생각은 마치 나무의 뿌리나 싹
> 과 같다. 뜻을 세우는 것[立志]은 이 선한 생각을 잘 세우는 것일 뿐이다.
> '마음이 욕구하는 바를 좇아도 법도를 어김이 없다.'고 한 것은 단지 이러
> 한 뜻이 익숙한 경지에 이른 것이다(「傳習錄 上」 53조목).

양명은 학문의 진보가 이루어지지 않는 것은 입지(立志)를 하지
않았기 때문이라고 하며, 입지한다고 하는 것은 그 뜻과 마음이 천
리를 보존하고자 하는 것이며, 또한 성인(聖人)을 지향하는 것이며,
그것은 곧 양지(良知)를 온전히 하고자 하는 데 있다고 한다.[52]

양명이 학문을 함에 있어서 입지를 가장 근본적인 것이며, 중요
하고도 우선적인 것으로 삼은 이유는 첫째, 뜻[志]이 확립되지 못
하면 일의 성취를 기대하기 어렵기 때문이다. 뜻이 확립되지 않은
것은 마치 방향타가 없는 배, 재갈이 없는 말과 같다고 한다.[53] 또
한 그는 입지를 나무의 뿌리와 싹에 비유하며,[54] 뜻이 확립되지 못
하는 것은 그 뿌리를 심지 않고 배양하며 물을 대주는 것과 같아
노고는 있으나 결실은 없는 것과 같다고 비유적으로 말한다.[55] 또
한 그는 지(志)를 기(氣)의 장수(將帥)라고 지칭하면서, 지(志)가
확립되지 못한 것을 샘에 물이 마르고, 나무의 뿌리가 심겨져 있지
않고, 사람의 목숨이 이어지지 않는 것에 비유해서 설명하였다.[56]

---

52) 「傳習錄 下」 260조목.
53) 『王陽明全集』 卷26 續編1 敎條示龍場諸生 立志.
54) 「傳習錄 上」 53조목.
55) 『王陽明全集』 卷7 文錄4 序記說 示弟立志說 乙亥.
56) 『王陽明全集』 卷7 文錄4 序記說 示弟立志說 乙亥.

그래서 모든 일에 앞서는 것이 입지임을 말하였다.57)

둘째, 뜻[志]에 따라 행동의 방향 및 목적이 결정되며, 결국 인격이 형성된다는 것이다.58) 따라서 양명은 인간의 가소성(可塑性, plasticity)을 믿었던 것으로 보인다. 만일 인간이 지향하는[志] 바가 자신의 이익이나 공명(功名)이라고 한다면 그의 행위의 원칙은 이익과 공명이 될 것이며, 그 이상의 가치를 추구하지 않을 것이다. 설사 외형적으로 의(義)와 도(道)에 합당한 행위라 할지라도 그것을 하고자 한 뜻 또는 동기가 공리(功利)에 있었다고 한다면 진정한 의미에서 그 행위를 의(義)와 도(道)라고 할 수 없다는 것이다. 이러한 점에서 양명은 행위의 도덕성 여부를 그 행위의 동기에서 찾았으며, 그 행위의 외적 형식이나 결과에서 찾지 않았다고 할 수 있다.

양명이 지(志)를 세우라고 하는 것은, 뜻을 천리 또는 양지로 지향하되, 그것은 단지 일회적인 것이 아니라 지속성을 지녀야 한다는 것을 의미한다.

입지란 천리(天理)나 선(善) 등에 대한 염원을 '항상[常]' 보존하는 것, 이러한 일념(一念)을 따라 '존양(存養)·확충(擴充)해 나가는 것'일 뿐이라고 한다.59) 그래서 입지란 나무를 심고 가꾸는 것과 같아서, 일단 뿌리를 심을 뿐만 아니라 그 나무를 잘 배양해야 하는 것이다. 그래서 뿌리를 심는 것으로부터 크게 성장하기에 이르기까지 그 나무의 가꾸는 일에 전념하되 잊지 않으며[勿忘], 조장하지 말아야[勿助長] 한다는 것이다.60)

---

57) 『王陽明全集』 卷33 年譜1 正德 5年 39歲 11月 : (黃宗賢 縉이 後軍都督府 都事가 되었을 때 그와의 대화에서 한 말) 人惟患無志 不患無功. 『王陽明全集』 卷26 〈敎條示龍場諸生〉에서 立志를 勤學, 改過 責善 등에 우선하는 것으로 말하였다.

58) 『王陽明全集』 卷4 與黃誠甫 癸酉(正德 8년(42세)와 『王陽明全集』 卷26 續編1 敎條示龍場諸生 〈立志〉등 참조.

59) 『傳習錄 上』 16조목.

천리를 보존하고자 하는 선념(善念)을 '전일(專一)'하고, 정신심사(精神心思)를 '응취융결(凝聚融結)'해야 한다고 한다. 보고 듣고 하는 일에 있어서 그가 지향하는 바를 오로지 하고 다른 것을 보거나 그것에 귀 기울이지 않는 것이다. 그것은 마치 고양이가 쥐를 잡을 때 정신과 심사를 모으고 결합하여 다른 것을 다시는 알지 못하는 것과 같다. 그런 후에 이 지(志)가 항상 확립되어 신기(神氣)가 정명(精明)하고 의리(義理)가 밝게 드러난다고 한다.[61]

이처럼 뜻을 세움[立志]이 익숙하게 되는 경지를 공자가 말한 '종심소욕불유구(從心所欲不踰矩)'라고 말한다.[62] 따라서 입지가 충분히 성숙하게 될 때, 나의 주관적 의지가 보편적 도덕 법칙[天理]에 합치하는 경지에 이르게 된다고 하는 것이다.

2. 의(意)를 진실하게 함[誠意]

왕양명은 성의(誠意)를 심체(心體)인 천리(天理)에 따르고, 중(中)을 지키는 방법으로 제시하였다.

> 이 성의(誠意)란 사의(私意)가 없는 것이다. 성의는 단지 천리(天理)에 따르는 것이다. 비록 천리를 따를지라도 또한 조금의 사의에라도 집착하게 되면 화내고 노여워하며 좋아하고 즐거워함에 있어서 그 올바름을 얻지 못한다. 모름지기 마음을 텅 비우고 지극히 공정해야 하는데, 이것이 마음의 본체이다. 이것을 안다면 미발(未發)의 중(中)을 안다(「傳習錄 上」 101조목).

---

60) 「傳習錄 上」 115조목.
61) 『王陽明全集』 卷7 文錄4 序記說 示弟立志說 乙亥.
62) 「傳習錄 上」 53조목.

　양명이 성의(誠意)를 학문의 핵심으로 삼은 것은 유가의 대표적인 경전인 『대학』 공부의 중심을 성의(誠意)로, 『중용』의 핵심을 성신(誠身)으로 이해하고, 궁극적 경지를 지성(至誠)으로 파악하였기 때문이다.[63]

　어떠한 근거로 양명은 성의를 『대학』과 『중용』을 포괄하는 핵심으로 보았는가? 양명은 과연 성의를 어떻게 설명하였는가? 양명은 의(意) 및 이와 관련된 개념들을 다음과 같이 정의한다.

> 육신을 주재하는 것은 마음이다. 마음이 발동한 것은 의(意)이다. 의의 본체는 지(知)이다. 의가 있는 곳이 물(物)이다. 의가 어버이를 섬김에 있으면 어버이를 섬김이 하나의 물이다(「傳習錄 上」 6조목).

　양명에 의하면 '의(意)'란 우리 마음의 '의지(意志)' 또는 '의욕(意欲)', 즉 우리 마음이 무엇인가를 행하고자 하는 지향적 활동성이라 할 수 있다. 양명은 의(意)의 소재, 즉 의가 지향하는 대상(object)을 물(物), 즉 사(事)라고 한다. 즉 물이란 나의 의를 떠나 생각할 수 없는 것이며, 의는 항상 물을 포함하는 것이다. 따라서 사(事)를 바르게 한다는 의미의 격물(格物)이란 '나의 의(意)가 지향하는 사(事)를 바르게 함'이라고 말할 수 있다. 이러한 격물의 방법적 핵심은 곧 성의(誠意)로 귀결된다. 그래서 그는 "성의(誠意)에 힘쓰지 않고 한갓 격물(格物)한다는 것은 지리(支離)하다."라고 하는 것이다. 반면 "격물(格物)을 하지 않고 헛되이 성의(誠意)를 한다고 하는 것은 공허(空虛)한 것이다."라고 한다. 즉 성의를 결여

---

63) 「傳習錄 中」 129조목 答顧東橋書: 先生曰大學工夫卽是明明德 明明德只 是箇誠意 誠意的工夫只是格物致知. 若以誠意爲主 去用格物致知的工夫 卽工夫始有下落. 卽爲善去惡 無非是誠意的事. …大抵中庸工夫只是誠身 誠身之極 便是至誠. 大學工夫只是誠意 誠意之極 便是至善.

한 격물은 근본이 확립되지 못한 것이며, 격물 없는 성의란 공허한 것이다.64) 또한 의의 지향적 활동은 지(知)라는 본체에 준거한 활동이라고 할 수 있기 때문에 성의(誠意)의 공부가 바로 지(知)의 구현으로서 치지(致知)인 것이다.

그렇다면 '의(意)를 진실하게 한다[誠意]'고 할 때의 '진실하게 함'이란 무슨 의미인가? 진실하게 함이란 의가 어떤 물을 지향할 때, 즉 어떤 일(事)을 도모할 때, 첫째로 어떤 일을 하고자 하는 뜻을 반드시 실행하고자 하는 것을 의미한다. 둘째, 그 스스로를 속임이 없이 스스로 만족하기를 구하는 것이다.

> 대개 나의 견해는 곧 이른바 부모를 겨울에 따뜻하게, 여름에 시원하게 해 드리고 부모를 봉양하고자 의욕하는 것을 의(意)라 하지 성의(誠意)라고 말하지 않는다. 반드시 온청봉양(溫淸奉養)하고자 하는 뜻을 실제로 행함에 스스로 만족하기를 구하여 자신을 속이지 않기를 힘쓴 연후에 그것을 성의(誠意)라고 말하는 것이다(「傳習錄 中」 138조목).

의(意)를 진실하게 한다고 하는 것은, 의가 지향하는 바를 반드시 실천하고자 하는 것이며, "성의(誠意)라고 하는 것은 스스로를 속이지 않는 것이니, 호색(好色)을 좋아함과 같은 것이며 이것을 스스로 만족함이라 하는 것이다. 그러므로 군자는 반드시 신독(愼獨)해야 한다."65)라고 하여, 성의란 타인의 시인과 비난, 만족과 불만에 상관없이 그 자신에게 충실하고 진실하여 그 스스로 만족하기를 구하는 것이다.

따라서 성의를 신독(愼獨)과 별개의 것으로 보지 않은 것이다.

---

64) 『王陽明全集』 卷26 大學問.
65) 『王陽明全集』 卷26 大學問.

양명은 『중용』의 계신(戒愼)·공구(恐懼)를 신독(愼獨)의 공부로 요약하며, 『대학』의 성의(誠意)를 신독(愼獨)과 연결시킨 것이다. 양명은 계신, 공구, 성의, 신독 등의 공부를 독지(獨知), 즉 남이 보든 보지 않든 그 자신만이 아는 앎에 하나같이 힘쓰는 공부임을 말하고 있다.66) 이 점에서 양명이 '독신성인(篤信聖人)'하던 자하(子夏)보다 '반구저기(反求諸己)'하던 증자(曾子)를 더욱 절실하게 존중했던 것67)을 이해할 수 있다. 또 이러한 자기 성찰은 사물과 단절하는 불교의 좌선(坐禪)의 방법과 달리 매일의 일상사에서 이루어지는 것이다.

성의(誠意)란 사상마련(事上磨鍊)을 통해 일을 바르게 하고, 마음의 지선(至善)한 본체를 실현하는 치지(致知)의 공부인 것이다.68) 성의의 공부를 격물이라 하고, 격물을 치지의 실제[實]라고 하며, 치지란 물에 직면[即]하여 마음의 지(知)를 온전히 구현하는 것이라고 한다. 이처럼 성의란 사물을 떠나는 것이 아니다. 그는 "사람은 반드시 일을 통하여 자신을 연마하여야 비로소 자신을 확립시킬 수 있다. 그래야만 비로소 정(靜)에도 정(定)하고 동(動)에도 정(定)할 수 있는 것이다."69)라고 한다. 왜냐하면 일이 없을 때 마음의 고요함만을 즐기다 보면 실제로 일을 당하여 어찌할 바를 모르게 된다는 것이다. 또 자칫 그것은 독선(獨善)과 방종(放縱)에 흐를 수 있다는 것이다.

양명이 삼리(三浰)의 도적을 정벌할 때 설간(薛侃)에게 보낸 서간(書簡)에서 필승의 비책을 '마음속의 도적을 소탕함'70)이라고 한

---

66) 「傳習錄 上」 120조목.

67) 「傳習錄 上」 6조목.

68) 『王陽明全集』 卷7 大學古本序.

69) 「傳習錄 上」 23조목.

것이나, "학자가 성인(聖人)이 되고자 한다면 반드시 심체를 확청(廓淸)해야 한다."[71]라고 한 것, 또한 '성찰극치(省察克治)'[72]를 말한 것 등은, 실상 성의(誠意) 공부를 지적한 것에 지나지 않는 것이다. 공부 또는 과정으로서 성의는 궁극적으로 지성(至誠), 즉 마음의 본체인 성(誠) 자체,[73] 그리고 실리(實理)이며 하나의 양지(良知)인 마음의 본체(本體)[74]에 이르는 것이요, 그것은 사물의 마땅함에 이르는 것이다.

결론적으로 말해서 양명은 마음의 본체인 천리(天理)를 회복하고, 지행합일(知行合一)을 이루며, 양지(良知)를 구현하는 방법론적 핵심을 입지(立志)와 성의(誠意)에 두었다고 하겠다.

Ⅳ. 맺음말

왕양명은 마음의 본체[體]는 그 작용[用]과 분리될 수 없는 하나를 이룬다고 주장한다. 그는 마음의 본체인 성(性)을 리(理)라 하고 그 리를 생리(生理)로 파악하였으며, 성(性)은 역동적인 기(氣)와 분리될 수 없으며, 다양한 덕목(德目)과 이치[理]로 구현된다고 한

---

70) 『王陽明全集』 卷4 與楊仕德薛尙誠 丁丑: 破山中賊易 破心中賊難. 區區翦除鼠竊 何足爲異? 若諸賢掃蕩心腹之寇 以收廓淸平定之功 此誠大丈夫不世之偉績. 數日來諒已得必勝之策 捷奏有期矣.

71) 『王陽明全集』 卷33 年譜1 正德 5年 39歲 12月: 學者欲爲聖人 必須廓淸心體.

72) 『王陽明全集』 卷33 年譜1 正德 8年 42歲 12月: 紛雜思慮 亦强禁絶不得 只就思慮萌動處 省察克治 到天理精明後 有個物各付物的意思 自然精專無紛雜之念. 『王陽明全集』 卷33 年譜1 正德 9년: 敎學者 存天理去人欲 爲省察克治實功.

73) 「傳習錄 上」 121조목.

74) 「傳習錄 下」 281조목.

다. 따라서 양명은 심체인 성(性)을 고정된 실체로 보기보다는 역동적인 생명의 리(理)로 파악하였으며, 성(性)을 구현하는 심(心) 또한 역동적 특성과 통일성을 지닌 것으로 보았다고 할 수 있다.

이와 같은 마음의 역동적 특성과 통일성은 하늘[天]로부터 물(物)에 이르는 것들과 하나의 통일체(unit)를 이루어, 내적(內的) 천리(天理)에 따라 다양한 양상의 존재의 리(理)를 구현하고, 지(知)와 행(行)을 하나로 합하고, 천지만물을 한 몸[一體]으로 삼는다는 것이다.

이처럼 마음을 역동성과 통일성으로 파악한 왕양명은 인륜과 사물의 상도(常道)와 무관한 공허한 마음을 주장하는 불교나, 무수한 사물에 일정한 이치[理]가 객관적으로 실재하며, 나의 마음은 단지 이것들을 경험이나 학습을 통해 지각한다는 주자학에 반대하였다고 하겠다.

양명은 나의 마음에는 조리(條理), 즉 마음의 활동이 준칙으로 삼는 천리(天理)가 선천적으로 주어져 있다는 심즉리론(心卽理論)을 주장한다. 양명은 내 마음의 천리에 대한 명석한 영적 각성을 양지(良知)라고 칭한다. 궁극적, 절대적 선(善)인 천리(天理)가 밝게 드러나는 양지(良知) 또한 마음에 본유(本有)하는 지선(至善)이라고 한다. 내적 천리인 양지는 그 자체가 지니는 역동적 특성에 따라, 나의 의(意)가 지향하는 사물의 다양한 리(理)를 구현한다는 것이다. 따라서 사물의 당연한 이치는 객관적 사물에 대한 탐구를 통해 획득되는 것이 아니라, 나의 마음의 천리인 양지의 주체적 자각과 이의 구체적 실현의 산물이다.

또한 양명은 지행합일(知行合一)을 심체(心體)로 주장한다. 사욕이 없는 심체의 지(知)란 양지(良知), 즉 천리에 대한 선천적인 지로서 그것은 그 자체의 역동적 작용으로 인해 행위와 간격이 없다고 하는 것이다. 다시 말해서 양명은 양지(良知) 자체의 부단한 유행성(流行性)·조화성(造化性)·영명성(靈明性) 등 작용의 특징을 지행합일(知行合一)로 말하고 있는 것이다. 또한 마음의 활동성이며 행(行)의 단초인 의(意)는 그 본체인 양지(良知)에 따라 사물[事]을 지향한다. 의가 진실[誠]할 때 본체인 지(知)가 왜곡되거나 단절됨이 없이 사물을 바르게 하는[格物] 행위로 확충, 구현된다. 따라서 양명은 성의(誠意)를 전제로 심체(心體)인 지(知)는 행(行)과 하나가 된다고 하는 것이다. 따라서 양명이 말하는 지행합일의 지는 진실하고도 성실한 행위동기를 내포하고 있는 것이며, 행이란 천리의 명각인 양지에 근거를 두고 있다고 할 수 있다.

한편 양명은 천지만물이 일체(一體)라고 하며, 그 근거를 심체인 인(仁)과 양지(良知)에서 찾았다. 특히 그는 천지만물을 한 몸이게 하는 인(仁)을 대상과 상황에 따라 합당하게 구현하는 능력을 양지로 보았다. 심체인 양지를 확충, 구현하고자 하는 양명의 치량지설(致良知說)은 천지만물이 한 몸[一體]을 이루는 대동사회의 실현을 목표로 삼은 것이다.

양명은 양지를 측은(惻隱), 수오(羞惡), 사양(辭讓), 효(孝)와 경(敬) 등 일종의 지선한 도덕감이며 시비, 의리 등에 대한 명석판명(明晳判明)한 판단 및 실천력으로 보았다. 그에 의하면 이러한 양지는 지극히 공정하고 치우침이 없으며 외물에 흔들림이 없이 다양한 상황에 가장 적절하게 창의적으로 대처할 수 있는 능력이다. 양명은 이러한 마음의 양지를 확충하는 치량지의 방법론적 핵심으로서 입지(立志)와 성의(誠意)를 제시한다. 입지란 내 마음의 천리를 부단히, 그리고 오로지 보존하기를 지향하는 것이며, 성의란 지선한 심체인 양지를 이루기 위해서는 사물과 마주하여 마음의 발동으로서의 의를 진실하게 하는 것이다. 성신(誠身), 성의(誠意), 입성(立誠), 사성(思誠) 공부는 사물에서 이루어지는 것이며, 일이 있을 때나 없을 때나, 남이 보든 말든 그 자신만이 아는 앎[獨知, 良知]에 힘쓰는 것이다. 따라서 양명은 부단한 자기반성, 즉 '반구저기(反求諸己)'를 중시하였다.

왕양명의 심성론은 도덕적 행위의 기준이 객관적 법칙으로 격식화할 수 있는 것이 아니라, 주관적 준칙으로서 양지가 우리의 마음에 선천적으로 주어져 있다는 것을 제시하고자 하는 것이다. 양지는 다양한 양상의 존재가 하나의 통일체라고 하는 것을 자각하고, 내적 천리에 따라 사물의 당연한 이치를 상황에 따라 합당하게 확충·구현하는 창조적 능력이라고 하는 것이다. 이러한 통일성과 창조성을 지닌 양지를 확충, 구현하는 핵심적 방법은 입지와 성의라고 하는 것이다. 따라서 양명에 따르면 행위에 대한 도덕적 평가의 기준은 그 행위의 결과나 그 행위가 의거하는 법칙의 형식적 타당성이 아니라, 그 행위의 동기라고 할 수 있다.

왕양명의 지행합일설[1]

Ⅰ. 머리말

이 연구는 양명(陽明) 왕수인(王守仁, 1472~1528)의 행적과 사상을 편지, 대화, 그리고 연보의 형식으로 기술하고 있는 『왕문성공전서(王文成公全書)』에 의거하여, 그가 평생을 진력하여 간절히 추구했던 학(學)의 의미와 방법을 해명하기 위하여 마련된 것이다.

왕양명의 사상이 담긴 위의 저술은 체계적이거나 조직적인 것이 아니다. 따라서 논자는 이를 몇 개의 주제에 맞추어 재구성(再構成)하고 해석(解釋)함으로써 왕양명의 사상에 대한 이해를 도모하고자 하는 것이다.

특히 논자는 양명이 학(學)에 대한 규정을 통해 학 및 교(敎)의 방법으로서 지(知)와 행(行)의 본질과 내용, 그리고 이들의 관계를

---

1) 이 연구는 「王陽明의 知行合一 사상」(서울대 석사학위논문, 1981. 2.)을 부분적으로 수정하고 보완한 것임.

어떻게 설명하고 있으며 그러한 주장의 의미가 무엇인지를 고찰하고자 한다. 지행(知行)의 문제는 양명 이전에도 중국의 전통적인 사상에서 항상 중요한 문제로 논의되어 왔었다. 따라서 양명의 지행합일(知行合一) 사상은 중국의 전통적인 사상의 맥락에서 이해되어야 한다. 다시 말해서 양명이 지행의 문제를 유가(儒家)의 전통으로부터 어떻게 수용하고 있으며 어떻게 발전시키고 있는가를 고찰함이 중요하다. 동시에 양명의 지행합일 사상이 가장 밀접(密接)하게 주희(朱熹, 1130~1200)의 격물치지설(物致知說)에 대한 비판에 연유하여 성립(成立)되었음을 간과해서는 안 될 것이다. 따라서 논자는 양명의 지행합일 사상을 고찰함에 있어서 다음과 같이 두 가지 각도에서 접근하고자 한다. 첫째, 양명이 유가의 전통적인 입장에서 노(老)·불(佛)을 어떻게 비판하고 있는가? 둘째, 성리학(性理學)의 집대성자(集大成者)로 알려지고 있는 주자(朱子)의 이학(理學)을 어떻게 비판하고 있는가?

이상과 같은 두 개의 창구로부터의 조망을 통해 두 개의 주제를 선정하여 양명의 지행합일 사상의 본의(本意)를 해명하고자 한다. 하나는 학에 관한 규명이다. 즉 그가 참다운 학을 어떻게 설명하고 있느냐는 것이다. 또 하나는 그러한 학의 특성규정으로부터 지행(知·行)의 본질적 내용과 관계를 어떻게 이끌어 내고 있는지를 살펴보는 것이다. 지행의 본질과 관계는 학, 지, 행 등에 관한 종래의 개념규정과의 상이성(相異性)에 유의하여 고찰될 것이다. 따라서 논자는 이상의 개념에 대한 양명 고유의 정의(定義)를 보다 명확히 할 것이다.

이러한 문제해결의 방식에 따라 본론의 제1부에서는 양명이 참다운 학문을 어떻게 규정하고 있으며, 이러한 근거를 노·불에 대한 비판과 주자학에 대한 비판을 통해 어떻게 정립하며, 나아가 그러한 규정의 전통적 근거를 어떻게 구하고 있는지 고찰하고자 한다. 제2부에서는 학의 목적을 달성키 위해, 또한 학의 참다운 본질로서 지행합일을 어떻게 설명하고 있는지 고찰하고자 한다. 이는 다음과 같이 세 가지 각도에서 검토, 고찰할 것이다. 첫째, 지행에 대한 개념규정, 둘째, 지행합일의 이론적 근거에 대한 설명이다. 이는 바로 지행의 본체(本體)에 대한 설명이 된다. 셋째, 지행의 현상, 즉 지행의 비본질적(非本質的) 관계와 이의 원인에 대한 설명이다. 제3부에서는 양명의 지행합일 사상에 대한 의의를 고찰하고자 한다. 그렇게 함으로써 양명의 본의를 이해하고 재평가할 수 있을 것이다.

Ⅱ. 학(學)의 규정

1. 기존학설에 대한 비판

양명이 참다운 성인(聖人)의 학에 이르기까지 체험한 약 20여 년에 걸친 배움의 과정은 진지한 탐구와 가혹한 시련의 연속이었다. 진지한 학문의 탐구과정이란 이른바 학의 3변(三變) 또는 5닉(五溺)이라고 하는 것이니, 이는 참된 학문을 깨닫기 위한 정신적 유랑의 표현이다. 학의 3변이란 사장(辭章), 노불(老・佛), 성학(聖學) 등의 체험이요,2) 5닉이란 임협(任俠), 기사(騎射), 사장(辭章),

---

2) 『王文成公全書』, 舊序, 刻文錄敍說, 錢德洪 錄, 5쪽. 이하는 全書로 약칭함.

신선(神仙), 불씨(佛氏) 등의 체험을 말한다.[3] 가혹한 시련이란 특히 귀주(貴州)의 용장(龍場) 역승(驛丞)으로 귀양 가기까지의 과정과, 그곳에서의 육체적·정신적 고통의 체험을 의미한다.[4] 이와 같은 부단한 학문적 자기비판과 죽음의 위협에 직면했던 가혹한 시련의 체험 등이 바로 양명의 철학적 통찰과 인격, 양자의 역동적(力動的dynamic) 성격을 형성했다고 말할 수 있을 것이다.[5]

이러한 사상적 체험과 시련의 과정을 통하여 양명이 기존의 제 학문(諸學問)에 관해서 어떻게 비판하고 있는지 고찰해 보자.

도교(道教)와 불교(佛教) 비판 양명은 도교와 불교를 비본질적인 학으로 규정한다. 그는 정통적인 유가들이 그러했듯이 도교와 불교가 현실적이고 실천적인 태도에서 벗어나 있다고 비판한다.

> 불교와 도교에서 공(空)과 허(虛)를 말하는 것은, 인륜(人倫)과 사물(事物)의 불변하는 도리[常]을 버리고 이른바 내 마음을 밝히고자 하는 것이다.[6]

> 우리 유가에서 심(心)을 기른다고 하는 것은 도리어 사물을 떠나지 않는 것이다. 다만 하늘의 법칙과 자연에 따름. 이것이 곧 공부이다. 그런데 도리어 석씨(釋氏)는 사물을 완전히 단절하고 마음을 환상적인 것으로 보아 점차로 공허(空虛)하고 적멸(寂滅)한 곳으로 빠지게 하여 세상과 아무런 교섭도 없는 것 같다. 그래서 천하를 다스릴 수 없다고 하는 것이다.[7]

도교와 불교는 현실적인 인륜생활의 규범과 사리(事理)를 외면하

---

3) 『全書』, 卷37, 陽明先生墓誌銘, 甘泉 湛若水 撰, 10쪽.

4) 『全書』, 卷32, 年譜, 4쪽.

5) Tu Wei-ming(1976), preface ix.

6) 『全書』, 卷7, 象山文集序, 9쪽.

7) 「傳習錄 下」270조목.

고 마음을 수양한다고 하나, 이는 마음을 환상적인 것으로 보는 것과 같다. 따라서 노(老) · 불(佛)에서 심의 수양이란 현실의 문제해결에 아무런 지침도 제공하지 못한다는 것이다. 이 같은 양명의 노불에 대한 비판은 사회적 존재로서 인간은 마땅히 인간관계에서 지켜야 할 당연한 규범을 가지고 있으며, 또한 이를 따라야 한다는 전제에서 출발하고 있는 것이다. 설령 도교나 불교가 불로장생(不老長生) 및 생사(生死)의 윤회(輪廻)로부터 해탈(解脫)을 궁극적으로 달성한다 할지라도 이는 구체적이고 일상적인 현실의 문제를 해결할 수 있는 지침을 제공하지 못한다는 것이다. 그래서 양명은 왕가수(王嘉秀)가 "도교와 불교가 극점(極点)에 이르면 유가와 대략 같습니다. 다만 높은 경지만이 있고 낮은 경지는 빠뜨리고 있어 아무래도 성인(聖人)의 완전(完全)함과는 같지 않습니다."[8]라는 말에 동의한다. 결국 도교와 불교는 극고명(極高明)은 있으나 도중용(道中庸)은 없다고 말할 수 있을 것이다.[9]

또한 양명은 불교가 집착으로부터의 자유를 목표로 하고 있지만 사실은 형상에 집착하고 있다는 것이다. 그 이유를 황이방(黃以方, 直)이 묻자 다음과 같이 말한다.

> 불교에서는 부자(父子)의 관계 맺음을 두려워하여 이를 끊고 도피한다. 또한 군신(君臣)의 관계를 두려워하여 도망친다. 부부(夫婦)의 관계를 두려워하여 도망친다. 이것은 모두 부자, 군신, 부부 등의 관계라는 형상에 집착되어 있기 때문에 반드시 그로부터 도피해야만 하는 것이다.[10]

---

8) 『全書』, 卷1, 9〜10쪽.
9) 馮友蘭(1966), 緖論, 1〜6쪽.
10) 「傳習錄 下」 236조목.

양명의 견해에 의하면 형상에 집착하지 않기 위하여 피할 수 없는 천륜(天倫)을 회피하는 것은 작위적(作爲的)인 집착이라는 것이다. 불교에서 말하는 무애(無碍)란 피할 수 없는 장애를 억지로 피하고자 하는 노력이니, 이는 오히려 형상에 집착하는 것이라고 할 수 있을 것이다. 그러나 유가는 부자, 군신, 부부 등의 형상에 집착하는 것같이 보이나, 사실은 그러한 관계에서 인(仁), 의(義), 별(別) 등의 천리(天理)를 다하는 것이니 형상에 집착하지 않는 것이라고 한다. 따라서 개인적 욕구를 떠나서 피할 수 없는 인륜관계에서 도덕적 의무를 다하는 것이 참으로 집착하지 않는 것이며, 반면 도덕적 책임(責任)을 회피하는 것이 사욕(私欲)에 집착하는 것이라고 한다.[11] 결국 양명에 있어서 인간은 도덕적 존재이다. 도덕성은 인간의 본질이다. 인간의 본질로서의 도덕성을 완전히 구현함이 곧 집착으로부터 자유를 획득(獲得)하는 것이다.

다음으로 양명은 선불교(禪佛敎)의 심에 관한 이론에 대해서 간접적으로 비판한다. 이는 바로 자신의 심학과 불교에서 말하는 심의 본체(本體)에 대한 설명의 상이성(相異性)을 지적한 것이다. 양명은 황홍강(黃弘綱, 正之)이 학의 방법으로서, 즉 심의 수양방법으로서 계구(戒懼)와 신독(愼獨)[12]에 관해 물었을 때 다음과 같이 말한다.

> 그것은 다만 한 가지 공부이다. 아무 일도 없을 때에는 본디 자기 홀로 의식하고 있겠지만 일이 있을 때라 할지라도 자기 홀로 의식하고 있는 것이다. 사람들이 만일 이러한 홀로 의식하고 있는 데 대하여 공부하는 것에 힘쓸 줄 모른다면, 오직 사람들 모두가 아는 것에만 힘쓰게 될 것이니, 곧

---

11) Wing-tsit Chan(1962), p. 212.

12) 『中庸』, 1장 참조.

위선(僞善)이 될 것이다. … 이 홀로만 의식하고 있는 것이 바로 성(誠)
의 싹이다. … 이미 경계하고 두려워한다 했으니 그것은 의식하고 있는
것이다. 자기가 만약 의식하지 못하고 있다면 누가 경계하고 두려워한다는
말인가? 그러한 견해는 곧 외계(外界)와 단절(斷絕)하고 본성을 멸(滅)하
여 좌선에 안주하려는 불교와 같은 방향으로 흘러가게 될 것이다. … 경
계하고 두려워한다는 것도 역시 생각하는 것이다. 경계하고 두려워하는 생
각은 언제나 멈춰서는 안 된다. 만일 경계하고 두려워하는 마음이 약간이
라도 존재하지 않는다면 멍청하거나 악한 마음에 빠져 있을 때일 것이다.
아침부터 저녁까지 늙은이나 젊은이나 만약 아무런 생각도 없게 되려면,
즉 자기의식조차도 없게 되려면 그것은 잠을 잘 때가 아니면 안 될 것이
고, 마른 나무와 불 꺼진 재가 되지 않으면 안 될 것이다.[13]

선불교의 이론 중 하나가 심의 공(空), 즉 사유(思惟)의 부재(不
在)를 통하여 심의 본체인 평정(平靜)과 사물에 대한 분별지(分別
知)로부터의 해방을 추구하는 것이다. 이 이론은 점수(漸修)를 가
르치는 북종(北宗)에 대항하여 돈오(頓悟)를 가르치는 남종(南宗)
의 창시자(創始者)인 혜능(慧能, 638~713)과 그의 제자 신회(神
會, 670~762)에 의해 옹호되었다.[14] 이러한 평정과 무분별지(無分
別智)의 획득은 논리적으로 사물에의 무관심을 야기한다. 그러나
양명은 사유의 무(無)란 생각할 수가 없는 것이라고 한다. 이는 마
음을 사물과의 긴밀한 관계에서 부단히 작용하는 것으로 보기 때
문이다. 그래서 그는 언제 어디서나 자신을 돌이켜 봄, 즉 사성(思
誠)이 요구되며, 이것이 바로 학의 요체임을 지적한다. 이렇게 될
때 하사하려(何思何慮)[15]의 자발적이고 창조적인 마음의 본래적
기능이 수행된다는 것이다.[16]

---

13) 「傳習錄 上」 120조목.
14) Wing-tsit Chan(1962), p. 211.
15) 『易經』, 繫辭 下.

양명은 선불교를 비판함에 있어서, 주자가 심의 기능보다 본체의 관점에서 공격한 데 반하여, 심의 기능을 고려하여 비판한다. 그래서 사유의 부재를 통한 본체의 이해, 정혜(定慧)의 달성, 그리고 돈오의 수행을 추구하는 선불교의 이론은 무(無)로부터 돈오를 수행하는 것이라고 비판한다. 양명은 이러한 방법 대신에 사상마련(事上磨鍊)을 주장한다.[17] 이는 자발적이고 창조적인 심의 기능을 일상사에서 개인의 경험을 통해 충분히 이해하고 구현하고자 하는 노력인 것이다.

이상과 같은 노·불, 특히 선불교에 대한 양명의 비판을 둘로 요약할 수 있다.

첫째, 양명은 전통적인 유가의 입장에서, 노·불은 인륜의 도리와 사물의 이치의 현실성을 무시하는 비인륜성(非人倫性)과 비실천성(非實踐性)을 표방하는 그릇된 학문을 추구한다고 비판한다.

둘째, 양명은 노·불, 특히 선불교와 마찬가지로 심학(心學)의 입장에 있기는 하나, 선불교에서 말하는 심리론(心理論)은 자신의 이론이 강조하는 심의 기능과 방법론에서 다르다는 것을 지적한다. 다시 말해서 선불교는 심의 자발적이고 창조적인 기능을 무시한 채, 사실상 불가한 사유의 부재(不在)를 주장하며, 또한 심의 본체를 회복하는 방법에 있어서도 물(物)과의 마음의 분리불가능성(分離不可能性)을 배제하고 있다는 것이다.

주자학(朱子學)에 대한 비판　양명학설의 형성에 지배적인 영향을 끼친 것은 말할 것도 없이 주자(朱子)의 학설이다. 양명의 사상

---

16) 「傳習錄 上」 23조목.
17) 상동.

을 정(程)·주(朱) 등의 이학(理學)과 대조하여 심학(心學)이라고 일컫는 것이나, 양명의 지행합일(知行合一) 사상을 주자의 격치설(格致說)에 대한 비판적 산물로 보는 것 등은 이러한 사실의 증거가 된다.

왕양명이 주자학을 왜 비판하였는지 두 가지 점에서 생각하고자 한다. 첫째, 주자학의 추종자들이 취한 양명 당시의 학문경향에 대한 비판과 둘째, 주자학 자체의 이론에 대한 비판이다.

우선 양명 당시의 주자학적 경향을 초래하게 한 명초(明初)의 학문정책을 간단히 고찰해 보자.

명초(明初)의 사상정책은 유학을 관학(官學)으로 수용하고, 유학의 제경전(諸經典)에 대한 주자의 해석을 정통(正統)으로 삼았다. 그리하여 성조(成祖, 永樂帝, 1368~1398 재위)는 호광(胡廣) 등으로 하여금 경전(經典)에 대한 주자학적 해석을 모아 『오경대전(五經大全)』, 『사서대전(四書大全)』, 『성리대전(性理大全)』 등을 편찬케 하였다. 그렇게 함으로써 송학(宋學)에 의한 사상적 통일을 도모하였으며, 동시에 왕권(王權)의 절대화를 위한 사상적 도구로 삼았다. 또한 과거시험(科擧試驗)의 문제를 출제함에 있어서 사서(四書)·오경(五經)에 한정하였다. 그리고 그 내용 중 왕권의 절대화를 위협하는 부분을 삭제하고 경전에 대한 해석은 주자의 주석을 취하였다.[18]

이 결과 공리적(功利的)인 학을 부정했던 주자학이 도리어 과거(科擧)를 위한 도구로 전락했으며, 주자학이 군주권력과 밀착함으로써 주자학에 대한 비판이 허용되지 않았다. 따라서 학자들은 단지 주자의 설(說)을 암기하고, 그 이론에 따라 글을 쓰는 맹목적

---

18) 山下龍二(1967), pp. 201~202.

추종과 문장의 유희에 빠지게 되었다. 동시에 주자의 학설을 따라 실천할 뿐인 무비판적인 실천주의가 만연하게 되었다. 여기에 덧붙여서 주자학에 있어서 리(理)의 강조는 바로 명왕조(明王朝)의 군주권력의 절대화에 부합하여 인·의·충·효의 리(理)가 절대화되고, 현실의 사물을 떠나 선천적 이법(理法)으로 강조됨으로써 초월화(超越化), 관념화(觀念化)되어 리(理)라는 이름하에 수구적(守舊的) 전통유지(傳統維持)와 주자학의 교조주의화(敎條主義化)를 초래하였다.[19]

이러한 주자학의 경향은 양명 당시에 다음과 같은 폐단을 초래했다는 것이다.

첫째, 인륜을 떠나 단순히 사장지학(詞章之學)의 경향으로 흘렀다는 것이다.

> 옛날의 가르침이란 인륜으로써 가르친 것이었다. 후세에 와서 문장이나 짓고, 외우는 습속(習俗)이 일어나 선왕(先王)의 가르침이 사라졌다. 오늘날 어린애를 가르칠 때는 오로지 효(孝)·제(弟)·충(忠)·신(信)·예(禮)·의(義)·치(恥)로써 힘쓰도록 하여야 한다.[20]

인간에게 도덕적(道德的) 행위의 지침을 제시해 주던 본래적인 유학이 당시에는 문장의 유희로 전락(轉落)했다는 것이다. 이는 성인의 가르침의 본의(本意)를 상실한 것으로 단순히 입과 귀로 하는 학문이며,[21] 또한 과거(科擧)를 위한 공리적(功利的) 공부에 지나지 않음을 지적한 것이다.[22]

---

19) 상동, pp. 203~204.
20) 『全書』, 卷2, 訓蒙大意示敎讀劉伯頌等.
21) 『全書』, 卷1, 13쪽.
22) 『全書』, 卷1, 10쪽.

둘째, 인륜생활(人倫生活)의 규범으로써 인·의·충·효 등이 단순히 형식화, 획일화(劃一化)되었음을 지적한다.

선왕의 예제(禮制)는 인정에 근본(根本)을 두어 표현된 것이므로 만세(萬世)에 그것을 행함에 모두가 준칙(準則)이 되었다. 그것이 만일 내 마음에 돌이켜 보아 편안하지 못한 것은, 그것이 전한 바나 기록된 바가 잘못되었거나 빠뜨려서가 아니라, 반드시 고금풍습(古今風習)의 마땅함이 다르기 때문이다. … 만일 한갓 옛날 예제(禮制)에 구애되어 마음에 납득이 가지 않은 채, 우둔하게 실행만 한다면 이는 곧 비례(非禮)의 예(禮)이다. '행하면서도 예(禮)를 드러내지 못하고 실행하면서도 예를 살피지 못하는 것이다.'[23][24]

중(中)이란 바로 천리(天理)이며, 역(易)이다. 수시로 변화하니 어찌 그것을 붙들고 있겠는가? 반드시 그때그때의 사정에 따라 알맞게 처리해야지 미리 한 가지 규칙을 정해 놓고 있기는 어렵다. 후세의 유가들이 도리(道理)를 일일이 빈틈없이 해설함으로써 어떤 격식을 세워 놓으려 하는데 이것이 바로 한 가지를 고집하는 것이다.[25]

인·의·충·효의 리(理)의 외화(外化)로서 예(禮)[26]란 기존(既存)의 형식화되고 문자화된 제도에 맹목적(盲目的)으로 추종하는 것이 아니며, 또한 상황을 사상(捨象)하고 추상화한 일반적 원리가 아니라는 것이다. 그럼에도 불구(不拘)하고 양명의 눈에 비친 당시의 학자들은 성인(聖人)의 행위에 대한 무조건적 추종이나 모방을 일삼으며 격식을 추구한다는 것이다. 이것은 비유컨대 배우나 다름없으며,[27] 상황을 무시한 처방은 환자를 죽이는 결과를 초래하는

---

23) 『孟子』, 盡心 上.
24) 『全書』, 卷6, 寄鄒謙之, 1쪽.
25) 『全書』, 卷1, 10쪽.
26) 『全書』, 卷1, 4쪽.
27) 『全書』, 卷1, 2쪽.

것과 같은 것이라고 한다.[28]

　셋째, 당시의 학자들의 학문연구(學問硏究) 태도가 외적(外的)인 사물에 대한 지식의 추구에만 관심을 두고 내면의 수양을 게을리 한다는 것이다. 고동교(顧東橋)는 당시의 학자들이 외적인 것에만 힘쓰고 내적(內的)인 수양을 게을리 하여, 널리 지식을 추구하지만 요체(要諦)를 상실하고 있는 점에 대하여 선생이 성의(誠意)를 강조한 것은 학의 근본적 핵심(核心)을 지적한 것이라고 한다.[29] 양명은 학의 근본을 다음과 같이 지적한다.

> 오늘날 사람들은 이미 알고 있는 천리를 보존하려고 하지 않고 이미 알고 있는 인욕(人欲)을 제거하려고 하지 않는다. 다만 지(知)를 다할 수 없음을 근심하고, 또한 단지 한가로이 강론(講論)이나 하고 있으니 무슨 도움이 되겠는가? 그러니 자기 자신을 이겨 내게 된 다음 다시 이겨 낼 사욕(私欲)이 없어진 후에 비로소 모든 것을 다 알지 못함을 걱정한다 해도 늦을게 없을 것이다.[30]

　당시의 학문적 경향은 박학광구(博學廣究)로 기울어 사물에 대한 지식의 외적 추구가 성행하게 되었다. 양명은 이러한 학문적 경향은 이른바 두뇌처(頭腦處)를 살피지 못한 것이라고 한다.[31] 학의 진정한 방법은 맹목적인 외적 사물의 형식적 원리에 대한 추구나 문장상에서 구할 수 있는 것이 아니라, 이에 앞서 인식의 주체로서 자신의 마음을 순수하게 함이 선행조건임을 강조한다. 또한 참다운 지식은 순수자아의 부단한 보존과 병행하여 절실한 체험 중에서 획득된다는 것이다. 이것이 이른바 체인(體認)이라는 것이다.[32]

---

28) 『全書』, 卷1, 1쪽.
29) 『全書』, 卷2, 答顧東橋書 1쪽.
30) 『全書』, 卷1, 11쪽.
31) 『全書』, 卷1, 8쪽.

이제 주자학 자체에 대한 양명의 비판을 고찰해 보자.

> 이른바 치지(致知)는 격물(格物)에 있다고 하는 말은, 나의 지(知)를 이르게 하고자 함이 물(物)에 마주 하여 그 리(理)를 궁구함에 있다는 것이다. 무릇 인심(人心)의 영명(靈明)함은 지를 갖지 않음이 없고 천하의 물(物)은 리(理)를 갖고 있지 않음이 없다.[33]

> 명덕(明德)이라는 것은 사람이 천(天)으로부터 얻은 바로, 허령불매(虛靈不昧)하여 온갖 리(理)를 갖추고 있으며 만사(萬事)에 응하는 것이다. … 지선(至善)은 사리(事理)의 당연함의 극(極)이다. … 명덕이 본(本)이요, 신민(新民)이 말(末)이다. 지지(知止)가 시작이요, 능득(能得)이 끝이다.[34]

이상과 같은 주자의 해석에 대하여, 양명은 다음과 같이 몇 가지 각도에서 주자를 비판한다.

첫째, 사사물물(事事物物)에 일정한 리(理)가 있다는 주자의 주장에 대하여 비판한다.

> 주자가 이른바 격물이라는 것은 물에 즉(卽)하여 그 리(理)를 궁구함에 있다는 것이다. 이는 사사물물에 나아가서 이른바 일정한 리(理)를 구하는 것이니, 이는 심(心)과 리(理)를 나누어 둘로 보는 것이다.[35]

> (心은) 허령불매하여 온갖 리(理)를 갖추고 있어 만사가 여기서 나온다. 심외(心外)에 리(理)가 없고 심외에 사(事)가 없다.[36]

양명이 주자를 비판하는 출발점은 바로 주자가 리(理)의 객관적

---

32) 『全書』, 卷2, 啓問道通書, 10쪽.

33) 朱熹, 『四書集註』, 大學, 6쪽.

34) 상동, 1쪽.

35) 『全書』, 卷2, 答顧東橋書, 3쪽.

36) 『全書』, 卷1, 8쪽.

실재를 인정함으로써 심과 리(理)를 나누고 있다는 데에 있다. 즉 주자는 객관적 사물에 고유한 리(理)가 있으며, 이것은 궁구과정을 통하여 획득되어야 한다는 것이다. 그리고 심은 이러한 리(理)에 대한 지각능력이 있다는 것이다. 결국 주자에 있어서 지(知)는 주(主)·객(客)이 상응하는 인식작용의 산물인 것이다. 그러나 양명은 심즉리(心卽理)를 설명하면서 심에 온갖 리(理)가 내재하며 이를 구체적으로 구현하는 곳이 사(事)라는 것이다. 따라서 리(理)란 획득되는 것이 아니라 인간의 심에 내재하며 심에 의해 구체적 사건에서 구현된다는 것이다.

둘째, 주자는 리(理)의 객관적 실재를 인정한 결과, 이의 인식방법은 당연히 즉물궁리(卽物窮理)이며, 또한 경험을 통해 허다한 리(理)를 추구하게 된다. 그는 지식의 점진적인 축적을 통해 통일적 리(理)를 꿰뚫어 보는 방법을 채택한다. 양명은 주자의 인식방법을 다음과 같은 이유로 비판한다.

> 사사물물 위에서 지선(至善)을 구하는 것은 도리어 의(義)를 외적인 것으로 보는 셈이다. 지선은 마음의 본체이다. 다만 명덕(明德)을 밝혀 지극히 정(精)하고 지극히 순일(純一)한 곳에 이르는 것이 옳다. 그러나 또한 사물을 떠나는 것이 아니다.[37]

> 다만 두뇌(頭腦)가 있으니, 이는 다만 이 마음에 나아가 인욕(人欲)을 없애고 천리(天理)를 보존하는 데서 구하는 것이다.[38]

양명은 인·의·예·지 등의 리(理)를 내재적인 것으로 보는 맹자(孟子)의 전통을 계승하여 리(理)에 합당한 의(義)를 구함은 마

---

37) 『全書』, 卷1, 1쪽.
38) 『全書』, 卷1, 1쪽.

음에서 구하는 것이니, 주자처럼 객관적인 사물의 리(理)에서 의를 구할 수 없다고 한다. 그러나 여기서 주목할 것은 의가 내재적인 것인가가 문제될 것이다. 즉 사리(事理)의 올바름의 근거를 마음에서 찾을 수 있는가 하는 것이 문제이다. 설령 그렇다고 하더라도 사(事)에 일정한 리(理)가 있다는 말이나, 즉물궁리(卽物窮理)라는 의미가 마음을 떼어 놓고 객관적 리를 전제로 하는 것인가가 문제가 된다. 어쨌든 양명의 의도는 리란 마음에 내재하며, 이를 구현하는 것도 마음이라는 것이다. 그런데 이러한 마음의 기능을 완전히 구현하기 위해서는 마음의 순수성 내지는 본래성을 보존하는 것이 선행요건임을 주장한 것이다. 그래서 주자의 즉물궁리의 방법이 자칫 단순히 형식적이고 외형적인 것에 흘러 버리게 될 것을 경고한 것이라고 볼 수 있다.

셋째, 주자는 학의 구현을 명덕(明德)과 신민(新民)으로 설명한다. 양명은 주자가 친민(親民)을 신민(新民)으로 바꾸어 해석한 것에 대하여 다음과 같이 비판한다.

작신민(作新民)의 신(新)은 스스로 새로워지는 백성을 두고 한 말이다. 재신민(在新民)의 신(新)과는 같지 않다. 이것이 어찌 근거가 되겠는가? 작자(作字)는 오히려 친 자(親字)와 상대가 된다. 그러나 친자의 의미는 아니다. 아래쪽의 치국평천하(治國平天下)도 신 자(新字)를 밝힌 바가 없다. … 공자(孔子)께서 말씀하신 수기이안백성(修己以安百姓)이라는 말의 수기(修己)는 명명덕(明明德)을 의미하며, 안백성(安百姓)은 친민(親民)을 뜻하는 것이다. 친민을 말하는 것은 교화(敎化)와 양생(養生)의 의미를 겸하는 것이지만, 신민으로 말한다면 곧 치우친 해설임을 깨닫게 된다.[39]

『대학』의 공부는 바로 명덕(明德)을 밝히는 것이다.[40]

---

39) 『全書』, 卷1, 1쪽.

왕양명이 『대학』의 공부를 명덕을 밝히는 것이라고 규정한 것은, 주자가 명덕을 밝히는 일[明明德]과 백성을 새롭게 하는 일[新民]을 별개의 일로 봄으로써 야기되는 학문의 이원성(二元性), 그리고 신민(新民)에 함축된 치자적(治者的) 윤리 및 계층의 우월의식 등에 대한 비판으로 이해된다. 또한 신민의 의미에 교(教)의 편중과 양(養)의 소홀함이 있는 것에 대한 비판으로도 보인다. 양명이 대학을 단지 명명덕의 학이라고 한 것은 명덕을 밝히게 되면 친민(親民)으로 저절로 이행(移行)하며, 이는 바로 인간 상호간의 간격 없는 친밀감을 형성하게 된다는 것이다. 따라서 양명에 의하면 대학(大學)이란 궁극적으로 모든 존재자와 자신의 일체(一體)를 인식하고 이를 실현하는 것이다. 그러한 근거가 바로 자신 안에 있는 명덕, 즉 인(仁)이며, 이 인(仁)을 밝히는 것이 바로 친민(親民)이 된다.[41] 이는 바로 인간본질의 구현이며, 지선(至善)에 이르는 길이다.

2. 성인(聖人)의 학(學)

이상과 같은 당시의 제 학문적(諸學問的) 경향에 대한 비판으로부터 양명은 참다운 학을 어떻게 규정하고 있는가?

성학(聖學)의 전통　양명이 참다운 학(學)이라고 하는 것은 성인(聖人)들이 서로 주고받으면서 전해 내려온 본래적 유학을 말한다. 따라서 이것은 성인의 학 또는 성인의 교(教)라고 말할 수 있다.

---

40) 『全書』, 卷1, 20쪽.
41) 『全書』, 卷26, 大學問, 1쪽.

다시 말해서 학이란 성인들이 후세 사람들에게 가르친 진의(眞意)를 배우는 것이며, 또한 옛 성인과 같은 인격이 되고자 하는 노력인 것이다. 결국 학에는 두 가지 의미가 내포되어 있다. 즉 성인들의 가르침을 충분히 아는 것과 성인들의 행위와 일치하는 삶을 사는 것이다.

그렇다면 그러한 성인의 가르침이 어떻게 계승되었는가? 이러한 물음은 바로 성학(聖學), 즉 참다운 학의 본질과 방법에 관한 단초적(端初的) 물음이다. 양명은 성학의 전통이란 심학(心學)이라는 기준에 의해 요(堯)·순(舜)·우(禹) 등과 유가의 창시자로 일컬어지는 공자, 이후에는 안연(顔淵), 증자(曾子) 그리고 중국의 관념론의 선구로 지칭되는 맹자, 이후 약 2천 년이 지나 성리학(性理學) 또는 신유학(新儒學)의 개창자로 알려지고 있는 주렴계(周濂溪), 그 이후에는 정명도(程明道), 육상산(陸象山)으로 이어지는 것으로 보았다.[42]

학(學)의 규정(規定)　이상과 같은 사상적 전통을 형성해 온 성인의 학은 어떠한 것인가? 이미 앞에서 언급했듯이 성인이 되고자 하는 공부 내지는 성인의 가르침이 학이다.

그리고 이러한 학의 진수(眞髓)는 심(心)에 있다고 한다. 그래서 양명은 성인지학(聖人之學)을 심학(心學)이라고 한다.

> 성인(聖人)의 학은 심학(心學)이다. 요·순·우가 주고받으니, 이르기를 "인심(人心)은 오로지 위태롭고[危] 도심(道心)은 오로지 희미하니[微], 오로지 정밀하고[精] 순일하여[一] 중정(中正)의 도(道)를 지켜라."[43]라고 했다. 이것이 심학의 근원(根源)이다. 중(中)이라고 하는 것은 도심(道心)

---

42) 『全書』, 卷7, 別湛甘泉序, 3쪽. 卷7, 朱子晚年定論序, 7쪽. 象山文集序 9쪽.

43) 『書經』, 虞書, 大禹謨.

을 말하는 것이요, 도심의 정일(精一)함을 인(仁)이라 한다. 이른바 중
(中)이다. 공(孔)·맹(孟)의 학은 오로지 인(仁)을 구함에 힘쓰는 것이다.
모두가 정일(精一)을 전한 것이다. 당시의 폐단은 이미 그것을 밖에서 구
하는 데 있는 것이다.44)

무릇 「사서오경」이란 심체(心體)를 말한 것에 지나지 않는다. 저 심의 본
체가 바로 도(道)라고 하는 것이다. 심체가 밝으면 바로 도가 밝아진다.
별개의 두 가지 것이 아니다. 이것이 바로 학(學)을 위한 두뇌처(頭腦処)
이다.45)

성인지학으로서 심학(心學)이란 심리현상을 다루는 심리학과는
달리 도심(道心), 즉 심의 본질 또는 본래적(本來的) 심을 구함에
있다. 그 본심은 도(道), 천(天), 리(理)의 내재처이며 정일(精一)하
다. 따라서 심학(心學)은 천리요, 중정(中正)인 인(仁)을 밖에서 구
하는 것이 아니라 자신의 마음에서 찾는 것이다. 사서오경이라는
성현의 말씀도 결국 본심(本心)을 기술해 놓은 것이니, 그러한 경
전을 배우는 것도 내 마음의 본체를 밝게 드러내도록 하는 것이라
고 한다. 그런데 심(心)의 본체 또는 도심(道心)이라고 하는 것은
별개의 심(心)이 아니니, 바로 본래적 자신인 것이다. 따라서 양명
의 심학(心學)은 본래적 자아의 회복, 즉 자신의 본래적 성인 됨을
회복하는 것이다.46)

양명이 체득한 참다운 학문이란 박학광구(博學廣究)를 추구하던
주자 및 주자의 문인들과는 달리 옛 성현들이 가르친바, 간이직절
(簡易直截)함에 있으니 이는 일체의 도덕적 행위의 리(理)를 자신

---

44) 『全書』, 卷7, 象山文集序 7쪽.

45) 『全書』, 卷1, 8쪽.

46) 『全書』, 卷3, 2쪽.

의 마음에서 구하는 것이다. 따라서 "양명의 심학(心學)은 바로 우리의 마음이 타고난 본바탕대로 조그만 협사(狹詐)가 없이 살아가려는 공부이다."[47]

이제 대학에 관한 양명의 해석과 그의 만년의 작품인 「대학문(大學問)」을 통해 학을 어떻게 규정하고 있는지 알아보자.

첫째, 양명은 학의 목표를 어디에 두고 있는가? 그에 있어서 학이란 객관적 사물의 리(理)를 순수하게 인식론적으로 탐구함에 있는 것이 아니라, 자아와 모든 존재자가 존재론적으로 유기적(有機的) 통일체임을 자각하고 이를 구현함에 있다.

> 대인(大人)은 천지만물을 한 몸[一體]으로 삼는 자이다. 그는 천하를 일가(一家)와 같이 여기며 중국(中國)을 일인(一人)과 같이 보는 자이다. … 대인이 천지만물을 한 몸으로 삼을 수 있음은 의도적인 것이 아니라, 그 마음의 인(仁)이 본디 그러하기 때문이다. 그가 천지만물과 더불어 하나가 됨은 어찌 오직 대인만이 그러하겠는가? 비록 소인(小人)의 마음이라 할지라도 그러하지 않음이 없다. 그러나 소인은 스스로 그 마음을 작게 할 뿐이다. … 그러므로 대인의 학이란 또한 오직 그 사욕의 가림을 제거하여 명덕을 밝힘으로써 천지만물과의 일체인 본래성을 회복함이다. … 명명덕(明明德)은 천지만물이 일체(一體)인 본체[體]를 세움이요, 친민(親民)은 천지만물 일체의 작용[用]을 달성하는 것이다.[48]

양명에게 있어서 학이란 자신과 타인, 그리고 모든 존재자가 근원에 있어서 통일체임을 체인(體認)하는 존재론적 자아인식과 이러한 자아로 자아변형(自我變形)을 추구하는 실존적(實存的) 자아완성의 두 계기를 포함한다. 이러한 모든 존재자의 일체와 이의 구현

---

47) 정인보(1975), p. 26.
48) 『全書』, 卷26, 大學問.

을 가능케 하는 것이 바로 인(仁)이다. 따라서 인(仁)은 모든 존재자의 통일적 원리이며 친화력이다. 인(仁)은 인간의 본질이며 자발적이고 창조적으로 부단히 작용하는 존재의 원리이다.[49] 그래서 인간은 인(仁)을 자연스럽게 그리고 창조적으로 대상과 상황에 따라 구현할 수 있다. 예컨대, 어린애가 우물에 빠지는 것을 볼 때 반드시 출척측은지심(怵惕惻隱之心)을 갖게 되고, 새나 짐승이 슬피 울고, 벌벌 떨 때 불인지심(不忍之心)을 갖게 되며 초목(草木)이 꺾일 때 민휼지심(憫恤之心)을 가지며, 기와나 돌이 깨질 때 고석지심(顧惜之心)을 갖게 된다는 것이며, 이는 동류의식(同類意識)에서 연유한다는 것이다.[50]

양명은 대학의 삼강령(三綱領)을 해석함에 있어, 천명(天命) 또는 천리(天理)에 의해 부여된 명덕인 인(仁)을 밝히는 것이 모든 존재자가 일체(一體)인 근본을 세우는 것이요, 인(仁)을 대상과 상황에 따라 구현하는 친민(親民)은 이러한 존재의 일체를 구현하는 것이라고 한다. 또한 체용(體用)의 일원상태(一源狀態)에 도달함을 지선(至善)이라고 한다. 즉 지선이란 심(心)의 본질로서 인(仁)을 자각하고 이를 실현하는 것이다. 이것이 바로 인간본래의 마음의 정일(精一)함, 즉 도심(道心)인 것이며 학(學)의 종착점이다.

현대 철학자 가운데 혹자는 심(心)을 모든 존재자의 통일성[unity]과 창조성[creativity]으로 이해하였다.[51] 양명의 심학(心學)이란 내 마음에서 천지만물 일체의 가능근거로서 인(仁), 즉 천리(天理)를 밝혀내고 이러한 인(仁)의 창조적 속성을 확장, 구현하는 것이다.

---

49) 『全書』, 卷1, 14쪽.
50) 『全書』, 卷26, 大學問.
51) Chung-ying Cheng(1973), p. 52.

둘째, 양명에게 있어서 학(學)의 방법은 결국 심(心)의 본질과 기능을 일상적 경험에서 깨닫고 이를 완전히 구현하는 것이다. 이는 바로 부단한 자기수양의 과정이다.

> 『대학』의 요체는 성의(誠意)일 뿐이다. 성의(誠意)의 공부는 격물(格物)일 뿐이다. 성의의 지극함은 지선(至善)에 도달함이다. 지선에 도달한 즉 지(知)에 이른 것이다. … 이런 까닭에 성의에 힘쓰지 않고 한갓 격물한다는 것은 지리(支離)하다고 말하는 것이다. 격물을 하지 않고 헛되이 성의를 한다는 것은 공허한 것이다. 치지에 근본을 두지 않고 한갓 격물, 성의를 한다는 것은 그릇된 것이다. 지리함과 그릇됨, 공허함 그것은 지선(至善)과 거리가 먼 것이다.[52]

> 다만 이 마음에서 인욕(人欲)을 없애고 천리(天理)를 보존하는 공부에 있다. 바로 이것이 옳다.[53]

양명학의 방법은 자아본질의 실현을 위한 방법이니, 본래적 자아를 가리는 사욕(私欲)을 제거하고 천리(天理), 즉 인(仁)을 보존하는 것이다. 따라서 학이란 객관적 사물의 리(理)나 행위의 규범을 맹목적이고 무비판적으로 수용하는 것이 아니라, 구체적 사건에서 심(心)의 작용으로서 의(意)를 성(誠)하게 함, 즉 자기를 속이지 않는 것이다. 그래서 양명은 자하(子夏)의 독신성인(篤信聖人)보다 증자(曾子)의 반구저기(反求諸己)가 더욱 절실하다고 여긴다.[54] 이는 구체적이고 현실적인 상황에서 간절하게 자신의 마음을 돌이켜 보고 반성하면서, 마음의 활동성으로서 의(意)를 천리(天理)에로 지향하는 성의(誠意)가 학(學)의 근본태도임을 지적한 것이다.

---

52) 『全書』, 卷7, 大學古本序, 8쪽.
53) 『全書』, 卷1, 1쪽.
54) 『全書』, 卷1, 2쪽.

이는 바로 인간의 존재론적 자아의 순수성을 보존하는 존천리(存天理)와 끊임없는 자아순화의 과정으로서의 거인욕(去人欲)을 포함하는 본래적 자아의 회복이다.55)

사상마련(事上磨鍊)으로서 격물(格物), 즉 도덕적 행위의 원리를 구체적 사건에서 바로 함은 의(意)를 진실[誠]하게 하는 공부이며, 이는 동시에 인간의 내적 천리요, 이의 구현인 양지(良知)에 근거하지 않으면 안 된다는 것이다. 따라서 지선은 의(意)의 본질로서의 양지에 근거하여 구체적 사건에서 행위를 바로 하는 격물과 의(意)가 물(物)에 지향할 때 순수성을 보존하는 성의(誠意)가 성립할 때 달성된다.

특히 양명은 의식(意識)의 구조에 관해 다음과 같이 설명한다.

육신[身]의 주재(主宰)는 심(心)이요, 심(心)의 작용(作用)은 의(意)요, 의(意)의 본체(本體)는 지(知)요, 의(意)의 소재(所在)는 물(物)이다.56)

의식(意識)은 내적으로 본체인 지(知)에 근거하며 외적으로는 대상인 물(物)을 지향한다. 따라서 지(知)와 물(物)의 가교(架橋)로서 의(意)를 진실하게[誠] 하지 않을 경우, 지(知)와 사물(事物)이 분열되며, 지(知)가 사(事)에 실현되지 못한다. 이것은 바로 내적 천리인 양지(良知)가 구체적 사건에서 구현되지 못함을 의미하며, 동시에 인간의 자기동일성의 상실을 의미한다. 그래서 『중용』에서 불성무물(不誠無物)이라고 한다.57)

---

55) Tu Wei-ming(1973), p. 200. 杜維明은 去人欲存天理를 성인 됨이라는 동일과정의 불가분리한 두 양상이라고 한다. 그는 존천리를 입성(立誠), 거인욕을 목적에 대한 수단이 아니라 부단한 자아순화의 과정이라고 한다.

56) 『全書』, 卷1, 3쪽.

57) 『中庸』, 25장.

양지(良知)와 사(事)의 통일, 심(心)과 신(身)의 통일, 심(心)과 사(事)의 통일을 위해 의(意)를 진실하게[誠] 해야 함은 필수적인 것이며, 이러한 본질적 관계가 형성될 때 존재론적 자아가 달성되는 것이다. 의(意)를 진실하게[誠] 함은 내적 본질로서의 지(知), 즉 양지의 보존이며 동시에 이의 완전한 구현이다. 나아가서 심(心)의 작용으로서 의(意)를 진실하게 함[誠意]은 정심(正心)이며, 심(心)이 신(身)의 주재(主宰)이므로 정심은 바로 수신(修身)이 된다는 것이다. 그래서 양명은 "대학의 공부는 단지 의(意)를 진실하게 함[誠意]이며, 성의(誠意)의 지극함이 지선(至善)이다."[58]라고 한다.

왕양명의 심학은 『대학』에 관한 해석에서 드러나듯이 인간이 태어나면서 부여받은 명덕(明德) 즉 인(仁)을 밝히고, 이를 구체적 현실에서 구현하는 것이다. 이는 바로 자아와 모든 존재자와의 통일과 이의 창조적 구현이다. 다시 말해서 명덕에 대한 분명한 의식의 회복은 우주 내의 모든 존재자들이 자기 안에서 진실로 하나가 되는 바로 그 원초적 통일을 구체화하는 것 외에, 상이한 사회적 관계에 있는 사람들에 대한 애정 어린 사랑을 필요로 한다. 그 사랑은 단일체로서의 동료의식을 구체화하기 위하여 수행되는 실제적 작업 또는 효과적 기능이기 때문이다.[59]

이러한 양명의 심학(心學)은 심(心)이 무엇을 경험하고 그 본체가 무엇인가라는 마음의 본질에 대한 기술(記述)과 경험적인 마음의 이상적 가치가 어떻게 충분히 실현되며 개발될 수 있는가에 대한 방법론적 이론으로 구성되어 있다. 이는 다시 말해서 마음의 본질과 기능에 대한 기술로서 심즉리론(心卽理論)과 가치근거로서의

---

58) 『全書』, 卷1, 20쪽.

59) Thome H. Fang(1973), p. 75.

마음의 실현을 위한 치량지론(致良知論)으로 구성되어 있다.[60] 이 연구에서 다루는 지행합일론(知行合一論)은 이러한 마음에 관한 두 이론의 훌륭한 조화이다. 즉 마음에 관한 사실적 이론과 마음의 본질을 구현하는 방법으로서의 실천적 이론의 결합이 지행합일론이다. 이에 관한 보다 상세한 설명은 추후 언급될 것이다.

Ⅲ. 지(知)와 행(行)의 문제

1. 지행(知行) 문제의 발단

진정한 학(學)과 교(敎)를 달성하기 위한 방법으로서의 지(知)와 행(行)은 중국의 전통적인 사상, 특히 유가에서 항상 주목되어 온 문제 중의 하나였다. 이러한 지(知)·행(行)의 문제는 사회적 존재로서 개인의 자아수양과 사회의 공직참여라는 수기(修己)와 치인(治人)의 문제, 세계의 보편적 원리로서 리(理)의 내·외에 관한 문제들과 밀접한 연관을 맺어 왔다.

지(知)·행(行)의 문제와 이에 관련된 이상의 문제에 관하여 공자 이래로 대체로 양자(兩者)의 관계를 극단적인 대립 내지는 양분(兩分dichotomy)의 관계로 보지 않았다. 이 쌍들은 상호 의존적이며 보완적이고 상통하는 것으로 보았다. 그러나 시대별로 다소 강조의 차이는 있었다. 양명은 특히 한 걸음 더 나아가 각각 쌍을 이루는 이러한 요소들을 융통하고자 하였으며, 그래서 합일(合一)하

---

60) Chung-ying Cheng(1973), p. 49.

는 것으로 보았다. 이러한 통일의 노력이 『대학』에 관한 해석을 비롯하여 제경전(諸經典)을 이해하는 가운데 추구되었으며, 특히 격물치지론(格物致知論)을 그 나름의 체계에 의해 설명함으로써 지행합일(知行合一)의 사상을 완성하였다.

지(知)·행(行)과 유사한 문제는 리(理)와 사(事)의 관계, 언어와 행위의 관계, 학(學)과 실천의 관계에 관한 문제들이다. 이러한 문제는 중국 고대에서부터 부단히 추구되었던 것이었다. 리(理)와 사(事)의 관계는 리가 사에 내재하는가, 마음에 내재하는가라는 문제이며, 이는 『사서오경』을 단순히 변화하는 인간사의 기록이 아니라 불변의 리(理)가 드러나고 작용하는 것으로서의 사건의 역사[61]라고 하는 데서 출발한다. 그러나 그 사건이 객관적 사건인가, 주관적인 마음의 표현인가에 따라 갈리게 된다. 이에 따라서 지(知)와 행(行)의 추구방법 및 내용 자체가 상이하게 규정된다. 양 진영의 대표자가 주자(朱子)와 왕양명(王陽明)이다.

한편 언어와 행위에 관한 문제 역시 긴 역사를 지니고 있다. 공자가 말하기를 "성인(聖人)은 말하기 전에 행동하고 그 후에 행위에 따라 말한다."[62]라고 했다. 이는 언행일치(言行一致)의 강조이며, 특히 행(行)을 중시한 것으로 보인다. 이러한 전통은 지(知)·행(行)의 문제에서도 드러난다.

지(知)·행(行)에 관한 기록은 『서경(書經)』에까지 거슬러 올라간다. 『서경』에 "알기는 어렵지 않으나 행하기가 어렵다."[63]고 하고, 정이천(程伊川)은 "명(明) 없이는 동(動)은 나아갈 수 없으며,

---

61) Wing-tsit Chan(1967), p. 12.
62) 『論語』, 爲政(2).
63) 『書經』, 商書, 說命.

동(動) 없이는 명(明)은 작용할 수 없다."64)라고 한다. 이에 관해 주자는 주석하기를, "지(知)·행(行)의 상호 의존적 관계를 설명하여 눈이 있다 해도 다리가 없으면 갈 수 없는 사람과 같고, 다리가 있어도 눈이 없으면 볼 수 없는 사람과 같다."라고 비유한다. 또한 "명(明)과 동(動), 즉 지(知)·행(行)은 순서에 있어서는 지(知)가 먼저 이고 중요성에 관해서는 행(行)이 우선한다."는 것이다.65) 한편 양명은 지행합일을 주장하여 지(知)는 행하고자 하는 의지의 결정(結晶)이며 행(行)은 그 지(知)를 수행하는 것이라고 한다. 또한 손일선(孫逸仙Sun Yat-sen)은 "알기는 어렵다. 그러나 행하기는 쉽다."66)라고 하여 역설적으로 지(知)·행(行)에 관한 서경(書經)의 기술을 반복하였다.

이상과 같은 지(知)·행(行)의 문제와 이와 관련된 문제에 직면하여 양명은 주자가 주장한 '성즉리(性卽理)'가 안고 있는 심과 리의 이원성(二元性)과 이에 연유하는 지(知)의 내용과 본질, 그리고 지의 획득방법에 대한 비판을 통하여 그 나름의 지행합일론(知行合一論)을 전개하였다. 따라서 그의 지행합일 사상은 다음과 같은 문제의 해결책이라고 할 수 있다.

첫째, 심(心)과 리(理)를 나눌 경우 이는 인(仁)·의(義) 등을 외적인 것으로 보는 논리적 결과를 초래한다.

둘째, 리(理)란 주(主)·객(客)의 인식관계에서 획득되는 것이기 때문에 지(知)와 행(行)의 선후(先後)와 분리현상이 초래된다.

셋째, 이때의 지(知)란 인식된 것, 즉 추상화, 일반화한 것이며,

---

64) 『近思錄集註』, 43쪽.

65) 같은 책.

66) Wing-tsit Chan(1967), p.15.

행(行)은 이를 실현함이다. 따라서 이러한 지(知)는 자아발견으로서의 지(知)가 아니라 기존의 사회적 가치를 수용하는 것이며, 행(行)은 기존가치의 실현일 뿐이다.

2. 개념의 정의

이상의 문제를 어떻게 해결하고 있는지 우선 지(知)·행(行)에 대한 개념의 정의로부터 고찰하고자 한다.

지(知)의 의미 양명은 지(知)라는 개념을 『맹자』의 양지(良知)에서 빌려 와서 『대학』의 치지(致知)의 지(知)와 동일한 것으로 사용한다. 그래서 치지(致知)를 치량지(致良知)로 해석한다.

> 내가 치지격물(致知格物)이라고 말하는 것은 내 마음의 양지(良知)를 사사물물(事事物物)에 치(致)하는 것이다. 내 마음의 양지(良知)는 천리(天理)다.[67]

맹자에 있어서 양지란 인륜생활에 있어서 마땅히 해야 할 바의 규범에 대한 지(知)이며, 이는 사물과의 인식관계에서 획득되는 것이 아니며, 기존의 규범과 형식에 대한 노력의 결실도 아니다. 그것은 누구나 다 본래적으로 가지고 있는 선험적 지(知)이며, 오히려 인식작용으로서의 지(知)이다. 인간은 이것을 구체적인 일상사에서 구현하는 것이다.

양명은 이상과 같은 의미의 양지를 사단(四端)과 결합시키고 『중용』의 천명설(天命說)로 이것을 설명한다.

---

67) 『全書』, 卷2, 答顧東橋書, 3쪽.

양지라는 것은 맹자가 말한 바 시비지심(是非之心)이다. 사람은 누구나 다 그것을 가지고 있다. 시비지심은 숙고하지 않아도 알고 배우지 않아도 할 수 있는 것이다. 이런 까닭에 양지라고 한다. 이는 바로 천(天)이 명(命)한 성(性)이요, 내 마음의 본체다. 자연이 영소명각(靈昭明覺)한 것이다.[68]

양명은 다시 양지(良知)를 맹자의 시비지심과 동일시하여 단순히 인(仁)·의(義)의 감정적 표현에 그치는 것이 아니라, 행위의 시비(是非)에 대한 판단력(判斷力)이기도 하다는 것이다. 이러한 양지(良知)의 내재적 근거가 천명의 유행이며 이의 작용의 밝음은 바로 천명의 구현이라고 말할 수 있다.

또한 양명은 양지(良知)를 『대학』의 삼강령(三綱領)과 관련시켜 다음과 같이 말한다.

명덕(明德)을 밝히는 것은 천지만물 일체(一體)의 본체[體]를 세움이요, 친민(親民)이라는 것은 천지만물 일체의 용(用)을 달성하는 것이다. … 지선(至善)이라는 것은 명덕, 친민의 지극한 준칙(準則)이다. 천(天)이 명(命)한 바의 성(性)은 순수하게 지선(至善)하다. 그 영소불매(靈昭不昧)한 것은 이 지선(至善)이 드러난 것이요, 이는 바로 명덕의 본체요, 바로 양지라고 하는 것이다.[69]

양지(良知)란 『대학』의 이념(理念)으로서 명명덕과 친민(親民)을 통한 자아와 세계의 통일 및 이의 창조적 구현을 위한 근거가 된다는 것이다. 동시에 양지가 바로 목표가 된다는 것이다. 즉 『대학』의 목표란 내적으로는 양지(良知)요, 이의 외적 실현은 자아와 세계의 통일을 완수하는 것이다. 그러나 양지가 별개의 것이 아니라 동일한 것이다.

---

68) 『全書』, 卷26, 大學問.
69) 같은 책.

또 양명은 지(知)를 『맹자』의 진심(盡心) · 지성(知性) · 지천(知天)으로부터 그 의미를 취하여 다음과 같이 말한다.

> 지천(知天)이라는 것은 지주(知州), 지현(知縣)의 지(知)와 같다. 이는 스스로 자신의 일에서 천(天)과 하나가 되는 것이다.[70]

지(知)라는 것은 구체적 사건에서의 자신의 행위와 천(天) 또는 리(理)와의 합일적 상태를 의미한다.

이상과 같은 경전에 근거한 지(知)의 해석에 부가하여 양명이 양지(良知)를 어떻게 설명하고 있는지 고찰해 보자.

첫째, 양지(良知)의 내원(來源)과 본질적 속성에 관하여 양명은 다음과 같이 설명한다.

> 사람이 어찌 뿌리가 없겠는가? 양지는 바로 하늘[天]이 심어 놓은 영묘(靈妙)한 뿌리이며 스스로 낳고 낳기를 중단하지 않는[生生不息] 것이다.[71]

> 지(知)는 리(理)의 영처(靈処)이다. 그 주재(主宰)에 관하여 말하자면 곧 심(心)이다.[72]

> 무릇 심(心)의 본체는 천리(天理)다. 천리의 소명령각(昭明靈覺)을 이른바 양지(良知)라고 한다.[73]

> 무릇 천지만물과 사람은 본래 한 몸이다. 그중 감관(感官)으로서 가장 정묘(精妙)한 곳이 바로 인심(人心)의 한 가지 영묘하고 밝은 작용이다.[74]

---

70) 『全書』, 卷1, 3쪽.

71) 『全書』, 卷3, 3쪽.

72) 『全書』, 卷1, 18쪽.

73) 『全書』, 卷5, 答舒國用, 6쪽.

74) 『全書』, 卷3, 9쪽.

양명에 의하면 양지는 인간 누구나 다 본래적 속성으로 지니고 있는 것이다. 이러한 양지가 인간에 내재하게 된 것은 궁극의 실재이며 창조적 실재인 천(天)의 작용에 의한 것이다. 따라서 양지는 인간에 내재화된 천리(天理)이다. 동시에 리(理)의 창조성의 대리자(代理者)이다. 결국 양명이 심(心)의 본체로서 양지를 말하는 것은 인간에 보편적인 세계의 원리가 내재함과 동시에 이를 구현하는 능력이 있음을 제시한 것이다.

또한 인간은 이러한 보편성을 소유함으로 타(他) 존재자와 근원적 통일을 본래적으로 형성하고 있다. 동시에 이러한 일체(一體)의 본래성을 자각하고 구현하는 능력이 심(心)의 본체인 양지이다. 따라서 양지는 모든 존재자를 통일하는 궁극의 실재인 천리(天理)의 내재처요, 동시에 이러한 천리(天理)를 구현하는 창조적 대리자라고 하겠다.

양명의 인간관은 주렴계(周濂溪)의 철저한 계승이라고 할 수 있다. 왜냐하면 "주렴계는 『태극도설(太極図説)』에서 인간을 자신의 형이상학적 체계의 중심적 위치에 놓으며, 인간을 태극의 창조적 과정에서 가장 우월성을 지닌 존재로 보며, 또한 단순한 피조물이 아니라 태극의 완수를 성취하며 우주의 과정에 참여하는 창조적 행위자로 보기"75) 때문이다.

둘째, 양명은 양지(良知)의 본래적 기능에 관하여, 다음과 같이 설명한다. 이미 언급한 바 있듯이 양지는 내적 천리(天理)이며, 또한 천리의 구현자이다. 따라서 양지는 천리가 갖는 모든 존재의 근원적 통일과 창조적 속성을 지닌다.

대인(大人)은 천지만물을 일체(一體)로 삼는다. … 이는 일체(一體)의 인

---

75) Tu Wei-ming(1971), p. 80.

(仁)이다. … 이는 지선(至善)의 발현이며, 바로 명덕(明德)의 본체이니
이른바 양지(良知)라는 것이다.76)

양명은 모든 존재자의 본래적 일체(一體)의 근거가 '인(仁)'이며,
이의 자각과 구현능력이 양지라는 것이다. 따라서 양지는 인간과
모든 존재자의 조화(調和)와 상호 이해를 가능하게 하는 이른바 감
정이입(感情移入)의 능력인 것이다.

윗사람의 행위에 대해서 내가 싫어하는 바가 양지(良知)요, 아랫사람에게
그것을 하지 않는 것이 바로 치량지(致良知)이다.77)

무릇 양지는 다만 하나의 천리(天理)이오, 저절로 밝게 드러나는 것이다.
이는 다만 하나의 진성측달(真誠惻怛)이며 바로 천리(天理)의 본체다.78)

치량지는 양명에 의하면 『대학』에서 말하는 "소오어상(所惡於上),
무이사하(毋以使下)"라는 혈구지도(絜矩之道)의 표현이며 민지부모(民
之父母)라는 친애(親愛)의 감정적 표현이기도 한다.79) 이는 정명도(程
明道)의 "인자(仁者)는 천지만물을 일체(一體)로 삼는다."80)라는 말과
자신의, '천리(天理)가 곧 양지(良知)'라는 주장을 조화시킨 것으로 보
인다.

양지(良知)는 이상과 같은 모든 존재자의 근원적 통일에 의거한
감정이입의 능력을 의미하며, 동시에 다양한 상황에 중화적(中和
的)으로 대처하고 판단하는 창조적 기능으로 이해된다.

---

76) 『全書』, 卷26, 大學問.
77) 『全書』, 卷3, 13쪽.
78) 『全書』, 卷2, 答聶文蔚書, 23쪽.
79) 『大學』, 10장.
80) 『全書』, 卷1, 14쪽. 『二程全書』, 遺書二上.

> 대체로 절목시변(節目時變)에 대한 양지(良知)는 방원장단(方圓長短)에
> 대한 규구척도(規矩尺度)에 비유된다. 절목시변을 미리 정할 수 없음은
> 방원장단을 이루 다 궁구할 수 없음과 같다.[81]

> 양지(良知)의 미묘한 작용은 방체(方體)가 없는 까닭에 다 궁구할 수가 없다.
> 크게 는 천하가 다 실을 수 없고, 작게는 천하가 다 파(破)할 수 없다.[82]

양지란 존재의 근원적 통일에 대한 선천적 직관능력이며, 이에 근거하여 다양하고 구체적인 윤리적 상황에서 중화적인 판단[83]을 내리는 동류애적(同類愛的) 감정이입의 창조적 기능이라고 할 수 있다. 따라서 양지는 인간의 존재근원에서 우러나오는 뜨거운 감성이며 시비선악(是非善惡)에 대한 차가운 이성적 판단력이다. 양지(良知)는 인간에 뜨거운 피가 흐르듯[84] 또는 전류(電流)가 철선(鐵線)을 통하듯이 아니 통하지는 못하고, 고양이가 쥐를 차듯이 아니 차지 못하는 것[85]과 같은 인간의 본질이요, 기능이다.

이상과 같은 양지에 관한 양명의 설명으로부터 지(知)의 본질과 내용을 다음과 같이 요약할 수 있다.

첫째, 지(知)의 기원(起源)은 경험을 통해 주(主)·객(客)의 인식관계에서 획득되는 것이 아니라 인간에 고유한 앎과 감정에 기인하는 판단으로서의 지(知)이다.

둘째, 지(知)의 내용은 객관적 존재자 일반에 관한 추상적이고도 이론적인 지(知)가 아니라, 일상적 사태에 대한 구체적이고도 실천적인 도덕적 지(知)이다.

---

81) 『全書』, 卷2, 答顧東橋書, 6쪽.
82) 『全書』, 卷2, 答聶文蔚書, 23쪽.
83) 『全書』, 卷3, 13쪽.
84) 武內義雄(1936), p.289.
85) 鄭寅普(1975), p.26.

셋째, 지엽적(枝葉的)이고 말단적(末端的)인 지(知)가 아니라 근원적인 지(知), 즉 존재의 근원적 통일성에 관한 지(知)이다.

넷째, 다양한 상황에서 중화적(中和的)으로 판단하는 최고의 윤리규범에 대한 창조적 주관성(主觀性)의 원리이다.

행(行)의 의미　행(行)이라는 단어는 상당히 포괄적이고 애매한 개념이다. 우리가 통상 행(行), 행동 또는 행위를 말할 때 다음과 같은 의미로 사용한다.

첫째, 행(行)을 육체적, 물리적인 힘의 행사(行事) 또는 정신적인 사유의 활동이라는 의미로 사용한다.

둘째, 타인에게 영향을 미치지 않는, 그리고 영향을 받지 않은 개인적 행위 또는 수직적 혹은 수평적인 사회구조 안에서의 역할을 수행하는 사회적 행위로 사용하기도 한다.

셋째, 맹목적이고 무의식적인 행위 또는 의도적이고 의식적인 행위가 있다.

이제, 양명이 지(知)와 행(行)을 말할 때 행(行)을 어떠한 의미로 사용하고 있는지 알아보자.

첫째, 양명은 행(行)을 맹목적인 것으로 보지 않으며, 단순히 육체적인 행위에 한정하지 않는다. 오히려 그는 지향적이고 정신적인 활동을 의미한다. 그래서 그는 행(行)을 의식 또는 심(心)의 지향적 활동으로 이해한다.

> 사람들로 하여금 한 생각이 일어나는 곳이 바로 행(行)임을 깨닫게 하고자 한다.[86]

---

86) 『全書』, 卷3, 3쪽.

> 무릇 사람은 반드시 먹고자 하는 마음이 있은 연후에 식사할 줄을 안다.
> 식사하고자 하는 마음이 의(意)요. 이것이 행(行)의 시작이다.[87]

> 육신[身]의 주재(主宰)는 심(心)이요. 심의 발(發)이 바로 의(意)요. 의의
> 본체는 지(知)이며, 의의 소재(所在)는 물(物)이다.[88]

양명에게 있어서 의(意)란 항상 지향적 특성을 지니며, 그러한
지향성은 심(心)의 본질적 특성이기도 하다. 의(意)는 심(心)의 대
행자요, 물(物)과의 관계에서 그의 본질로서의 지(知)를 구현하는
것이다. 그래서 양명은 의(意)를 행(行)의 발단이라고 한다.

대체로 근대의 심리학자들은 심(心)의 작용을 분석하여 지(知)·
정(情)·의(意)의 3요소(要素)로 본다.[89] 한편 양명은 심(心)에 관
해서 다음과 같이 말한다.

> 심(心)은 하나일 뿐이다. 그 전체를 측달(惻怛)로 말하자면 인(仁)이라 하
> 고, 그것이 마땅함을 얻은 것으로 말하자면 의(義)요. 그 조리(条理)를 말
> 하자면 리(理)이다.[90]

여기서 측달(惻怛)은 정(情)이며 의(義)를 따름은 의(意)요, 조리
(條理)를 분별하는 작용은 지(知)이므로 양명 또한 심(心)의 작용
을 지(知), 정(情)·의(意)로 보았다고 할 수 있다. 또한 그는 조리
(條理)를 판단하는 지(知)의 작용의 저변(底邊)에는 정(情)이 작용
하고 있으므로 정(情)과 지(知)를 총괄하여 양지(良知)라고 부르고
있다. 왜냐하면 그는 양지(良知)를 시비지심(是非之心)뿐만 아니라

---

87) 『全書』, 卷2, 答顧東橋書, 2쪽.
88) 『全書』, 卷1, 3쪽.
89) 武內義雄(1936), p. 292.
90) 『全書』, 卷2, 答顧東橋書, 2쪽.

진성측달(眞誠惻怛)로 보았기 때문이다. 따라서 양명은 심(心)을 양지(良知)와 의(意), 즉 지(知)와 행(行)으로 본 것이니, 행(行)은 결국 심(心)의 한 양상인 것이다.

결국 양명에 있어서 행(行)이란 정신적 활동이며, 이는 육체적 활동을 지배하는 것이고 또 가능케 하는 것이다. 따라서 양명에 있어서는 정신적 활동과 육체적 행위간의 간격이 없으며, 정신적 활동을 근간으로 하는 통일적 활동인 것이다.

둘째, 양명은 행(行)을 개인적 행위와 사회적 활동으로 단순하게 구분하지 않는다. 그는 『대학』에 관한 해석에서 다음과 같이 말한다.

> 요전(堯典)에서 능히 준덕(峻德)을 지극히 밝힌다고 한 것은 바로 명덕(明德)을 밝힌다는 말이며, 구족(九族)을 친애(親愛)하여 평장협화(平章協和)케 한다는 것은 바로 민(民)을 친애(親愛)한다는 말이다. 바로 명덕을 천하에 밝힌다는 뜻이다. 또 공자가 수기(修己)로써 백성을 편안하게 한다고 말한 것은 수기가 명명덕(明明德)이요, 안백성(安百姓)이 친민임을 말하는 것이다. 친민을 말하는 것은 교(敎)와 양(養)의 의미를 겸하는 것이다.[91]

> 명덕(明德)을 밝힌다는 것은 천지만물 일체(一體)의 체(體)를 세움이요, 친민(親民)은 천지만물 일체의 용(用)을 달성하는 것이다. 지선(至善)이라는 것은 명덕과 친민의 지극한 준칙이다.[92]

양명은 자아의 본질로서의 명덕을 구현하는 명명덕(明明德)과 사회적 역할과 책임의 수행으로서의 친민(親民)이 세계의 보편적 질서와 원리로서의 천리(天理)의 구현이라는 동일방향을 지향하는 것으로 본다. 양자는 바로 체용일원(體用一源)의 관계이며 분리불

---

91) 『全書』, 卷1, 1쪽.
92) 『全書』, 卷26, 大學問.

가(分離不可)한 것이다.

이러한 양명의 주장은 북송(北宋)의 왕안석(王安石)이나 주자(朱子)의 지(知)의 추구방법에서 드러나는 행(行)의 의미와 상이(相異)하다. 왕안석은 외적 영역, 즉 역사적 지식, 제도의 발전에 관한 지식, 예(禮), 법(法) 등을 진정한 지식의 대상으로 본다. 그래서 그는 행위를 주로 사회적인 것으로 본다. 한편 주자는 행위를 내면적 도덕성의 발견을 위한 개인적 행위와 예(禮), 악(樂), 통치(統治) 등의 영역으로부터 진리를 발견하여 이를 사회에 구현하고자 하는 사회적 행위를 함께 인정한다.[93] 그러나 양명은 외부세계의 제 문물(諸文物)은 인간의 내면적인 도덕성 내지는 지(知)의 발현이라고 한다. 따라서 행위에 있어서 본체로서의 명덕(明德)을 밝힘, 즉 개인의 인격적 행위가 용(用)으로서의 친민(親民), 즉 사회적 행위를 포괄하는 것으로 본다. 왜냐하면 용(用)은 체(體)의 구현이며 다양화된 모습이기 때문이다.

셋째, 행(行)이란 지(知)를 완성하기 위한 과정인 동시에 지(知)를 구현하는 것이기도 하다.

> 나는 일찍이 지(知)는 행(行)의 목표요, 행(行)은 지(知)의 공부이며, 지(知)는 행(行)의 시작이요, 행(行)은 지(知)의 완성이라고 말했다.[94]

양명에 있어서 지(知)란 양지(良知)를, 행(行)이란 치량지(致良知)를 의미한다.[95] 따라서 행(行)이란 양지에 이르고자 하는 노력과 양지의 발현으로서의 치량지, 다시 말해서 과정으로서의 치량지와

---

93) Benjamin Schwartz(1959), p.53.
94) 『全書』, 卷1, 2쪽.
95) 馮友蘭(1934), 952쪽.

결과로서의 치량지를 의미한다. 또한 양지란 맹자의 사단지심(四端之心)이요, 치량지(致良知)는 사단(四端)의 확충이라고 말할 수 있다. 따라서 행(行)이란 인간본연의 양지를 회복함과 구현함 양자를 지칭한다.

> 내 마음의 양지(良知)인 천리(天理)를 사사물물(事事物物)에 치(致)하면 사사물물은 다 그 리(理)를 얻게 된다. 내 마음의 양지를 치(致)하는 것이 치지(致知)다.96)

> 만일 이제 치량지(致良知)를 갈망하여 장차 이와 같이 가리고 막힌 것을 모두 제거해 버린다면 본체가 회복되는 것이다. 이는 곧 천(天)과 심연(深淵)처럼 되는 것이다.97)

양명에게 있어서 행(行)은 소극적인 면과 적극적인 면이 있다. 소극적 행위는 장애를 받고 있고 은폐되어 있는 현상적인 양지로부터 본래적인 양지의 기능을 회복하려는 노력이다. 따라서 이러한 행(行)에 대한 설명은 양지의 본체회복(本體回復)을 위한 당위적인 요청으로서 거인욕(去人欲)에 해당하는 것이다.

한편 적극적인 행(行)이란 양지의 구현을 의미한다. 이미 앞에서 양지의 의미를 밝힌 바 있듯이 양지는 생생불식(生生不息)하는 천리(天理)의 내재처요, 구현자이기 때문에 주관성으로서의 양지는 그 자체 자발적이고 창조적인 활동성을 지닌다. 따라서 행(行)은 양지가 지니는 창조적 기능을 대행하는 것이다. 즉 양지의 구현이며, 천리(天理)의 구현으로서 행(行)은 바로 존천리(存天理)가 된다.

결국 양명에 있어서 행(行)이란 첫째, 본체론적으로 자발적 작용

---

96) 『全書』, 卷2, 3쪽.
97) 『全書』, 卷3, 3쪽.

에 의해 심(心), 신(身)을 통일하고 개인과 사회를 통일하는 천리
(天理)를 양지가 창조적으로 구현하는 작용이며 둘째, 현상적으로
양지의 본체를 회복하기 위한 노력, 즉 자아실현의 당위적 활동인
것이다.

3. 지행합일(知行合一) 사상

이미 앞에서 언급한 바 있듯이 양명의 지행합일 사상은 학(學)의
목표와 방법을 제시하고 있는 『대학』에 관한 해석에서 연유한 것
이다. 특히 그의 사상은 주자의 격치설(格致說)과 이의 근거를 제
공해 주는 성즉리론(性卽理論)에 대한 비판적 산물이다. 양명은 격
치설을 전개함에 있어 이론적 근거로서 심즉리론(心卽理論)을 통해
주자의 성즉리론이 지니는 심(心)과 리(理)의 이분(二分)을 비판하
면서 양자의 융합을 꾀했으며, 그 결과 학(學)의 두 양상 또는 학
(學)의 실현방법으로서 지(知)·행(行)의 관계를 합일하는 것으로
설명하였다.

학(學)의 규정과 지(知)·행(行)의 개념을 밝힌 이전의 설명에서
학(學)의 목표는 성인 됨에 있으며, 이는 바로 자아의 본질구현 내
지는 인간 본래성의 회복에 있다는 것을 밝힌 바 있다. 다시 말해
서 학(學)이란 옛 성현의 말이나 행적을 비반성적으로 수용하거나
맹목적으로 흉내 내는 것이 아니며,[98] 인간 누구나 다 보유하고 있
는 성인다움[99]을 회복하는 것이다. 왜냐하면 성인다움이란 인간 누

---

98) 『全書』, 卷1, 8쪽.
99) 『全書』, 卷3, 3쪽.

구나 다 상실할 수 없는 실재(實在)이며 완전히 실현될 수 있는 잠
재성이기 때문이다.[100] 그리고 성인은 모든 사욕(私欲)을 버리고
천리(天理)를 보존하는 것이다. 따라서 자아의 본질구현은 동시에
세계의 보편성으로서 천리를 구현하는 것이다. 그래서 성인은 실재
(實在)인 동시에 보편자이다.

학(學)의 목표이며 동시에 실현방법인 지(知)·행(行)에 관한 양
명의 설명은 당연히 인간의 본질에 대한 이론과 이의 실현에 관한
방법론을 포함하고 있다. 이는 바로 인간에 대한 존재론적 이해를
토대로 실천이론을 도출한 것이라고 말할 수 있다.

심즉리(心卽理)　양명의 인간에 대한 이해는 심즉리론(心卽理論)
에 잘 나타나 있다. 그는 심즉리론에서 인간의 인간다운 소이(所
以)를 마음에 두며, 이러한 마음의 본질적 속성과 기능을 설명하고
있다.

우선 양명이 심즉리를 말할 때, 심(心)과 리(理)를 어떠한 의미로
사용하고 있는지 알지 않으면 안 된다. 그는 마음을 본래적인 마음,
즉 도심(道心)을 지칭한다. 이것은 현실적인 인심(人心)과 같이 왜
곡되거나 은폐된 그러한 비본질적인 마음이 아니다. 그러나 인심과
도심이 별개의 것은 아니다. 다만 인욕(人欲)의 가림이 있는지 여
부에 따른 명칭의 차이일 뿐이다.[101] 리(理)라는 것은 천리(天理),
도(道), 천(天) 등과 같은 개념이다. 이는 세계의 보편적 원리이며
도덕적 행위의 최고원리이기도 하다. 그러나 추상화, 기호화할 수
있는 원리는 아니다. 그것은 전 우주의 모든 존재자를 비추고 영원

---

100) Tu Wei-ming(1971), p.190.

101) 『全書』, 卷1, 4쪽.

히 존재하면서 생명과 힘을 주는 태양과도 같이 모든 존재자를 통일하면서 생생불식(生生不息)하는 영원한 창조적, 형이상학적 원리이다.[102]

그렇다면 심즉리(心卽理)란 어떠한 의미인가?

첫째, 인간의 마음에 천리(天理)가 내재함을 의미한다. 즉 천리(天理)의 내재처가 마음이라는 것이다.

> 성(性)은 하나일 뿐이다. 그 형체(形體)가 연유하는 것으로 말하자면 천(天)이요, 주재(主宰)는 제(帝)요, 유행(流行)은 명(命)이요, 사람에게 부여된 것이 성(性)이요, 육신[身]을 주재(主宰)하는 것은 마음이다. 마음이 발(發)함에 부(父)를 만나면 바로 효(孝)라 하고 … 이로부터 시작하여 그 이름이 끝이 없으니 단지 하나의 성(性)일 뿐이다.[103]

> 심(心)의 본체는 성(性)이요, 성(性)의 근원은 천(天)이다.[104]

리(理)가 인간의 본질을 구성하는 원리가 됨은 바로 리(理)가 지니는 부단한 창조성과 존재의 통일적 원리이기 때문이다. 그래서 인간의 본질로서의 성(性)은 바로 리(理)의 한 양상이다. 또한 성(性)은 심(心)의 본체, 즉 마음의 핵심적 속성이다. 그래서 마음은 리(理)의 한 양상으로서의 성(性)을 핵심적 속성으로 보유하고 있는 것이다. 바로 마음에 리(理)의 양상이 내재함을 의미한다. 그러나 리(理)의 양상 또는 변용은 리(理)와 통일성을 지니고 있으므로 심즉리(心卽理)라고 한다. 결국 양명은 심(心), 성(性), 천(天)의 통일적 관계를 통하여 심(心)에 리(理)가 내재함을 말한다.

---

102) Shu-hsien Liu(1972), p.46.

103) 『全書』, 卷1, 8쪽.

104) 『全書』, 卷2, 2쪽.

둘째, 인간의 마음에서 리(理)가 드러난다는 의미이다. 다시 말해서 심(心)에 의해 천리(天理)가 구현된다는 것이다. 따라서 심(心)은 리(理)의 대행자이다.

> (心은) 허령불매(虛靈不昧)하여 여기에 온갖 리(理)가 갖추어져 있고, 여기에서 온갖 사(事)가 나온다. 심(心)을 떠난 이치는 없으며 심을 떠난 사물은 없다.[105)

> 마음[心]이 곧 리(理)이다. 이 마음이 사욕에 가리어지지 않으면 바로 이것이 천리(天理)이다. 조금도 덧붙일 것이 없다. 이 같은 천리에 순수한 마음으로 어버이를 섬김이 바로 효(孝)이며, 임금을 섬김은 충(忠)이며, 친구를 사귀고 백성을 다스림은 신(信)이요, 인(仁)이다. 단지 이 마음에서 인욕(人欲)을 없애고 천리(天理)를 보존하는 일에 힘쓰는 것이 옳다.[106)

양명은 사심(私心)이 없는 본래적 마음을 회복한다면, 그러한 마음에 의한 작용은 바로 천리(天理)의 구현이라고 한다. 왜냐하면 본래적 마음[本心]은 무한한 수용성과 작용의 미묘성, 그리고 밝은 통찰력을 지니고 있어 내적 천리(天理)를 자각, 실현하기 때문이다. 결국 현실에서 드러나는 무수한 행위의 원리, 즉 도덕적 규범은 마음을 떠나 객관적으로 존재하는 것이 아니라, 마음의 의미부여 작용에 의해 구성되는 것이다. 이러한 구성력이 양지(良知)다. 그래서 양지를 내적(內的) 천리(天理)라고 한다.

이러한 양명의 주장은 주자(朱子)가 마음을 인식의 주체로, 리(理)를 세계의 객관적 근거로 구분하는 입장과 대립한다.[107) 따라

---

105) 『全書』, 卷1, 8쪽.
106) 『全書』, 卷1, 1쪽.
107) David C. Yu(1969), p. 2.

서 양명은 주자가 거경(居敬)과 궁리(窮理), 즉 마음의 수양과 인식의 절차를 구분하는 것에 대하여 비판하면서 이는 동일과정임을 주장한다. 양명은 마음을 단순히 주(主)·객(客)의 양극을 전제로 하는 인식관계의 인식주체로 보지 않고, 세계의 궁극적인 통일의 원리이며 이러한 원리를 다양한 사건에서 드러내는 창조적 원리로서 천리(天理)를 구현하는 구체적인 행위자로 본다. 그래서 양명은 다음과 같이 말한다.

> 내가 말하는 치지격물(致知格物)이라는 것은 내 마음의 양지(良知)를 사사물물(事事物物)에 이르게[致] 하는 것이다. 내 마음의 양지는 바로 천리(天理)라고 하는 것이다. 내 마음의 양지인 천리를 사사물물에 이르게 하면 바로 사사물물은 다 그 리(理)를 얻게 된다. 내 마음의 양지를 이르게 하는 것이 치지(致知)요, 사사물물이 다 그 리(理)를 얻는 것이 격물(格物)이다. 이는 심(心)과 리(理)를 하나로 하는 것이다.[108]

이상과 같은 심즉리(心卽理) 사상으로부터 다음과 같이 인간에 관한 이해를 이끌어 낼 수 있다. 첫째, 인간을 포함하는 세계의 통일적 원리가 인간의 마음[心]에 내재하며, 그것은 바로 인간과 세계의 본질적인 존재원리이며 행위원리이다. 그러한 원리가 초월적으로는 천리(天理)이며 내재적으로는 양지(良知)이다. 따라서 천리(天理)는 객관적인 것인 동시에 주관적인 것이다. 천리(天理)는 양지(良知)의 마땅히 그러해야 할 바, 그리고 필연적(必然的)인 것이다. 이러한 양지는 비록 주관적인 것이나 또한 객관적인 것이다. 결국 천리(天理) 또는 천명(天命)은 인간의 내적 소여(所與) 이외의 어떤 외부적인 것을 지칭하는 것이 아니다.[109]

---

108) 『全書』, 卷2, 答顧東橋書, 3쪽.

둘째, 인간은 세계의 중심자로서 이러한 천리(天理)를 구체적이고 다양한 사태에서 실현하는 창조적 행위자이다. 다시 말해서 인간의 고유성은 천(天)의 창조적 소명(召命)을 이해할 수 있고 그것을 자신의 삶으로 구체화할 수 있다는 것이다.[110] 일(一)이면서 다(多)인 천리(天理)[111]가 인간의 마음[心]에 내재하며, 동시에 마음의 양지(良知)에 의해 구현되기 때문에 일(一)인 양지(良知)는 다(多)인 구체적 사태들의 리(理)를 표출하는 것이다. 따라서 인간은 창조적 존재이다.

셋째, 이러한 심즉리론(心卽理論)으로 설명되는 인간의 창조적 능력과 인간과 우주의 모든 존재자와 원초적 통일은 실현된 상태도 아니며 바람직한 이상도 아니다. 그것은 본래적으로 경험되고 생활 속에서 보이는 실재이다. 이것이 바로 인간에 대한 존재론적 설명이다.[112] 이에 관한 구체적인 설명을 양명은 대학문(大學問)에서 제시한다.

이상과 같은 양명의 심즉리론(心卽理論)은 중국의 전통적인 사상가들이 취해 온 유기체론(有機體論)을 계승한 것으로 이해된다. 유기체론은 하나의 방법론으로서 양분법(兩分法)을 배제하며, 하나의 진리로서 이원론(二元論)을 부정한다. 나아가 이 이론은 ① 사물과 인간을 고립된 체계로 받아들이지 않으며, ② 인간과 우주의 역동적 본질을 정체와 피폐의 폐쇄된 체계로 보지 않는다.[113]

결국 양명은 유기체론을 기초 삼아 심즉리(心卽理) 사상을 확립

---

109) Shu－hsien Liu(1972), p. 45.

110) Ibid., p. 47.

111) 『通書』, 69쪽.

112) Tu Wei－ming(1973), p. 203.

113) Thome H. Fang(1973), p. 73.

함으로써 지행합일의 사상적 근거를 다졌다고 말할 수 있다. 왜냐하면 양명은 심즉리(心卽理)에서 인간과 모든 존재의 통일의 원리이며, 부단히 창조적으로 작용하는 천리(天理)가 인간의 마음에 내재하며, 이것을 내적 천리(天理)인 양지(良知)가 구현한다고 보기 때문이다. 즉 인간은 내적 천리(天理)인 양지(良知)를 보유하며, 또한 이러한 지(知)를 실현하는 행위능력을 갖추고 있다는 것이다. 따라서 양명에 있어서는 객관적 리(理)의 추구로서의 지(知)와 이를 실현하는 주체적 행위의 구분이 해소된다. 양명은 심즉리(心卽理)를 통한 리(理)의 내적 확증(確証)의 토대에서 지(知)를 자아의 본질에 대한 인식으로 이해하며, 행(行)을 자아실현으로 봄으로써 지(知)와 행(行)의 관계를 설명한다.

격물치지론(格物致知論)　　양명은 심즉리론(心卽理論)을 통해 인간은 그의 본질적 속성과 기능으로서 양지(良知)를 보유하고 있음을 주장하였다. 양지(良知)는 바로 내적 천리(天理)이며 천리는 외적 양지이다. 다시 말해서 주관성으로서의 양지는 보편성으로서의 천리와 동일시된다.

이제 이러한 주관적인 동시에 보편적인 양지를 어떻게 구현하느냐가 문제이다. 이 문제는 인간의 본질을 어떻게 구현하느냐는 문제인 동시에 본심(本心)의 회복문제이기도 하다.

양명은 격치설(格致說)에 관한 해석을 통하여 지행합일(知行合一)을 주장함으로써 자아의 본질을 구현하는 길이란 지행합일이며, 동시에 지행합일은 바로 본래적 자아, 본래적 마음[本心]의 본질적 속성이기도 하다는 것이다. 따라서 지행합일 사상은 양지(良知)를 구현하고자 하는 노력 및 그 결과로서의 치량지(致良知)를 통한 본심

(本心)의 양지에 따름이라는 두 양상을 내포하고 있다.

> 모든 지행합일(知行合一)의 공부는 바로 이른바 그 본심(本心)의 양지(良
> 知)를 이르게 하는 것이다. 세상 사람들이 구이담설(口耳談說)을 일삼는
> 것으로서 지(知)를 생각하는 것과는 같지 않다.114)

이제 양명이 격치설(格致說)에 대해서 어떻게 해석하고 있는지 고찰해 보자.

> 격물(格物)이란 『맹자』에서 대인(大人)은 임금의 마음을 바르게 한다는
> 격(格)이요, 이는 그 마음의 옳지 못함을 버림으로써 그 본체의 올바름을
> 온전하게 하는 것이다.115)

> 물(物)은 사(事)다. 예컨대 의(意)가 어버이를 섬기는 일에 작용하면 바로
> 그 어버이를 섬김이 하나의 물(物)이 된다.116)

양명은 격물(格物)을 '사(事)를 바르게 함'이라고 한다. 즉 마음의 구체적 활동으로서 의(意)가 지향하는 곳에 드러나는 사(事)를 바르게 하는 것이다.

> 치지(致知)라는 것은 후유(後儒, 朱子)가 말하는바, 그 지식을 넓히고 채
> 우는 것을 말하는 것이 아니라 내 마음의 양지(良知)를 치(致)하는 것일
> 뿐이다.117)

> 치(致)라는 것은 이른다는 것이다. 상(喪)을 당하여 슬픔이 지극함에 이른

---

114) 『全書』, 卷2, 答顧東橋書, 7쪽.
115) 『全書』, 卷1, 3쪽.
116) 『全書』, 卷2, 答顧東橋書, 4쪽.
117) 『全書』, 卷26, 大學問.

다고 말하는 것과 같다. 『역(易)』에 이를 줄을 알아 이른다는 말이 있는
데 이를 줄을 아는 것이 지(知)요, 이르는 것이 치(致)다.[118]

치지(致知)란 박학광구(博學廣求)를 통하여 주관(主觀)이 외적
대상으로부터 지(知)를 획득하는 것을 의미하는 것이 아니라, 선험
적 직관지로서의 양지(良知)에 의해 리(理)를 드러내는 것이다. 다
시 말해서 치지(致知), 즉 치량지(致良知)란 내면의 천(天)인 양지
(良知), 즉 시비선악(是非善惡)에 대한 직관지로서의 양지가 사욕
에 의한 단절이나 어두움에 가리어진 것을 제거함으로써 능히 그
리고 충분히 리(理)를 드러내어 구체적 행위에서 시의적절(時宜適
切)하게 구현하여 도덕적 행위를 성취하는 것이다.[119]

스스로 족함을 구하는 데 힘쓰고 자신을 속이지 않은 후에 그것을 성의
(誠意)라고 한다.[120]

성의(誠意)란 자신의 본질을 그대로 지키고 속이지 않음으로써 자
아충족적인 의식을 보존함이다. 사욕(私欲)과 물욕(物欲)에 의한 자
기의식의 분열(分裂)은 자의식의 부족(不足)을 보완하기 위한 비본
질적 요소의 유입(流入)에 기인한다고 볼 수 있다. 자아 목적적이고
자아충족적인 의식은 의식의 본체로서의 심(心)의 본질에 따르는 것
이다. 이는 바로 심의 본체인 양지(良知)를 따름이며 이를 구체적
사건에서 실현하는 것이다. 그래서 양명은 다음과 같이 말한다.

---

118) 같은 책.
119) 蔡仁厚(1974), 172쪽.
120) 『全書』, 卷2, 答顧東橋書, 5쪽.

의(意)가 어떻게 성(誠)될 수 있겠는가? 이제 양지(良知)가 선악을 아는 바에 따라 진실로 좋아하지 않음이 없고, 진실로 싫어하지 않음이 없음, 그것이 바로 양지(良知)를 속이지 않음이며 의(意)가 성(誠)될 수 있는 것이다.[121]

무자기(無自欺)로서 성의(誠意)란 칸트(I. Kant)의 선의지(善意志)와 비교된다. 칸트의 선의지(善意志)와 양명의 성의(誠意)는 다 함께 자기 목적적이며 의무적인 것이다. 그러나 그 근거를 전자는 이성(理性)에 두고 있으나 후자는 존재근원에 두고 있다. 그래서 선의지(善意志)의 실행은 이성(理性)의 의무이나 양명에 있어서 성의(誠意)란 인간존재의 양지(良知), 즉 천리(天理)에 따름이다.

양명은 성의(誠意)란 나와 세계의 존재근거로서의 양지(良知)에 이름 또는 따름이며, 동시에 본심(本心)의 회복으로서의 정심(正心)이며, 마음의 주재(主宰)를 받는 육신[身]을 닦음, 즉 수신(修身)이 된다. 또한 의(意)란 사물을 지향하는 속성을 지니기 때문에 의(意)가 지향하는 바의 물(物)과의 관계에서 의(意)를 바르게, 진실하게 해야 한다. 그것이 바로 성의(誠意)이다. 따라서 성의를 위한 공부가 바로 격물(格物)이 된다. 그래서 양명은『대학』과『중용』의 핵심에 관해 다음과 같이 말한다.

성의(誠意)를 들어 언급하는 까닭은, 그것이 바로 학문하는 데 중추적인 것이기 때문이다. 이에 관하여 바로 살피지 못하면, 소위 사소한 차이가 커다란 오류로 이끈다는 것이다. 무릇『중용』의 공부는 다만 신(身)을 성(誠)하게 함이니, 성신(誠身)의 극(極)이 곧 지성(至誠)이다.『대학』의 공부는 다만 의(意)를 성(誠)되게 함이다. 성의(誠意)의 극(極)은 곧 지선(至善)이다.[122]

---

121)『全書』, 卷26, 大學問.

양명의 격치설(格致說)에 따르면 내심(內心)의 행사활동으로서의 의(意)를 바르게 함, 즉 성의(誠意)가 바로 외적인 행사활동, 즉 격물(格物)의 단초가 된다는 것이다. 이것이 바로 안으로는 치지(致知)이며 밖으로는 수신(修身)이 된다는 것이다. 그래서 양명은 성의(誠意)를 격치설(格致說)의 핵심으로 보는 것이다.

지행합일(知行合一)　　이제 지행합일 사상을 본체론적 설명으로서 심즉리론(心卽理論)과 이의 당위적 설명 내지는 방법론으로서 격치설(格致說)에 근거하여 양명이 어떻게 설명하고 있는지 고찰해 보자.

우선 지행합일의 의미를 살펴보자. 양명은 다음과 같은 두 가지 의미로 사용한다.

첫째, 사실(事實) – 기술적(記述的)인 설명으로서 지(知)와 행(行)은 본체상 하나라는 것이다. 즉 지(知)와 행(行)은 분리불가(分離不可)한 것이다.

둘째, 당위적 요청으로서, 즉 규범적 설명으로서 지(知)와 행(行)은 합일(合一)되어야 한다는 의미를 내포하고 있다.

이상과 같은 지행합일의 의미는 양명의 기록(記錄)을 재구성할 때 다음과 같은 논리적 절차를 통해 설명될 수 있다.

첫째, 지행합일의 본체에 관한 기술(記述)은 다음과 같다.

(1) 우선 양명은 심(心)·성(性)·천(天)의 통일적 관계를 다음과 같이 설명한다.

성(性)은 하나일 뿐이다. 그 형체가 연유하는 것으로 말하자면 천(天)이요,

---

122) 『全書』, 卷1, 20쪽.

> 주재(主宰)는 제(帝)요, 유행(流行)은 명(命)이요, 사람에게 부여된 것은
> 성(性)이요, 육신[身]을 주재(主宰)하는 것은 심(心)이다.[123]

> 육신[身]의 주재(主宰)는 바로 심(心)이요, 심(心)의 발(發)한 바는 바로
> 의(意)요, 의(意)의 본체는 바로 지(知)요, 의(意)의 소재(所在)는 바로 물
> (物)이다.[124]

다음으로 그는 이상의 통일적 관계의 중심자(中心者)를 인간의
마음에 두며, 그러한 통일을 가능케 하는 것이 바로 인간 본연의
양지(良知)라고 한다.

> 무릇 천지만물은 사람과 더불어 본래 한 몸이다. 그러한 작용의 가장 정묘
> (精妙)한 곳이 인심의 영명(靈明)함이다.[125]

> 마음이라고 하는 것은 육신의 주재(主宰)이다. 마음의 허령명각(虛靈明
> 覺)이 바로 이른바 본연(本然)의 양지(良知)라고 하는 것이다.[126]

그런데 양명은 의(意)를 행(行)의 단초로 본다.

> 이 의(意)는 바로 행(行)의 시작이다.[127]

이상과 같은 설명으로부터 지(知)와 행(行)은 모든 존재자를 통
일하는 중심자로서 마음의 두 양상으로 이해된다.[128] 따라서 지(知)

---

123) 『全書』, 卷1, 8쪽.
124) 『全書』, 卷1, 3쪽.
125) 『全書』, 卷3, 9쪽.
126) 『全書』, 卷2, 答顧東橋書, 4쪽.
127) 『全書』, 卷2, 答顧東橋書, 1쪽.
128) 武內義雄(1936), p. 290.

· 행(行)은 존재론적으로 동일하다. 왜냐하면 마음의 허령명각(虛
靈明覺)한 본체로서의 양지(良知)와 마음의 작용으로서의 의(意),
즉 행(行)의 단초는 마음을 구성하는 동일 존재의 두 양상이기 때
문이다. 양명에게 있어서 행위와 행하고자 하는 경향 사이의 구별
은 거의 없다.[129]

지(知)와 행(行)이 본체상 합일적인 것이라고 하는 말은 의(意)에
의해 성립함을 의미한다. 왜냐하면 양명은 의(意)란 심(心)·신(身)
과 심(心)·물(物)의 상호 관계를 통일하는 중심적 작용자로서 마
음의 본질인 양지(良知)를 이상과 같은 통일적 관계에서 구현하는
구체적인 활동자이기 때문이다.[130] 결국 지행합일(知行合一)은 마
음의 본질과 본질의 구현이라는 두 계기가 의(意)에 의해 합일되는
본래적 관계를 의미한다.

(2) 진정한 학문은 지(知)·행(行)의 불가분리성(不可分離性)에
있다는 것이다.

> 지(知)는 행(行)을 목표로 하며, 행(行)은 바로 지(知)의 공부(功夫)이다.
> 지(知)는 바로 행(行)의 시작이요, 행(行)은 바로 지(知)의 완성이다.[131]

> 지(知)의 진절독실(眞切篤實)함이 곧 행(行)이요, 행(行)의 명각정찰(明覺
> 精察)함이 곧 지(知)이다. 지행(知行) 공부는 본래 분리할 수 없다.[132]

양명은 행(行)을 전제로 하지 않는 지(知)와 지(知)에 근거하지
않은 행(行)이란 참다운 지와 행이 되지 못한다는 것이다. 참다운

---

129) David S. Nivison(1967), p. 120.

130) 『全書』, 卷2, 答顧東橋書, 4쪽.

131) 『全書』, 卷1, 20쪽.

132) 『全書』, 卷1, 20쪽.

학문을 위해서는 지는 행을 그 자체에 포괄하며, 행은 지에 근거하지 않으면 안 된다. 따라서 지와 행은 선후(先後)도 없고, 양분할 수도 없는 것이다. 양자를 분리해서 선지후행(先知後行)을 말하는 것은 종신토록 행할 수 없는 결과를 초래하며, 지에 근거하지 않은 행위는 우둔한 행위와 경망스러움을 야기할 뿐이라는 것이다.[133]

양명이 지(知)라고 하는 것은 단순히 주(主)·객(客)의 인식관계에서 외적 대상을 지각하는 기능이거나, 경험을 통해 획득된 지식도 아니다. 또한 강습(講習), 토론(討論)을 통해 얻어지는 것도 아니다. 그것은 행(行)에 대한 명각정찰(明覺精察)이다. 즉 지(知)는 나의 행위에 대한 명석판명(明晳判明)한 자각이다. 행(行)이란 단순히 기존의 예(禮)를 따르거나 형식을 추구하는 것이 아니라, 직면하는 상황에서 인간내면의 근원적인 감정을 수행하는 것이다.[134] 따라서 지(知)라는 것은 나의 분명한 의식에 대한 통찰이며, 행(行)은 바로 이러한 의식에 따라 이를 실현하는 것이다. 그래서 지행합일은 역동적(力動的)인 인간의 창조적 과정으로 이해된다. 이러한 과정은 인간의 본래적인 모습이다.

(3) 내적 천리(天理)로서의 양지(良知)는 자발적인 행위로 드러나는 것이다. 그래서 지(知)와 행(行)은 분리할 수 없는 것이다. 양명은 성현의 가르침이란 지(知)와 행(行)의 본체를 회복하기 위한 것이며, 이것이 바로 지행합일이라는 것이다.[135] 그래서 그는 『대학』의 "호색(好色)을 싫어하고 악취를 싫어함과 같다."[136]는 부분을 다음과 같이 설명한다.

---

133) 『全書』, 卷1, 2쪽.

134) Tu Wei-ming(1973), p. 195.

135) 『全書』, 卷1, 2쪽.

136) 『大學』, 6장.

아름다운 색을 보는 것은 지(知)에 속하고 아름다운 색을 좋아함은 행(行)에 속하는 것이다. 다만 그 호색(好色)을 볼 때는 이미 자연스럽게 좋아하게 되는 것이다. 본 뒤에 또다시 결심을 하고서 그것을 좋아하는 것은 아니다.[137]

지(知)라고 하는 것은 바로 행(行)으로 나아가는 것이다. 그러한 이행(移行)의 과정은 자연적인 것이며 동시적인 것이다. 강요에 의해서나 작위(作爲)에 의해서가 아니다. 따라서 지행합일의 상태는 본래적 자아가 본유(本有)하는 양지(良知)를 속이지 않음이며 동시에 외적 제약에 구애되지 않은 상태이다. 그래서 지행합일을 지(知)와 행(行)의 본체적 관계라고 한다. 이는 바로 외적 제약이나 비본질적 자아의 욕구로부터 해방 또는 자유이다.

이상과 같은 양명의 설명에 대하여 이퇴계(李退溪)는 "양명이 저 형기(形氣)의 작용(作用)하는 바를 이끌어서 의리(義理)에 대한 지(知)·행(行)의 말을 밝히려 하니 이것은 도대체 불가한 것이다. 그러므로 의리(義理)의 지(知)·행(行)을 합하여 말하면 본래 서로 기다리고 함께 행하여 하나를 결(缺)할 수 없으나, 나누어 말하면 지(知)를 행(行)이라 할 수 없는 것이 행(行)을 지(知)라고 할 수 없는 것과 같다."[138]라고 한다. 따라서 퇴계(退溪)는 양명이 지(知)를 포괄적인 것으로 본 데 반하여, 윤리적인 지(知)와 감각적 지(知)로 구분하였다. 그리하여 전자는 부단한 배움과 노력에 의하여 획득할 수 있으며, 또한 그러한 연후에야 실현할 수 있다는 것이며, 후자는 그러한 과정이 필요 없이 즉각적으로 실행하는 것이라고 한다. 또한 퇴계는 윤리적인 지(知)와 행(行)의 관계를 병행(並行)의 관계로 보

---

137) 『全書』, 卷1, 1쪽.
138) 『退溪全書』, 卷41, 雜著, 傳習錄論辨.

아 상호 의존적임을 주장하나 합일적인 것으로는 보지 않았다.

퇴계는 지(知)와 행(行)의 본체를 말하고, 당위로서의 지(知)와 행(行)의 관계를 말하는 양명의 지행합일 사상을 잘못 비판하고 있는 것이다. 왜냐하면 퇴계는 지(知)·행(行)의 관계를 단지 현실적인 상황과 노력의 과정에서 논하고 있기 때문이다. 퇴계가 "나는 덕(德)을 좋아하기를 색(色)을 좋아하듯 하는 자를 보지 못했다."[139]라는 공자의 말을 가지고 지(知)·행(行)의 합일을 부정한 것이나, 윤리적 행위와 감성적 행위를 구분하는 것 등은 사실 공자의 의도를 잘못 이해한 것이라고 할 수 있다. 공자가 그러한 말을 한 것은 지(知)와 행(行)은 본래 합일적이며, 합일되어야 하는데 현실적으로 그러하지 못하다는 개탄의 의미가 내포되어 있는 것이다. 그럼에도 불구하고 퇴계는 지(知)와 행(行)의 관계를 단지 현상적인 분리상태(分離狀態)에 초점을 맞추고 있는 것이다. 결국 퇴계와 양명의 지(知)·행(行)에 관한 주장의 상이(相異)는 관점의 차이에서 초래되는 것이라 할 수 있다.

둘째, 양명은 지(知)와 행(行)의 현상과 이러한 현상으로부터 본질적 상태에로 회복 방법을 다음과 같이 설명한다. 우선 그가 지(知)와 행(行)의 분리현상이 어디에서 유래하는가를 어떻게 설명하고 있는지 알아보자.

(1) 지(知)와 행(行)을 분리해서 보는 것은 리(理)를 외적 대상으로부터 획득 하는 것으로 보기 때문이라 한다.

> 대저 사물의 리(理)는 내 마음 밖에 있지 않다. 내 마음 밖에서 사물의 리(理)를 구한다면 사물의 리(理)는 없다. … 심(心)은 하나일 뿐이다. 그것

---

139) 『論語』, 子罕(5).

을 전체의 측달(惻怛)한 마음으로 말하자면 인(仁)이요, 그것이 마땅함을
얻은 것으로 말하자면 의(義)요, 그 조리(條理)로 말하자면 리(理)이다.
심(心) 밖에서 인(仁)을 구할 수 없으며 심(心) 밖에서 의(義)를 구할 수
없다. 어찌 특히 심(心) 밖에서 리(理)를 구할 수 있겠는가? 심(心) 밖에
서 리(理)를 구함은 지(知)와 행(行)을 둘로 하는 것이다. 리(理)를 내 마
음에서 구함이 성문(聖門)의 지행합일(知行合一)에 대한 가르침이다. 나
또한 어찌 의심하겠는가?140)

양명은 인(仁)·의(義)의 내재성에 대한 맹자의 주장을 계승하여
주자와 그 문인들이 주장하는 격물설(格物說), 즉 즉물궁리설(卽物
窮理說)을 바로 고자(告子)의 의외설(義外說)과 같다고 비판한다.141)
그 이유는 바로 주자의 격물치지설(格物致知說)이란 인(仁)·의(義)
·리(理) 등을 사물에 내재하는 것으로 보며,142) 그러한 것들은 주
(主)·객(客)의 인식관계에서 획득하는 것으로 보기 때문이다. 요
컨대 리(理)가 외적 대상으로부터 궁구과정을 통해 획득되는 것이
라면 인식작용으로서의 지(知)와 주체의 실천으로서의 행(行)이 둘
로 나누어지는 결과를 초래한다는 의미로 이해된다. 역으로 심(心)
과 리(理)가 나눌 수 없는 것이라면, 즉 리(理)가 심(心)에 내재한
다면 이의 인식작용으로서의 지(知)와 이의 구현으로서의 행(行)은
심(心)의 내적 본체와 작용으로서 분리할 수 없다고 말할 수 있다.
　(2) 위의 결과, 리(理)를 외적 대상에서 찾는 주자와 그의 문인
(門人)들은 궁리(窮理)를 지(知)에 분속시킴으로써 행(行)과 분리시
키고 있다는 것이다.

---

140) 『全書』, 卷2, 答顧東橋書, 2쪽.
141) 『全書』, 卷2, 答顧東橋書, 2쪽.
142) 『全書』, 卷2, 答顧東橋書, 3쪽.

양명은 격물(格物)을 단지 지(知)의 획득과정으로만 봄으로써 초
래되는 지행분리(知行分離)의 현상을 비판하고 동시에 이 결과 학
(學) · 문(問) · 사(思) · 변(辨) 등을 지(知)의 일로 보고 독행(篤行)
을 행(行)으로 보는 것도 비판한다.144) 이러한 비판은 한갓 현공구
이강설적(懸空口耳講說的)인 학문을 비판하고, 지(知)라는 것은 절
실한 체험을 통해 구체적 사태에서 확증된다는 점에 근거하고 있다.
　(3) 지(知)와 행(行)의 분리현상은 사욕(私欲)에 기인한다는 것이
다. 그의 제자 서애(徐愛, 曰仁)가 "사람들이 아버지에게 당연히
효(孝)를 행해야 할 것을 알면서도 이를 행하지 못함은 분명 지
(知) · 행(行)이 두 가지 별개의 것임을 보여 주는 것이 아닌가?"라
고 질문하자, 다음과 같이 대답한다.

양명에게 있어서 참다운 앎이란 외적 제약이나 기존의 관습 또
는 이기적 욕구 등에 의해 장애받지 않고 자발적으로 행(行)으로
옮겨지는 지(知)이다. 따라서 참다운 앎은, 그 자체에 행(行)을 포
함하고 있는 것이다. 사욕(私欲)에 의한 지(知) · 행(行)의 분리는

---

143)『全書』, 卷2, 答顧東橋書, 5쪽.
144)『全書』, 卷2, 答顧東橋書, 4쪽.
145)『全書』, 卷1, 2쪽.

인간의 마음의 본질로서 양지(良知)가 이러한 사욕에 의해 가림으로써 순수한 마음의 작용으로서 의(意)가 직발(直發)하지 못하기 때문이다. 즉 의(意)의 장애 또는 왜곡 현상이 바로 지(知)·행(行)의 분리현상이다.

또한 양명은 의도 자체를 행(行)의 발단으로 보아, 종래에 인심(人心)의 활동을 지(知)로 보고 단지 육체적 행위만을 행(行)으로 봄으로써 초래되는 지(知)·행(行)의 분리현상과 의도의 경시(輕視)를 비판한다.

> 오늘날 사람들이 학문을 하는 것은 단지 지(知)·행(行)을 두 가지로 나눔에 의존한다. 이 까닭에 한 생각이 발동함에 있어 비록 그것이 선(善)하지 않다고 해도 도리어 그것이 아직 행해지지 않았다 해서 금하려 하지 않는다. 내가 이제 지행합일을 말하려는 것은 바로 사람들로 하여금 한 생각이 드러나는 그곳에 행(行)의 발단이 있음을 알게 함이며 생각이 드러나는 곳에 선(善)하지 못함이 있으면 곧 이러한 생각을 극복하여 없애야 한다는 것을 깨우치기 위함이다.[146]

위의 설명은 의(意)가 바로 지(知)·행(行)의 통일적 계기임을 논한 것이다. 의(意)를 단순히 심(心)의 내적 활동으로 국한하고 행(行)과 무관한 것으로 볼 경우 이는 바로 자신을 속이는 자들의 융성을 초래할 것이다. 아마도 위의 양명의 주장은 『대학』에서 무자기(無自欺)로서의 성의(誠意)를 강조함으로써 신독(愼獨)의 군자상(君子象)을 확립하고자 하는 의도로 보인다.

셋째, 이제 지(知)·행(行)의 비본질적 관계로서의 분리현상은 어떻게 극복될 수 있느냐 하는 것이 문제이다. 지행합일의 당위적

---

146) 『全書』, 卷3, 4쪽.

요청은 지행합일이라는 지(知)·행(行)의 본래적 관계회복을 의미한다. 이는 결국 치량지(致良知)의 방법론이며 자아실현의 문제이기도 하다. 이에 관한 답은 이미 격치설(格致說)에서 주어진 것이다. 요컨대 지행합일은 인심의 본질로서의 지(知)에 이르게 하는 치지(致知)의 과정이며 노력이다. 그런데 치지(致知)의 요체(要諦)는 바로 성의(誠意)에 있다. 성의(誠意)는 바로 본연의 지(知)에 따라 심(心)의 작용으로서 의(意)를 구체적 상황에서 바르게 함이니, 바로 자신의 마음에 본유하는 천리(天理)를 항상 보존하고 구체적 일상사에서 제기되는 사욕(私欲)을 제거함으로써 획득되는 것이다.

따라서 양명은 본연의 양지(良知)가 충분히 구현될 수 있는 여건 조성은 부단한 자기반성과 간절한 실천적 노력이 요구된다는 것이다. 이러한 노력이 바로 비본질적 자아의 자기모순적인 지행분리의 극복과정인 것이다. 그것은 바로 천리(天理)의 구현이기도 하다. 천리(天理)는 진실무망(眞實無妄)이며 생생불식(生生不息)의 창조적 속성을 띠기 때문에 양지(良知)는 바로 창조적 기능을 다하는 것이다. 결국 지행합일은 인간본연의 모습이며 당위이다. 이는 동시에 세계의 보편적 질서 및 원리의 실현이다.

Ⅳ. 맺음말 – 지행합일의 의의

왕양명의 지행합일 사상은 성인(聖人) 됨의 추구로서 학(學)의 본질과 이의 실현을 위한 방법으로 제시된 것이다.

그는 성인이란 공자, 맹자 등과 같은 고유명사로 보지 않으며 또한 이념적 인간으로 보지도 않는다. 성인이란 인간의 보편적 본질이며 달성 가능한 잠재성이다. 따라서 성인은 인간본질의 보존과 이의 구현자일 뿐이다. 본래 성인과 범인의 구별은 없다. 성인과 범인의 구별은 단지 본래적 자아의 보존과 상실의 차이에서 유래한다.

그는 인간과 세계의 보편적이고 통일적인 근거를 천리(天理)라고 한다. 그리고 이러한 천리(天理)가 인간에 내재하며 마음[心]에 의해 구현된다고 한다. 그래서 그는 심즉리(心卽理)를 주장한다. 이는 바로 내적 천리(天理)로서의 양지(良知)가 천리를 자각하고 이를 실현하는 기능임을 확신하는 것이다. 이 같은 심즉리(心卽理) 사상에 근거하여 인간의 본래성으로서 성인은 양지(良知)의 보존자이며 동시에 구현자이다. 따라서 성인은 지행합일의 완성자이다.

본래적 자아의 회복과 이의 구현이라는 의미의 지행합일은 성인됨의 노력이요, 실존(實存)의 실현이다. 이는 인간과 세계의 통일성과 이의 창조적 구현능력을 지니는 본래적 인간의 회복이며 구현이다. 인간은 타인 및 세계와 공존(共存) 및 의존관계(依存關係)에 있으며, 한 걸음 더 나아가 그러한 관계의 통일적 원리에 대한 자각능력을 소유하며, 또한 이를 창조적으로 구현한다. 그래서 양명에 있어서의 지행합일은 세계의 통일적 중심자로서의 인심(人心)의 본래성의 회복과 이의 실현이라는 두 계기를 포함한다.

그런데 이러한 지행합일의 중추적(中樞的) 계기가 마음의 지향성(指向性)으로서의 의(意)라는 것이다. 양명은 의(意)를 마음의 본체상에서 설명할 때, 양지(良知)와 사(事)의 통일적 관계의 축(軸)으로 말한다. 그래서 그는 의(意)를 마음의 대행자(代行者)로서, 마음의 본체인 양지를 사(事)에서 구체화하는 것으로 본다. 즉 의(意)는 본질적으로 양지에의 지향성과 사(事)에의 지향성이라는 이중적

(二重的)인 지향구조를 지니면서, 이러한 지향적 관계가 간단(間斷)없이 그리고 왜곡(歪曲)됨이 없이 통일적 작용을 가능하게 한다는 것이다. 그러나 이러한 이중적 지향관계가 분열(分裂) 및 간단(間斷), 왜곡(歪曲)될 때 그것은 자신을 속이는 것이며 지행분리의 현상을 초래한다. 지(知)와 행(行)의 분리, 불연속 그리고 불일치(不一致)는 성의(誠意)의 상실 또는 가림이며 이는 바로 비본질적 자아의 상태이다.

지행합일은 결국 의(意)의 지향성이라는 구조에서, 의(意)가 필연적으로 구체적 현상의 다양한 사건과의 만남에서, 회피할 수 없는 행위의 선택으로서 결단의 문제를 안고 있다. 즉 기존의 관습, 행위의 규범, 기타의 지식이나 이기적 욕구에 따라 살 것이냐, 아니면 본래적 자아의 내면의 소리에 귀 기울일 것인가라는 문제에 직면하게 된다. 전자는 소아(小我)에 머무름이며, 후자는 대인(大人) 또는 성인(聖人)에로 비약하는 것이다. 따라서 지행합일은 모든 장애와 은폐, 맹목적 추종에서 벗어나 의(意)의 순수성(純粹性)을 보존하고 자신의 행위에 대한 간절한 반성을 통해 자아의 본질을 보존하고 이를 실현하고자 하는 노력이며, 동시에 이러한 상태이기도 하다.

성의(誠意)를 매개로 하는 지행합일은 추상적인 지식과 이의 실천이라는 이분법적 구분 내지는 선후관계를 지양(止揚)한다. 이는 각 개인이 처하게 되는 다양한 상황에서 제기되는 절박한 행위의 선택요구에 즉각적이고도 가장 적절하게 대처할 수 있는 창조적 지(知)와 이의 실현이다. 따라서 지(知)란 표피적(表皮的)이고 지엽적이며 추상적인 지식이 아니라, 무수한 현상을 산출하며 동시에 이러한 현상들을 통일하는 근원적이고도 창조적인 천리(天理)와의 합일적 공감이다. 이러한 창조적 지(知)는 구체적이고 현실적인 일상사에서 성의(誠意)를 매개로 구현된다. 따라서 양명의 지행합일 사상은 단순한 사변적·관념적 지식의 추구나, 사회를 떠난 개인의 도덕성 함양에 있는 것이 아니라, 세계 내의 존재로서 인간이 회피할 수 없는 사회적 책임과 도덕적 의무를 적극적으로 수행할 것을 강조한 것이다.

결국 양명의 지행합일(知行合一) 사상은 인간이란 외적 제약과 비본질적 자아로부터 벗어나 내적 본질을 성취하고, 나아가 자신과 세계의 통일적 원리에 대한 자각과 이의 구현능력으로서의 양지(良知)를 보존함으로써, 인간 자신의 본질은 물론 세계의 존재의미를 이해하고 실현할 수 있다는 것을 제시한 것이다. 이러한 양명의 견해는 세계의 중심자로서 인간은 모든 존재자를 포괄하는 원리로서 천리(天理)에 대한 이해와 이의 창조적 구현능력을 본질적 속성으로 하고 있으며, 이러한 본질의 구현이 당위적으로 요청된다는 것으로 이해된다. 이와 같은 인간본질에 대한 기술(記述)과, 이로부터 당위성을 도출한 것은 다분히 유가의 정명사상(正名思想)의 한 표현이며 철학적 인간학의 한 표본이기도 하다. 양명의 지행합일 사상은 인간다움에 관한 설명이며, 이의 구현에 대한 방법론이다. 이는 바로 왜곡되고 은폐되어 가는 비인간화(非人間化)에 대항하여 본래적 인간성을 회복하고자 하는 외침이다.

다시 말해서 맹목적이고 무력한, 즉 실천에 맹목적이고 지혜에 무력한 기계적인 인간으로부터 반성적이고 창조적인 역동적 인간의 구현에 대한 외침이다.

왕양명의 윤리사상[1]

I. 머리말

왕양명(王陽明, 1472~1528)의 도덕철학은 불교와 도가 그리고 주자학(朱子學) 등과 같은 기존의 윤리도덕 사상에 대한 폭넓고도 열정적인 지적(知的) 탐구,[2] 죽음의 위험에 대한 체험,[3] 그리고 당시의 윤리적 상황에 대한 성찰과 이것을 극복하는 과정에서 얻어낸 결과라고 하겠다. 그가 진단한 당시의 윤리·도덕적 병폐를 요약, 정리해 보면 다음과 같다. 첫째, 당시 세속의 관습이나 학문적

---

1) 박연수, 「왕양명의 윤리사상」(『陽明學』 제7호, 한국양명학회, 2002.2.)을 일부 수정함.

2) 「朱子晚年定論序」(『王文成公全書』 卷7)와 「年譜」(『王文成公全書』 卷32 40歲條), 錢德洪이 기록한 「刻文錄敍說」(『王文成公全書』 舊序)와 湛若水가 撰한 「陽明先生墓誌銘」(『王文成公全書』 卷37), 黃宗羲의 「姚江學案」(『明儒學案』 卷10) 등을 참고할 것.

3) 양명은 35세 때 宦官 유근(劉瑾)의 비위를 간하다가 투옥된 남경의 감찰어사 대선(戴銑)과 박언휘(薄彦徽) 등을 구하려고 유근을 탄핵하다가 오히려 하옥되어 정장(廷杖) 40대를 맞고 기절했다가 깨어났으며, 다음 해에 유배지로 가는 도중 암살의 위험과 질병 및 자연적 위험을 겪었다. 또한 그가 48세 때 왕족 신호(宸濠)의 반란을 평정하여 명성을 얻었으나 왕의 총애를 받던 간신 張忠과 許泰 등이 양명을 참소하여 반란자로 몰아, 생명의 위험을 당하기도 하였다.

풍토란 이기심과 물욕을 좇거나 조장하는 경향이 팽배해 있다는 것이다. 그리하여 공리(功利)를 다투는 마음이 고질화되어 투쟁과 겁탈의 화란(禍亂)이 그치지 않았다는 것이다.[4] 둘째, 당시 불교는 인간의 당연한 의무인 인륜·도덕을 외면함으로써 시비선악(是非善惡)에 대한 판단의 지침을 제공하지 못하는 비현실적 사상이며, 불교의 저변에는 이기심이 깔려 있다고 한다.[5] 셋째, 인간의 당연한 도리를 마음 밖에 있다고 함으로써 마음[心]과 이치[理]를 둘로 나눈 주희(朱熹, 1130~1200)의 학설은 결과적으로 도덕적 가치와 규범을 사물의 일정한 원리로 봄으로써 외물(外物)을 쫓아다니는 지리(支離)한 학문적 경향, 실천을 결여한 추상적 지식만을 추구하는 학문적 풍토를 조장하였으며, 절대화된 이치에 대한 맹목적 실천과 집착, 진실성이 없는 형식적이고 가식적이며 거짓된 윤리도덕을 조장하는 결과를 초래하였다고 한다.[6] 이러한 윤리 도덕적 경향은 명(明) 왕조가 처음부터 군주 독재체제를 확립하기 위해 충효(忠·孝) 등의 이치를 절대화하고자 한 사상정책과 무관하지 않다는 것이다.[7]

명대 중기의 학자이며 교육자인 동시에 정치 관료이며 군사지휘자로서 활약하였던 왕양명은 이상과 같은 시대적 상황에 대한 비판의식과 일찍이 공자(孔子)와 맹자(孟子)가 추구하였던 학문의 목

---

4) 『王文成公全書』의 1~3권은 이른바 「傳習錄」으로 일컬어지고 있다. 이하 「傳習錄」이라고 칭한다. 「傳習錄」中, 答顧東橋書 143조와 「傳習錄」上, 11조 등을 참조할 것.

5) 『王文成公全書』 卷7, 象山文集序와 「傳習錄」 上 90조, 「傳習錄」 下 236조와 「傳習錄」 下 269조, 「傳習錄」 中 162조, 「傳習錄」 上 101조 및 120조 등을 참조할 것.

6) 「傳習錄」 中 答顧東橋書 135조, 『王文成公全書』 卷7 象山全集序, 「傳習錄」 下 321조, 「傳習錄」 上 4조, 「傳習錄」 中 答顧東橋書 133조, 「傳習錄 中」 答顧東橋書 137조 등을 참조할 것.

7) 山下龍二, 『王陽明』, 203~204쪽.

적과 방법에 대한 반성적 성찰을 통하여, 이전의 성현들이 제시하였던 학문과 교육의 근본 취지와 방법을 되살리고자 하였다. 그는 학문이란 문장이나 짓고 시(詩)를 외우는 것이 아니며, 개인의 이익과 명예와 권세를 위한 수단도 아니라, 본연의 도덕적 심성을 온전히 본전하고 구현하여 하나의 도덕적 인격체로서 진정한 자아, 즉 대인(大人)이나 성인(聖人)이 되고자 하는 것이며, 이것은 바로 자신을 포함하는 천지만물이 한 몸[一體]을 이루는 사회, 즉 도덕공동체적 사회를 이루는 것으로 보았던 것이다.[8] 뚜웨이밍(杜維明)은 양명의 학문을 성인(聖人)에 대한 탐구라고 하면서, 양명이 청년기에 추구한 "성인의 길은 성찰적(省察的)인 존재양식으로 물러나는 것이 아니라 일생을 통해 끊임없이 수행되는 자기변혁(自己變革)의 역동적(力動的) 과정이다."라고 한다.[9] 따라서 양명의 학문은 사변적이고 관념적인 강단 철학이 아니라, 쓰라린 체험을 바탕으로 얻은 지혜를 통해 자아와 사회의 변혁을 꾀하고자 하는 실천 철학이다. 그래서 그가 추구하는 성학(聖學, 聖人의 학, 孔子의 학)을 구이지학(口耳之學)과 대조를 이루는 신심지학(身心之學)이라고 하였던 것이다.[10]

왕양명의 윤리도덕 철학은 윤리도덕의 주체로서 자아를 인식하고 구현함으로써, 다른 존재와 질서 및 조화(調和)를 이루는 만물일체의 사회를 이루고자 한 사상이다. 이러한 왕양명의 도덕철학을 고찰함에 있어서 다음과 같은 몇 가지 주제를 중심으로 논문을 전개하고자 한다. 첫째, 도덕적 인간 및 사회를 이룰 수 있는 궁극적

---

8)『王文成公全書』卷32 年譜와『王文成公全書』卷37 陽明先生墓誌銘 甘泉湛若水撰, 그리고「傳習錄 中」答顧東橋書 142조,『王文成公全書』卷26「大學問」등 참조.

9) 杜維明(권미숙 역),『한 젊은 유학자의 초상』서문 참조.

10)「傳習錄」下 172조와『王文成公全書』卷32 年譜1 34세조 참조.

가치나 원리란 무엇이며, 그것은 객관적인 것인가, 주관적인 것인가? 둘째, 도덕적 가치 및 원리에 대한 앎이란 어떠한 것이며, 그것은 행위와 별개의 것인가? 셋째, 궁극적 도덕 가치와 앎에 대한 자각과 실천적 방법론은 무엇인가?

양명이 살았던 시대와 별다름 없이 오늘날에도 우리는 부도덕한 사회적 현실과 개인의 도덕성 상실 또는 도덕적 무관심을 목격한다. 기껏해야 진실성이 없는 형식적이고 가식적인 몰주체적(沒主體的) 행위들을 경험할 수 있을 뿐이다. 왕양명의 철학사상에 대한 고찰을 통하여 도덕적 인간 및 사회를 이룰 수 있는 길을 모색하고자 한다.

Ⅱ. 도덕적 가치 및 원리

왕양명의 윤리사상은 도덕적 인격체로서 성인(聖人) 및 천지만물이 일체(一體)를 이루는 도덕사회를 추구한다. 성인 또는 성인다움의 징후는 천지만물을 일체로 삼는 것으로 드러난다고 한다. 그렇다면 성인 또는 성인다움의 도덕적 성향은 어디에서 연유하며 그것은 무엇인가?

양명은 성인 또는 성인다움의 도덕적 성향은 외적 사물의 이치[理]에 대한 경험적 탐구로부터 형성되는 것이 아니라고 한다. 그는 "성인(聖人)의 도(道)는 나의 성(性) 자체로서 족하다. 사물에서 이치[理]를 구하기를 지향하는 것은 잘못이다."[11]라고 한다. 이러한

---

11) 『王文成公全書』 卷32: 聖人之道 吾性自足 向之求理於事物者誤也.

양명의 주장은 도덕적 인간 및 사회를 이루기 위한 성인 또는 성인다움의 도덕적 근원은 인간의 마음이라고 하는 것이다.[12] 다시 말해서 성인다움을 위한 지선(至善)한 도덕적 가치 및 보편적인 도덕적 행위의 법칙이 행위 주체인 각자의 마음에 조리(條理)로서 또는 도덕성으로서 주어져 있다는 것이다. 따라서 양명은 성인의 학을 심학(心學)[13] 또는 신심지학(身心之學)[14]이라 하고, 인심(仁心)의 회복이니,[15] 하나의 성(誠)일 뿐이라고 하고,[16] 치량지(致良知)라고 한다.[17] 또한 성인이 저술한 사서오경(四書五經)이란 심체(心體)를 밝힌 것에 지나지 않으며, 따라서 심체를 밝히는 공부를 성학(聖學)의 핵심으로 파악하였다.[18]

1. 지선(至善)은 마음의 본체(本體)이다

양명은 시비선악(是非善惡)의 상대적 평가를 부정적으로 보는 불교나 도교에 대해 비판하면서, 시비선악의 평가기준 및 근거로서 마음의 천리(天理)를 주장하고, 사사로운 뜻을 버리고 이러한 천리에 따를 것을 주장하였다.[19] 양명이 심체(心體)를 무선무악(無善無惡) 또는 지선(至善)이라고 한 것은 심체가 개인적인 호오(好惡)로

---

12) 「傳習錄」 下 207조: 人胸中各有個聖人.

13) 『王文成公全書』 卷7, 象山文集序 참조.

14) 「傳習錄」 中 答羅整庵少宰書 172조와 『王文成公全書』 卷32 年譜1(34세조) 참조.

15) 「傳習錄」 中 答顧東橋書 142조 참조.

16) 「傳習錄」 下 229조 참조.

17) 『王文成公全書』 卷8 書魏師孟, 「傳習錄」 中 167조, 「傳習錄」 下 269조 참조.

18) 「傳習錄」 上 31조에서 心體인 道心을 밝히는 것을 學의 頭腦處라고 한다.

19) 「傳習錄」 上 11조 참조.

결정되는 상대적인 선악(善惡)을 초월하여 어느 한쪽에도 치우치지 않는 것이며, 나아가 상대적 선악의 궁극적 표준이 된다는 의미에서 지칭하는 말이다.[20]

그렇다면 양명이 지선(至善)을 마음의 본체라고 하는 근거는 무엇인가? 첫째, 양명은 마음의 본체를 적연부동(寂然不動), 미발지중(未發之中), 확연대공(廓然大公)이라 하고, 그래서 스스로 감통(感通)하고 중절(中節)하며 물(物)에 순응(順應)하는 작용을 한다는 것이다.[21] 결국 양명은 감통, 중절, 순응과 같은 행위를 옳은 것으로 보고, 이것은 개인적인 호오의 욕구나 기(氣)에 동요함이 없는 부동(不動), 치우침이 없는 중(中), 사사로움이 없는 지극한 공평(大公)한 마음과 분리될 수 없는 하나라고 하는 것이다.

둘째, 양명은 효제측은(孝·弟·惻隱) 등과 같은 도덕성에 대한 지(知)로서 양지(良知)를 마음의 본래적 모습이라고 한다.[22] 양명은 마음[心 또는 吾心]의 본체로서 양지는 마음의 허령명각(虛靈明覺)으로,[23] 그 자체 가감이 필요치 않으며 과부족(過不足)이 없으며, 오히려 과부족을 분별하는 능력이라고 한다.[24] 양지는 덕성을 밝히고[明德], 백성을 친애하는 일[親民]이 그것에 의존하는 지선(至善)한 준칙이다.[25] 그래서 양지는 자신의 행위 준칙이라고 한다.[26] 또한 양명은 양지를 시비에 대한 분별력이며, 진성측달(眞誠

---

20) 「傳習錄」 上 101조, 「傳習錄」 下 315조, 「傳習錄」 下 317조, 『王文成公全書』 卷7 大學古本序, 「傳習錄」 上 91조 참조.

21) 「傳習錄」 上 72조 참조.

22) 「傳習錄」 上 8조 참조.

23) 「傳習錄」 中 137조 참조.

24) 「傳習錄」 下 304조 참조.

25) 『王文成公全書』 卷26 「대학문」 참조.

26) 「傳習錄」 下 206조: 爾那一點良知 是爾自家底準則. 爾意念着處 他是便知是 非便知

惻怛)하는 감정으로,[27) 천지만물을 일체(一體)로 자각하는 범인류애적 감정이라고 한다. 따라서 내 마음의 양지는 시비의 궁극적 기준인 동시에 천지만물 일체를 자각하고 실현하는 도덕적 감정 및 앎으로 지선(至善)한 앎이다.[28)

셋째, 양명은 마음의 본체를 천리(天理)라고 하며,[29) 인심(仁心) 또는 도심(道心)이라고 한다.[30) 그는 심체인 천리를 중(中)[31)과 성(誠)[32)으로 말한다. 양명이 말하는 중이란 치우치거나 기울어짐이 없는 것이며,[33) 고정된 표준이나 불변의 원리가 아니라, 부단히 변화하는 상황과 상이한 처지에서 항상 공정하고도 치우침이 없는 시중(時中)을 의미한다. 이러한 시중은 모든 개별적 이치[理]가 준거하는 궁극적 이치로서 천리(天理)라고 하는 것이다. 한편 양명은 성(誠)을 마음의 본체라고 하며,[34) 천리(天理)라고 하고, 실리(實理)라고 한다.[35) 그가 "성의(誠意)란 단지 천리(天理)를 좇는 것이다."[36)라고 하고, 성신(誠身)의 극(極)을 지성(至誠)이라 하고 성의

非 更瞞他一些不得.「傳習錄」下 208조: 合得的便是 合不得的便非. 如佛家說心印相似 眞是個試金石指南針.「傳習錄」下 265조: 道卽是良知 良知完完全全.

27)「傳習錄」中 189조 참조.

28) 왕양명은 拔本塞源論(「傳習錄」中 答顧東橋書 142~143조)과 聶文蔚에게 답하는 글(「傳習錄」中 答聶文蔚書 179~183조) 그리고 大學問(『全書』卷26 大學問) 그 밖에 여러 곳(「傳習錄」下 274조, 276조 등)에서 천지만물이 一體가 되는 근거를 仁과 良知로 주장하였다.

29)「傳習錄」에서 心之天理(117조), 吾心之天理(111조)라고 말하며, 心之本體(41조, 96조, 122조, 145조)를 天理라 하고, 道心을 천리라 하고(10조), 良知를 천리 또는 천리의 明覺이나 發現이라고 하며(169조, 189조), 천리가 곧 明德(7조)이라고 한다.

30)「傳習錄」中 答顧東橋書 142조 참조.

31)「傳習錄」上 52조 참조.

32)「傳習錄」上 39조 참조.

33)「傳習錄」上 76조 참조.

34)「傳習錄」上 121조: 誠是心之本體 求復其本體 便是思誠的工夫.

35)「傳習錄」下 281조: 誠是實理 只是一箇良知.

의 극을 지선이라고 한 것[37]은 지성을 지선한 천리로 본 것이다. 그래서 양명은 성인(聖人)의 학이란 다만 한결같은 진실성일 뿐이라고 하였다.[38]

양명은 도덕의 궁극적 가치 및 원리로서 부동(不動), 대공(大公), 시중(時中), 천리(天理), 성(誠), 인(仁) 등이란 심체(心體), 즉 본래적 마음의 모습이라고 함으로써, 심체를 상대적이고 개별적인 시비 선악의 기준으로서 지선(至善)이라고 한 것이다.

2. 마음이 곧 이치이다[心卽理]

마음[心]을 떠나서는 일[事]도 이치[理]도 없다 그의 제자인 서애(徐愛)가 "지선(至善)을 마음에서만 구한다면 아마 천하의 사리(事理)를 다할 수 없을 것 같다."라는 의문을 제기하였다. 이에 대해 양명은 다음과 같이 설명하고 있다.

> 마음이 곧 이치[理]이다. 천하에 마음 밖의 일이 있고 마음 밖의 이치가 있겠는가? … 아버지를 섬기는 일 같은 것은 아버지에게서 효도의 이치를 구할 수 있는 것이 아니다. 임금을 섬기는 일은 임금에게서 충성의 이치를 구할 수 있는 것이 아니다. … 모두가 다만 자기의 마음에 달려 있는 것이다. 마음이 곧 이치이다. 이 마음에 사사로운 욕심에 의해 가려진 것이 없다면 곧 그것이 천리(天理)이니, 밖으로부터 조금도 더 보탤 것이 없다. 이 천리에 순일(純一)해진 마음을 가지고서 그것을 발휘하여 아버지를 섬기면 곧 그것이 효도이며, 그것을 발휘하여 임금을 섬기면 곧 충성이다(「傳習錄」 上 3조).

---

36) 「傳習錄」 上 101조: 卻是誠意 不是私意 誠意只是循天理.

37) 「傳習錄」 上 129조 참조.

38) 「傳習錄」 下 229조: 故聖人之學 只是一誠而已.

양명은 마음 밖에 리(理)가 없으며 마음을 떠나서는 충효(忠孝) 등과 같은 개별적이고 실제적인 리(理)는 성립될 수 없다는 것이다. 양명에게 있어서 인간이 구체적 상황에서 마땅히 실천해야 할 당위로서 도리란 객관적 사물의 가치나 존재법칙으로부터 도출될 수 있는 것이 아니며, 마음의 리(理) 없이는 인간의 의식(意)의 지향적 활동(intentional acting)의 과정에서 형성되는 개별적인 사리(事理)는 없다는 것이다. 양명은 정이천(程伊川, 1033~1108)이 "물(物)에 있는 것은 리(理)가 되고, 물(物)에 대처하는 것은 의(義)가 된다."[39] 라고 한 말을 인용하면서, 그 이치와 사물이 마음 밖에 있는 것이 아니라고 한다. 양명은 정이천이 물에 있는 것을 리라고 한 것을 "마음이 물(物)에 있으면 리(理)가 된다."라고 풀이한다.[40] 즉 나의 마음, 즉 천리(天理)의 마음이 사물에서 작용할 때 그 사물에 대처하는 당연한 실천적 리(理)가 형성된다고 하는 것이다. 이러한 마음에 합당하게 사물을 처리하는 것이 의(義)이며, 이러한 마음의 본성은 선(善)이라고 하는 것이다. 따라서 리(理)·의(義)·성(性)이란 모두 마음의 여러 측면을 지칭하는 것이다.[41]

마음은 모든 의리(義理)의 근원이다　마음 밖에 리(理)도 없고 사(事)도 없다고 주장하는 것은 곧 사(事)와 리(理)가 마음에 근원을 두고 있어서 마음에 의해 개별적 리(理)가 구현된다는 의미이다. 양명은 개별적 사물의 리와 구분하여 마음을 천리라고 지칭하며, 이러한 마음의 천리가 개별적 리의 근거가 된다고 한다.

---

39) 『二程全書』 卷40.

40) 「傳習錄」 下 321조 참조.

41) 『王文成公全書』 卷4 與王純甫(2) 壬申 참조.

내가 말하는 치지격물(致知格物)이라고 하는 것은 내 마음의 양지(良知)
를 사사물물(事事物物)에 이르게 한다는 것이다. 내 마음의 양지는 소위
천리(天理)이니, 내 마음의 양지 천리를 사사물물에 이르게 하면 사사물물
은 모두 그 리를 얻게 된다. 내 마음의 양지를 이르게 하는 것이 치지(致
知)이며, 사사물물 모두가 그 리를 획득하는 것이 격물(格物)이다. 이것은
심(心)과 리(理)가 합하여 하나가 되는 것이다(「傳習錄」 中 答顧東橋書
135조).

양명에 의하면 사물의 당연한 이치는 사물 그 자체에 있는 것이
아니라, 천리에 대한 소명령각인 마음의 양지[42]가 마음의 본체인
천리를 개별적인 사물에서 다양한 이치로 구현함으로써 형성된다
는 것이다. 따라서 이 마음의 천리는 행위의 옳고 그름의 기준, 구
체적 사물에 대응하는 실천적 사리(事理)의 표준이며 근원으로, 그
것은 내적 도덕성과 도덕법칙이며 더 이상 조건이 필요 없는 그 자
체로서 완전한 선(善)이다. 이러한 천리를 구현하는 주체가 곧 마
음의 양지이다.

양명이 제시한 "마음이 곧 리이다[心卽理]."라는 명제는 첫째,
인간의 본래적 마음에는 도덕성, 즉 도덕적 원리와 도덕적 가치가
주어져 있다는 것이다. 그래서 마음을 천리라고 하는 것이다. 둘째,
마음의 지향작용으로서 의(意)가 지향하는 대상과의 관계에서 마음
의 본체로서 천리가 무수한 리로 구현된다고 하는 것이다. 셋째,
궁극적이며 포괄적 천리를 무수한 개별적 리로 구현하는 것은 양
지라고 한다.

---

42) 『王文成公全書』 卷5 答舒國用 6쪽: 夫心之本體卽天理也 天理之昭明靈覺所謂良知也.

3. 개별적 행위의 준칙

　양명에 의하면 우리의 삶과 행위에 있어서 유의미(有意味)한 도덕법칙이나 학설이란 실제적 효용성을 지닌 것이라고 한다. 다시 말해서 진정한 도덕은 고정된 학설이나 형식이 아니라 그릇된 현실을 바꿀 수 있는 힘을 가진 것이라고 한다. 또한 인간 및 사회의 도덕적 병폐(病弊)를 제거하고 건전성을 회복하기 위해서는 고정된 도덕이론이나 형식화된 규범을 고집해서는 안 되며, 상황의 변화에 통할 수 있는 적절한 방책을 마련하고 실행해야 한다는 것이다.[43]

　추상적이고 형식적인 도덕법칙은 대략적인 행위의 지침은 될지 모르지만 현실의 구체적 상황에서 거기에 합당한 도덕적 선택을 하는 데는 별다른 도움이 되지 못한다는 것이다. 양명은 인간이 직면하는 무수한 상황, 즉 절목(節目)과 시변(時變)에 따라 마땅히 지켜야 할 도리란 것이 있긴 하지만 그러한 이치를 일일이 규정하고, 형식화하기 어렵다는 것이다. 물론 양명은 유가의 전통에 따라 부모에 대한 효, 형에 대한 공경[悌], 임금에 대한 충성[忠)], 친구에 대한 신의[信], 백성에 대한 사랑[仁]이나 오륜(五倫) 등을 인간관계에서 지켜야 보편적 도덕법칙, 즉 인륜의 대표적인 항목으로 들고 있다.[44] 따라서 양명은 우리의 행위를 지도하고 규제하는 근본적 도덕원리를 부정하지는 않으며, 다만 그것을 구체적으로 실천할 수 있는 세부 실천지침이나 형식과 절차를 하나하나 일정하게 규정할 수는 없다는 것이다.

　양명은 "도(道)라고 하는 것은 일정한 방식이나 형체가 있는 것

---

43) 『王文成公全書』舊序 傳習錄序 徐愛撰 참조.
44) 「傳習錄」中 142조 참조.

이 아니어서 집착할 수 있는 것은 결코 아닌 것이다."[45]라고 하며, "의리란 것은 일정하게 정해져 있는 것이 아니고 무궁무진한 것이다."[46]라고 한다. 그는 인간으로서 당연히 실천해야 할 도리로서 일정하게 형식화하거나 규정된 것에 대한 집착이나 맹목적 실천을 경계한 것이다.

또한 양명은 우리의 행위를 지시하고 규제하는 예(禮)의 참모습은 맹목적 실천에 있지 않다고 한다.[47] 예란 공통적인 인정(人情)에 바탕을 두고 제정된 것이었기에 모두가 지켜야 하는 보편적 원칙이 되었다는 것이다. 따라서 도덕적 행위의 형식과 절차로서 예의 참과 거짓 여부는 그 행위가 인정에 부합하느냐에 달려 있다고 하겠다. 참다운 예는 형식에 대한 맹목적 실천에 있는 것이 아니라 인정의 실상에 대한 주체적 자각을 통한 실천에 있다고 할 수 있다. 그래서 양명은 말하기를 "만약 저 사소한 의식(儀式)과 절목(節目)상에서만 적당히 구하는 것을 지선(至善)이라고 한다면, 배우가 그럴싸하게 가장하여 부모를 따뜻하게 하거나 서늘하게 하여 드리는 의절(儀節)만으로 적당하게 봉양하는 것 또한 지선이라고 할 수 있을 것이다."[48]라고 하여, 형식적 예에 대한 무조건적 추종이나 외형적 모방은 진정한 예가 될 수 없음을 지적하였다.

윤리도덕을 객관적이고 형식적인 법칙으로 정형화하기 어렵다거나 기존의 규범이나 의례(儀禮) 등에 대한 맹목적 실천이나 외형적 일치는 진정한 도덕이 아니라고 하는 양명의 주장은 행위의 주체가 의존하는 도덕법칙이나 가치가 내적인 것이라는 의미를 함축하

---

45) 「傳習錄」 上 66조: 道無方體 不可執着 卻拘滯於文義上求道 遠矣.
46) 「傳習錄」 上 22조: 義理無定在 無窮盡.
47) 『王文成公全書』 卷6 寄鄒謙之 二 丙戌 참조.
48) 「傳習錄」 上 4조 참조.

고 있다. 또한 '도덕적'이라는 말은 내적 도덕법칙이나 가치에 대한 주체적인 자각과 실천을 의미한다. 양명에 의하면 도덕적으로 옳은 행위란 지선(至善)한 마음의 본체인 양지 곧 내 마음의 천리, 즉 내 마음에 내재하는 중(中)과 공정(公正), 성(誠)과 인(仁) 등을 자각하고 구현하는 것이라고 한다.

Ⅲ. 도덕적 앎과 실천

왕양명의 도덕철학은 내면에 있는 도덕원리와 가치를 어떻게 자각하고 이것을 구체적 상황에서 어떻게 실현하는가 하는 문제로 요약된다. 양명은 도덕원리에 대한 자각과 실천력을 양지(良知)라고 한다. 양명의 도덕사상의 핵심개념을 이루고 있는 양지란 맹자(孟子)의 양지(良知)·양능(良能)[49]과 시비지심(是非之心)을 포함하는 사단(四端)의 마음[50]을 종합한 것이다. 양명에 의해 정립된 양지는 경험적 학습이나 추론과 같은 사유를 통해 획득된 것이 아니라, 모든 사람이 선험적으로 지니고 있는 도덕적 지성(知性)과 감성(感性)이며 실천력이다.

양명에 의하면 성인(聖人)은 호색을 좋아하고 악취를 싫어하는 자로서 지행(知行)이 일치하는 진실한[誠] 자이며,[51] 인심의 본래적 모습은 지행합일이라고 한다.

---

49) 『孟子』盡心 上 : 人之所不學而能者 其良能也. 所不慮而知者 其良知也.
50) 『孟子』公孫丑 上.
51) 「傳習錄」下 229조 참조.

1. 앎의 주체로서 양지(良知)

　천리(天理)의 소명령각(昭明靈覺)이며 발현　양명은 마음의 허령명각(虛靈明覺)을 본연의 양지라고 하고,[52] 양지를 천리의 소명령각이라고 하며,[53] 천명(天命)으로서 성(性)의 발현이며, 명덕(明德)의 본체(本體)라고 한다. 양명이 말하는 양지란 외적 대상을 수용하는 지각(perception)이나, 경험을 통해 획득된 지식도 아니며,[54] 이미 알고 있는 지식으로부터 도출된 추론지(推論知)도 아니다. 양지는 마음의 본체로서 지선(至善)한 천리(天理)에 대한 영각(靈覺)이며 천리를 발현하는 앎이다.[55] 따라서 양지는 궁극적 도덕원리와 도덕성에 대한 선험적(先驗的) 직관지(直覺知)라고 할 수 있으며, 또한 내적 도덕적 원리와 가치를 스스로 자각하고 구현하는 주체라고 할 수 있을 것이다.[56]

　주관적 준칙(準則)이며 도덕적 판단 기준 및 지침　양명은 양지란 각자의 밝은 스승[明師]이며[57] 시비 판단의 주관적 준칙이요,

---

52)「傳習錄」中 137조 참조.

53)「傳習錄」中 答歐陽崇― 169조 참조.

54)「傳習錄」中 答歐陽崇― 168조 참조.

55) 知(또는 良知)를 理의 靈處, 靈能이라고 하며(「傳習錄」上 118조), 天理自然明覺發現處(「傳習錄」中 189조)라고 한다.

56) 良知에 대하여, Wing―tsit Chan(陳榮捷)은 'innate knowledge of the good'이라 하고, Thome H. Fang(方東美)는 'conscientious wisdom' 또는 moral intuitive insight이라고 한다(The essence of Wang Yang―ming's philosophy in a historical perspective, *Philosophy East and West*, Vol.23, p.83). Chung―ying Cheng(成中英)은 'innate knowledge of goodness'라고 하고, David S. Nivison은 'intuitive knowledge of good'이라 하며, Tang Chun―i(唐君毅)는 'conscientious consciousness 또는 good conscience'라고 한다.

57)「傳習錄」下 265조: 道卽是良知 良知完完全全 是的還他是 非的還他非. 是非只依著他 更無有不是處 這良知還是你的明師.

선악을 분별하는 시금석이며 지남침이라고 한다.58) 또한 무수한 상
황에 직면하여 사물의 경중(輕重)·장단(長短)·선후(先後)를 올바
로 평가할 수 있는 규구척도(規矩尺度)와 같다고 한다.59) 따라서
양지는 도덕적 가치와 행위에 대한 판단에 있어서 각자가 소유하
고 있는 주관적 척도요 준칙인 동시에 어떠한 대상이나 상황에도
적절하게 대응할 수 있는 창의적 즉응능력(卽應能力)이라고 할 수
있다.

도덕적 판단력 및 도덕감　양명에게 있어서 양지는 시비(是非)를
분별하는 지(知)일 뿐만 아니라,60) 효제(孝悌)와 같은 도덕원리를
아는 것이며, 측은지심(惻隱之心)과 같은 도덕적 감정이기도 하
다.61) 또한 그는 양지를 다양한 인간관계에서 마땅히 취할 도리를
가능하게 하는 내적 원리로서 중(中), 대공(大公), 부동(不動)의 본
체라고 하며,62) 또한 실리(實理)로서 성(誠)의 본체를 양지라고 한
다.63) 양명은 양지의 본래적 모습의 가장 중요한 특징을 진실성
[誠]으로 말한다. 진실성을 바탕으로 하는 양지가 대상에 따라 그
에 합당한 이치를 구현한다는 것이다. 즉 이 양지의 진성측달(盡誠
惻怛)로서 어버이를 섬기면 곧 이것이 효도이며, 이 양지의 진성측
달로서 형을 따르면 곧 이것이 공경이며, 이 양지의 진성측달로서
임금을 섬기면 곧 이것이 충성이라고 한다.64)

---

58) 「傳習錄」 下 206조 참조. 「傳習錄」 下 208조: 合得的便是 合不得的便非. 如佛家說心
　　印相似 眞是但試金石指南針.
59) 「傳習錄」 中 答顧東橋書 139조 참조.
60) 『王文成公全書』 卷26 大學問 참조.
61) 「傳習錄」 上 8조 참조.
62) 「傳習錄」 中 答陸原靜書 155조 참조.
63) 「傳習錄」 下 281조 참조.

또한 그는 천지만물을 자기의 한 몸처럼 삼을 수 있는 것을 양지라고 한다.[65] 양명에 의하면 양지는 만물을 한 몸[一體]이게 하며, 만물 상호간의 감통(感通)을 가능하게 하는 것이라고 한다. 양지는 천지만물을 서로 감통하게 하고, 타 존재를 일체라는 인식의 기초 위에서 이해하고 사랑하는 일종의 감정이입(感情移入)의 능력이며, 동류애 또는 동질감이라고 할 수 있다. 특히 양명은 이른바 발본색원론(拔本塞源論)[66]과 섭문율(聶文蔚)에게 답하는 글,[67] 그리고 대학문(大學問)[68] 그 밖에 여러 곳[69]에서 천지만물이 일체(一體)인 근거를 인(仁)과 양지라고 한다.

도덕적 자발성과 창조적 구현　양명에 의하면 양지(良知)는 하늘이 인간다움의 존재근거로서 마음에 심어 놓은 뿌리와 같은 것으로, 스스로 생생불식(生生不息)하는 것이라고 하며,[70] 천지 사이에 활발발한 것은 양지의 리(理)의 작용이라고 한다.[71] 양명이 논에 있는 벼를 보고 "언제 또 이렇게 성장했을까?"라고 하자, 범조기(范兆期)가 "그것은 뿌리가 있기 때문이며, 학문에도 스스로 뿌리를 심을 수 있다면 성장하지 못함을 근심할 것이 없다."라고 대답하였다. 이에 대해 양명은 양지란 나무의 뿌리와 같은 것으로 그 자체는 부단히 생장하는 것이라고 한다. 다시 말해서 내적 도덕성

---

64) 「傳習錄」 中 189조 참조.

65) 「傳習錄」 中 答聶文蔚書 179조 참조.

66) 「傳習錄」 中 答顧東橋書 142~143조.

67) 「傳習錄」 中 答聶文蔚書 179~183조.

68) 『王文成公全書』 권26 大學問.

69) 「傳習錄」 下 274조, 276조 등 참조.

70) 「傳習錄」 下 244조 참조.

71) 「傳習錄」 下 330조 참조.

을 구현하고 성인이 되고자 하는 학문 성장의 근본은 양지라고 하는 것이며, 그 양지는 이기적 욕구에 의해 장애를 받지 않는 한 부단히 작용한다는 것이다. 그래서 그는 양지를 역(易)이라 하고, 그 도(道)를 행함이 시공의 제약을 받음이 없이 이루어진다고 한다.[72]

양명은 도덕성의 자발적 구현능력으로서 양지는 다양한 대상과 상황에서 이에 합당한 무수한 이치를 창조적으로 구현한다고 한다.[73] 도덕성을 창조적으로 구현하는 양지의 실천력은 시비의 분별에서뿐만 아니라, 천지만물을 일체로 삼는 인(仁)의 실현에 있어서도 나타난다. 양명이 천지만물이 일체라고 하는 것은 무차별적 동일성을 지칭하는 것이 아니라, 육신의 각 기관들이 한 몸을 이루지만 그 육신 가운데에는 저절로 경중과 본말, 선후의 구별이 있듯이, 우리가 대하는 천지만물이 나와 일체이되 그 가운데에도 경중, 후박의 구별이 없을 수 없다는 것이다. 양명은 천지만물을 일체로 삼는 인을 자각하고, 천지만물에 대한 일체감을 대상이나 처한 입장과 상황에 따라 경중후박(輕重厚薄)을 분별하여 적절하게 구현하는 실천적 지(知)가 양지라는 것이다. 그래서 양명에 의하면 양지는 인(仁)을 자연스럽게 그리고 창조적으로 가까운 곳에서부터 멀리까지 대상과 상황을 분별하여 적절하게 구현한다는 것이다. 어린애가 우물에 빠지는 것을 볼 때 반드시 그리고 저절로 출척측은지심(怵惕惻隱之心)을 발휘하며, 새나 짐승이 슬피 울고 벌벌 떨 때 불인지심(不忍之心)을 가지게 되며, 초목이 꺾일 때 민휼지심(憫恤之心)을 가지며, 기와나 돌이 깨질 때 고석지심(顧惜之心)을 드러내는 것은 인간이면 누구나 지니고 있는 일체적(一體的) 동류의식

---

72) 「傳習錄」 下 340조 참조.
73) 『王文成公全書』 卷26 大學問 참조.

(同類意識)으로서의 인(仁)을 깊이 자각하고 이것을 대상과 상황에 따라 실현할 수 있기 때문이다. 이처럼 천지만물 일체(一體)의 후박(厚薄)에 대한 판단은 양지의 자연스러운 조리(條理)라고 한다.74) 따라서 양지란 인심(仁心)을 대상과 상황에 적절하게 구현하는 것, 즉 인심(仁心) 즉 도심(道心)을 시중(時中)할 수 있는 앎이요 능력이다. 그래서 양명은 『논어』에서 공자가 "천하의 일에 있어서 오로지 주장함도 없고, 오로지 하지 않음도 없이 단지 의(義)를 따를 뿐이다."75)라고 한 시중(時中)의 의(宜)로서의 의(義)가 곧 양지라고 하였다.76)

2. 앎과 실천의 분리

서애(徐愛)가 그의 스승 양명에게 제기하였던 문제, 즉 부모에게 효도하고 형을 공경해야 한다는 것과 같은 도덕원리의 당위성을 알면서도 실제로 실천하지 못하고 있는 현실을 볼 때 지(知)와 행(行)은 별개의 것이 아닌가 하는 의문을 우리도 갖게 된다.77) 양명 당시에 유학자나 지식인 관료들이 옳지 못한 환관의 전횡(專橫) 앞에서 침묵하거나 굴복하고 아부하였듯이 오늘의 현실도 많은 지식인들이 의롭지 못한 세력과 타협하거나 굴복하는 것을 볼 수 있다. 이러한 현실들을 경험하면서 우리는 지식과 실천은 별개의 것이라는 생각을 갖게 된다. 지와 행을 나누어 보는 주장의 문제점에 대

---

74) 「傳習錄」下 276條 참조.

75) 『論語』里仁 참조.

76) 「傳習錄」下 248조 참조.

77) 「傳習錄」上 5조 참조.

하여 양명은 다음과 같이 진단한다.

첫째, 사람으로서 당연히 해야 할 도리가 무엇인지 알면서도 실천하지 않는 것은 사욕(私欲)에서 연유한 것이라고 한다. 즉 양명에 의하면 지행의 분리 현상은 사욕에 의해 간격이 생기고 단절된 상태로서 지행의 본체, 즉 지행의 본래적 모습이 아니라는 것이다.[78]

둘째, 지와 행을 나누는 것은 사유(思惟)의 발동으로서 의(意)를 행과 별개로 보는 데서 연유한 것이라고 한다. 양명에 의하면 당시의 학자들이 지와 행을 별개의 것으로 보고 악한 생각이 행위로 드러나지 않은 것이라고 해서 그것을 금하려 하지 않게 되었다는 것이다. 지행의 분리는 곧 생각과 행동의 괴리를 조장하여 속으로는 악한 생각을 하면서도 겉으로 선한 척하는 행동을 유발하게 된다는 것이다. 그에 의하면 생각의 발동인 의(意)가 곧 행위의 시작이다. 따라서 선한 행동은 선한 생각 또는 의지에서 비롯하며, 악한 행동은 악한 생각에서 비롯한다는 것이다.[79]

셋째, 지행의 분리는 심외(心外)에서 리(理)를 구함으로써 지가 획득된다고 생각하는 데서 연유한다고 보았다.[80] 마음을 떠나 리가 밖에 있다고 한다면 지식이란 궁리(窮理)를 통해 외적(外的) 사물의 이치를 빌려 온 것에 지나지 않으므로 그 지란 철저한 주체적 자각을 결여한 것으로 주체에 완전히 귀속한 것이라고 볼 수 없다는 것이다.[81] 따라서 외물에 의존하는 그 지는 주체의 행과 간격이 있게 된다. 즉 그 지는 행동을 수반하지 않는 공허한 앎에 그치고 만다는 것이다. 즉 지행의 분리는 지에 대한 절실한 주체적 이해와

---

78) 「傳習錄」 上 5조 참조.
79) 「傳習錄」 下 226조 참조.
80) 「傳習錄」 中 答顧東橋書 133조 참조.
81) 「傳習錄」 中 答顧東橋書 137조 참조.

성찰이 부족한 분희자(扮戲子, 배우)의 경우에도 발생한다고 말하기도 한다.

또한 양명은 선지후행론(先知後行論)을 따르다 보면 평생 행하지도 못하고 알지도 못하게 될 것이라고 경계한다.[82] 선지후행론의 입장에 서게 되면 행을 제쳐 놓고 지를 추구할 것이므로 행함이 없으며, 또한 박학(博學)을 지의 방법으로 보는 한 지의 완성은 요원하기만 할 것이라고 한다.

3. 앎과 실천의 일치

양명이 주장하는 양지는 단순히 도덕적 앎과 도덕적 감정만을 의미하는 것이 아니라, 그 자체 스스로 상황에 적절히 대응하는 능동성과 창의성을 지니고 있는 것이다. 이러한 양지의 본래적 모습을 온전히 간직한 자는 강력한 실천력을 지니게 된다. 양명이 신호(宸濠)의 반란을 평정하면서 양지의 참뜻을 깨달은 이후, 시비의 기준이란 사람들의 평가가 아니라 양지라는 것을 믿고, 양지가 자각하는 시비에 따라 행동하기를 주저하지 않았다고 한다. 양명의 도덕적 실천력은 양지에 대한 온전한 자각과 실천에서 비롯한 것이라 하겠다.[83]

왕양명의 지행합일론(知行合一論)은 지와 행이 본체상 하나라는 사실을 기술하는 의미(descriptive meaning) 그리고 지와 행은 하나로 합해야 한다는 당위(當爲)를 규정(規定)하는 의미(prescriptive meaning)

---

82) 「傳習錄」上 5조 참조.
83) 「傳習錄」下 312조 참조.

를 함축하고 있다. 다시 말해서 지행합일론은 본래적인 지행의 본체를 기술한 것이며, 또한 지행이 분리된 병폐를 치료하기 위한 처방이기도 하다.[84] 양명에 의하면 옛 성현들이 지와 행을 별개로 설명한 것은 지행을 별개로 삼은 것이 아니라고 한다. 그것은 사유와 성찰이 부족한 채 우둔하게 맹목적으로 행하는 자들을 위하여 지를 말한 것이지만, 그 지는 이미 행을 포함하는 것이라고 한다. 또한 헛되고 실없는 사색만을 하는 자를 위하여 행을 말한 것이며, 그 행은 이미 지를 전제하고 있는 것이다.

첫째, 지행합일(知行合一)이라는 명제는 의(意)를 매개로 지와 행은 하나라는 의미이다

마음[心]이란 육신의 주인이다. 마음의 허령명각(虛靈明覺)은 소위 본연의 양지이다. 그 허령명각한 양지가 감응하여 동(動)하는 것을 의(意)라고 한다. 지(知)가 있은 후에 의(意)가 있는 것이며 지가 없으면 의가 없는 것이다. 그러므로 지는 의의 체(體)가 아니냐? 의의 소용(所用)에는 반드시 그 물(物)이 있는 것이며 물은 곧 사(事)이다. 마치 의가 어버이를 섬김에 작용하면 어버이를 섬기는 것이 하나의 물인 것과 같다(「傳習錄」中 答顧東橋書 137조).

양명은 마음의 기능적 측면에서 본다면 지와 행은 하나라는 것이다. 그는 의(意)를 마음의 내적인 지, 즉 양지와 육체 및 사물을 관계시키는 매개자로 본 것이다. 의는 마음의 허령명각처인 양지를 그 본체[體]로 삼아 작용하며, 그 작용에는 반드시 대상, 즉 물(物)이 있다는 것이다. 그것은 물론 의(意) 자체가 지니는 대상지향성(對象志向性) 때문이다. 의는 본체인 지를 구현하는 매개자인 셈이

---

84) 「傳習錄」上 5조 참조.

다. 그런데 양명은 "의는 바로 행의 시작이다."[85]라고 하고, 의는 지를 본체로서 삼으며, 행의 시작이 된다고 주장함으로써, 지와 행을 하나로 합하고 있는 것이다. 말하자면 양명은 의를 매개로 하여 지와 행이 하나로 연결되는 것으로 이해하였다고 볼 수 있다. 따라서 양명의 지행합일은 의의 진실성[誠]을 전제하고 그 의를 매개로 한 지행의 합일을 의미하는 것으로 볼 수 있다.

둘째, 지(知)와 행(行)은 시작[始]과 끝[終]으로 하나라고 한다.

> 이것(知行을 둘로 나누는 것)은 고인(古人)의 취지를 상실한 것이다. 나는 일찍이 "지(知)는 행(行)의 주의(主意)요, 행(行)은 지(知)의 공부(工夫)이다. 지는 행의 시작이요, 행은 지의 완성이다."라고 하였다. 만약 이런 뜻만 이해한다면 지 하나만을 이야기하더라도 그 속에는 이미 행이 포함되어 있는 것이며, 행 하나만을 이야기하더라도 그 속에는 이미 지가 포함되어 있다는 것을 알 것이다(「傳習錄」 上 5조).

양명에 의하면 일련의 목표와 과정의 면에서 본다면 지는 행의 목표요, 행은 지의 실현과정이라 할 수 있으며, 시작과 완성이라는 면에서 지가 시작이요, 행은 완성이라고 하는 것이다. 과정 없는 목표, 시작 없는 완성은 생각할 수 없는 것이다. 참다운 지는 이미 그 자체에 실천의 의도가 잠재해 있으며, 현실적으로는 행동의 기반 또는 조건이 된다. 한편 참다운 행이란 미지의 앎에 대한 동경과 이를 향한 과정으로 볼 수 있으며, 이미 알고 있는 앎의 확증 또는 구현이라 할 수 있다. 그는 말하기를 "사람은 반드시 음식을 먹고자 하는 마음이 있은 후에 먹을 줄 안다. 먹고자 하는 마음이 곧 의(意)이니 이것이 행의 시작이다. 음식 맛의 좋고 나쁨은 반드

---

85) 「傳習錄」 中 答顧東橋書 132조 참조.

시 입에 넣어 본 후에 안다. 어찌 먹어 보지 않고 이미 먼저 음식 맛의 좋고 나쁨을 알겠는가?"[86]라고 하여 의가 곧 행의 시작임을 말하며, 행은 또한 지의 확증임을 말하려 하는 것이다.

셋째, 양명이 지행합일을 주장하는 것은 지와 행이 서로를 함축하고 있다는 의미이다.

> 지(知)의 진절독실처(眞切篤實處)가 곧 행(行)이요, 행의 명각정찰처(明覺精察處)가 곧 지(知)이다. 지행 공부는 본래 분리할 수 없다(「傳習錄」中 答顧東橋書 133조).

양명이 지행합일을 말할 때, 그 지란 진실하고 간절하며 독실한 지를 지칭하는 것이며, 행이란 분명한 각성과 정밀한 사유에 바탕을 둔 행인 것이다. 참되고 절실하며 독실한 앎은 곧 행으로 구현되며, 주체의 분명한 자각과 판명한 구별에 의해 이루어지는 행은 이미 거기에 지가 깃들어 있다고 하는 것이다. 위의 글은 "실천 없는 지는 공허하고, 지 없는 실천은 맹목이다."라는 말과 의미가 상통한다고 하겠다.

넷째, 양명이 주장하는 지행합일이란 체용일원(體用一源)의 양지(良知)의 본체와 작용이 분리될 수 없다고 하는 것을 일컫는 말이다.

> 천지 사이에 활발발(活潑潑)한 것은 이 리(理)가 아님이 없으니 이것은 곧 내 마음의 양지(良知)가 유행불식(流行不息)하는 것이다. 치량지(致良知)는 반드시 일이 있는 중에서의 공부이다(「傳習錄」下 330조).

양명에게 있어서 내 마음의 양지는 쉼이 없이 작용을 한다.[87] 이

---

86) 「傳習錄」中 答顧東橋書 132조 참조.

러한 양지의 특성은 곧 지행합일 그 자체라고 할 수 있는 것이다. 지행합일이란 영명성(靈明性)을 지닌 양지 자체가 지닌 유행성(流行性), 조화성(造化性) 등 작용의 부단한 특징을 지칭하는 것 이외의 것이 아니라고 할 수 있다. 풍우란(馮友蘭)은 양명에 있어서 지란 양지를, 행이란 치량지(致良知)를 의미한다고 한다.[88] 그런데 양지는 그 자체 스스로를 구현하는(致) 기능을 갖고 있다는 것이다.

이상 왕양명의 지행이론은 다음과 같은 몇 가지 의미를 함축하고 있다고 할 수 있다. 첫째, 지에 관한 양명의 학설은 서구적 의미에서의 인식에 관한 하나의 이론이라기보다는 마음의 본체와 작용을 설명하는 일종의 존재론이라고 할 수 있으며, 한편으로는 지행의 본체를 회복하기 위한 실천방법론이라고 말할 수 있을 것이다. 혹자는 양명이 말하는 지란 행동의 유형, 즉 세계 내의 존재의 방식이라고 한다. 어떤 것을 안다는 것은 그가 그것을 고려하는 방식으로 그렇게 반응한다는 것이다.[89] 둘째, 사욕이 개재되지 않고 성의(誠意)에 바탕을 둘 때 지와 행은 하나가 된다는 것이다. 셋째, 마음에 본유(本有)하는 천리에 대한 영각(靈覺)으로서 양지는 구체적이고 개별적인 상황에서 그에 합당한 도덕적 가치와 의무를 스스로 실현한다는 것이다. 넷째, 행동을 수반하지 않는 공허한 지식과 주체적 자각과 반성이 없는 맹목적 행위를 경계한다. 명찰(明察)한 지와 독실(篤實)한 행은 하나라는 것이다.

---

87) 「傳習錄」 下 244조: 人孰無根 良知是天植靈根 自生生不息.

88) 馮友蘭, 『中國哲學史』 上 952면 참조.

89) Warren G, Frisina, "Are knowledge and action really one thing?"(박연수 편역, 『양명학이란 무엇인가』, 경희종합출판사, 1977), 164쪽.

Ⅳ. 도덕의 실천방법

성인 또는 성인다움에 이르기 위한 학문으로서 왕양명의 철학이란 도덕의 궁극적 가치 및 원리에 대한 앎과 실천의 방법론으로 귀결된다. 이것은 한마디로 말해서 인욕(人欲)을 제거하고 내 마음의 천리(天理)를 보존하는 것을 배우는 것이라고 한다.[90] 이는 곧 내적 천리에 대한 명석한 자각 및 실천적 지로서 양지를 구현하는 것이기도 하다. 성인다움으로 자신을 변화시키는 것 또는 천리를 보존하고 구현하기 위한 학문의 방법은 무엇인가? 양명은 내 마음의 도덕성을 보존하고 궁극적 도덕원리를 구현하기 위한 핵심적 방법으로 입지(立志)와 성의(誠意), 치량지(致良知) 등을 제시한다.

양명의 도덕이론 및 실천방법론은 당대나 후대에 비판을 받기도 하였다. 당시의 주자학도인 나정암(羅整庵, 1465～1547)은 "밖에서 구하는 데 의뢰하지 않고 다만 돌이켜 보고 안으로 살피는 데에만 힘썼다."라고 하며,[91] 이퇴계(李退溪, 1501～1570)는 "사사물물을 쓸어 없애고 모두 본심에 끌어들여 혼동하였다."라고 비판하였다.[92] 과연 양명은 이들의 비판처럼 외적 사물에 무관심하고 그 사물의 이치를 탐구하기를 포기한 것인가? 양명의 입지, 성의, 치량지론 등을 통해 이에 대한 해답을 살펴보고, 양명의 도덕실천의 방법론이 어떠한 특징을 지니고 있는지 고찰하기로 한다.

---

90) 『傳習錄』 上 111조: 學是學去人欲存天理.

91) 『困知記』 與王陽明書 108～109쪽.

92) 『退溪集』 卷41 雜著 傳習錄論辨.

1. 뜻을 세움[立志]

  양명은 학문의 본원(本原)이요,[93] 긴요대두뇌(緊要大頭腦)[94]를 입지(立志)라고 한다. 배움에 있어서 그 목표를 설정하는 스스로의 결단으로서 입지가 무엇보다도 근본적인 것이며 중요하다는 것이다. 양명이 입지를 그처럼 강조한 것은 첫째, 뜻[志]이 확립되지 못할 때, 일의 성취를 기대하기 어렵다는 것이다. 뜻이 확립되지 않은 것은 마치 방향타가 없는 배, 재갈이 없는 말과 같다고 한다.[95] 또한 그는 입지를 나무의 뿌리와 싹에 비유하며, 뜻이 확립되지 못하는 것은 그 뿌리를 심지 않고 배양하며 물을 대 주는 것과 같아 노고는 있으나 결실은 없는 것과 같다고 비유적으로 말한다.[96] 또한 그는 지(志)를 기(氣)의 장수라고 지칭하면서, 지(志)가 확립되지 못한 것을 샘에 물이 마르고, 나무의 뿌리가 심겨져 있지 않고, 사람의 목숨이 이어지지 않는 것에 비유해서 설명하였다.[97] 그래서 모든 일에 앞서는 것이 입지임을 말하였다.[98]

  양명이 주장하는 입지란 그 뜻과 마음이 천리를 보존하고자 하며, 또한 성인(聖人)을 지향하는 것이며, 양지를 온전히 다하고자 하는 것이라고 한다.[99] 양명은 그 뜻[志]에 따라 행동의 방향 및 목적이 결정되며, 결국 인격이 형성된다고 한다.[100] 따라서 양명은

---

93) 「傳習錄」 上 30조: 爲學須有本原 須從本原上用力 漸漸盈科而進. …立志用功 如種樹然.
94) 「傳習錄」 中 啓問道通書 144조: 大抵吾人爲學緊要大頭腦 只是立志…
95) 『王文成公全書』 卷26 續編1 敎條示龍場諸生 立志.
96) 『王文成公全書』 卷7 文錄4 序記說 示弟立志說 乙亥.
97) 『王文成公全書』 卷7 文錄4 序記說 示弟立志說 乙亥.
98) 『王文成公全書』 卷33 年譜1 正德 5年 39歲 11月, 卷26 〈敎條示龍場諸生〉 참조.
99) 「傳習錄」 上 16조, 「傳習錄」 下 260조, 「傳習錄」 下 331조 참조.
100) 『王文成公全書』 卷4 與黃誠甫 癸酉, 『王文成公全書』 卷26 續編1 敎條示龍場諸生

인간의 가소성(可塑性, plasticity)을 믿었던 것으로 보인다. 만일 인간이 지향하는 바가 자신의 이익이나 공명(功名)이라고 한다면 그의 행위의 원칙은 이익과 공명이 될 것이며, 그 이상의 가치를 추구하지 않을 것이다. 설사 외형적으로 의(義)와 도(道)에 합당한 행위라 할지라도 그것을 하고자 한 뜻 또는 동기가 이(利)와 공(功)에 있었다고 한다면 진정한 의미에서 그 행위를 의(義)와 도(道)라고 할 수는 없다고 하는 것이다. 따라서 입지(立志)의 방향이 올바르지 않으면 안 된다고 보았던 것이다.

한편 양명은 지(志)를 세우는 것은 단지 일회적인 것이 아니라 지속성을 지니는 것이어야 하며, 우리의 마음을 집중해야 한다고 보았다.

> 단지 천리를 보존하기를 생각하는 것이 곧 지(志)를 세우는 것이다. 이것을 잊지 않기를 오랫동안 하면 저절로 마음에 모아지는 것인데, 도가에서 말하는 '성태(聖胎)를 맺는다'(성인의 태아가 들어앉음)는 뜻과 같은 것이다. … 이와 같은 한결같은 생각을 부단히 보존하고 길러 확충해 나가야 하는 것이다(「傳習錄」上 16조).

입지란 천리(天理)나 선(善) 등에 대한 염원을 항상, 지속적으로[常] 보존하는 것, 이러한 일념(一念)을 따라 존양(存養)·확충(擴充)해 나가는 것일 뿐이라고 한다.[101] 그래서 입지란 나무를 심고 가꾸는 것과 같아서, 일단 뿌리를 심을 뿐만 아니라 그 나무를 지속적으로 잘 배양하는 것이다. 그래서 뿌리를 심는 것으로부터 크게 성장하기에 이르기까지 그 나무를 가꾸는 일에 전념하되 잊지

〈立志〉참조.
101) 「傳習錄」上 16조목.

않으며[勿忘], 조장하지 말아야[勿助長] 한다는 것이다.102)

또한 천리를 보존하고자 하는 선념(善念)을 전일(專一)하고, 정신심사(精神心思)를 응취융결(凝聚融結)해야 한다고 한다. 보고 듣고 하는 일에 있어서 그가 지향하는 바를 오로지 하고 다른 것을 보거나 그것에 귀 기울이지 않는 것이다. 그것은 마치 고양이가 쥐를 잡을 때 정신과 심사(心思)를 모으고 결합하여 다른 것을 다시는 알지 못하는 것이다. 그런 후에 이 지(志)가 항상 확립되어 신기(神氣)가 정명(精明)하고 의리(義理)가 밝게 드러난다고 한다.103) 즉 입지란 잡념을 버리고 오로지 천리나 양지에 전념하는 것이다. 이처럼 뜻을 세움[立志]이 익숙하게 되는 경지를 공자가 말한 종심소욕불유구(從心所欲不踰矩)라고 말한다.104) 따라서 입지가 충분히 성숙하게 될 때, 나의 주관적 의지가 보편적 도덕 법칙[天理]에 합치하는 경지에 이르게 된다고 하는 것이다.

2. 의(意)를 진실하게 함[誠意]

양명이 강조하여 주장한 성의(誠意)에 대하여 문인들은 평가하기를 무외유내(務外遺內)하고 박이과요(博而寡要)한 당시의 학자들의 고질을 바로잡고자 한 것으로 공부의 제일의 뜻이라고 하며,105) 학문적 대두뇌처라고 한다.106) 양명은 이기적인 욕심을 제거하고

---

102)「傳習錄」上 115조목.
103)『王文成公全書』卷7 文錄4 序記說 示弟立志說 乙亥.
104)「傳習錄」上 53조 참조.
105)「傳習錄」中 答顧東橋書 130조.
106)「傳習錄」中 答顧東橋書 129조: 所以提出箇誠意來說 正是學問的大頭腦處.

지선(至善)한 마음의 본체 또는 마음의 천리(天理)를 보존하여 사물의 마땅한 이치를 다할 수 있는 방법의 핵심은 성의라고 한다. 그의 제자 서애(徐愛)가 부모에 대한 효도, 임금에 대한 충성, 친구에 대한 신의, 백성에 대한 어짊과 같은 다양한 사리(事理)와 그 이치를 구체적으로 실천하는 허다한 절목(節目)을 어떻게 다 강구할 수 있는지 묻자 양명은 다음과 같이 답하였다.

> 어찌 강구하지 않겠는가? 다만 핵심[頭腦]이 있으니, 다만 이 마음에 나아가 인욕(人欲)을 제거하고 천리(天理)를 보존하는 것에서 강구할 뿐이다. … 오히려 도리어 진실한 효의 마음[誠孝的 心]이 있는 연후에 이러한 효를 어떻게 실천할 것인지에 대한 조건들이 외부로 나타나게 된다. 나무에 비유하면 진실한 효의 마음은 뿌리이며, 허다한 조건들은 곧 가지와 잎과 같은 것으로, 반드시 먼저 뿌리가 있은 후에 가지와 잎이 있는 것이니, 먼저 가지와 잎을 찾고 나서야 뿌리를 심는 것은 아니다(「傳習錄」 上 3조).

효충신인(孝·忠·信·仁) 등과 같은 도덕적 원리를 구체적 상황에 적용하는 방법적 핵심은 그러한 원리를 실천하고자 하는 마음을 먼저 진실하게 하는 것이라고 한다. 진실성[誠]이 없이 어떠한 도덕원리도 지선(至善)한 것이 못 되며, 진실한 마음이 없는 어떠한 행위도 옳은 행위로 볼 수 없다는 것이다. 따라서 양명은 진실한 마음을 간직하는 것이 근본이 되며, 도덕원리를 상황에 합당하게 적용하여 세부적인 절차와 형식을 강구하는 것은 지엽적이고 말단적인 것이라고 한다.

그런데 의를 진실하게 한다는 것[誠意]은 무슨 의미인가? 진실하게 함[誠]이란 의(意)가 어떤 물(物)을 지향할 때, 즉 어떤 일을 도모할 때, 첫째로 어떤 일을 하고자 하는 뜻을 반드시 실행하고자 하는 것을 의미한다. 둘째, 그 스스로를 속임이 없이 스스로 만족

하기를 구하는 것이다. 따라서 실천력과 진실성을 결여한 의(意)는 성의(誠意)가 아니라고 하겠다.[107]

　의(意)를 진실하게 한다는 것은 마음이 지향하는 바 의(意)가 개인적인 것에 바탕을 두거나 목표로 지향하는 것이 아니라, 공정성을 지키고 치우침이 없는 것을 의미한다. 즉 성의란 보편적인 법칙 또는 궁극적 이치[天理]를 지향하는 것을 의미한다. 양명은 성의란 사의(私意)를 버리고 대공중정(大公·中正)함을 지키는 것이라고 한다.[108] 양명이 증점(曾點)을 높게 평가한 것도 사의(私意)나 기필(期必)함이 없이 그가 처한 처지와 지위에 따라 마땅하게 행하고자 하는 뜻이 있었기 때문이다.[109]

　양명은 『중용(中庸)』의 계신(戒愼)과 공구(恐懼)를 신독(愼獨)의 공부로 요약하며, 『대학』의 성의를 『중용』의 신독과 연결시키고 있다. 양명은 계신, 공구, 성의, 신독 등의 공부를 독지(獨知), 즉 그 자신만이 아는 앎에 남이 보든 보지 아니하든 하나같이 힘쓰는 공부임을 말하고 있다.[110] 또한 양명은 성찰극치(省察克治)한다는 것은 일 가운데에서 성(誠)을 생각하는 것이며, 천리(天理)를 생각하는 것이라고 한다.[111] 다시 말해서 그 정밀하고도 은미함을 때때로 성찰하고 극치하는 데 힘을 기울이면 나날이 점차로 천리와 인욕이 드러나게 된다는 것이다.[112] 그래서 성찰(省察)이란 일이 있을 때의 존양(存養)이며, 존양이란 일이 없을 때의 성찰이라고 하

---

107) 「傳習錄」 中 答顧東橋書　138조 참조.

108) 「傳習錄」 上　101조 참조.

109) 「傳習錄」 上　27, 29조 참조.

110) 「傳習錄」 上　120조 참조.

111) 「傳習錄」 上　39조 참조.

112) 「傳習錄」 上　84조: 天理人欲其精微　必時時用力省察克治　方日漸有見.

는 것이다.113) 다시 말해서 성찰이란 일에 직면하여 마음의 천리를 보존하고 함양하는 것이며, 반면 존양이란 일이 없을 때 부단히 마음의 천리를 돌이켜 살피는 것이라고 한다. 이 점에서 양명이 독신성인(篤信聖人)하던 자하(子夏)보다 반구저기(反求諸己)하던 증자(曾子)를 더욱 절실하게 존중했던 것114)이나 문견상(聞見上)에 힘을 기울인 자공(子貢)보다 심지상(心地上)에 힘을 기울인 안연(顔淵)을 높이 평가한 것115)을 이해할 수 있다.

3. 양지의 구현(致良知)

양명은 치지(致知)를 성인(聖人)의 비법, 학문의 극지처(極至處), 대두뇌(大頭腦), 제일의(第一義)라고 한다.116) 양명의 치량지설(致良知說)은 주자의 즉물궁리설(卽物窮理說)에 대한 반성적 비판으로부터 나온 것이다.117)

주자가 이른바 격물이라고 하는 것은 물(物)에 즉(卽)하여 그 리(理)를 궁구하는 데 있다. 즉물궁리란 사사물물에 나아가서 그것의 이른바 일정한 이치[定理]를 구한다는 것이다. 이런 까닭에 내 마음이 사사물물 속에서 리를 구하는 것이니 마음과 리를 따로 나누어 둘로 구분하는 것이다. … 대저 심과 리를 둘로 삼는 것은 고자가 의(義)를 외적인 것으로 삼는 설이니 맹자가 그것을 심히 배척하였다. 내가 말하는 치지격물(致知格物)이라고 하는 것은 내 마음의 양지를 사사물물에 이르게 한다는 것이다. 내

---

113) 「傳習錄」 上 36조: 省察是有事時存養 存養是無事時省察.
114) 「傳習錄」 上 6조 참조.
115) 「傳習錄」 上 113조 참조.
116) 「傳習錄」 中 168조, 「傳習錄」 下 211조, 239조, 253조 등 참조.
117) 「傳習錄」 下 317조, 「傳習錄」 下 318조.

마음의 양지는 소위 천리(天理)이니, 내 마음의 양지의 천리를 사사물물에 이르게 하면 사사물물은 모두 그 리를 얻게 된다. 내 마음의 양지를 이르게 하는 것이 치지이며, 사사물물 모두가 그 리를 획득하는 것이 격물이다. 이것은 심과 리가 합하여 하나가 되는 것이다(「傳習錄」中 答顧東橋書 135조).

왕양명에 의하면 주자는 객관적 사물에 대한 직접적 경험을 통하여 각 사물이 지니고 있는 일정한 이치에 대한 탐구를 격물이라고 하였다는 것이다. 이러한 외적 사물의 이치에 대한 탐구를 통하여 도덕적 지식을 이루는 것을 치지(致知)라고 하였다는 것이다. 이 결과 외적인 것에 힘쓰고 내적인 것을 잃어버렸으며, 박학하되 요령이 부족하다는 것이다.[118] 또한 주자의 즉물궁리란 마음과 이치를 양분하는 것으로 이는 고자(告子)의 의외지설(義外之說)과 같이 도덕법칙의 외재성을 주장하는 것이며, 지와 행을 분리시키는 주장이라는 것이다.[119]

그러나 양명은 천리(天理)에 대한 내 마음의 앎으로서 양지를 사사물물에 구현함으로써 그 사물에 대응하는 마땅한 이치를 얻게 되는 것을 치지격물이라고 한다. 따라서 양명에게 있어서 격물치지는 마음의 천리를 개별적 사물에서 구현하는 도덕 실천이론으로 볼 수 있는 것이다. 양명이 주장하는 격물치지의 의미를 좀 더 부연하여 설명하자면, '격(格)'이란 바르게 함 또는 올바르지 못함을 바로잡는다는 의미이다.[120] 즉 마음의 발동인 의(意)가 지향하고,

---

118) 「傳習錄」中 134조.

119) 「傳習錄」中 答顧東橋書 137조 참조.

120) 양명은 格의 의미를 『孟子』(離婁 上)의 '格君心之非'(임금의 마음 가운데 올바르지 못한 것을 바로잡는다)라는 구절과 『書經』(周書 冏命)의 '格其非心'(그의 옳지 못한 마음을 바로잡는다)라는 구절에서 취하고 있다. 「傳習錄」上 86조, 「傳習錄」中 137조, 「傳習錄」下 317조 등 참조.

의의 본체인 양지(良知)가 감응하는 그 대상 또는 그 일을 바르게 하는 것이다. 격물의 '물(物)'이란 우리의 의식이 지향하는 대상으로, 이미 우리의 의식의 흐름 속에 들어와 있는 것이다. 따라서 대상을 바르게 하고 대상에 대응하는 일을 바르게 한다는 '격물'이란 곧 내 마음을 바르게 하는 것 또는 나의 앎에 대한 온전한 자각을 의미한다고 하겠다.[121] 한편 치지(致知)[122]란 첫째, 양지(良知)를 가리고 막아 버리는 장애를 제거하고, 충색(充塞)하고 유행(流行)하는 양지의 본체를 회복하는 것이다.[123] 둘째, 자신의 양지에 비추어 역지사지(易地思之)하여 내 마음의 양지를 행동으로 구현한다는 의미이다.[124] 즉 양지를 실제적 행동으로 구현하는 것이다. 셋째, 맹자가 사단(四端)의 확충(擴充)을 주장하였듯이, 양지를 점진적으로 확충하여 지극히 정밀하고 순일(純一)한 경지에까지 이르게 하는 것이다.[125] 각자의 앎과 능력의 한계 내에서 그 앎을 실현하면서 점진적으로 그 역량을 확충해 가는 것이다.[126]

양명은 치지격물(致知格物)의 보다 구체적인 방법으로 신독(愼獨)과 계신공구(戒愼恐懼)를 주장한다.[127] 신독(愼獨)이란 아무 일

---

121) 영어로 쓴 여러 논문에서는 格物을 'rectifying things'라고 번역한다. 문자 그대로 사물(또는 대상)을 바르게 함이라는 의미이다. 그러나 왕양명의 제자인 王心齋(艮, 1483~1540)는 格物이란 사물을 바르게 하는 것이니, 사물을 재는 規矩로서 나를 바르게 하지 않으면 사물이 바르게 되지 않는다고 하여, 格物이란 사물의 規矩로서 나를 바르게 하는 것이라고 한다(『王心齋語錄』 卷3 語錄).

122) 致知의 致에 대하여, Wing－tsit Chan(陳榮捷)과 David S. Nivison, Wei－ming Tu(杜維明) 등은 extension으로 번역하며, Chung－ying Cheng(成中英)은 fulfilling, Tome H. Fang(方東美)은 realization으로 번역한다.

123) 「傳習錄」 上 8조, 「傳習錄」 下 222조 등 참조.

124) 「傳習錄」 下 305조, 「傳習錄」 中 答顧東橋書 138조, 「傳習錄」 中 答顧東橋書 139조.

125) 「傳習錄」 下 225조.

126) 「傳習錄」 下 319조 참조.

127) 「傳習錄」 下 323조.

이 없을 때 자기만이 아는 지[獨知]를 삼가는 것이며,128) 계신공구
(戒愼恐懼)란 일이 있을 때 두려워하고 경계하는 것이다. 치량지는
일이 있을 때나 없을 때, 즉 동정(動靜)을 일관하는 공부이다.129)

> 군자가 계신공구(戒愼恐懼)한다고 하는 것은 오직 그 소명령각(昭明靈
> 覺)한 것[良知를 지칭함]이 혹 혼매(昏昧)하고 방일(放逸)함이 있어서 그
> 릇됨, 치우침, 사악함, 기만으로 흘러 그 본체의 올바름을 잃을까 두려워하
> 는 것이다(『王文成公全書』卷5 答舒國用).

그는 『중용』의 계신공구(戒愼恐懼)가 치량지의 공부라고 한다.
남이 보지도 듣지도 못하는 것이 양지의 본체인데, 이 양지를 항상
보고 듣는 공부가 계신공구요, 치량지라는 것이다. 즉 보이지도 않
고 들리지도 않는 양지의 본연의 모습에 대한 부단한 성찰(省察)이
곧 양지를 실현하는[致] 것이라고 한다.

또한 치량지란 실제의 일 가운데에서 사의(私意)를 성찰(省察)하
고 극치(克治)하는 것이라고 한다. 관직에 있었던 진구천(陳九川)
이 공무를 처리하는 일이 번잡하고 어려워서 학문을 하기가 어렵
다고 말하자, 양명은 공무를 처리하는 사이에서 사사로운 의사(意
思)를 성찰하고 극치하는 것이 치량지의 공부라고 한다.130) 양명은
도덕적 마음을 닦는 학문이란 장부를 다루거나 소송을 처리하는
일과 별개의 것이 아니라고 한다. 그는 자기가 처한 일 가운데에서
천리(天理)를 성찰하고 사의를 극치하는 것이 바로 격물치지라고
하는 것이다. 다시 말해서 공무를 처리하는 과정에서 개인적인 편

---

128) 「傳習錄」上 120조 참조.
129) 「傳習錄」下 262조 참조.
130) 「傳習錄」下 218조 참조.

견, 선입관, 호오, 고집, 편애나 청탁 등에 집착하거나 동요하는 것, 업무의 번잡하므로 인해 직무를 소홀히 하거나 타인의 의견에 좌우되는 것 등은 사의에 속한 것인데, 이러한 것을 아는 것은 우리 자신의 양지이며, 이러한 양지에 따라 사의를 정밀하게 성찰하고 극복해야 한다는 것이다. 따라서 양명에게 있어서 치지 또는 치량지란 일이 없는 가운데 본심의 양지를 이룰 수 있다고 하는 것이 아니라, 장부를 다루거나 소송을 처리하는 일을 바르게 하기 위하여 우리 마음을 연마하는 과정에서 이루어진다는 것이다. 따라서 치지는 격물과 표리관계에 있다고 말할 수 있다.

한편 치량지란 맹자가 말한 집의(集義)와 같은 의미로서, 일에 직면하여 의(義)의 실천을 지속적으로 하는 것을 의미한다.[131] 치지의 치란 마음이 그 마땅함을 얻어 마땅히 나가고 멈추고, 살고 죽어야 할 것 등 다양한 상황에 따라 그에 합당한 다양한 행동을 선택한다는 의미를 지칭하는 것이다. 또한 치량지의 공부는 맹자가 말한 반드시 일삼음이 있으나, 조장하지도 않고 잊지도 않는 공부라고 하는 것이다.[132]

왕양명은 도덕적 인간 및 사회를 이루기 위한 방법으로서의 격물, 치지, 성의 등의 공부는 별개의 것이 아니라 내적 천리를 구현하는 일관된 하나의 공부라고 보았다.[133] 양명에 의하면 치지가 안 되면 의가 진실하지 못하게 되고, 일이 바르게 되지 못한다는 것이다. 의가 진실하게 되는 것은 양지가 사욕에 가려지지 않을 때이며, 의를 진실하게 한다는 것은 곧 의가 지향하는 사물에서 그 마음을

---

131) 「傳習錄」 中 答歐陽崇— 170조 참조.
132) 「傳習錄」 中 147조, 167조, 187, 188조 등 참조.
133) 「傳習錄」 下 317조 참조.

바르게 하는 것이니 곧 격물에서 이루어지는 것이다. 격물이란 치지의 한 과정이며 성의의 공효라고 할 수 있다. 주자는 격물, 즉 즉물궁리(卽物窮理)를 『대학』의 핵심으로 보았는데, 양명은 오히려 성의를 핵심으로 보고 마음의 양지를 구현하는 치량지를 근본으로 삼았던 것이다. 주자는 학의 방법론으로서 거경(居敬)과 궁리(窮理)를 말하여 마음과 이치의 합일을 추구하지만, 양명은 성의와 치량지를 주장하여 본래 이치와 합일적인 심을 구현하고자 하였다. 양명은 실제 우리의 의식이 지향하는 일에서 자신의 마음을 바르게 하여 일에 올바르게 대응하는 격물을 치지의 실(實), 즉 실제적 일로 삼았으니, 이것은 불교의 좌선(坐禪)과 다른 사상마련(事上磨鍊)의 방법인 것이다.

양명이 입지(立志)를 배움의 출발로 삼고, 『대학』과 『중용』의 요체를 성의(誠意)로 파악한 것은 성인이 되는 길이란 무엇보다도 도덕적 가치와 원리를 지향하고자 하는 확고한 결단을 하나같이 간직하고, 일이 있을 때나 없을 때나 어떤 상황에서나 우리의 마음과 뜻을 항상 진실하게 해야 한다는 것이다. 또한 그가 치량지를 성의의 근본으로 삼고 격물을 치지의 실제적 일로 삼은 것은 성인으로의 자기변혁은 경험적 지식의 축적이 아니라 천리(天理)를 자각하고 구현하는 기능으로서 양지에 대하여 부단히 성찰하고 이를 회복하여 우리가 직면하는 일에서 마음을 바르게 하여 그 양지를 실제로 구현하는 실천적 행위에 있음을 주장한 것이다.

Ⅴ. 맺음말

왕양명은 당시의 가치관 및 윤리적 현실을 개선해야 할 문제 상황으로 인식하였다. 그는 당시 상황을 ① 자신의 공명(功名)과 물욕, 생각을 최고의 가치로 삼는 이기주의가 만연하고 ② 허위와 가식으로 포장된 형식적인 도덕만을 추구하고 ③ 진지한 체험과 내면적 성찰을 결여한 구이지학(口耳之學)에 빠져 도덕적 지(知)와 행(行)은 괴리되고 진실한 실천은 찾아보기 어렵게 되었다는 것이다.

그는 젊은 나이에 지적 탐구와 모색을 하다가 31세(1502)에 양명동(陽明洞)에서 지적 방황에 종지부를 찍고 유학(儒學)에 전념하게 되었다. 그 후 그는 34세에 최초로 문인들을 가르치기 시작하면서 제일 먼저 강조한 것은 성인(聖人)이 되고자 하는 뜻을 세우라는 것이었다. 양명은 "사람은 누구나 그 가슴에 성인을 지니고 있다."라고 하여, 성인 또는 성인다움(sagehood)을 인간 보편의 본질적 특성으로 보았다. 성인 또는 성인의 길을 가는 자는 어떠한 편견이나 선입견에 의한 집착이 없이 천리, 즉 도덕원리를 간직하고 이것을 다양한 상황에 따라 창의적으로 구현하며, 천지만물을 자신의 몸처럼 여기는 자라고 한다.

양명은 성인(聖人) 또는 대인(大人)이 되기 위해 목표로 삼아야 할 최고의 가치, 즉 지선(至善)이란 마음의 본체라고 한다. 양명은 마음의 본체에 대해 여러 가지로 설명하고 있으나 요약하자면 천리(天理)와 양지(良知)라고 할 수 있다. 천리란 개별적 사물의 이치[理]의 포괄적 이치요, 발생적 근원을 지칭하는 것이며, 양지(良知)는 이러한 천리에 대한 자각과 구현을 의미한다. 따라서 양명에 의하면 천리에 대한 소명령각(昭明靈覺)으로 양지는 다양한 사물의 당연한 이치의 궁극적 기준이며, 개별적 사물에 대한 시비선악을 판단하는 주관적 준칙이라고 하는 것이다. 다시 말해서 양지란 사물과의 관계에서 그것들의 시비선악을 판단하고, 그것들에 대한 올바른 대응의 길을 제시한다는 것이다. 그래서 양명은 양지를 우리의 길을 바르게 인도하는 밝은 스승으로 비유한다. 양명에 의하면 내 마음의 천리에 대한 명석한 영적(靈的) 자각(自覺)으로서 마음에 본유(本有)하는 지선한 양지는 중(中), 공(公), 성(誠), 인(仁) 등이 그 본래적 특성이며 통일과 창조적 기능을 지닌 것이라고 한다. 따라서 내적 천리인 양지는 그 자체가 지니는 도덕적 특성과 역동적이며 창조적인 작용에 따라, 나의 의(意)가 지향하는 각각의 사물에 대한 당연한 이치를 자각하고 그때그때 시의적절(時宜適切)하게 구체화하며, 천지만물이 일체(一體)라는 것을 자각하고 이러한 일체감을 구현한다는 것이다.

도덕성 및 도덕적 원리가 모든 인간의 마음에 본래 주어져 있음에도 불구하고 진정한 도덕적 실천이 이루어지지 않는 폐단을 바로잡기 위하여 양명은 지행(知行)은 본래 하나라는 것을 해명하였다. 양명은 사욕에 의한 지행의 분리, 행동을 수반하지 않는 지식의 공허성과 주체적 자각과 반성이 없는 실천의 맹목성을 경계하며, 분명한 자각과 정밀한 통찰을 결여한 지와 가식적이고 위선적인 행을 배척한다.

도덕적 인격체로서 성인다움과 도덕사회로서 만물일체(萬物一體) 또는 대동(大同)을 실현하기 위한 방법의 하나로서 양명은 무엇보다도 입지(立志)를 우선해야 하는 것으로 중시하였다. 자신의 삶의 방향을 결단하는 입지란 성인(聖人), 즉 성인다움을 지향하는 것 또는 내 마음의 천리를 보존하기를 생각하는 것이라고 한다. 그것은 일회적인 것이 아니라, 지속적이고 전일(專一)한 상태를 지칭하는 것이다. 또한 양명은 『대학』의 요체는 성의(誠意)일 뿐이라고 하며, 성의의 지극함이 곧 지선(至善)이라고 한다. 진실한 마음이 있음으로써 허다한 조건에 대한 마땅한 이치들을 분별하고 실제적인 실천이 가능하게 된다는 것이다. 따라서 양명은 성인이나 대인이 되기 위한 길의 핵심이란 신심(身心)을 진실하게 하는 것이라고 보았다. 성의란 사의(私意)를 버리고 천리에 따르는 것, 그 스스로를 속임이 없이 스스로 만족하기를 구하는 것, 어떤 일을 하고자 하는 뜻을 반드시 실행하고자 하는 것 등을 의미한다. 그는 성의의 근본을 치지, 즉 양지를 치하는 것이라고 한다. 그리고 치지는 실제의 일을 바르게 하는 데서 이루어진다고 하여 치지의 실제적 공부를 격물이라고 한다. 주자의 격물치지설은 도덕적 지식의 발견수단이지만, 양명의 격물치지설은 사물과의 만남에서 내 마음을 바르게 하는 것이며 동시에 선험적인 양지(良知)를 구현하는 것이다. 따라서 양명의 치지설은 지를 행위로 옮기는 과정이라고 할 수 있다.[134) 양지를 치한다고 하는 것은 가리고 막힌 것을 제거하여 본연의 양지를 회복하는 것, 내 마음의 양지를 확충하는 것, 볼 수 없고 들을 수 없는 양지에 대해 계신공구(戒愼恐懼)하는 것, 즉 부단한 성찰과 극치가 양지를 치하는 방법이라고 한다. 또한 그것은 일을 떠나지 아니하되, 잊지도 말고 그렇다고 조장하지도 않으며, 다만 양지가 지시하는 의(義)를 지속적으로 실천하는 것이다.

오늘의 우리 현실을 돌이켜 볼 때, 자신의 이익을 먼저 배려하는

---

134) Jig-chuen Lee, "왕양명과 주자의 격물설"(박연수 편역, 『양명학이란 무엇인가』, 경희종합출판사, 1997), 122쪽.

이기주의와 돈과 물질을 최고의 가치로 삼는 물질주의적 가치관이 팽배하여 상호 대립과 갈등 그리고 투쟁이 심각한 수준에 이르고 있음을 알 수 있다. 더욱 우려할 일은 많은 국민들이 한국의 미래를 소망이 없다고 생각하고 있으며, 또한 오늘의 현실을 개선하고자 하는 어떠한 적극적인 노력도 없다고 하는 것이다. 소망이 없는 사회에는 현실도피와 좌절, 절망, 그리고 무기력한 냉소주의 등이 있을 뿐이다.

이제 우리는 스스로 자신의 인간성을 불신하고 인간다운 삶을 포기해서는 안 될 것이다. 인간의 본심에는 소멸될 수 없는 도덕성 – 타인의 불행을 보고 참지 못하는 사랑의 마음, 진실하고 성실한 마음, 자기의 이익보다 공의(公義)를 생각하는 마음, 편견과 선입견을 버리고 중도를 지키는 마음 – 이 있으며, 시비선악을 구별하고 옳은 행위를 선택할 수 있는 도덕적 판단 및 실천능력이 있다는 인간에 대한 신뢰를 잃지 말아야 할 것이다.

이러한 신뢰를 바탕으로 도덕적 인간 및 도덕사회를 이루고자 하는 뜻을 세우고 실천적 결의를 다져야 할 것이다. 잠재적 성인(聖人)으로서 서로를 존중하고 모든 사람들이 조화를 이루어 질서와 평화로운 사회를 이루겠다는 이러한 결단은 한 번으로 그쳐서는 안 되며 매 순간 마음을 다해 다져야 할 것이다. 우리가 대면하는 어떠한 사물이나 상황에서도 거짓과 꾸밈이 없이 항상 진지하고 성실한 마음으로 대할 때 이러한 뜻은 실현되는 것이다. 또한 도덕적 가치 및 원리를 스스로 깨닫고 이것을 구체적 상황에서 시의적절(時宜適切)하게 창의적으로 적용할 수 있는 선험적 직관력(intuition)으로서 양지(良知)에 대한 부단한 성찰을 통하여 양지의 작용에 장애가 되는 편협한 이기심을 극복함으로써 본연의 양지를 회복하고 확충, 구현하여야 할 것이다.

왕양명의 인간관1)

Ⅰ. 머리말

새로운 세기는 과거 어느 시대보다도 더욱 빠른 속도로 변화해 갈 것이다. 그 변화란 고도의 과학기술의 개발과 경제발전을 추구하는 산업화를 거쳐 정보화의 방향으로 나아가고 있다고 한다. 멀티미디어 산업과 초고속 통신망을 기반으로 하는 정보화 혁명으로 이제 누구나 원하기만 하면 더욱 다양하고도 풍부한 정보를 보다 빠르게 입수할 수 있으며, 지구 반대편에 있는 사람과도 보다 신속하게 정보를 서로 교환할 수 있게 되었다. 또한 정보화가 이루어짐으로써 생산성을 제고할 수 있을 뿐만 아니라 생산비용을 줄이고 물류비(物流費)를 감소하는 등 경제적 효율성을 기대할 수 있게 되었다.

---

1) 박연수, 「21세기와 왕양명의 인간관」(『양명학』 제4호, 한국양명학회, 2000. 8)을 부분적으로 수정한 것임.

프롬은 산업시대 개막이래 인류는 물질적 풍요, 최대 다수의 최대 행복(쾌락), 개인의 자유 등에 대한 희망과 믿음을 지녀 왔다고 한다.[2] 정보화를 추구하고 있는 오늘날 인류는 이러한 소망을 여전히 간직하고 있는 것으로 보인다. 한편 프롬은 두 가지 심리학적 전제(前提)가 산업체계 속에 침투되어 있다고 한다. 그것은 첫째, 삶의 목적은 사람이 느끼는 어떤 욕망이나 주관적 욕구의 충족으로서 정의된 행복, 즉 최대 한도의 쾌락에 있다는 극단적 쾌락주의이다. 둘째, 자기중심주의, 이기주의, 탐욕은 체계가 기능을 발휘하기 위해서는 조장될 필요가 있으며, 이것은 조화와 평화에 이르는 길이라는 이기주의이다.[3] 오늘날 역시 이기주의와 극단적 쾌락주의가 우리의 삶의 방식과 목적으로 받아들여지고 있다는 여러 가지 증거들을 경험할 수 있다. 또한 공산주의 사회에 대한 자본주의 사회의 승리를 경험한 현대인은 자본과 경제적 효율성을 최고의 가치로 여기게 되었다.

이러한 시대적 추세는 새로운 영웅을 만들어 내고 있다. 이 시대의 영웅은 창조적인 아이디어로 거대한 부를 창출하는 신지식인과 기술자, 대중에게 즐거움을 주는 연예인과 스포츠맨, 기업을 효율적으로 경영함으로써 최대의 이윤을 내는 전문경영인 등이다. 이러한 영웅을 숭상하는 현대의 대중들은 무엇이 인간을 위해 가치 있는가를 문제 삼기보다는 무엇이 경제적 효율성과 과학적 합리성, 실제적 유용성이 있는지를 따진다. 이들에게 있어서 지식과 기능, 그리고 노동은 인간존재의 한 부분으로서 그 자체가 목적으로서 가치가 있는 것이 아니라, 자신의 물질적 소유를 증대하고 감각적 욕구를 충

---

2) 에리히 프롬, 『소유냐 삶이냐』(김진홍 역, 기린원, 1988), 17~29쪽 참조.
3) 에리히 프롬, 『소유냐 삶이냐』(김진홍 역, 기린원, 1988), 17~29쪽 참조.

족시키기 위한 수단이 되어버렸으며, 가치와 분리되었다.

새로운 세기에 들어서 우리나라는 정보화를 위해 더욱 박차를 가하고 있다. 아마도 몇십 년 내에 우리는 성숙한 정보화 사회를 맞이하게 될 것이다. 우리는 보다 풍요롭고 편리한 삶을 누리게 될 지도 모른다. 동시에 많은 문제에 직면하게 될 것으로 예상된다. 정보화를 추구하는 과정에서 우리는 이미 여러 가지 문제에 직면하고 있다. 많은 사람들이 컴퓨터에 깊이 몰두함으로써 컴퓨터 중독증에 걸리거나 대인관계를 기피하는 경향을 보이고 있으며, 죄의식 없이 사이버 범죄를 행하고, 사이버 섹스를 즐기고 있다. 또한 자신의 이익만을 생각하는 상업주의자들은 발달된 정보 통신 기구를 이기주의와 향락주의를 부추기는 데 활용하고 있으며, 그리고 부적절한 인간관계와 부도덕을 조장하기도 한다. 이러한 추세는 정보화가 가속화할수록 더욱 심각해질 것이다. 결국 정보화 사회는 인간성 및 주체성의 상실과 가치관의 상실 및 전도를 초래할 것이다. 21세기에는 공생(共生)의 원리를 추구하는 인간의 도덕적 심성은 더욱 상실되고, 물질적 소유와 감각적 쾌락을 위한 지식과 기능이 발달하게 될 가능성이 높다.

5세기 전에 살았던 양명(陽明) 왕수인(王守仁, 1472~1528)의 사상은 동서고금을 통해 변하지 않는 인간존재의 본질적 특성과 기능에 대한 사실(事實)-기술적(記述的) 설명, 이기심과 물욕으로 인해 상실된 본래적 인간성의 회복을 위한 실천(實踐)-규범적(規範的) 주장이 주류를 이루고 있다. 그는 인간존재의 공통적 특성을 도덕성으로 보았으며, 차별성을 재능으로 보았다. 그는 이러한 도덕성과 재능을 충분히 실현하는 것을 인간의 도리로 보았다. 그는 인간의 보편적 도덕성과 차별적 재능을 온전히 실현하되, 도덕성을 기반으로 하여 재능을 실현할 것을 주장하였다. 인간의 보편적 도덕성과 차별적 재능은 본말(本末), 선후(先後)의 관계로 함께 갖추어야 하나 경중(輕重)의 차이가 있음을 간과해서는 안 될 것이다. 양명의 사상은 참다운 자아를 정립하고 인간다운 삶을 살고자 하는 사람들에게 반성과 전망의 계기를 마련해 줄 것이다.

Ⅱ. 가치도덕의 실천 주체

오늘날 소위 다원주의(多元主義)라는 유행 아래 가치관의 혼돈과 전도, 규범의 아노미 현상이 심각해지고 있다. 또한 오늘날 경제적 효율성과 과학적 합리성, 현실적 유용성만을 추구함으로써 가치와 도덕에 대한 무관심과 냉소주의가 만연해 있다. 이제 도덕적 가치와 규범을 논하는 것은 시대에 뒤떨어진 천연기념물의 일이 되어 버렸다. 이러한 상황에서 우리는 인간다운 삶을 위한 최선의 가치와 도덕적 기준이 무엇인지, 이러한 문제를 제기하는 것 자체가 과연 의미 있는 것인지 의문을 갖게 된다.

양명에 의하면 인간의 마음은 텅 빈 백지처럼 공허한 것이 아니며, 또한 식은 재처럼 비활동적인 것도 아니라고 한다. 인간은 가치판단이나 도덕적 의무를 도외시하고 살 수 없다고 한다. 양명은 가치판단이나 도덕적 의무의 기준이란 밖으로부터 주어지는 대중의 의견도 아니며, 객관적인 도덕법칙도 아니라고 한다. 양명에 의하면 행위 주체인 마음과 행위의 법칙인 이치[理]를 별개의 것으로 분리시킨다면 사람들은 결국 외형상 합법적인 행위만을 추구할 뿐

진정한 도덕성을 지닌 행위에는 이르지 못할 것이라고 한다.4) 양명
에 의하면 진정한 자아란 가치판단과 도덕적 의무의 기준이 내적
인 것임을 자각하고 이를 주체적으로 실천하는 자이다.

1. 인간에게는 당연히 지켜야 할 도덕적 의무가 있다

양명에 의하면 인간의 마음은 가치 – 중립적이거나 맹목적인 것
도 아니라고 하는 것이다. 그는 인간이란 가치판단이나 도덕적 의
무를 피할 수 없다고 한다.5) 양명은 이치[理]나 일[事]이 내 마음

---

4) 제군들은 내가 주장하는 근본 취지를 잘 알아야 한다. 내가 지금 '마음이 곧 理이다.'라고 주
   장하는 것은 어째서인가? 그것은 오직 세상 사람들이 마음과 理를 나누어 둘로 삼기 때문에
   곧 많은 여러 가지 폐단이 생기는 것이다. 예를 들면 춘추시대의 五覇[趙岐는 齊桓公, 晉文
   公, 楚莊王, 秦繆公, 宋襄公을 五覇라고 하며, 荀子는 진목공과 송양공 대신 吳의 闔閭와
   越의 句踐을 꼽는다.]들이 오랑캐를 물리치고 周나라 왕실을 받든 것은 모두가 한결같은 사
   사로운 마음에서 나온 것이어서 곧 理에 합당하지 않다. 그러나 사람들은 그들의 행동이 理
   에는 맞으며, 단지 마음에 순수하지 못함이 있다고 한다. 흔히 그들의 행동을 좋아하고 흠모
   하면서 외면상으로만 보기 좋게 일을 처리하려 하고 마음과는 전혀 관계가 없는 것으로 생각
   하려 든다. 마음과 理를 나누어 둘로 삼으니, 그 결과는 허위를 일삼는 覇道에 떨어지면서도
   스스로 그것을 알지 못하는 것이다. 그래서 나는 '마음이 곧 理이다.'라고 주장하는 것이다.
   나는 마음과 理가 한 가지 것임을 알도록 함으로써 마음에 대하여 공부를 하게 하여 밖으로
   부터 형식적인 의로움을 추구하지 않도록 하려는 것이니, 이것이 王道의 진수이며 내가 학설
   을 내세우는 근본 취지이다(「傳習錄 下」 321조: 諸君要識得我立言宗旨. 我如今說箇心
   卽理是如何. 只爲世人分心與理爲二 故便有許多病痛 如五伯攘夷狄尊周室 都是一箇私
   心 便不當理. 人卻說他做得當理 只心有未純. 往往悅慕其所爲 要來外面做得好看 却與
   心全不相干. 分心與理爲二 其流至于伯道之僞而不自知. 故我說箇心卽理 要使知心理
   是一箇 便來心上做工夫 不去襲義於外 便是王道之眞 此我立言宗旨).

5) 佛氏와 老氏의 空虛는 人倫과 사물의 常(常道)을 버리고 이른바 吾心을 밝히기를 구하는
   것이다(『王文成公全書』 卷7 象山文集序: 佛老之空虛 遺棄其人倫事物之常 以求明其
   所謂吾心者). 불교에서는 父子의 관계 맺음을 두려워하여 이를 끊고 도피한다. 또한 君臣의
   관계를 두려워하여 도망친다. 夫婦의 관계를 두려워하여 도망친다. 이것은 모두 부자, 군신,
   부부 등의 관계라는 형상(形相)에 집착되어 있기 때문에 반드시 그로부터 도피해야만 하는
   것이다. 유가는 父子의 관계를 그대로 유지하면서 仁을 행하고, 君臣 간의 관계를 그대로
   유지하면서 義를 행하고, 夫婦의 관계를 그대로 유지하면서 別을 행하는 것이니 어찌 부자,
   군신, 부부의 형상에 집착한다고 하겠는가? (「傳習錄 下」 黃直錄 236조: 佛怕父子累 却
   逃了父子, 怕君臣累 却逃了君臣, 怕夫婦累 却逃了夫婦. 都是爲個君臣父子夫婦著了相
   便須逃避. 如吾儒有個父子 還他以仁, 有個君臣 還他以義, 有個夫婦 還他以別, 何曾著

을 떠나 객관적으로 성립할 수 없다고 하는 것이며, 마음 또한 이치나 일없는 공허한 존재가 아니라고 하는 것이다. 예컨대 효의 도리나 부모 섬김의 일이란 내 마음이 부모에게 있지 않으면 성립할 수 없다는 것이며, 그 마음이 준거하는 이치가 없는 어떠한 마음도 작용할 수 없다는 것이다.6)

2. 인간의 마음은 가치 및 도덕의 원천이다

양명에 의하면 『대학』의 '격물(格物)'에 대해 주자(朱子)가 '즉물궁리(卽物窮理)'로 해석한 것은 리(理)가 사물 또는 대상에 있다고 하는 심리(心·理) 이분설(二分說)이며 고자(告子)의 의외지설(義外之說)과 같은 것이라고 한다. 이와 같은 주자의 학설은 마음의 정밀(精密)함과 순일(純一)함을 추구하는 심학(心學)의 쇠퇴를 초래하였고, 근본을 버리고 지엽말단적인 개개의 사물의 이치를 일일이 따지거나 구하게 되어 학문이 지리(支離)하게 되었다고 한다. 또한 심(心)과 리(理)를 나누어 별개의 것으로 볼 경우 그 폐단은 외형상의 합리(合理)만을 추구하여 결국은 허위의식만을 조장한다고 보았다.

父子君臣夫婦的相.)

6) 身의 主宰는 心이요, 心의 發한 바는 바로 意요, 意의 주체는 바로 知요, 意의 所在는 바로 物이다. 만일 意가 어버이 섬김에 있다면 어버이 섬김이 곧 하나의 物이다. … 마음을 떠난 理가 없고, 마음을 떠난 物이 없다(「傳習錄 上」 6조: 身之主宰便是心 心之所發便是意 意之本體便是知 意之所在便是物. 如意在於事親 卽事親便是一物. … 無心外之理 無心外之物). 마음이 곧 理인 것이다. 천하에 마음 밖의 일이 있고 마음 밖의 理가 있겠는가? … 아버지를 섬기는 일 같은 것은 아버지에게서 효도의 이치를 구할 수 있는 것이 아니다. 임금을 섬기는 일은 임금에게서 충성의 이치를 구할 수 있는 것이 아니다(「傳習錄 上」 3조: 心卽理也. 天下又有心外之事 心外之理乎. … 且如事父不成去父上求箇孝的理 事君不成去君上求箇忠的理).

양명의 나이 37세에 귀양지인 용장(龍場)에서 깨달았다는 것, 즉 "성인(聖人)의 도(道)는 나의 성(性) 자체로서 족하다. 사물에서 리(理)를 구하기를 지향하는 것은 잘못이다."라고 한 것은 의리(義 · 理)의 기준이 사물에 객관적으로 실재하는 것이 아니라, 나에게 있다는 것을 의미한다.

양명은 인간이 삶을 영위하는 과정에서 가치의 선악과 행위의 시비를 판단할 때, 그 기준이란 객관적 형식적으로 실재하는 것이 아니라, 각자의 마음의 리(理)라고 하는 것이다.[7] 양명은 사욕이 없는 내 마음을 천리(天理)라고 한다. 그것은 마음의 조리(條理), 즉 마음 자체의 본유적 원리(innate principle)로 인의(仁義) 등과 같은 다양한 리(理)로 구현되는 마음의 근원적 리(理)라고 하는 것이다. 이 천리(天理)는 행위의 옳고 그름의 기준, 구체적 사물의 리(理)의 궁극적 표준이며 근원으로, 그것은 내적 도덕성과 도덕법칙으로 더 이상의 조건이 필요 없는 그 자체로서 완전한 리(理)이며, 지선(至善)이다. 마음을 떠나 리(理)가 없다고 하는 것은 우리의 허령불매(虛靈不昧)한 마음이 온갖 리(理)를 갖추고 있기 때문이다. 이때의 마음은 사욕에 의해 가려지지 않은 마음을 지칭하는 것이며,[8] 심즉리(心卽理)란 개별적 형태로 정형화된 무수한 리(理)가 내 마음에 있다는 의미가 아니라, 마음이 대상과의 관계에서 무수한 리(理)를

---

7) 마음이 비록 한 몸의 주인이지만 실제로 천하의 理를 관장한다. 理가 비록 만사에 흩어져 있으나 한 사람의 마음 밖에 있지 않다. … 心은 하나일 뿐이니 이것은 단지 불쌍하고 측은하게 여겨 차마 하지 못하는 인간의 전체적인 마음으로 말하자면 仁이라 하는 것이고, 그 의당함을 얻은 면에서 말하자면 義라 하는 것이고, 그 條理의 측면에서 말하면 理라 하는 것이다(「傳習錄 中」 答顧東橋書 133조: 心雖主乎一身 而實管乎天下之理. 理雖散在萬事 而不外乎一人之心. … 心一而已 以其全體惻怛而言謂之仁 以其得宜而言謂之義 以其條理而言謂之理).

8) 「傳習錄 上」 94조: 心卽理也. 無私心 卽是當理. 未當理 便是私心. 若析心與理言之 恐亦未善.

구현할 수 있는 근거로서 천리(天理)가 곧 내 마음의 본체가 된다
고 하는 것이다. 리(理)가 내 안에 있기 때문에 리(理)를 구체화하
는 사(事) 또한 나로부터 나온다고 한다. 즉 나의 마음이 없이는
사(事) 또한 성립되지 못한다. 양명이 허령불매(虛靈不昧)한 나의
마음이 온갖 이치를 갖추고 있다고 말한 것은 곧 사물의 조직원리
또는 조리(條理)가 내 안에 있다는 것을 의미하며, 따라서 그러한
원리가 내 마음에 있는 한 나의 마음 없이 사물은 성립할 수 없다
는 것이다.

3. 인간은 가치판단 및 도덕적 행위의 창조적 주체이다

인간은 누구나 지선(至善)한 양지(良知)를 선험적으로 지니고 있
다. 양지는 미발(未發)의 중(中), 확연대공(廓然大公), 적연부동(寂
然不動)한 마음의 본체이며,[9] 천리(天理)에 대한 명석한 자각능력
이요,[10] 무수한 대상과 구체적인 상황에 따라 선악과 시비를 분별
하고 판단하는 기준이며 능력이다.[11] 마치 자나 저울이 온갖 사물

---

9) 性은 善하지 않은 것이 없으므로 知가 良하지 않음이 없다. 良知는 곧 未發의 中이요, 廓
然大公이며 寂然不動의 본체로서 사람마다 모두 갖추고 있는 것이다. 다만 물욕에 가리어
져 어둡지 않을 수 없으므로 모름지기 배워서 어둡고 막힌 것을 제거해야 한다. 그러나 양지
의 본체에 대해서는 처음부터 터럭만큼도 보태거나 뺄 수 없다(「傳習錄 中」 答陸原靜書
155조: 性無不善 故知無不良. 良知卽是未發之中 卽是廓然大公 寂然不動之本體 人人
之所同具者也. 但不能不昏蔽於物欲 故須學以去昏蔽. 然於良知之本體 初不能有加損
於毫末也).

10) 무릇 心의 本體는 天理이다. 天理의 昭明靈覺을 이른바 良知라고 한다(『王文成公全書』
卷5 答舒國用: 夫心之本體卽天理也 天理之昭明靈覺所謂良知也). 良知는 天理의 밝고
밝은 신령한 깨달음의 곳이다. 그러므로 양지는 곧 天理요, 思惟는 良知가 發用한 것이다(「傳
習錄 中」 答歐陽崇一 169조: 良知是天理之昭明靈覺 故良知卽是天理 思是良知之發用).

11) 대저 節目時變에 대한 良知는 方圓長短에 대한 規矩尺度와 같다. 절목시변을 미리 정할
수 없는 것과 같이 방원장단은 이루 다 궁구할 수 없다. … 양지가 진실로 이르게 되면 절목
과 시변을 속일 수 없으며, 천하의 절목과 시변에 모두 응하고도 남음이 있을 것이다(「傳習

의 장단(長短)과 경중(輕重)을 잴 수 있듯이, 양지는 선악을 평가하고 시비를 판단하며, 자신의 덕성을 밝히고 백성을 친애함에 있어서 준거(準據)해야 할 궁극적이며 주관적인 준칙(準則)이다.12) 따라서 양지의 작용은 내면의 도덕성과 도덕법칙을 그때그때 상황에 합당하게 구현할 수 있는 무한한 창조적 능력이라고 할 수 있다.13)

따라서 인간은 누구나 본연의 양지를 온전히 구현할 때 무한한 창조적 가치판단과 도덕적 행위를 할 수 있다는 것이다. 다시 말해서 구체적 사건 가운데에서 내 마음의 양지를 실천할 때 사물의 합당한 이치를 얻을 수 있으며, 상황에 합당한 행위를 할 수 있다고 한다.14)

錄 中」答顧東橋書 139조: 夫良知之於節目時變 猶規矩尺度之於方圓長短也. 節目時變之不可豫定 猶方圓長短之不可勝窮也. … 良知誠致 則不可欺以節目時變 而天下之節目時變 不可勝應矣).

12) 양명은 良知를 明德 親民의 지극한 準則이라고 하였으며(『王文成公全書』 권26 대학문), 또한 自家底準則(「傳習錄下」 206조)이라고 한다. 이러한 까닭에 至善이란 것은 明德, 親民의 지극한 準則이다. 天이 命한 性은 순수하게 至善이다. 그 靈昭不昧한 것은 모두 그 至善의 發見이요, 이는 모두 明德의 本體요, 이른바 良知라고 하는 것이다. 지선의 발현은 옳은 것을 옳다 하고, 그른 것을 그르다 한다. 본래 내 마음은 타고난 그대로 스스로 법칙을 지니고 있어 그 사이에 보태거나 덜 것과 의심하거나 의론할 것이 없다. 그 사이에 보태거나 덜 것과 의심하거나 의론할 것이 있다면 이는 사사로운 뜻이거나 작은 지혜이며 至善이라 할 수 없다. … 그러므로 至善을 明德 親民에 이르게 한다는 것은 마치 規矩를 方圓에 이르게 하는 것, 尺度를 長短에 이르게 하는 것, 權衡을 輕重에 이르게 하는 것과 같다. 方圓으로서 規矩에 이르지 못하면 그것을 잴 수 없고, 장단으로서 척도에 이르지 못한다면 그 제도와 멀어지고, 輕重으로서 權衡에 이르지 못하면 준칙을 잃게 된다. 명덕과 친민으로서 지선에 이르지 못하면 그 법칙을 잃게 된다(『王文成公全書』 卷7 親民堂記: 是故至善也者 明德親民之極則也. 天命之性粹然至善 其靈昭不昧者 皆其至善之發見 是皆明德之本體 而所謂良知者也. 至善之發見 是而是焉 非而非焉. 固吾心天然自有之則 而不容有所擬議加損於其間也 有所擬議加損於其間 則是私意小智 而非至善之謂矣. … 故止至善之於明德親民也. 猶之規矩之於方圓也 尺度之於長短也 權衡之於輕重也. 方圓而不止於規矩 爽其度矣, 長短而不止於尺度 乖其制矣, 輕重而不止於權衡 失其準矣. 明德親民 而 不止於至善 亡其則矣).

13) 「傳習錄 上」 22조: 義理無定在 無窮盡.

14) 내 마음의 良知는 곧 이른바 天理라는 것이다. 吾心 良知의 天理를 事事物物에 致한즉 사사물물은 모두 그 理를 얻는다(「傳習錄 中」 答顧東橋書 135조: 吾心之良知 即所謂天理也. 致吾心之天理於事事物物 則事事物物皆得其理矣). 마음이 그 마땅함을 얻는 것을 義라 한다. 致良知를 할 수 있으면 곧 마음이 그 마땅함을 얻는다. 그러므로 集義 또한

왕양명에 의하면 인간은 가치 및 도덕적 판단으로부터 자유로운 존재가 아니며, 가치판단 및 도덕적 행위의 원리인 보편적 실리(實理)를 소유한 존재라는 것이다. 나아가 인간은 이러한 보편적 이치[天理]를 스스로 깨닫고 이것을 창조적으로 구현하는 기능으로서 양지에 따라 다양한 사물과의 관계에서 시의적절(時宜適切)하게 구현할 수 있다고 한다. 이러한 점에서 볼 때 양명은 가치 및 도덕에 대한 마음의 무한한 창조적 기능을 인간의 주체적 특성으로 보았다고 할 수 있다.

Ⅲ. 지행합일의 실천 주체

우리는 삶의 현장에서 이상(理想)과 현실의 엄청난 간격, 무성(茂盛)한 약속과 빈약한 실천, 지식과 행위의 불일치, 관념과 실천의 괴리 현상을 체험하게 된다. 과연 인간에게 있어서 마음과 육신은 분리된 것인가, 관념과 실천 그리고 앎과 행위는 일치하지 않는 것인가? 인간은 일상생활에서 아는 만큼 행동하는 것인가, 그래서 지식이 실천에 앞서는 것인가?

단지 致良知이다. 君子가 온갖 변화에 대응함에 있어서 마땅히 행해야 할 것인즉 행하고 … 이는 그 양지를 致하지 않음이 없으며, 이로써 스스로 만족함을 구할 뿐이다(「傳習錄 中」 答歐陽崇一 170조: 心得其宜之謂義 能致良知 則心得其宜矣. 故集義亦只是致良知 君子之酬酌萬變 當行則行, … 無非是致其良知 以求自慊而已).

1. 인간은 지행합일적 존재이다

양명이 말하는 지(知)란 마음의 본체로서[15] 양지(良知)를 지칭하는 것으로 행(行)과 분리될 수 없다고 한다. 따라서 인간은 본래 지행합일적(知行合一的) 존재이다.[16] 지행(知·行)의 분리는 사욕(私欲)에 의해 진정한 앎의 본체가 은폐된 것이다. 인간의 마음의 본질적 특성 및 작용의 측면에서 본다면 지(知)와 행(行)은 분리될 수 없는 하나다. 양명은 마음을 중심으로 사물과 육신, 그리고 의(意)와 지(知) 등을 설명하고 있다. 그는 의(意)를 마음의 내적인 지(知), 즉 양지(良知)와 육체 및 사물을 관계시키는 매개자로 보았다. 의(意)는 마음의 허령명각처(虛靈明覺處)인 양지를 그 본체[體]로 의지하여 작용하며, 그 작용에는 반드시 물(物)이 있다고 한다. 그것은 물론 의(意) 자체의 대상지향성(對象志向性) 때문이다. 의(意)는 본체인 지(知)를 구현하는 매개자인 셈이다. 의는 지를 본체로 삼으며, 행(行)의 시작이 된다고 주장함으로써, 지행(知·行)을 하

---

15) 身의 主宰는 바로 心이요, 心의 發한 바는 意요, 意의 本體는 바로 知요, 意의 所在는 物이다(「傳習錄 上」 6조: 身之主宰便是心 心之所發便是意 意之本體便是知 意之所在便是物). 心이란 육신의 주인이다. 心의 虛靈明覺은 소위 本然의 良知이다. 그 虛靈明覺한 良知가 感應하여 動하는 것을 意라고 한다. 知가 있은 후에 意가 있는 것이며 知가 없으면 意가 없는 것이다. 그러므로 知는 意의 體가 아니냐? 意의 所用에는 반드시 그 物이 있는 것이며 物은 곧 事이다. 마치 意가 어버이를 섬김에 작용하면 어버이를 섬기는 것이 하나의 物인 것과 같다(「傳習錄 中」 答顧東橋書 137조: 心者身之主也 而心之虛靈明覺 即所謂本然之良知也. 其虛靈明覺之良知 應感而動者謂之意. 有知而後有意 無知則無意矣 知非意之體乎. 意之所用必有其物 物即事也 如意用於事親即事親爲一物).

16) 徐愛가 묻기를 "오늘날 사람들은 당연히 부모에게 효도하고 형을 공경해야 한다는 것을 안다. 그러나 효도하지 못하고 공경하지 못하는 것은 知·行이 두 가지로 나누어지는 것이며 두 가지 일이다." 선생이 답하기를 "이는 私欲으로 隔斷되어 있기 때문이지 知·行의 本體는 아니다. 알면서 행하지 않는 자는 없으며, 알면서 행하지 않는다는 것은 알지 못함이다. …."(「傳習錄 上」 5조: 曰如今人 盡有知得父當孝 兄當弟者 却不能孝不能弟 便是知與行分明是兩件. 先生曰 此已被私欲隔斷 不是知行的本體了 未有知而不行者 知而不行 只是未知. …)

나로 합한다. 말하자면 양명은 의(意)를 중간 다리로 삼아 지(知)와 행(行)이 하나로 연결된 것으로 이해하였다고 볼 수 있다. 따라서 양명의 지행합일(知行合一)은 의(意)의 순수성을 전제하고 그 의(意)를 매개로 한 지(知)와 행(行)이 합일(合一)하는 마음의 기능을 의미하는 것으로 볼 수 있다. 또한 양명은 말하기를 "사람은 반드시 음식을 먹고자 하는 마음이 있은 후에 먹을 줄 안다. 먹고자 하는 마음이 곧 의(意)이니 이것이 행(行)의 시작이다. 음식 맛의 좋고 나쁨은 반드시 입에 넣어 본 후에 안다. 어찌 먹어 보지 않고 이미 먼저 음식 맛의 좋고 나쁨을 알겠는가?"17)라고 하여 의(意)가 곧 행(行)의 시작임을 말하며, 행 또한 지의 실현임을 말하려 하는 것이다. 그는 "호색(好色)을 보는 것은 지(知)에 속하고 호색을 좋아함은 행(行)에 속하는 것이다. 다만 그 호색을 볼 때는 이미 자연스럽게 좋아하게 되는 것이다. 본 뒤에 또다시 결심을 하고서 그것을 좋아하는 것은 아니다."18)라고 하여 지행(知·行)이 본래 하나임을 주장하였다.

또한 양명에 의하면 일련의 목표와 과정의 면에서 본다면 지(知)가 목표요, 행(行)은 그 과정이라 할 수 있으며, 시작과 완성이라는 면에서 지가 시작이요, 행은 완성이라고 한다.19) 과정 없는 목표, 시작 없는 완성은 생각할 수 없다. 참다운 지(知)는 구조적으로 이

---

17) 「傳習錄 中」 答顧東橋書 132조: 夫人必有欲食之心 然後知食 欲食之心卽是意 卽是行之始矣.

18) 「傳習錄 上」 5조: 見好色屬知 好好色屬行. 只見那好色時已自好了 不是見了後又立箇心去好.

19) 知는 行의 主意요, 行은 知의 工夫이다. 知는 行의 始作이요, 行은 知의 完成이다. 만약 이런 뜻만 이해한다면 知 하나만을 이야기하더라도 그 속에는 이미 行이 포함되어 있는 것이며, 行 하나만을 이야기하더라도 그 속에는 이미 知가 포함되어 있다는 것을 알 것이다(「傳習錄 上」 5조: 知是行的主意 行是知的功夫. 知是行之始 行是知之成. 若會得時 只說一個知已自有行在 只說一個行已自有知在).

미 그 자체에 실천의 의도가 잠재해 있으며, 실질적 작용의 측면에
서 본다면 지(知)는 현실적으로는 행동의 기반 또는 조건이 된다.
한편 참다운 행(行)이란 구조적으로 미지의 앎에 대한 동경과 이를
향한 과정으로 볼 수 있으며, 현실적으로는 행동은 이미 알고 있는
앎의 확증 또는 구현이라고 할 수 있다.

  한편 양명이 지행합일(知行合一)을 말할 때, 그 지(知)란 진실하
고 간절하며 독실한 지를 지칭하는 것이며, 행(行)이란 분명한 각
성과 정밀한 사유에 바탕을 둔 행위인 것이다.[20] 앎이 참되고 절실
하며 독실(篤實)한 것은 곧 행(行)으로 구현되며, 주체의 분명한 자
각과 판명한 구별에 의해 이루어지는 행(行)은 이미 거기에 지(知)
가 깃들어 있는 것이다. 결국 양명은 실천 없는 공허한 지(知)와
지(知) 없는 맹목적 실천을 인간 본연의 지와 행으로 보지 않았다
고 하겠다.

2. 인간은 지행합일의 실천적 주체이다

  양명에 의하면 지(知)와 행(行)이 분리되는 것은 근본적으로 사
욕에 기인한다는 것이다. 또한 지행을 분리하게 하는 것은 하나의
생각이 발동하는 곳에 행동이 비롯함을 알지 못하고, 선하지 못한
생각이 아직 행동으로 옮겨지지 않았다고 해서 금지하지 않기 때
문이라고 한다.[21]

---

20) 知의 眞切篤實處가 곧 行이요, 行의 明覺精察處가 곧 知이다. 知行 공부는 본래 분리할
    수 없다(「傳習錄 中」答顧東橋書 133조: 知之眞切篤實處卽是行 行之明覺精察處卽是
    知 知行工夫 本不可離).
21) 내가 말하는 知行合一의 立言宗旨를 잘 알아야 한다. 오늘날 사람들이 학문하는 것은 단지
    知·行을 두 가지로 나눔에 의존한다. 이 까닭에 한 생각이 發動함에 있어 비록 그것이 善

한편 마음 밖에서 리(理)를 구함으로써 지행(知·行)이 둘이 되었다고 한다. 양명에 의하면 마음과 이치를 둘로 나눈 주자의 즉물궁리설(卽物窮理說)은 결국 앎과 행동을 분리시키는 결과를 초래한다는 것이다.[22] 양명은 마음을 떠나 이치가 밖에 있다고 한다면 지식이란 궁리(窮理)를 통해 외적 사물의 이치를 빌려 온 것에 지나지 않으므로, 그 지(知)란 철저한 주체적 자각을 결여한 것으로 주체에 완전히 귀속한 것이라고 볼 수 없다고 한다. 마음 밖에서 이치를 구하면 궁리(窮理)와 행의(行義)가 둘이 된다고 한다.[23] 외물(外物)에 의존하여 얻어진 그 지(知)는 주체의 행(行)과 간격이 있게 된다. 즉 그 지는 행동을 수반하지 않는 공허한 앎에 그치고 만다는 것이다.[24] 지행의 분리는 참다운 주체적 지에 대한

하지 아니해도 도리어 그것이 아직 행해지지 않았다 해서 금하려 들지 않는다. 내가 이제 知·行을 말하려 하는 것은 바로 사람들로 하여금 한 생각이 드러나는 그곳에 行의 發端이 있음을 알게 함이며, 생각이 드러나는 곳에 善하지 못함이 있으면 곧 이러한 생각을 극복하여 없애야 한다는 것을 깨우치기 위함이다(「傳習錄 下」 226조: 此須識我立言宗旨. 今人學問 只因知行分作兩件 故有一念發動 雖是不善 然却未曾行 便不去禁止. 我今說箇知行合一 正要人曉得一念發動處 便卽是行了 發動處有不善 就將這不善的念克倒了).

22) 대저 事物의 理는 내 마음 밖에 있지 않다. 내 마음 밖에서 物의 理를 구한다면 사물의 理는 없다. 物理를 버리고 내 마음을 구한다면 내 마음 또한 어떤 것인가? 마음의 本體는 性이며 性은 곧 理이다. 그러므로 어버이에게 효도하는 마음이 있은즉 어버이에 효도하는 理가 있다. 어버이에게 효도하는 마음이 없으면 어버이에게 효도하는 理는 없다. …心은 하나일 뿐이다. 그것을 全體의 惻怛한 마음으로 말하자면 仁이요, 그것이 마땅함을 얻은 것으로 말하자면 義요, 그 條理로 말하자면 理이다. 心 밖에서 仁을 구할 수 없으며 心 밖에서 義를 구할 수 없다. 어찌 心 밖에서 理를 구할 수 있겠는가? 心 밖에서 理를 구함은 知와 行을 둘로 하는 것이다. 理를 내 마음에서 구함이 聖門의 知行合一에 대한 가르침이다(「傳習錄 中」 答顧東橋書 133조: 夫物理不外於吾心 外吾心而求物理 無物理矣. 遺物理而求吾心 吾心又何物邪. 心之體性也 性卽理也. 故有孝親之心 卽有孝親之理 無孝親之心 卽無孝親之理矣. … 心一而已 以其全體惻怛而言謂之仁 以其得宜而言謂之義 以其條理而言謂之理. 不可外心以求仁 不可外心以求義 獨可外心以求理乎. 外心以求理 此知行之所以二也 求理於吾心 此聖門知行合一之敎).

23) 「傳習錄 中」 答顧東橋書 137조.

24) 요즈음 편벽되게 格物을 가지고 마침내 窮理라고 한다. 이는 오로지 窮理를 知에 귀속시키는 것으로 格物은 行이 없게 된다. 이는 格物의 뜻을 이해하지 못하는 것이며 아울러 窮理의 뜻도 잃었다(「傳習錄 中」 答顧東橋書 137조: 今偏擧格物而遂謂之窮理. 此所以專以窮理屬知 而謂格物未常有行 非惟不得格物之旨 并窮理之義而失之矣).

이해와 성찰이 부족한 분희자(扮戲子, 배우)의 경우에도 발생한다고 한다.[25]

양명에게 있어서 지행(知·行)의 분리는 사욕과 주체의 상실로 가리고 막힌 비본래적(非本來的) 자아의 모습이다. 본래적 인간 또는 인심의 본체는 지행이 합일된 상태라고 한다. 즉 본체로서 양지는 본래 그 자체 스스로를 구현한다.[26] 따라서 지행합일의 실천 – 당위적 의미는 비본래적인 인간으로부터 본래적 인간의 모습, 즉 마음의 본체를 회복하는 것을 의미하며, 그것은 지행합일적 양지를 구현하는 것[致良知]을 지칭한다. 결국 치량지란 인간 본연의 양지에 따라 행하는 것을 의미한다. 양지를 치(致, 구현)하면 곧 지와 행이 하나가 된다.[27]

---

25) 「傳習錄 上」 4조 참고.

26) 致란 것은 이른다는 것이다. 喪을 당하여 슬픔이 지극함에 이른다고 하는 것과 같다. 『易』에 지극함을 알아 이른다는 말이 있는데 지극함을 아는 것이 知요, 이르는 것이 致이다. 致知라는 것은 後儒가 말한 바 그 知識을 넓히고 채우는 것을 말하는 것이 아니라 내 마음의 良知를 致하는 것일 뿐이다. 良知라는 것은 맹자가 말한 바 是非之心이요, 사람 모두 지니고 있는 것이다. 시비지심은 사려하지 않아도 아는 것이며, 배우지 않아도 할 수 있는 것이니 이런 까닭에 良知라고 한다. … 致知는 반드시 格物에 있다. 物이란 事이다. 무릇 意가 發한 것에는 그 事가 있다. 意가 所在하는 事를 物이라 한다. 格이란 바르게 하는 것이다. 그 不正을 바르게 하여 올바름에 돌아가게 하는 것이다(『王文成公全書』 卷26 大學問: 致者至也 如云喪致乎哀之致 易言知至至之. 知至者知也 至之者致也. 致知云者非若後儒所謂充廣其知識之謂也 致吾心之良知焉耳.良知者 孟子所謂是非之心 人皆有之者也. 是非之心不待慮而知 不待學而能 是故謂之良知. … 致知必在於格物 物者事也. 凡意之所發必有其事 意所在之事謂之物. 格者正也 正其不正以歸於正之謂也).

27) 만일 이제 致良知를 갈망하여 장차 이와 같이 가리고 막힌 것을 모두 제거해 버린다면 本體가 回復되는 것이다. 이는 곧 天淵이 되는 것이다(「傳習錄 下」 222조: 如今念念致良知 將此障礙窒塞一齊去盡 則本體已復 便是天淵了). 어떻게 해야 봉양의 마땅함인지를 아는 것을 知라고 하며, … 이로써 실제로 봉양한 연후에 그것을 일컬어 致知라고 한다(「傳習錄 中」 答顧東橋書 138조: 知如何而爲奉養之宜者所謂知也 … 而實以之奉養 然後謂之致知). 신하가 당연히 충성해야 한다는 것을 아는 것을 일러서 그 忠의 知를 능히 이루었다고 말할 수 있다는 것이다. 이런 식으로 말하면 致知는 반드시 行에 있음을 알 수 있다. 行하지 않고서는 致知를 했다고 할 수 없는 것이 분명하다(「傳習錄 中」 答顧東橋書 139조: 知臣之當忠者 皆可謂之能致其忠之知 則天下孰非致知者邪. 以是而言可以知致知之必在於行 而不行之不可以爲致知也 明矣).

　　양명은 나의 마음을 떠나 객관적 사물에서 그 이치를 획득하는 방법을 취하는 한 지행(知·行)은 분리될 수밖에 없다고 한다. 그는 지행합일의 심체(心體)를 이루는 방법으로 사욕을 제거하고 자신의 내적 천리(天理)인 양지를 성찰할 것을 주장한다. 양명은 중단함이 없이 성찰(省察)하고 극치(克治)하여 사념을 극복하고 제거하며 천리를 생각하여야 한다는 것이다.[28] 이것은 곧 나의 의(意)를 진실하고 성실하게 하는 것이다.[29] 양명은 성의(誠意)에 대해서 무외유내(務外遺內)하고 박이과요(博而寡要)한 당시의 학자들의 고질을 바로잡는 것으로 공부의 제일의 뜻이라고 하며,[30] 학문적 대두뇌처(大頭腦處)라고 한다.[31] 성의(誠意)의 공부는 천리(天理)에 따르는 것이며, 지선(至善)한 심체(心體)의 발동처(發動處)에서 그 발

---

28) 처음 學을 할 때에는 모름지기 반드시 省察克治할 것을 생각해야 하는데 이것은 곧 誠을 생각하는 것이며, 단지 하나의 天理를 생각하는 것이다. 천리를 통틀어 온전히 얻는 것이 『주역』에서 말하는 '어찌 생각하고 어찌 염려하는가?'라고 하는 것이다(「傳習錄 上」 39조: 初學必須思省察克治 卽是思誠 只思一箇天理 到得天理純全 便是何思何慮矣).

29) 이 誠意란 私意가 없는 것이다. 성의는 단지 天理에 따르는 것이다. 비록 天理를 따를지라도 또한 조금의 私意에라도 집착하게 되면 화내고 노여워하며 좋아하고 즐거워함에 있어서 그 올바름을 얻지 못한다. 모름지기 마음을 텅 비우고 지극히 공정해야 하는데, 이것이 마음의 본체이다. 이것을 안다면 未發의 中을 안다(「傳習錄 上」 101조: 卻是誠意 不是私意. 誠意只是循天理. 雖是循天理 亦着不得一分意. 故有所忿懥好樂 則不得其正. 須是廓然大公 方是心之本體. 知此 卽知未發之中). 至善이라고 하는 것은 心의 本體인데 心의 本體는 그 어디에 不善이 있겠는가? 지금 마음을 바르게 하고자 하면 本體上의 어디에서 공부를 할 것인가? 반드시 心의 發動處에 나아가야 힘써 공부할 수 있다. 마음이 發動함에 不善이 없을 수 없다. 그러므로 반드시 이런 곳에 나아가 힘써야 하니 곧 이것은 誠意에 있다. 一念이 善을 좋아하는 데서 發할 것 같으면 바로 분명하고 힘 있게 나아가서 善을 좋아하고, 一念이 惡을 증오하는 데서 發할 것 같으면 분명하고 힘차게 나아가서 惡을 증오해야 한다. 意의 發動이 성실하지 않음이 없으면 그 本體가 어떻게 不正한 것이 있을 수 있겠는가? (「傳習錄 下」 317조: 至善者 心之本體也 心之本體 那有不善. 如今要正心 本體上何處用得功. 必就心之發動處 可著力也. 心之發動不能無不善 故須就此處著力 便是在誠意. 如一念發在好善上 便實失落落去好善. 一念發在惡惡上 便實實落落去惡惡 意之所發 旣無不誠卽其本體如何有不正的.)

30) 「傳習錄 中」 答顧東橋書 130조: 來書云 近時學者務外遺內 博而寡要. 故先生特倡誠意一義 鍼砭膏肓 誠大惠也. …若誠意之說 自是聖門敎人用功第一義.

31) 「傳習錄 中」 答顧東橋書 129조: 所以提出箇誠意來說 正是學問的大頭腦處.

동을 성실하게 하는 것이다. 그리하여 본연의 중(中)을 지키고 선(善)을 바르게 발휘하는 것이다. 따라서 성의란 인간 본연의 마음[마음의 본체]을 보존하고 구현하는 방법이다. 양명은 말하기를 "성(誠)은 마음의 본체이다. 그 본체를 회복하기를 구하는 것이 곧 사성(思誠)의 공부이다."32)라고 한다. 양명이 성의를 학문의 핵심으로 삼은 것은 유가의 대표적인 경전인 『대학』의 공부의 중심을 성의(誠意)로, 『중용』의 핵심을 성신(誠身)으로 이해하고, 궁극적 경지를 지성(至誠)으로 파악하였기 때문이다.33)

의를 진실하게 함[誠意]이란 의(意)가 어떤 사물을 지향할 때, 첫째로 어떤 일을 하고자 하는 뜻을 반드시 실행하고자 하는 것을 의미한다. 둘째, 그 스스로를 속임이 없이 스스로 만족하기를 구하는 것이다.34) 양명은 『중용』의 계신(戒愼)과 공구(恐懼)를 신독(愼獨)의 공부로 요약하며, 『대학』의 성의를 신독과 연결시키고 있다. 양명은 계신(戒懼)과 신독(愼獨)이란 일이 있을 때나 일이 없을 때 남이 보든 보지 아니하든 자기 자신만이 아는 것[獨知]에 힘쓰는 것으로 오직 자신을 진실하고 성실하게 하는 것, 즉 입성(立誠), 성신(誠身)의 공부라는 것이다. 오직 자기 자신만이 아는 독지(獨知) 곧 양지(良知)가 바로 성(誠)이 싹트는 곳이다.35)

---

32) 「傳習錄 上」 121조: 誠是心之本體 求復其本體 便是思誠的工夫.

33) 「傳習錄 中」 答顧東橋書 129조목: 先生曰大學工夫卽是明明德 明明德只是箇誠意 誠意的工夫只是格物致知. 若以誠意爲主 去用格物致知的工夫 卽工夫始有下落. 卽爲善去惡 無非是誠意的事. … 大抵中庸工夫只是誠身 誠身之極 便是至誠. 大學工夫只是誠意 誠意之極 便是至善.

34) 대개 나의 견해는 곧 이른바 부모를 겨울에 따뜻하게, 여름에 시원하게 해드리고 부모를 봉양하고자 의욕하는 것을 意라 하지 誠意라고 말하지 않는다. 반드시 溫淸奉養하고자 하는 뜻을 실제로 행함에 스스로 만족하기를 구하여 자신을 속이지 않기를 힘쓴 연후에 그것을 誠意라고 말하는 것이다(「傳習錄 中」 答顧東橋書 138조목: 蓋鄙人之見 則謂意欲溫淸 意欲奉養者 所謂意也 而未可謂之誠意. 必實行其溫淸奉養之意 務求自慊而無自欺 然後謂之誠意).

따라서 치지(致知) 또는 치량지(致良知)란 일이 있을 때나 없을 때나 자신만이 아는 지(知, 獨知)를 성찰하고 이루는 공부, 즉 성신(誠身), 입성(立誠), 성의(誠意)의 공부이다. 이 점에서 양명이 '독신성인(篤信聖人)'하던 자공(子貢)보다 '반구저기(反求諸己)'하던 증자(曾子)를 더욱 절실하게 존숭했던 것[36]을 이해할 수 있다. 또 이러한 자기 성찰은 사물과 단절하는 불교의 좌선(坐禪)의 방법과 달리 매일의 일상사에서 이루어지는 것이다. 성의(誠意)란 사상마련(事上磨鍊)을 통해 일을 바르게 하고, 마음의 지선(至善)한 본체를 실현하는 치지(致知)의 공부인 것이다.[37] 양명은 격물치지(格物致

---

35) 그것은 다만 한 가지 공부이다. 아무 일도 없을 때에는 본디 獨知이다. 일이 있을 때에도 또한 獨知이다. 사람들이 만일 獨知에 힘쓸 줄 모른다면 오직 他人들이 아는 것에만 힘쓸 것이니 곧 僞善이 되며, 곧 '君子를 본 후에 꺼린다.'는 것이다. 이 獨知處가 곧 誠의 싹이다. … 古人들의 수많은 誠身공부는 그 정신명맥을 전체적으로 이 같은 자리에 머물도록 하는 것이다. 『中庸』에서도 말하기를 어두운 곳에서처럼 더 잘 드러나는 것이 없고, 세밀한 것처럼 더 잘 보이는 것이 없다고 하였는데, 때와 장소 및 처음과 끝을 가릴 것 없이 오직 자신을 誠實하게 하는 공부뿐이다. 이제 만약 또다시 戒懼는 자신도 모르는 처지에서 하는 공부라고 구분한다면 그 공부야말로 支離하게 될 것이고 피차가 서로 단절되는 공부가 될 것이다. 위에서 말한 바처럼 戒懼공부도 獨知의 공부인 것이다. 만약 자신마저도 모른다면 그 누가 두려워하고 경계하겠는가? 戒懼와 愼獨을 두 개의 공부로 가름하는 견해는 마치 佛家에서 일체를 斷滅하고 오로지 坐禪만으로 마음의 안정을 구하고자 하는 斷滅禪定으로 빠져들고자 하는 것이다(「傳習錄 上」120조: 只是一箇工夫 無事時固是獨知 有事時亦是獨知. 人若不知於此獨知之地用力 只在人所共知處用功 便是作僞 便是見君子而後厭然. 此獨知處 便是誠的萌芽. … 古之許多誠身的工夫 精神命脈全體 只在此處. 眞是莫見莫顯 無時無處 無終無始 只是此箇工夫. 今若又分戒懼爲己所不知 卽工夫便支離 亦有間斷. 旣戒懼卽是知. 己若不知 是誰戒懼. 如此見解便要流入斷滅禪定).

36) 「傳習錄 上」6조 참고.

37) 『王文成公全書』 卷7 大學古本序 참고. 陸澄이 묻기를 "고요히 있을 적에는 좋은 생각이 나다가도 일을 당하기만 하면 달라지니 어찌된 일입니까?" 선생께서 말씀하시기를 "그것은 다만 靜을 기르는 것만을 알고 克己工夫는 하지 않았기 때문이다. 그러한 상태로서 일을 대하면 곧 일에 압도당하고 마는 것이다. 사람은 반드시 일을 통하여 자신을 연마하여야(事上鍊磨) 비로소 자신을 확립시킬 수 있다. 그래야만 비로소 靜에도 定하고 動에도 定할 수 있는 것이다."(「傳習錄 上」23조: 問靜時亦覺意思好 才遇事便不同 如何. 先生曰 是徒知靜養 而不用克己工夫也. 如此臨事 便要傾倒. 人須在事上磨方立得住 方能靜亦定 動亦定.) 至善은 心의 本體이다. 動한 후에 不善이 있으나 本體의 知는 알지 못함이 없다. 意는 그것의 動함이요, 物은 그 事이다. 本體의 知를 이루면 動함에 善하지 않음이 없다. 그러나 그 事에 卽하여 바르게 하지 않고서는 그 知를 이룰 수 없다. 그러므로 致知라는 것은 誠意의 本이요, 格物이란 것은 致知의 實이다. 物이 바르게 되면 知가 이루어지고, 意가 誠하며

知)를 하고자 하는 것은 실상 성의(誠意)의 공부라고 한다. 양명은 치지(致知)를 지선(至善)에 이르는 것으로 말하고, 또 성의(誠意)의 근본으로 삼아 성의(誠意)를 지극히 하는 것이 곧 지선(至善)에 이르는 것이며 치지(致知)라고 한다. 따라서 『대학』의 요체를 성의(誠意)라고 하는 것이다.[38] 또한 성의의 공부를 격물이라 하고, 격물을 치지의 실(實)로 말하여 치지란 물에 즉(卽)하여 지(知)를 실행(實行)함으로써 궁극적으로 이룰 수 있는 것이라고 하는 것이다. 양명에 의하면 성찰극치(省察克治)한다는 것은 성(誠)을 생각하는 것이며, 천리(天理)를 생각하는 것이라고 한다. 또한 성찰이란 일이 있을 때의 존양(存養)이며, 존양이란 일이 없을 때의 성찰이라고 하는 것이다.[39] 다시 말해서 성찰이란 일에 직면하여 인간 본연의 심성을 보존하고 함양하는 것이며, 반면 존양이란 일이 없을 때 부단히 본연의 심성을 반성하고 살피는 것이라고 하는 것이다.

또한 치량지(致良知)란 양지를 실천하고 확충하는 것이다.[40] 치(致)란 지(知) 또는 양지(良知)를 실천하는 것을 의미한다. 풍우란(馮友蘭)은 지(知)란 양지(良知)를, 행(行)이란 치량지(致良知)를 의미한다고 하여 치(致)를 실천의 의미로 파악하였다.[41] 치(致)란

그 本體를 회복하게 된다. 이것을 일러 至善에 이른다고 하는 것이다(『王文成公全書』卷7 大學古本序: 至善也者心之本體 動而後有不善 而本體之知未嘗不知也. 意者其動也 物者其事也. 致其本體之知而動無不善. 然非卽其事而格之則亦無以致其知 故致知者誠意之本也. 格物者致知之實也 物格則知致意誠而有以復其本體 是之謂止至善).

38) 『王陽明全集』卷7 大學古本序.

39) 「傳習錄 上」37조 참고.

40) 윗사람의 행위에 대해서 내가 싫어하는 바가 良知요, 아랫사람에게 그것을 하지 않는 것이 바로 致良知이다(「傳習錄 下」305조: 所惡於上 是良知 毋以使下 卽是致知). // 오늘 良知가 이만큼 見在하면 단지 오늘 알고 있는 만큼에 따라 철저하게 확충해 나가고, 내일의 良知가 다시 開悟되면 또 내일 그 아는 바를 따라 철저하게 확충해 가면 되는 것인데, 이렇게 함으로써 비로소 精一의 공부라고 할 수 있는 것이다(「傳習錄 下」225조: 今日良知見在如此 只隨今日所知擴充到底. 明日良知又有開悟 便是明日所知擴充到底 如此方是精一功夫).

확충한다는 의미이다. 맹자(孟子)가 사단(四端)의 마음을 '확이충지(擴而充之)'해야 한다고 하는 것과 같은 의미이다. 양명이 「대학문(大學問)」에서 밝히는 바는 바로 명덕(明德)을 밝히고, 백성을 친애하는 것을 마음의 본체이며 지선(至善)인 양지(良知)를 확충(擴充)하는 것으로 보았다. 치량지의 '치(致)'란 슬픔의 감정이나 시비의 분별력 등 인간 본유의 내적 양지를 밖으로 실현 또는 구현하는 것을 의미한다. 이는 곧 맹자가 인간 보편의 심성으로서의 사단(四端)을 확충한다는 것(『孟子』公孫丑上)과 같이 내면의 도덕적 지성과 감정을 밖으로 구현하되 가까이로부터 멀리, 평범한 것으로부터 지극한 것에 이르기까지 실현한다는 의미를 지닌다. 치(致)란 그때의 내면적 앎의 정도에 따라 그 앎을 정밀하고 순일하게 밖으로 확충하는 것이다.

Ⅳ. 대동사회의 실현 주체

　오늘날 우리 사회는 여러 가지 형태의 이기주의로 인해 개인·지역·집단 간에 기만과 중상모략, 시기와 질투, 대립과 투쟁 등이 일어나고 있다. 세계화의 추세는 국가 간의 상호 협력과 경쟁이라는 상호 모순된 과제를 인류에게 안겨 주고 있다.

　왕양명에 의하면 인간은 본래 천지만물과 일체(一體)라고 한다. 그러나 실제로 많은 사람들은 자신의 사사로운 이익을 추구하는 이기심과 외적 명예나 권세 그리고 부귀 등을 얻고자 하는 물욕에

---

41) 풍우란, 『중국철학사』, 952면.

몰두하고 있다는 것이다. 이 결과 만물과의 간격이 생기고, 마음보다 육신을 더 가치 있게 여기고, 상호 교류가 막히고, 서로를 속이고, 대립과 투쟁을 낳게 되었다는 것이다.[42] 그래서 양명은 막히고 가리어진 인간존재의 본래적 모습을 회복하여 모두가 서로를 한 몸으로 삼는 대동사회(大同社會)를 이루고자 한 것이다.[43] 양명의

___

42) 세상 사람의 마음이 그 처음에는 聖人과 다름이 없으나, 특히 나뿐이라는 이기적인 私心으로 천지만물과 틈이 생기고 物欲의 가림으로 격리되어 큰 것이 작아지고 通한 것이 막힘에 따라 구별하는 마음이 생기게 된다. 사람마다 제각기 본심을 가지고 있는데도 딴 마음이 생겨 父子兄弟를 원수같이 보는 자까지 있게 되니, 聖人이 이것을 근심하여 천지만물을 일체로 삼는 仁을 미루어서 세상을 가르치되 그 私欲을 극복하고 그 가리어진 것을 제거하도록 하여 만인이 본래 동일하게 지니고 있는 心의 참된 모습을 회복게 하였다(「傳習錄 中」答顧東橋書 142조: 天下之人心 其始亦非有異於聖人也. 特其間於有我之私 隔於物欲之蔽 大者以小 通者以塞. 人各有心 至有視其父子兄弟如仇讐者. 聖人有憂之 是以推其天地萬物一體之仁以敎天下 使之皆有以克其私去其蔽 以復其心體之同然). 삼대(夏·殷·周)가 쇠퇴하고 正道가 그치고 覇術이 熾盛하여 孔·孟의 聖學이 어두워지고 邪說이 橫行하여 覇者의 무리가 先王의 일에 근사한 것을 도둑질하여 외면으로 가장하되 속으로는 己私의 욕을 도모하였다. 그리하여 管(관중)·商(상앙)·蘇(소진)·張(장의) 따위의 覇術과 訓詁學, 記誦學, 詞章學 따위가 다투어 서고 空疎支離한 학문도 결국 富强 功利로 覇業이 되고 말았다. 다 같이 천지만물을 한 몸으로 삼고자 하는 마음을 본래 지니고 있으나, 또 그는 覇者의 무리들이 나와 남을 속이는 잔꾀와 타국을 攻伐하는 계획에 마음을 돌림으로써 투쟁과 겁탈의 禍亂이 한량없이 많아져서 사람들은 금수나 夷狄과 같은 지경으로 타락하였다. … 오늘날에 이르러 功利의 독소가 사람의 心髓에 깊이 스며들어 습관화되고 결국은 성품으로 되어 버린 지 몇천 년이나 되었다. 세상 사람들은 서로 지식만을 자랑하고, 서로 권세만으로 충돌하고, 서로 공리만을 다투고, 서로 기능만으로 자만하고, 서로 명예의 탈취에만 급급하게 되었다. 세상에 나와 벼슬하여 재정을 관리하는 직책을 갖고서는 군사와 법률까지 겸무하려 하고, 禮樂을 관장하는 직책을 갖고서도 관리를 임용하는 요직까지도 참여하려 한다. 군수나 현령의 직책에 있으면서도 布政司나 按察司 같은 지위를 넘겨보며, 監察御使나 諫議大夫의 지위에 있으면서 재상의 요직을 넘겨보곤 한다(「傳習錄 中」答顧東橋書 143조: 三代之衰 正道熄而覇術焻. 孔孟旣沒 聖學晦而邪說橫. 敎者不復以此爲敎 而學者不復以此爲學. 覇者之徒 竊取先王之近似者 假之於外 以內濟其私己之欲 天下靡然而宗之 聖人之道逐以蕪塞 相倣相效 日求所以富强之說 傾詐之謀 攻伐之計 一切欺天罔人 苟一時之得 以獵取聲利之術 若管商蘇張之屬者 至不可名數. 旣其久也 鬪爭劫奪 不勝其禍 斯人淪於禽獸夷狄. … 蓋至於今 功利之毒淪浹於人之心髓 而習以成性也 幾千年矣. 相矜以智 相軋以勢 相爭以利 相高以技能 相取以聲譽. 其出而仕也 理錢穀者則欲兼夫兵刑 典禮樂者又欲與於銓軸 處郡縣則思藩臬之高 居臺諫則望宰執之要).

43) 진실로 트인 뜻을 같이하는 선비를 얻어서 서로 도와주고 부족한 것을 보충하여 함께 良知의 학문을 세상에 밝혀 세상의 모든 사람이 그 양지를 깨닫게 하고 그것으로써 서로 편안하게 해주고 서로 도와주며 사리사욕의 폐단을 제거하고 시기, 질투하는 습성을 일소하여 마침내 '大同'을 실현하게 되면 나의 광기와 실성한 마음이 홀연히 나을 것이다. 어찌 낫지 않겠는가(「傳習錄 中」答聶文蔚書 183조: 今誠得豪傑同志之士 扶持匡翼 共明良知之學於

제자 전덕홍(錢德洪)은 기록하기를 양명은 "'모든 인류가 나와 같은 동포요, 일체 물(物)은 나와 함께 한다.'는 말을 종신토록 절규하다가 세상을 뜨시고 나서야 그만두셨다."44)라고 하였다.

1. 인간은 본래 천지만물과 한 몸이다

왕양명이 "인간은 천지만물을 일체(一體)로 삼는다."라고 한 것은, 다른 존재와 한 몸을 이루는 것이 인간 본래의 모습이라는 의미이다. 즉 인간이 다른 존재를 일체로 삼는 것은 어떤 목적이나 이기적 계산 등과 같은 인간의 의도[意]에 의한 것이거나, 사유와 학습의 결과도 아니며, 본래적인 것, 즉 인간의 존재론적 특성이라고 하는 것이다.45) 또한 천지만물을 일체로 삼는 것은 인간 본심의 자연적 발로이며, 인간으로서 마땅히 해야 할 의무요 도리라는 것을 의미한다.

인간이 다른 존재와 일체(一體)라고 하는 것은 첫째로 인간의 보

天下 使天下之人皆知自致其良知 以相安相養 去其自私自利之蔽 一洗讒妒勝忿之習 以濟於大同 則僕之狂病 固將脫然以愈 而終免於喪心之患矣 豈不快哉).

44) 「傳習錄 中」序文.

45) 大人은 天地萬物을 한 몸으로 삼는 자이다. 그는 천하를 一家와 같이 여기고 中國을 一人과 같이 보는 자이다. … 대인이 천지만물을 한 몸으로 삼을 수 있음은 의도적인 것이 아니라, 그 마음의 仁이 본래 그러하기 때문이다. 그가 천지만물과 더불어 하나가 됨은 어찌 오직 大人만이 그러하겠는가? 비록 小人의 마음이라 할지라도 그러하지 않음이 없다. 그러나 小人은 스스로 그 마음을 작게 할 뿐이다(『王文成公全書』卷26 大學問: 大人者以天地萬物爲一體者也. 其視天下猶一家 中國猶一人焉 … 大人之能以天地萬物爲一體也 非意之也 其心之仁本若是. 其與天地萬物而爲一也 豈惟大人 雖小人之心亦莫不然 彼顧自小之耳). 대저 사람은 天地의 마음이며 천지만물은 본래부터 나와 一體이다. 타인의 곤란과 고통 중 그 어느 것이 나 자신에게 절실한 고통이 되지 않는 것이 있는가? 자신의 고통을 알지 못하는 자는 是非를 분별하는 마음이 없다고 말할 수 있다. 시비를 분별하는 마음은 생각하지 않아도 알 수 있고, 배우지 않아도 능히 할 수 있는 것, 곧 良知이다. 양지가 人心에 있다고 하는 것은 성인과 어리석은 사람, 과거와 현재를 불문하고 동일하다(「傳習錄 中」 答聶文蔚書 179조: 夫人者 天地之心. 天地萬物 本吾一體者也. 生民之困苦荼毒 孰非疾痛之切於吾身者乎. 不知吾身之疾痛 無是非之心者也. 是非之心 不慮而知 不學而能 所謂良知也. 良知之在人心 無間於聖愚 天下古今之所同也).

편적 마음에 주어져 있는 인(仁)이 천지만물을 일체로 삼는 원리라
는 것이다.[46] 둘째, 인간의 기운과 천지만물의 기운이 하나의 기
(氣)로 상통한다는 것이다.[47] 셋째, 천지만물과 인간의 마음이 감응
(感應)하고 상통(相通)한다는 의미이다.[48] 인간이 만물을 일체로
여기는 것은 다른 존재와의 공통성에 기초한 인간의 동류애적(同類
愛的) 감정으로 표출된다. 그래서 인간은 대상의 종류, 즉 사람, 동

---

[46] 大人은 天地萬物을 한 몸으로 삼는 자이다. 그는 천하를 一家와 같이 여기고 中國을 一人
과 같이 보는 자이다. … 대인이 천지만물을 한 몸으로 삼을 수 있음은 의도적인 것이 아니
라, 그 마음의 仁이 본래 그러하기 때문이다. 그가 천지만물과 더불어 하나가 됨은 어찌 오
직 大人만이 그러하겠는가? 비록 小人의 마음이라 할지라도 그러하지 않음이 없다. 그러나
小人은 스스로 그 마음을 작게 할 뿐이다(『王文成公全書』卷26 大學問: 大人者以天地
萬物爲一體者也. 其視天下猶一家 中國猶一人焉 … 大人之能以天地萬物爲一體也 非
意之也 其心之仁本若是. 其與天地萬物而爲一也 豈惟大人 雖小人之心亦莫不然 彼顧
自小之耳).

[47] 朱本思가 여쭈었다. "사람에게는 텅 비고도 영묘한 마음이 있기 때문에 비로소 良知가 존재
합니다. 풀과 나무나 기와와 돌 같은 종류의 것에도 역시 양지가 있습니까?" 선생이 말씀하
셨다. "사람의 양지란 바로 풀과 나무나 기와나 돌의 양지와 같은 것이다. 만약 풀과 나무나
기와나 돌에 사람의 양지가 없다면 풀과 나무나 기와나 돌로서 존재할 수가 없을 것이다. 어
찌 다만 풀과 나무나 기와와 돌만이 그러하겠는가? 하늘과 땅에도 사람의 양지가 없다면 역
시 하늘과 땅으로써 존재할 수 없을 것이다. 천지만물과 사람은 원래가 一體이다. 그중 감관
으로써 가장 정묘한 곳이 바로 사람의 마음의 한 가지 영묘하고 밝은 작용이다. 바람과 비,
이슬과 우뢰, 해와 달, 별과 성좌, 새와 짐승, 풀과 나무, 산과 냇물, 흙과 돌은 모두 사람들과
원래 일체의 것이다. 그러므로 五穀이나 새, 짐승들로서는 모두 사람들을 養育할 수가 있고
약이나 돌침 같은 것으로서는 모두 사람들이 병을 치료할 수가 있는 것이다. 이것들은 오직
같은 한 가지 氣運으로 이루어져 있기 때문에 서로가 通할 수 있는 것이다."(「傳習錄 下」
274조: 朱本思問人有虛靈 方有良知 若草木瓦石之類 亦有良知否. 先生曰人的良知 就
是草木瓦石的良知. 若草木瓦石無人的良知 不可以爲草木瓦石矣. 豈惟草木瓦石爲然.
天地無人的良知 亦不可爲天地矣. 蓋天地萬物與人原是一體 其發竅之最精處 是人心一
點靈明. 風雨露雷日月星辰禽獸草木山川土石 與人原只一體. 故五穀禽獸之類 皆可以
養人 藥石之類 皆可以療疾. 只爲同此一氣 故能相通耳.)

[48] 「傳習錄 下」336조 참조. 黃以方(直)이 陽明에게 사람의 마음과 물건이 실질적으로 분명
별개의 것인데 '같은 몸[同體]'이라고 하는 것은 무슨 의미인지 물은 것이다. 그 질문의 요
지는 우리가 동체라고 할 때는 우리의 몸이 그렇듯이 피와 기운이 유통되고 있는 경우가 아
닌가 하는 것이다. 이에 대해 양명은 오직 感應하는 빌미[機]로부터 보아야 한다고 말한다.
따라서 一體 또는 同體라는 의미는 천지만물과 인간의 마음이 感通한다는 의미이다. 다시
말해서 마음의 영명한 기운은 단절이나 막힘이 없이 곧 천지만물을 지각하고 천지만물에 통
한다고 하는 것이다. 이러한 감응을 통해 천지만물을 하나로 통하게 하는 양지가 소멸된다면
곧 만물에 대한 인식과 존재는 무의미하게 된다. 그것은 마치 육신의 두뇌가 죽으면 사람이
아니라 시체가 되어 하나의 살아 있는 인간이 될 수 없는 것과 같다고 하겠다.

물, 식물, 무생물 등에 따라 일체적 감정을 상이하게 표현한다.[49] 또한 일체감은 타인의 고통을 자신의 고통으로 삼는 모습으로 나타난다.[50]

2. 인간은 만물일체를 자각하고 실천할 수 있다

양명은 만물을 일체(一體)로 삼는 본연의 인간성을 회복하고, 모두가 한 몸처럼 조화(調和)를 이루는 유기체적(有機體的) 사회를 실현하고자 하는 열망을 간직했을 뿐만 아니라, 공자(孔子) 또한 그러하였다고 한다. 그는 공자가 세상을 버리지 않고 천하를 바삐 돌아다니면서 사람들을 가르친 것은 세상 사람의 고통과 불행을 보고 그만둘 수 없는 인간 본연의 인심(仁心)의 발로요, 또한 인간의 당연한 도리인 인륜이었기 때문이라고 한다.[51]

---

49) 大人이 천지만물을 한 몸으로 삼을 수 있음은 의도적인 것이 아니라, 그 마음의 仁이 본래 그러하기 때문이다. 그가 천지만물과 더불어 하나가 됨은 어찌 오직 大人만이 그러하겠는가? 비록 小人의 마음이라 할지라도 그러하지 않음이 없다. 그러나 小人은 스스로 그 마음을 작게 할 뿐이다. 이러한 까닭에 어린이가 우물에 빠지는 것을 보면 반드시 怵惕惻隱之心을 가지게 되니, 이는 그 仁을 행하여 어린이와 한 몸이 되는 것이며, 어린이는 同類이기 때문이다. 새나 짐승이 슬피 울고 벌벌 떨 때 반드시 不忍之心을 가지게 되며, 이는 그 仁을 행하여 새나 짐승과 한 몸이 되는 것이며, 새와 짐승은 같은 지각을 지닌 것이기 때문이다. 초목이 꺾이는 것을 볼 때 반드시 憫恤之心을 지니며, 이는 仁을 행하여 초목과 한 몸이 되는 것이며, 초목이 같은 生意를 지닌 때문이다. 기와나 돌이 깨지는 것을 볼 때 반드시 顧惜之心을 갖게 되는데, 이는 그 仁을 행하여 기와와 돌과 한 몸이 되는 것이다(『王文成公全書』卷26 大學問 大人之能以天地萬物爲一體也 非意之也 其心之仁本若是. 其與天地萬物而爲一也 豈惟大人 雖小人之心亦莫不然 彼顧自小之耳. 是故見孺子之入井 而必有怵惕惻隱之心焉 是其仁之與孺子而爲一體也 孺子猶同類者也. 見鳥獸之哀鳴觳觫 而必有不忍之心焉 是其仁之與鳥獸而爲一體也. 鳥獸猶有知覺者也. 見草木之摧折 而必有憫恤之心焉 是其仁之與草木而爲一體也 草木猶有生意者也. 見瓦石之毀壞 而必有顧惜之心焉 是其仁之與瓦石而爲一體也. 是其一體之仁也).

50) 사람이란 누구나 자기의 부모 형제가 깊은 골짜기에 빠져 허덕이고 있는 것을 보면 말할 것도 없이 부르짖고 외치면서 옷과 신발을 벗어던지고 쓰러지고 엎어지며 뛰어가 벼랑에 매달려서 구하려고 할 것이다(「傳習錄 中」答聶文蔚書 181조: 人固有見其父子兄弟之墜溺於深淵者 呼號匍匐 裸跣顚頓 扳懸崖壁而下拯之).

양명은 『대학』을 대인(大人)의 학으로 규정하고, 대인이란 사욕을 제거하고 명덕(明德)을 밝힘으로써 천지만물과 일체인 본연의 모습을 회복하는 자라고 한다. 그에 따르면 명덕을 밝힌다는 것[明明德]은 천지만물을 일체(一體)로 삼는 마음의 본체를 확립하는 것이고, 민중을 친애한다는 것[親民]은 천지만물을 일체로 삼는 마음의 기능(작용)을 달성하는 것이라고 한다. 따라서 양명은 능히 천지만물을 일체로 삼기 위해서는 천지만물을 일체로 삼는 인간 본연의 심체(心體)인 인(仁)을 밝히고, 실제로 민중을 친애해야 한다는 것이다. 그런데 그는 명덕을 밝히려면 반드시 민중을 사랑하여야 한다고 하며, 민중을 사랑하는 것이 바로 그 명덕을 밝히는 까닭이라고 한다. 그래서 명덕을 밝히는 일과 민중을 사랑하는 일은 별개의 것이 아니라고 한다. 그래서 양명은 천하에 명덕을 밝혀 천지만물을 일체로 삼는 것을 진성(盡性), 즉 인간 본성을 다하는 것이라고 한다.[52]

---

51) 공자가 항시 바쁘게 자신의 여유조차도 없이 천하를 돌아다닌 것은 사람들에게 인정을 받고 신뢰를 얻기 위해서 그러하였겠는가? 아니다. 천지만물 一體의 仁을 통절히 느끼고 그만두고자 해도 그만둘 수 없는 것이 있었기 때문이다. 그렇기 때문에 "내가 사람의 무리와 함께 하지 않으면 누구와 함께하겠는가," "그 한 몸을 깨끗이 하고자 하면 큰 인륜을 어지럽힌다." "세상을 버리는 것을 과감하다고 할 수 있다. 그러나 그렇게 하기가 어려운 일이 아니다."(『論語』憲問)라고 말했다. 아아, 진실로 천지만물을 一體로 여기는 자가 아니면 누가 공자의 마음을 알겠는가? (「傳習錄 中」 答聶文蔚書 182조: 然而夫子汲汲遑遑 若求亡子於道路 而不暇於煖席者 寧以蘄人之知我信我而已哉. 蓋其天地萬物一體之仁 疾痛迫切 雖欲已之 而自有所不容已. 故其言曰吾非斯人之徒與而誰與. 欲潔其身 而亂大倫. 果哉末之難矣. 嗚呼 此非誠以天地萬物爲一體者 孰能以知夫子之心乎.)

52) 格物致知에서 平天下에 이르게 되는 과정이란 단지 '明德을 밝히는 것'일 따름이다. 백성을 親愛한다는 것도 德을 밝히는 것 이외의 어떤 다른 것이 아니다. 明德은 우리 마음의 德이며 바꾸어서 말하면 仁이다. 仁은 天地萬物을 하나로 하는 것이다. 만약 한 사물이라도 그 자리를 잃게 되면 그것은 우리 마음의 仁을 다하지 못한 것일 따름이다(「傳習錄 上」89조: 自格物致知至平天下 只是一箇明明德. 雖親民 亦明德事也. 明德是此心之德 即是仁. 仁者以天地萬物爲一體. 使有一物失所 便是吾仁有未盡處). 그러므로 大人의 學이란 오직 그 私欲의 가림을 제거하여 明德을 밝힘으로써 천지만물과의 一體인 본래성을 회복함이다. … 明明德은 천지만물 一體의 體를 세움이요, 親民은 천지만물 一體의 用을 달성하는 것이다. 그러므로 명덕을 밝히는 것은 반드시 백성을 친애함에 있으며, 백성을 친애하는

결국 인간이 천지만물을 일체로 삼는 것은 지선(至善)한 본래적 인간성의 온전한 실현이라고 할 수 있을 것이다. 양명에 의하면 유교가 지향하는 학(學)이란 바로 진정한 인간실현을 추구하는 학문, 즉 다른 존재를 자신의 몸의 한 부분으로 여기는, 더불어 사는 인간을 지향하는 것이라고 하는 것이다.

그런데 양명은 천지만물이 일체라고 하는 존재론적 사실을 주체적으로 자각하고 대상에 따라 실현하는 능력을 양지라고 한다. 따라서 양지는 명덕을 밝히고 백성을 사랑함에 있어서 우리가 의거해야 할 지선(至善)한 주관적 준칙이라고 하겠다.53)

그러나 양지는 모든 존재와 대상을 차별 없이 동일하게 일체로 삼는 것이 아니다. 양명의 제자 전덕홍(錢德洪)이 다음과 같은 질문

것은 그 명덕을 밝히는 까닭이다. … 이것을 본성을 대하는 것이라고 한다(『王文成公全書』 卷26 大學問: 故夫爲大人之學者 亦惟去其私欲之蔽 以自明其明德 復其天地萬物一體之本然而已耳. … 明明德者立其天地萬物一體之體也 親民者達其天地萬物一體之用也. 故明明德必在於親民 而親民乃所以明其明德也. … 是之謂盡性).

53) 至善이란 것은 明德, 親民의 지극한 準則이다. 天이 命한 性은 순수하게 至善이다. 그 靈昭不昧한 것은 이 至善의 發이요, 이는 바로 明德의 本體요, 바로 良知라고 하는 것이다. 지선의 발현은 옳은 것을 옳다 하고, 그른 것을 그르다 한다. 輕重厚薄, 지각에 따르고 대응함에 따라 변화에 따라 움직여 머무름이 없이 저절로 天然의 中이 아님이 없다. 中은 곧 백성의 규범과 사물의 법칙의 極(표준)이요, 그 사이에 조금의 의론과 의심이나 增減을 용납하지 않는다. 그 사이에 조금의 의론과 의심이나 增減이 있다고 한다면, 이것은 사사로운 뜻과 작은 지혜이니, 至善이라고 할 수 없다. … 그러므로 至善을 明德 親民에 이르게 하는 것은 規矩를 方圓에 이르게 하고, 尺度를 長短에 이르게 하며, 權衡을 輕重에 이르게 하는 것과 같다. 그러므로 방원이 규구에 이르지 않고, 장단이 척도에 이르지 않으며, 경중이 권형에 이르지 않으면 그 법칙과 기준을 잃게 된다. 명덕을 밝히고 백성을 친애하되 지선에 이르지 않으면 그 근본을 잃는 것이다. 그러므로 백성을 친애하고 그 명덕을 밝힘으로써 지선에 이르는 것을 大人의 학이라 한다(『王文成公全書』 卷26 大學問: 至善者明德親民之極則也. 天命之性粹然至善 其靈昭不昧者 此其至善之發見 是乃明德之本體 而卽所謂良知者也. 至善之發見 是而是焉 非而非焉. 輕重厚薄 隨感隨應 變動不居 而亦莫不自有天然之中. 是乃民彝物則之極 而不容少有議擬增損於其間也 少有議擬增損於其間 則是私意小智 而非至善之謂矣. … 故止至善之於明德親民也 猶之規矩之於方圓也 尺度之於長短也 權衡之於輕重也. 故方圓而不止於規矩 爽其則矣. 長短而不止於尺度 乖其劑矣. 輕重而不止於權衡 失其準矣. 明明德親民 而不止於至善 亡其本矣. 故止於至善以親民 而明其明德 是之謂大人之學).

을 제기하였다. "대인(大人)은 만물과 일체(一體)를 이룬다고 하는데, 어찌하여 『대학』에서는 친한 자에게는 후하게 대하고, 관계가 소원한 자에게는 박하게 대한다는 설이 있습니까?" 이에 대해 양명은 몸은 일체이지만 손과 발로써 머리와 눈을 지키는 것과 같다고 한다. 또한 금수와 초목은 사랑해야 할 것이지만 초목을 가지고 금수를 양육하는 것이나, 금수를 잡아 부모와 손님을 대접하는 것 등은 도리(道理)상에 후박(厚薄)의 차이가 있음을 보여 주는 것이라고 한다.54) 따라서 양명이 천지만물이 한 몸[一體]이라고 하는 것은 무차별적 동일성을 지칭하는 것이 아니라, 인간의 육신 가운데에는 저절로 경중(輕重)과 본말(本末), 선후(先後)의 구별이 있듯이, 우리가 대하는 천지만물 가운데에도 경중(輕重), 후박(厚薄)의 구별이 없을 수 없다는 것이다. 따라서 내가 천지만물을 일체(一體)로 삼는다는 것은 대상에 대한 분별없이 무차별적으로 동일하게 대하는 것이 아니라, 대상과 상황에 따라 일체감을 구현하는 것이다. 천지만물 일체(一體)의 후박(厚薄)에 대한 판단과 실현은 양지(良知)의 자연스러운 조리(條理)라고 한다.55) 양명은 만물을 일체로 삼는 인(仁)을 실천함에 있어서 본말과 선후의 차등이 있다는 것을 의미한다. 만물 일체의 차등적 구현은 양지의 자연적 조리, 즉 양지가 지니는 선천적 원리라는 것이다. 즉 양지는 선천적 직관지로서 사랑의 원리를 대상에 따라 차별적으로 판단하고 구현하는 기능을 지닌다는 것을 의미한다. 그래서 양명은 양지(良知)는 인(仁)을 자연스럽게 그리고

---

54) 「傳習錄 下」 276조 참조.

55) 대학에서 말하는 두텁고 박함이란 바로 良知에 있어서의 자연스러운 條理에서 뛰어넘을 수 가 없는 것이다. 이것을 곧 義로움이라 하는 것이다. 곧 이 조리를 따르는 것을 곧 禮라 하는 것이다. 이 조리를 아는 것을 知라 한다. 처음부터 끝까지 이 조리를 지키는 것을 곧 믿음 (信)이라 한다(「傳習錄 下」 276조).

창조적으로 가까이로부터 멀리까지 대상과 상황에 따라 구현한다는 것이다. 어린애가 우물에 빠지는 것을 볼 때 반드시 그리고 자연적으로 '출척측은지심(怵惕惻隱之心)'을 발휘하며, 새나 짐승이 슬피 울고 벌벌 떨 때 '불인지심(不忍之心)'을 가지게 되며, 초목이 꺾일 때 '민휼지심(憫恤之心)'을 가지며, 기와나 돌이 깨질 때 '고석지심(顧惜之心)'을 드러내는 것은 인간 보편의 일종의 일체적(一體的) 동류의식(同類意識)으로서의 인(仁)을 깊이 자각하고 이것을 대상과 상황에 따라 표출한 것이라 할 수 있다. 양명에게 있어서 인간 보편의 양지(良知)는 시비(是非)의 선천적(先天的)인 분별능력으로 타인의 고통을 자신의 고통으로 여기는 일종의 역지사지(易之思之)하는 마음이며, 도덕적 공감(共感, Sympathy)이다. 그래서 시마다 겐지(島田虔次)는 양지(良知)를 자아와 타자의 통일원리, 즉 '자아 통일에의 도덕적 충동'이라고 한다. 그것은 단순히 추상적 원리에 대한 앎이 아니라, 만물일체(萬物一體)의 인(仁)을 통절(痛切)하게 느끼고 그만두고자 해도 그만둘 수 없는 생명의 연대감(連帶感)으로부터 절박하게 용솟음쳐 나오는 충동이다.[56]

V. 노동을 공유하는 자

인간의 활동 가운데 가장 주된 것은 일 또는 직업적 활동이라고 할 수 있다. 우리는 잠자는 시간을 제외하고 인생의 가장 많은 시간을 직업적 활동을 하면서 살아가고 있다. 직업적 활동이 삶의 가

---

56) 시마다 겐지(島田虔次), 『朱子學과 陽明學』(김석근 외역, 까치), 163면.

장 핵심적인 부분을 차지하는 것이기 때문에 자기 직업을 어떻게 수행하느냐가 곧 그 사람의 삶의 질을 좌우한다고 할 수 있으며, 올바르고 성공적인 직업적 활동이야말로 가치 있고 성공적인 삶을 대변하는 것이라고 하겠다.

오늘날 우리 사회에서는 자신의 재능과는 상관없이 3D 직종을 기피하거나 육체적 노동보다 정신적 노동을 선호하며, 비교적 쉽게 많은 수입을 얻을 수 있는 직업을 선택하는 경향이 있다. 일과 직업은 이제 존재의 실현 과정이 아니라 단지 이익과 부를 소유하기 위한 수단이 되었다.

1. 인간은 재능에 따라 노동과 직업을 선택한다[57]

양명에 의하면 바람직한 인간은 자신의 재능을 갈고 다듬어 더욱

---

[57] 학교에서는 오직 德을 이루는 것을 목적으로 삼되, 재능이 달라서 어떤 이는 禮樂에 우수하고 어떤 이는 政敎에 뛰어나며, 農業에 뛰어난 자가 있은즉 학교에서는 德을 성취한데다 이러한 자기의 재능을 더욱 精練(정련)하도록 하는 것이다. 그래서 그의 덕을 성취한 자를 임용하여 그 직책을 맡기면 종신토록 그 자리에 머물도록 하여 바꾸지 아니하였으니, 임용하는 자는 오직 한 마음과 한결같은 덕으로 천하인민이 편안토록 할 것만으로 직분으로 삼고, 재능에 맞고 안 맞음만 보아서, 직위의 높고 낮음으로써 輕重을 삼는다거나, 수고롭다거나 편안한 것으로 美惡을 삼지 않는다. 임용된 자도 또한 同心一德으로 천하 인민을 편안토록 할 것만 알고, 진실로 그 才能에 맞으면 終身토록 번잡한 직무에 처하더라도 수고롭다 하지 않고, 비천하고 자질구레한 일에도 만족하게 여길 뿐 賤하다고 생각하지 아니하였다. 이때에 천하의 사람들이 마음이 광대하고 서로 和樂하여 서로가 모두를 一家의 친척같이 보았다. 그 才質이 낮고 열등한 이는 農·工·商·賈의 분수대로 안주하여 각각 그 직업에 힘쓰며 서로 살리고 서로 기리어 높은 것을 바라거나 제 분수 밖의 것을 사모하는 마음이 없었다. …대개 그 心學이 純明하여 天地萬物一體의 仁을 온전히 지님으로써 그 정신이 流貫하고 志氣가 通達하여 남과 나의 구분과 物과 我의 틈 사이가 없어 마치 한 몸에 비유하여 目視·耳聽·手持·足行이 한 몸의 用으로 서로 보조역할을 하는 것과 같다. … 이는 聖人의 學이 至易하고 至簡하고 알기 쉽고 좇기 쉬워서 學하여 能하기 쉽고 재주를 이루기 쉬운 까닭이다. 그 大本이 오직 心體의 同然함을 회복함에 있으며 지식과 기능은 더불어 논할 바가 아니다(「傳習錄 中」 答顧東橋書 142조: 學校之中 惟以成德爲事 而才能之異 或有長於禮樂 長於政敎 長於水土播植者 則就其成德 而因使益精其能於學校之中 迨夫擧德而任

정밀하고 익숙하게 하는 데 최선을 다하는 자이다. 양명은 학교의 역할이란 개인이 덕성을 완성하는 일과 타고난 재능을 정련(精鍊)하는 일로 보았다. 그는 인간 보편의 도덕성을 이루는 것을 우선적인 일로 삼으면서, 이에 더하여 사람마다 제각기 다른 다양한 재능에 따라 그러한 재능을 정밀하고 숙련되게 하는 것이라고 한다. 또한 노동과 직업을 선택함에 있어서 직업의 존비(尊卑)나 노일(勞逸) 등에 따르지 않고 재능의 적합 여부에만 따른다. 그리하여 서로 다른 직업활동이 조화(調和)를 이루도록 하는 것이라고 한다. 양명은 인간의 재능의 다양성과 이에 따른 직업의 분화(分化)를 인정하고, 직업의 상호 존중 사상을 지니고 있었다고 할 수 있다.

2. 인간은 직업 활동을 통해 생인지도(生人之道)를 구현한다[58]

양명에 의하면 당시의 직업적 차별관은 인간의 본심, 즉 도덕성을 상실하고 단지 직업을 개인의 이익을 추구하는 수단으로 삼았

則使之終身居其職而不易. 用之者惟知同心一德 以共安天下之民 視才之稱否 而不以崇卑爲輕重 勞逸爲美惡 效用者亦惟知同心一德 以共安天下之民 苟當其能 則終身處於煩劇而不以爲勞 安於卑瑣而不以爲賤 當是之時 天下之人 熙熙皞皞 皆相視如一家之親 其才質之下者 安其農工商賈之分 各勤其業 以相生相養 而無有乎希高慕外之心. … 蓋其心學純明 而有以全其萬物一體之仁 故其精神流貫 志氣通達 而無有乎人己之分 物我之間. 譬之一人之身 目視耳聽手持足行 以濟一身之用. … 此聖所以至易至簡 易知易從 學易能而才易成者 正以大端惟在復心體之同然 而知識技能非所與論也).

58) 옛날 四民[士·農·工·商]은 직업을 달리했지만 道는 같이하였으니[異業而同道], 그것은 마음을 다하는 점에서 동일하다. 선비는 마음을 다해 정치를 폈고, 농부는 먹을 것을 갖추었고, 장인은 기구를 편리하게 하였으며, 상인은 재화를 유통시켰다. 각자는 타고난 자질에 가깝고 능력이 미칠 수 있는 것을 직업으로 삼아 그 마음 다하기를 구하였다. 이러한 직업들의 궁극적 목적은 生人之道에 유익함이 있기를 바라는 점에서 동일할 뿐이다(『王文成公全書』 卷25 外集7 節庵方公墓表 乙酉: 古者四民異業而同道 其盡心焉一也. 士以修治 農以具養 工以利器 商以通貨 各就其資之所近 力之所及者而業焉 以求盡其心 其歸要在於有益於生人之道 則一而已).

기 때문이라고 한다. 그래서 선비를 흠모하고 농민을 천시하며, 관리가 되어 벼슬살이를 영예롭게 생각하고 공인과 상인이 하는 일을 부끄럽게 여기게 되었다는 것이다. 또한 관리들이 이익을 다투는 것이 농공상인보다 심하고, 관리의 죄는 그들보다 크고 그 가치는 그들보다 못하다고 한다.[59)]

양명에 의하면 직업 활동이란 자신의 이익을 위한 것이 아니라, 자신의 직업에 최선을 다함으로써 타인을 살리는 것이라고 하여, 공생(共生)의 직업관을 지니고 있었다. 인간의 직업 활동은 제각기 분야와 그 기능이 다를지라도, 마음을 다해 각각의 직업적 기능을 최대한 구현하도록 해야 한다는 것이다. 그리하여 각자의 직업 활동이 타인으로 하여금 삶을 영위하는 데 이로움이 되도록 하는 것이어야 한다.

결국 왕양명은 인간의 도덕적 보편성과 재능의 차별성을 전제로 하여 진정한 인간 본연의 삶을 보편적 도덕성과 차별적 재능을 다하는 것으로 보았으며, 재능을 구현하는 직업적 활동의 목적과 방향을 보편적 도덕성의 실현으로 삼았던 것이다. 다시 말해서 직업 활동을 보편적 도덕성의 실현을 위한 한 방법으로 삼았다고 하는 것이다. 양명이 추구하는 바람직한 인간상은 각자에게 주어진 재능을 최대한 발휘하는 인간, 노동과 직업에 투철한 인간, 직업적 목적을 타인을 생육하는 것으로 삼는 자이다.

---

59)『王文成公全書』卷25 外集7 節庵方公墓表 乙酉: 自王道熄而學術乖 人失其心, 交騖
於利 以相驅軼 於是始有歆士而卑農 榮宦遊而恥工賈 夷考其實 射時罔利有甚馬特異
其名耳 極其所趨 駕浮辭詭辯以誣世惑衆 比之具養器貨之益 罪浮而實反不逮.

Ⅵ. 맺는 말

정보화를 추구하는 21세기 들어서도 인류는 여전히 이기주의와 극단적 쾌락주의를 향해 치닫고 있다. 오늘날 우리 사회가 중요한 가치로 여기는 자본과 경제적 효율성, 과학적 합리성이나, 인간존재의 한 부분으로서 지식과 재능, 그리고 노동은 이제 자신의 물질적 소유를 증대하고 감각적 욕구나 향락을 충족시키기 위한 수단이 되었다. 이로 인하여 21세기에는 공생(共生)의 원리를 추구하는 인간의 도덕적 심성은 더욱 상실되고, 물질적 소유와 감각적 쾌락을 위한 지식과 기능은 더욱 발달하게 되리라는 우려를 낳게 된다. 또한 각 개인 간 또는 각 사회의 관계가 더욱 고조된 긴장과 갈등 그리고 투쟁 등으로 질서와 평화를 기대하기 어렵다.

왕양명은 가치 및 도덕의 창조적 주체로서 인간을 신뢰하며, 나아가 인류가 한 몸을 이루는 사랑과 평화의 사회를 소망하였으며, 이것을 학문과 실천을 통해 구현하고자 하였다.

왕양명은 인간이 추구하는 가치의 선악과 행위의 시비에 대한 평가기준이 전혀 없거나 또는 상대적이거나 객관적인 것이 아니라, 각자의 마음에 주어져 있다고 하는 것이다. 각 개인은 자신의 마음에 주어져 있는 가치 및 도덕적 원리를 스스로 자각(自覺)하고 이를 주체적으로 구현한다는 것이다. 인간은 도덕적 시비선악(是非善惡)에 대한 판단력과 존재의 통일성을 자각할 뿐만 아니라 이를 실천하는 지행합일적(知行合一的) 존재이며, 또한 모든 존재의 일체성(一體性), 도덕적 가치 및 규범 등의 자각과 실천의 창조적 주체로서 인간의 본래적 모습을 회복, 구현하는 것이 인간의 의무라고 한다.

양명에 의하면 인간은 본래 천지만물과 간격 없이 일체(一體)를 이루며, 세계의 중심자로서 이러한 일체의 원리를 자각하고 대상에 따라 창조적으로 구현한다.

또한 사람마다 타고난 재능의 차이가 있다는 것을 양명은 믿었다. 양명은 이러한 타고난 재능을 갈고 다듬어, 그 재능에 따라 일과 직업을 선택하여 타인의 삶을 이롭게 하는 데 마음을 다해야 한다고 한다.

왕양명은 인간의 존재원리와 당위원리를 분리하지 않고 하나로 합하였다. 그는 바람직한 인간을 본래의 존재론적 특성을 온전히 간직하고 이를 충분히 구현하는 자로 보았다. 그는 바람직한 인간이란 ① 도덕적 가치와 규범을 스스로 판단하고 창조적으로 실천하는 도덕실천의 주체요 ② 천지만물을 자기의 한 몸으로 삼는 세계시민이며 ③ 재능을 최대한 발휘하고 직업에 헌신하여 타인을 살리는 공생(共生)의 직업윤리를 다하는 생산적인 인간이라고 한다.

진정한 자아[眞己]는 외적인 물질이나 명예의 유혹에 흔들리거나 종속하는 자가 아니며, 내적 감각기관의 욕구를 좇는 자가 아니라, 마음에 주어진 생명의 원리에 따라 육신을 주재하는 자이다. 진정한 자아는 남이 보지 않는 곳에서도 항상 경계하고 삼가며, 남이 듣지 않는 곳에서도 두려워하고 조심하여, 그 심성의 본체에 조금의 부족함이나 덜함이 없도록 한다.[60]

---

60) 「傳習錄 上」 122조: 이러한 마음의 본체는 원래 하나의 天理에 지나지 않으므로 그 속에는 본래부터 非禮란 없는 것이다. 이것이 바로 그대의 참자아(眞己)인 것이며, 이러한 참자아는 바로 육체의 주재자인 것이다. 그러므로 내면적인 참자아가 없으면 육체도 없는 것이다. 정말 이러한 참자아가 존재하면 그것이 곧 삶이요, 참자아가 존재하지 않으면 곧 죽음인 것이다. 자네가 만약 진실로 육체적인 자기로서 존재하고자 한다면 반드시 이러한 내면적인 참자아와 밀착하여야 하고, 반드시 이러한 참아자의 본체를 굳게 지켜야 하며, 남이 보지 않는 곳에서도 항상 자신을 경계하고 삼가며, 남이 듣지 않는 곳에서도 두려워하고 조심하는 공부를 하여 오로지 그 본체를 조금이라도 훼손시킬까 봐 두려워해야 하는 것이다.

왕양명의 사회사상[1)]

I. 머리말

동서고금을 막론하고 '인간은 사회적 존재이다.'라고 하는 것에 대해 이의를 제기할 사람은 아마도 없을 것이다. 이 명제는 단순히 인간존재의 특성에 관한 사실적(事實的) 기술(記述)에 그치는 것이 아니라, 인간 상호간에 필수적으로 신뢰와 협동이 요구된다는 당위적(當爲的) 의미를 내포하고 있다고 하겠다.

오늘날 과학 기술의 발전과 경제의 세계화는 이 세계를 시간과 공간적으로 더욱 가깝고도 긴밀하게 만들고 있다. 이제 인간의 사회적 긴밀성은 더욱 증대하고 있으며, 그만큼 상호 신뢰와 협동이 더욱 요구된다고 하겠다. 그럼에도 불구하고 개인 및 집단 이기주의로 갈등과 투쟁 그리고 폭력은 여전히 그칠 줄 모르고 있으며,

---

1) 박연수, 「왕양명의 대동사회 사상」(『육사논문집』, 제52집, 1997. 6)을 부분적으로 수정, 보완한 것임.

오히려 그 정도가 심해지고 있는 듯하다. 흔히 사랑과 정의, 그리고 평화를 이념으로 외치면서 안으로는 자기 자신이나 자기 집단 또는 자국의 이익과 명예와 권력을 추구하고 있는 현실을 부인할 수 없다. 언제쯤 법과 도덕과 양심이 지배하는 질서와 평화의 사회가 이룩될 수 있을까? 수많은 선인들이 소망했던 이상사회는 현실과 먼 이상으로 그치고 마는 것인가?

중국인들은 고대로부터 이상사회(理想社會)에 대한 소망을 간직해 왔다. 『시경(詩經)』에서는 낙토(樂土)가 언급되고 있으며, 노자(老子, 570~470 B.C.)는 현동(玄同)과 소국과민(小國寡民)을, 장자(莊子, 369~286 B.C.)는 대동(大同)과 지덕지세(至德之世)를 말하였으며, 묵자(墨子)는 상동(上同)을 주장하였다. 『여씨춘추(呂氏春秋)』에서는 대동(大同)이 언급되고 있으며,[2] 『예기(禮記)』에서는 태평(太平)의 대동(大同)과 승평(升平)의 소강(小康)사회를 설명하고 있다.[3]

이후 송대(宋代)에 들어서 염계(濂溪) 주돈이(周頓頤, 1017~1073)의 『태극도설(太極圖說)』과 횡거(橫渠) 장재(張載, 1020~1077)의 『서명(西銘)』 등이 계기가 되어 성명리기(性命理氣)를 논하는 가운데 천지만물이 일체(一體)라는 주장이 출현하게 되었다. 특히 명대(明代)의 양명(陽明) 왕수인(王守仁, 1472~1528)은 공맹(孔·孟)의 윤리사상과 명도(明道) 정호(程顥, 1032~1085)의 '천지만물 일체지인(天地萬物一體之仁)'의 사상을 수용하여 '천지만물 일체(天地萬物一體)의 인(仁)'과 '양지(良知)', '대동(大同)' 등의 관념을 중심으로 바람직한 도덕사회의 건설을 위한 이론을 구축하고,

---

2) 『呂氏春秋』有始篇: 天地萬物 一人之身也 此之謂大同.
3) 蕭公權, 『中國政治思想史 上』, 72쪽.

관료로 재직할 때 이것을 구현하고자 하였다. 그는 대동(大同)의 사회가 실현될 때만이 자기의 '광병(狂病)'이 치유될 수 있을 것이라고 말함으로써 학문의 최종목표를 대동사회의 성취에 두었다. 그는 발본색원론(拔本塞源論)에서 대동사회를 '덕성(德性)에 기초하여 모든 사람이 자기의 재능(才能)을 충분히 발휘할 수 있는 유기적(有機的)으로 통일된 사회'로 보았다. 말하자면 왕양명은 천지만물을 자신의 몸처럼 돌보는 도덕적 심성을 바탕으로 상호 부양을 목적으로 각 개인의 다양한 재능이 구현되는 사회를 바람직한 사회로 보았다. 즉 인간의 보편적 도덕성이 실현되고, 각자 타고난 재능의 다양성이 존중되는 사회를 꿈꾸었던 것이다.

양명의 대동사회 사상은 전통적으로 도덕(道德)만을 강조해 왔던 도덕정치 사상과 구별되며, 과학기술의 발달과 경제발전을 지상(至上)의 목표로 삼고 오로지 개인의 재능(才能)이나 정보수집 및 과학기술의 기능(技能)을 중시하는 오늘의 사회에 대해 경각심을 불러일으킨다.

Ⅱ. 중국전통의 이상사회

1. 도가와 묵가의 이상사회

도가(道家, Taoism)의 대표적인 인물인 노자(老子)와 장자(莊子)는 사회적 혼란과 투쟁, 개인의 속박과 심리적 불안, 그리고 생명의 위협이 없는 사회를 소망하였다. 이러한 사회는 그 구성원들이 도(道)와의 현묘한 합일(合一)에 이르는 현동(玄同), 천하와 벗이 되는 대동(大同)에 도달하는 것이다.

참으로 알고 있는 자는 말을 내세우지 않고, 말을 내세우는 자는 참으로 알지 못한다. 내 욕망의 구멍을 막고 그 들어오는 문을 닫는다. 내 자부심을 끊고 그로 인한 충돌을 풀어 없애며, 내 앎의 빛을 무디게 하여 더러운 티끌 속에 동화(同和)한다. 이것을 도(道)와의 현묘한 합일[玄同]이라고 부른다(『老子』 56장).

대인(大人)의 가르침은 형체에 그림자가 따르듯, 소리에 울림이 따르듯, 질문만 있으면 대답하여 그 생각한 바를 다해 천하인의 짝이 된다. 그는 울림도 없고 고요한 곳에 살고 방향도 없는 곳을 다니면서 왕복이 어지러운 만물을 끌고서 끝없는 세계에 놀며 행방이 없는 곳을 출입하면서 태양과 더불어 시종(始終)이 없다. 모습과 형체는 대동(大同)에 합치된다. 대동의 경지에 놀기 때문에 자기에 대한 집착이 없고, 자기에 대한 집착이 없으니 어찌 소유물이 있겠는가? 소유물을 보는 자는 옛날의 군자요, 무(無)를 보는 자는 천지(天地)의 벗이다(『莊子』 在宥篇).

노장(老·莊)이 말하는 현동(玄同)이나 대동(大同)이란 이 세계의 궁극적 원리이며 근원적 실재인 도(道)와의 합일(合一), 그리고 이러한 도의 구현으로서 천지만물과의 조화(調和)를 의미하는 것이다.[4]

이러한 도(道)와 합일하는 대동에 이르기 위해서는 개인은 각자

---

4) 老子는 天地의 생성의 근원을 독립적으로 존재하면서 변하지 않고, 두루 유행하면서 지치지 않는 道라고 한다(『老子』 25장). 또한 萬物을 생장케 하는 것을 道라고 한다(『老子』 51장). 따라서 天地와 萬物은 그 생성의 근원에 있어서 道를 공유한다고 말할 수 있는 것이다. 그러므로 나와 만물과의 관계를 '爲一'이라고 할 수 있는 것이다. 나와 만물의 하나 됨의 관계가 道에서 연유한 것이라 하더라도 道에 의해 命令, 所有, 主宰되는 것은 아니다. 왜냐하면 道란 강요하는 것이 아니라 '自然', 즉 스스로 그러하는 것이기 때문이다(『老子』 51장). 따라서 나와 만물의 하나가 되는 것은 본래 그러한 것, 즉 스스로 그러한 관계라고 할 수 있다. 이러한 도에 따르는 것, 도와 하나가 되는 것이 영원하고 편안한 삶이라고 한다(『老子』 16장).

에게 주어진 덕(德)을 다하는 것이다.

> 대체로 천지의 덕(德)을 분명히 아는 것, 이것을 큰 마루[大宗], 큰 근본
> [大本]이라고 한다. 천지와 조화(調和)를 이루는 것, 이것으로써 천하를
> 고루 조정(調整)할 수 있는 바이다. 인간과 조화를 이루는 것, 이것을 인
> 락(人樂)이라 하고, 천(天)과 조화를 이루는 것을 천락(天樂)이라고 한다
> (『莊子』天道篇).

노자가 말하는 현덕(玄德) 또는 상덕(上德)이나, 장자(莊子)가 말하는 천지의 덕(德)이란 유가가 말하는 인의예지(仁義禮智)와 같은 인위적인 사회규범이 아니라, 무위자연(無爲自然)의 도(道)가 개체에 내재한 '자연적 개성'이라고 할 수 있다. 따라서 도가에 의하면 인위적 가치체계나 관념체계에 의해 개인의 무위자연의 덕(德)을 속박하거나 인위적으로 변형시키는 것은 개인의 불행을 초래하는 것이며, 사회의 조화(調和)를 깨뜨리는 것이라 하겠다. 그래서 장자는 오리 다리를 길게 하기 위해 이어 주거나, 학의 다리를 짧게 잘라서는 안 된다는 것이다.5) 또한 현덕(玄德)을 지닌 자는 만물을 소유하거나 지배하지 않으며, 자기 자랑과 과시, 지적(知的) 교만에 빠지지 않는다.6) 결국 노장(老·莊)에게 있어서 대동(大同)이란 무(無) 또는 무위(無爲)에 대한 통찰을 통해, 무아(無我)·무소유(無所有)·무집착(無執着)의 자유를 얻어, 무위자연(無爲自然)의 도와 합일하는 삶이요, 우주와 일체(一體)가 되는 경지를 지칭한다.7) 진계천(陳啓天)에 의하면 장자는 대전적(大全的) 절대(絶對)의 관점

---

5) 『莊子』駢拇篇.

6) 『老子』10장, 51장 등 참조.

7) 道에 合一하는 삶이란 항상 아무 일도 인위적으로 하지 않으면서 이루지 않음이 없는 '無爲
而無不爲의 道'에 일치하는 삶이다(『老子』37장 참조).

에서 천지만물과 인생을 대동(大同), 대통(大通)하는 것으로 보고자 하였으며, 이것은 시공(時空)의 제한을 초월하며 편견을 넘어서 인식하는 대지(大知)를 취하려는 것이라고 한다.8) 크릴에 의하면 도교(道教)는 자연과 인간의 합일을 강조함으로써 중국의 예술을 고무하였고 중국인들로 하여금 그 문화를 지속시켜 오는 데 필요한 균형을 가져오게 하였다고 한다. 인간의 자율성을 거침없이 주장하고 만물을 보편적으로 회의하고 모든 가치가 상대적이라는 이론을 폄으로써 개인주의 및 화해의 논리에 무한히 기여해 왔다고 한다.9)

노장(老·莊)은 개인의 행복과 안전이 보장되는 사회의 실현을 위해 인위적인 사회제도와 규범 및 강제적인 정치적 통제를 배제하였다.

그러므로 성인(聖人)이 말하기를 내가 무위(無為)하니 백성이 저절로 감화되고, 내가 고요함을 좋아하니 백성이 저절로 바르게 된다. 내가 일을 벌이지 않으니 백성이 저절로 부유하게 된다. 내가 욕심이 없으니 백성이 저절로 소박하게 된다고 한다(『老子』 57장).

작은 나라 적은 백성에, 열과 백의 그릇이 있어도 쓰지 않게 하고, 백성으로 하여금 죽음을 중하게 여기며 멀리 옮겨 가 살지 않도록 한다. 비록 배와 수레가 있어도 타고 가는 일이 없게 하고, 비록 무기와 군대가 있어도 쓸 곳이 없다. 사람으로 하여금 다시 옛날처럼 새끼줄을 묶어 약속의 표시를 하고, 자신들이 먹는 것을 달게 여기고, 그 옷을 아름답게 여기고, 그 사는 것을 편히 여기고, 그 풍속을 즐기게 한다. 이웃 나라가 서로 바라보고, 닭소리 개소리가 서로 들려도 백성이 늙어 죽도록 서로 가고 오지 않는다(『老子』 80장).

---

8) 陳啓天, 『中國政治哲學概論』, 239쪽.
9) 크릴, 『中國思想의 理解』, 124쪽.

노자가 제시한 이상사회로서 소국과민(小國寡民)의 사회는 그 구성원들이 인위적인 문화와 문명의 이기(利器)를 멀리하고 자연의 상태에서 자족하며 살아가는 일종의 촌락공동체라고 할 수 있다. 장자(莊子) 또한 이러한 사회를 지덕지세(至德之世)라고 말하고, 이러한 사회를 이루었던 고대 성현들의 정치를 지치(至治)라고 평가하고 옹호하였다.[10]

한편 묵자(墨子)는 질서와 화합의 사회를 '윗사람과 의견과 뜻을 함께하는[上同]' 사회로 보았다. 이러한 사회는 바로 공의(公義)에 귀일하는 사회라고 하겠다. 묵자는 사회혼란이란 사람마다 제각기 자기의 의견이 옳다고 다투어 주장하다 보니, 타인을 비난하고 서로 원망하고 증오하여 분리되고 흩어져 화합하지 못하게 되었으며, 다만 서로를 해치려고 하여 여력이 있어도 서로 돕지 않고, 재화에 여분이 있어도 서로 나누어 주지 않고, 선한 도리가 있어도 서로 가르치고 인도하지 않음으로써 비롯한 것이라고 한다. 따라서 그는 사회적 혼란과 불화를 종식시키기 위해서는 그 사회의 구성원으로부터 선택, 추대된 현명한 정치지도자의 의견에 동참해야 한다는 것이다. 그러나 묵자는 윗사람에게 무조건 동조하라는 것은 아니다. 그는 윗사람의 과실을 규찰하고 간하여야 하며, 아랫사람 가운데 선행이 있는 자를 천거해야 한다고 말한다. 이러한 노력 없이 무리를 모으고 파당을 지어 윗사람에게 동의하지 않는 것은 처벌되어야 한다는 것이다.[11]

---

10) 『莊子』 胠篋篇: 子獨不知至德之世乎？ 昔者容成氏 大庭氏 伯皇氏 中央氏 栗陸氏 驪畜氏 軒轅氏 赫胥氏 尊盧氏 祝融氏 伏羲氏 神農氏 當是時也 民結繩而用之 甘其食 美其服 完其居 樂其俗. 隣國相望 鷄犬之聲相聞 民至老死不相往來. 若此之時 則至治也.

11) 『墨子』 尙同篇 참조.

2. 유가의 대동사회

『예기(禮記)』에서 제시되고 있는 대동(大同)의 근원에 대해 서로 다른 주장들이 있긴 하지만,[12] 유가들이 이곳에서 제시하고 있는 대동을 정치·사회의 이상으로 삼고 있다는 데에 대해 의심할 사람은 없을 것이다. 공자(孔子, 551~479 B.C.)가 그의 제자 언언(言偃, 子游)의 질문에 대한 답변으로 제시한 대동(大同)의 사회는 유가들에 의해 이상적 사회의 모델, 궁극적 정치목표로 받아들여지고 있다.

> 대도(大道)가 행하여지는 세상에서는 천하를 공유물로 삼는다. 현자(賢者)를 선택하여 지도자로 삼고 재능이 있는 자에게 직책을 부여하였다. 신의(信義)를 강론하고 화목(和睦)의 도리를 닦았다. 그래서 사람들은 유독 자기의 어버이만을 친애하지 않고 유독 자기의 자식만을 편애하지 아니하여, 노인으로 하여금 안락하게 그 수명을 마치게 하고, 장년으로 하여금 그 능력을 발휘케 하고 어린이로 하여금 생장(生長)하게 하고, 홀아비, 과부, 고아, 자식 없는 외로운 사람과 폐질자(廢疾者)들이 모두 부양되는 바가 있게 한다. 남자는 직분이 있고 여자는 시집갈 곳이 있다. 재화를 낭비하지 않고, 그렇다고 해서 자신의 사유물로 저장하지 않는다. 역량은 충분히 발휘하도록 하나 나 하나만을 위한 것으로 삼지 않는다. 그러므로 간사(奸詐)한 모의(謀議)는 닫혀서 일어나지 않으며, 도적(盜賊)과 난적(亂賊)은 일어나지 않는다. 그래서 바깥문을 닫지 않고 안심하고 산다. 이것을 대동(大同)이라 한다(『禮記』 卷9 禮運篇).

---

12) 『禮記』 禮運篇의 사상 및 그 저자와 저작 시기에 대해서 郭沫若과 같은 학자는 秦·漢 교체기에 儒家가 孔子의 이론에 假託하여 子游學派에서 저작한 것이라고 하며, 元代의 陳澔는 『禮記集說』에서 "이 편은 帝王의 禮樂의 연혁과 陰陽의 조화 및 유통원리를 기록한 것으로서 子游의 門人들이 기록한 것에서 나온 것 같으며 간간이 들어 있는 격언과 첫째의 大同 小康에 관한 부분은 孔子의 말이 아니다."라고 하였다. 또한 陳正炎과 林其錟은 『禮記』의 大同에 관해 『中國大同思想研究』에서 말하기를 "단순히 儒家의 社會 理想이 아니고 先秦 諸家의 사회 이상을 총괄, 종합한 것으로 儒家, 禮家가 공동으로 완성한 것"이라고 한다.

공자가 제시한 대동사회는 첫째, 이 세계 또는 국가 및 사회를 자신 또는 그 가족만을 위한 개인의 사유물(私有物)이 아니라, 인류 공동의 삶의 터전으로 보는 사회이다. 둘째, 국가 지도자로서 현자를 선택하고 유능한 인재를 등용하여 그에 합당한 직책을 맡도록 하는 사회이다. 셋째, 신의와 화목을 중시하는 사회이며, 신의와 화목 등과 같은 도덕규범이 사회를 움직이는 동력이다. 넷째, 자신의 부모처자뿐만 아니라, 남의 부모와 자식, 어른과 어린이, 홀아비와 과부, 고아와 자식 없는 외로운 자, 폐질자 등 모두를 사랑으로 배려하고 돌보는 사회이다. 다섯째, 남자는 직분이 있고 여자는 시집갈 곳이 있어 한 가정을 이루기에 부족함이 없는 사회이다. 여섯째, 검소한 생활로 재화를 비축하되 자신만을 위해 사용하지 않는다. 일곱째, 제각기 타고난 재주를 충분히 발휘할 수 있는 사회이며, 그러한 능력을 자신만을 위해 사용하지 않는 사회이다. 따라서 이러한 대동사회에서는 간사한 무리나 도적, 사회를 혼란시키는 무리들이 일어나지 않는다고 한다. 다시 말해서 대동사회는 공익(公益)과 공의(公義)가 존중되고, 상호 신뢰하고 화목하며, 이웃에 대한 박애(博愛) 정신이 넘치는 사회이며, 재화를 아끼고 각자의 재능을 충분히 발휘하여 이웃과 함께 나누는 사회이다. 이러한 까닭으로 대동사회는 사랑과 정의가 넘치고 풍요로우며 자아실현이 보장되는 태평한 사회라고 하겠다.

3. 성리학의 만물일체론

유가의 대동사상은 송대(宋代)에 이르러 유가의 우주론 및 심성

론이 체계화되면서 '만물일체론(萬物一體論)'으로 발전되었다. 그
것은 주렴계(周濂溪)와 장횡거(張橫渠)를 단초로 하여 성리학자들
사이에서 중요한 논제로 등장하게 되었다. 주렴계는 인간과 만물의
궁극적 실재를 태극(太極)으로 말하고, 이것을 모든 존재의 공통적
근거로 삼았다는 의미에서 천지만물의 근원적 일체성(一體性)을 주
장하였다고 하겠다.[13]

　　장횡거는 「서명(西銘)」 또는 「정완(訂頑)」에서 만물일체에 대한
형이상학적 근거를 제시하고, 또한 천지만물을 자신의 한 몸으로
삼아야 한다는 것을 당위로서 요구하였다.

> 건(乾, 하늘)은 아버지라고 하고, 곤(坤, 땅)을 어머니라고 한다. 내 작은
> 몸이 혼연히 그 가운데 있다. 본래 천지간에 가득 찬 기운은 나의 몸이요,
> 천지를 이끄는 것은 나의 본성이다. 백성은 나의 동포요, 만물은 나의 짝
> 이다(『張子全書』 卷1 西銘).

　　천지만물은 천지의 기운과 천지의 운행의 이법을 나와 함께 공유
한다는 점에서 바로 나의 동포요, 나의 짝이라고 하는 것이다. 또한
그는 "그 마음을 크게 한즉 능히 천하의 물(物)을 한 몸으로 삼는
다. 물(物)을 한 몸으로 삼지 못함이 있음은 마음에 경계가 있음이
다. 세상 사람의 마음은 견문(見聞)의 협소함에 머물고, 성인(聖人)
은 성(性)을 다하여 견문으로 그 마음을 매어 두지 않는다. 그가 천
하를 볼 때 하나의 물(物)도 내가 아님이 없다. … 하늘[天]은 커서
밖이 없다. 그러므로 외적 경계가 있는 마음은 하늘과 합하는 마음
이 되기에 부족하다."[14]라고 한다. 장횡거는 자신을 물리적 육신에

---

13) 『周子全書』 太極圖說.
14) 『張子全書』 卷2 〈正蒙〉 大心篇.

한정시킴으로써 외적 대상과 경계 짓는 소아(小我)를 타파하고 감각적 제한을 넘어서 큰마음으로 우주 전체를 자아로 삼아, 나와 만물에 간격이 없는 대아(大我)를 성취하고자 하였던 것이다.

장횡거의 만물일체론은 이천(伊川) 정이(程頤, 1033~1107)에 의해 이일이분수설(理一而分殊說)로 해석되었고,[15] 주희(朱熹, 1130~1200)는 만물의 본체를 이동이기이(理同而氣異), 현상을 기동이리이(氣同而理異)로 구분하였다.[16] 이천이나 주자는 개별적 존재의 차별성을 인정하면서 동시에 그러한 개체의 차별성을 조화(調和), 통일(統一)하는 궁극적이며 포괄적인 리(理)의 실재를 주장한 것이다. 다시 말하자면 개별적 차별성을 포괄하지 않는 일자(一者)는 공허하며, 통일성이 없는 개체는 무질서의 사회를 초래할 뿐이라는 것을 이해한 것으로 보인다.

명도(明道) 정호(程顥, 1032~1085)는 장횡거의 서명에 나타난 취지를 살려 천지만물이 일체(一體)인 근거를 인(仁)으로 주장하였다. 그는 배우는 이가 반드시 알아야 할 인(仁)이란 만물과 혼연(渾然)하게 한 몸이 되는 것이며, 장횡거의 서명의 의도는 이러한 인(仁)의 본체를 밝히고 있다고 하였다.[17] 그는 인(仁)을 간직하는 방법으로 공자의 '기욕립이립인 기욕달이달인(己欲立而立人 己欲達而達人)'과 같은 감정이입(感情移入)의 방법이나, 맹자가 호연지기(浩然之氣)를 기르기 위해 제시했던 집의(集義)의 방법[18]과 성(誠),

---

15) 『伊川文集』 答楊時論西銘書. 이천은 만물을 존재의 본체(體)에서 볼 때 하나이며, 그 현상(用)에서 볼 때 다양하다고 본 것이며, 실천의 면에서 仁은 一體의 본체, 義를 현실적 차별성에 입각한 당위로 보았던 것이다.

16) 『朱子大全』 卷44 答黃商伯.

17) 『二程全書』 遺書 第2上 二先生語二上

18) 『孟子』 公孫丑上.

그리고 『주역(周易)』의 경(敬) 등을 들고 있다. 인(仁)의 실현방법으로서 '성(誠)'이란 부단히 자아를 반성하여 심신(心身), 자타(自他) 간에 간격이 없는 '참자아'에 이르는 진실무망(眞實無妄)과 신독(愼獨)을 의미한다.[19] 한편 '경(敬)'이란 『주역』에서 '경이직내(敬以直內)'한다는 경(敬)으로 내 마음을 바르게 하는 것인바, 그것은 두 마음을 품지 않으며, 지극히 삼가고 공경하는 것을 가리킨다. 그래서 정명도는 "출문여견대빈 사민여승대제(出門如見大賓 使民如承大祭)"하는 태도라고 말한다.[20] 이러한 인(仁)은 의예지신(義禮智信) 등과 같은 당위적 규범들이 이에 근거하는 기초요, 동시에 궁극적으로 실현해야 할 목표이기도 하다.[21]

이 밖에도 그는 인(仁)에 관해 여러 가지로 설명하였다. ① 그는 비유하기를 불인(不仁)이란 수족의 기운이 막히고 통하지 못하여, 자기의 몸의 일부로 자유롭게 움직이지 못하는 마비현상이라고 설명한다.[22] 다시 말해서 불인(不仁)이란 기(氣)가 관통하지 못하여 그 신체의 일부가 나의 몸에 귀속하지 못하고, 외적 대상에 대해 지각이 불가능한 것을 지칭한다. 그것은 곧 자기 자신에 대한 이질감과 외적 대상으로부터의 단절을 의미하는 현대적 소외(疎外)와 같은 개념으로 이해할 수 있다. 따라서 인(仁)이란 나와 천지만물 사이에 막힘이나 간격이 없이 하나로 통하는 것을 말한다. ② "인(仁)이란 천하의 바른 리(理)이다. 올바른 리(理)를 잃으면 질서가

---

19) 孟子는 "反身而誠 樂莫大焉"(『孟子』盡心上)이라 하고, 明道는 "誠者合內外之道 不誠無物也."(『二程全書』遺書一)라고 하였다.

20) 『二程全書』遺書第六 二先生語六 참조.

21) 義禮智信 등을 모두 仁이라고 한 것은 "仁義禮智信五者性也 仁者全體 四者四肢 仁體也 義宜也 禮別也 智知也 信實也."(『二程全書』遺書二上)라는 의미이다.

22) 『二程全書』遺書第二上 二先生語二上과 遺書第4 二先生語四 참조.

없고 화합이 불가능하다."[23]라고 하여 인(仁)을 세계의 질서와 조화(調和)의 원리로 보았다. ③ "인자(仁者)는 공정하다."[24]라고 하여 사심과 대립적인 공심(公心)으로 인(仁)을 표현하였다. ④ 또한 그는 인을 만물의 생성의지로 파악하여 『주역』 건괘에 나오는 원(元)과 동일시하며 최고의 선(善)이라고 한다.[25] 정명도가 그리던 인자(仁者)의 세계는 물아(物我), 내외(內外)의 구별과 대립이 사라진 사회, 주객(主客) 자타(自他)가 상호 존중하고 사랑하며 감통(感通)하는 사회, 공공(公共)의 정신이 투철한 사회, 만물이 질서와 조화 가운데 부단히 생성하는 활기 넘치는 사회라고 할 수 있다.

Ⅲ. 왕양명의 대동사회

1. 당시의 사회현실

왕양명은 이른바 발본색원론(拔本塞源論)에서 당시 사회에 만연하고 있던 백성 상호간의 갈등과 대립, 집단 간 또는 국가 간의 약탈과 전란 등 내우외환(內憂外患)의 원인을 진단하고 이를 근본적으로 제거하고 틀어막고자 하였다.

세상 사람의 마음이 그 처음에는 성인(聖人)과 다름이 없으나, 특히 나쁜 이라는 이기적인 사심(私心)으로 천지만물과 틈이 생기고 물욕(物欲)의

---

23) 『二程全書』 遺書1.
24) 『二程全書』 遺書11.
25) 『二程全書』 遺書11.

가림으로 격리되어 큰 것이 작아지고 통(通)한 것이 막힘에 따라 구별하는 마음이 생기게 된다. 사람마다 제각기 본심을 가지고 있는데도 딴 마음이 생겨 부자형제(父子兄弟)를 원수같이 보는 자까지 있게 되니, 성인(聖人)이 이것을 근심하여 천지만물을 일체로 삼는 인(仁)을 미루어서 세상을 가르치되 그 사욕(私欲)을 극복하고 그 가리어진 것을 제거하도록 하여 만인이 본래 동일하게 지니고 있는 마음의 참된 모습을 회복게 하였다. … 왕도(王道)가 그치고 패술(覇術)이 지극히 융성하여 공맹의 성학(聖學)이 어두워지고 사설(邪說)이 횡행(橫行)하여 패자(覇者)의 무리가 선왕(先王)의 일에 근사한 것을 도둑질하여 외면으로 가장하되 속으로는 기사(己私)의 욕을 도모하였다. 그리하여 관중·상앙·소진·장의 따위의 패술(覇術)과 훈고학(訓詁學), 기송학(記誦學), 사장학(詞章學) 따위가 다투어 서고, 공소지리(空疎支離)한 학문도 결국 부강(富强) 공리(功利)로 패업(覇業)이 되고 말았다. 다 같이 천지만물을 한 몸으로 삼고자 하는 마음을 본래 지니고 있으나, 또 그는 패자의 무리들이 나와 남을 속이는 잔꾀와 타국을 공벌(攻伐)하는 계획에 마음을 돌림으로써 투쟁과 겁탈의 화란(禍亂)이 한량없이 많아져서 사람들은 금수나 이적(夷狄)과 같은 지경으로 타락하였다. … 공리(功利)의 독소가 사람의 심수(心髓)에 깊이 스며들어 습관화되고 결국은 성품으로 되어 버린 지 몇천 년이나 되었다. 세상 사람들은 서로 지식만을 자랑하고, 서로 권세만으로 충돌하고, 서로 공리만을 다투고, 서로 기능만으로 자만하고, 서로 명예의 탈취에만 급급하게 되었다. 세상에 나와 벼슬하여 재정을 관리하는 직책을 갖고서는 군사와 법률까지 겸무하려 하고, 예악(禮樂)을 관장하는 직책을 갖고서도 관리를 임용하는 요직까지도 참여하려 한다. 군수나 현령의 직책에 있으면서도 포정사(布政司)나 안찰사(按察司) 같은 지위를 넘겨보며, 감찰어사(監察御使)나 간의대부(諫議大夫)의 지위에 있으면서 재상의 요직을 넘겨보곤 한다(「傳習錄 中」 答顧東橋書).

양명은 당시 사회의 현실을 인(仁)과 공의(公義)를 추구하기보다는 사람들이 이기적 욕구에 따라 자신의 물질과 명예와 권세 등을 좇는 데 혈안이 되어 있고, 정치인들은 왕도(王道)를 실천하기보다는 타국을 침략하여 자국의 부와 영토를 확장하는 데 전념하고 있다고 비판한다. 이기적 욕구로 인해 자타의 간극이 생기고, 물질에 대한 소유욕에 이끌려 지혜가 어두워져서 이치를 생각하는 마음은 적어지고, 감각적 욕구와 물질적 소유욕은 증대하여 자타(自他)와 주객(主客)의 감응과 소통이 막히고, 사람마다 원래 지니고 있던 보편적 심성, 즉 인의의 마음이 상실되었다고 한다. 그래서 부자형 제조차도 원수처럼 여기는 자가 생기게 되었다는 것이다. 또한 인의(仁義)의 왕도(王道)가 종식되고, 패도(覇道)가 일어나고 사설(邪說)이 횡행하여 공리(功利)를 취하는 기술만이 발달하였다고 한다. 이 결과 오직 자신만을 위하여 공리를 추구하는 악습이 도처에 깊이 스며들어, 학자들은 자신의 박학과 문체의 아름다움을 뽐내고, 관료들은 일에 능통하지 않으면서 관직을 겸하는 일에 급급하다고 비판한다. 이리하여 갈등과 투쟁과 환란이 끝없이 이어지게 되었다고 한다.

2. 천지만물 일체의 대동사회

이상과 같이 장구하게 굳어져 내려온 악습이나 심지(心志) 그리고 그릇된 학술에도 불구하고 양명은 천지만물을 일체(一體)로 삼고자 하는 성현(聖賢)의 학문을 포기할 수는 없었다. 그는 말하기를 "그래도 다행스러운 것은 인간의 심중에 존재하는 천리(天理)가 영구히 존재하며, 만고에 매일같이 밝은 양지(良知)가 변함없다는 것이다."[26]라고 한다. 따라서 양명에 의하면 천지만물을 한 몸으로

---

26) 『王文成公全書』 卷2 答顧東橋書. 『王文成公全書』 卷1·2·3을 「傳習錄 上·中·下」로 표기함.

삼는 대동사회란 하나의 유토피아가 아니라 얼마든지 실현가능한 사회이다.

양명이 정치·사회의 이상으로서 대동(大同) 또는 천지만물 일체(天地萬物一體)를 주장한 것은, 천지만물과 나를 포함하는 이 세계가 곧 하나의 거대한 유기체(有機體)라는 의미를 함축하고 있다. 방동미(方東美)가 지적하였듯이[27] 세계를 하나의 유기적 통일체로 보는 세계관은 중국인들의 오래된 전통이며 특히 이러한 전통에 투철했던 인물이 왕양명이다. 이러한 유기체론의 특성은 ① 이 세계를 구성하는 개체들 간의 분리성과 폐쇄성을 인정하지 않으며 개방성과 내적 연관성을 주장하는 것이며 ② 전체로서 이 우주의 특성을 고정성과 정체성으로 보지 않으며, 역동성과 창조성을 지닌 하나의 성장하는 유기체로 파악한다. ③ 전체로서 이 세계를 이루는 각 개체들 사이에는 역할 및 기능의 분화가 있으며, 그러면서도 개체와 개체 상호간 또는 개체와 전체 사이에 내면적인 필연성이 있어 전체 속에서 조화를 이루는 것으로 이해한다.

또한 "천지만물은 일체(一體)이다."라는 명제는 두 가지 측면으로 설명될 수 있다. 하나는 사실(事實) - 기술적(記述的) 의미에서 천지만물이 일체라는 것과 또 하나는 당위(當爲) - 실천적(實踐的) 의미에서 천지만물을 일체로 삼아야 한다는 것이다. 양명은 양자를 구분하지 않았던 것으로 보인다.

첫째, 모든 사람을 부모형제나 자식을 대하듯 자기의 몸처럼 여긴다는 것이다.

---

27) Thome H. Fang, "The Essence of Wang Yang - ming's Philosophy in a historical perspective"(*Philosophy East and West*, Vol.XXIII, University of Hawaii Press, Honolulu, 1973).

성인(聖人)의 마음은 천지만물로써 일체(一體)를 삼으니, 온 세상의 사람에 대해 내외원근(內外遠近)의 구별을 두지 않고, 무릇 혈기 있는 것은 모두 형제나 친자식으로 여기어 그들을 안전하게 하고, 가르치고 부양하여 그 만물일체의 생각을 다하고자 하지 않음이 없다. … 이때에 천하 사람들이 광대하고 화락하여 서로가 모두를 일가친척처럼 보았다. … 대개 그 마음과 학(學)이 순명(純明)하여 천지만물 일체(天地萬物一體)의 인(仁)을 온전히 지님으로써, 그 정신이 유관(流貫)하고 지기(志氣)가 통달(通達)하여 남과 나의 구분과 물(物)과 아(我)의 틈 사이가 없다(「傳習錄 中」 答 顧東橋書).

이른바 발본색원론(拔本塞源論)에서 양명은 인간이 천지만물과 일체를 이룸은 인간 보편의 동일한 인(仁)의 마음에서 연유하는 것이라고 한다. 인을 지님으로 인해 정신과 뜻이 서로 통하여 남과 나를 구별하거나 자타 사이에 틈이 없어서, 천하 사람들을 부모형제나 자식을 제 몸처럼 돌보듯 가르치며 부양하여 함께 화합하고 즐거워한다는 것이다.

또한 양명은 『대학』을 풀이하는 가운데에서도 천지만물을 한 몸[一體]이게 하는 근거로서 마음의 인(仁)을 말한다.

대인(大人)은 천지만물을 한 몸으로 삼는 자이다. 그는 천하를 일가(一家)와 같이 여기고 중국(中國)을 일인(一人)과 같이 보는 자이다. … 대인이 천지만물을 한 몸으로 삼을 수 있음은 의도적인 것이 아니라, 그 마음의 인(仁)이 본래 그러하기 때문이다. 그가 천지만물과 더불어 하나가 됨은 어찌 오직 대인(大人)만이 그러하겠는가? 비록 소인(小人)의 마음이라 할지라도 그러하지 않음이 없다. 그러나 소인은 스스로 그 마음을 작게 할 뿐이다(『王文成公全書』 卷26 大學問).

양명에 의하면 인간 주체가 다른 존재를 자신과 한 몸[一體]으로 삼을 수 있는 것은 자신의 마음에 있는 인간 보편의 선천적인 인

(仁)에 근거한 것이다. 따라서 양명은 다른 존재를 자신과 한 몸으로 삼아, 고통을 함께 나누고 사랑을 할 수 있는 것은 만물일체의 원리인 인(仁)이 그 마음에 본래 있으며, 이것이 바로 하늘이 명(命)한 본성[性]으로 지선[至善]한 것이라고 한다. 그런데 이러한 지선을 발현하는 것은 양지(良知)이다. 이러한 양명의 주장은 인간 심성이 다른 존재를 자신의 한 몸으로 삼는 도덕원리 또는 일체적(一體的) 유대감(紐帶感)을 선천적(先天的)으로 지니고 있다는 의미이다.

둘째, 천지만물이 일체라고 하는 것은 공감(共感) 또는 감정이입(感情移入)에 의한 일체감(一體感)을 의미한다.

> 대저 사람은 천지의 마음이며 천지만물은 본래부터 나와 일체(一體)이다. 타인의 곤란과 고통 중 그 어느 것이 나 자신에게 절실한 고통이 되지 않는 것이 있는가? 자신의 고통을 알지 못하는 자는 시비(是非)를 분별하는 마음이 없다고 말할 수 있다. 시비를 분별하는 마음은 생각하지 않아도 알 수 있고, 배우지 않아도 능히 할 수 있는 것, 곧 양지(良知)이다. 양지가 인심(人心)에 있다고 하는 것은 성인과 어리석은 사람, 과거와 현재를 불문하고 동일하다. … 사람이란 누구나 자기의 부모형제가 깊은 골짜기에 빠져 허덕이고 있는 것을 보면 말할 것도 없이 부르짖고 외치면서 옷과 신발을 벗어던지고 쓰러지고 엎어지며 뛰어가 벼랑에 매달려서 구하려고 할 것이다. 이것이 인지상정(人之常情)이다(「傳習錄 中」 答聶文蔚書).

양명에 의하면 인간 누구나 타인의 고통을 자신의 고통으로 여기게 되는 것은 동서고금을 막론하고 인간 모두에게 주어진 선천적인 양지(良知)에 연유한다고 한다. 양명에게 있어서 인간 보편의 양지(良知)는 시비(是非)에 대한 선천적인 분별능력으로, 타인의 고통을 자신의 고통으로 여기는 일종의 역지사지(易之思之)의 마음이며, 도덕적 공감(共感)이다. 그래서 시마다 겐지(島田虔次)는 양지(良知)를 자아와 타아의 통일원리, 즉 '자아통일에의 도덕적 충동'이라고 한다. 그것은 단순히 추상적 원리에 대한 앎이 아니라, 만물일체의 인(仁)을 통절(痛切)히 느끼고 그만두고자 해도 그만둘 수 없는 생명의 연대감(連帶感)으로부터 절박하게 용솟음쳐 나오는 충동이다.[28] 그래서 양명에 따르면 백성이 고통과 죄악에 빠지면 자신이 심히 고통스럽게 느끼고, 위험에 처하게 되면 맨발로 달려가 구하고자 하는 것이 인간의 상정(常情)이라고 한다. 이러한 감정이입과 도덕적 공감을 실현하는 사회가 천지만물을 일체로 삼는 사회이며 대동사회이다.

셋째, 천지만물이 일체(一體)라고 하는 것은 인심의 영묘한 작용으로서 양지(良知)에 의해 다른 존재에 대한 인식이 가능하고 상호 존재의 교류가 가능하다는 것을 의미한다.

주본사(朱本思)가 여쭈었다. 사람에게는 텅 비고도 영묘한 마음이 있기 때문에 비로소 양지(良知)가 존재합니다. 풀과 나무나 기와와 돌 같은 종류의 것에도 역시 양지가 있습니까?
선생이 말씀하셨다. 사람의 양지란 바로 풀과 나무나 기와나 돌의 양지와 같은 것이다. 만약 풀과 나무나 기와나 돌에 사람의 양지가 없다면 풀과 나무나 기와나 돌로써 존재할 수가 없을 것이다. 어찌 다만 풀과 나무나 기와와 돌만이 그러하겠는가? 하늘과 땅에도 사람의 양지가 없다면 역시 하늘과 땅으로서 존재할 수 없을 것이다. 천지만물과 사람은 원래가 일체(一體)이다. 그중 감관으로서 가장 정묘한 곳이 바로 사람의 마음의 한 가지 영묘하고 밝은 작용이다. 바람과 비, 이슬과 우뢰, 해와 달, 별과 성좌, 새와 짐승, 풀과 나무, 산과 냇물, 흙과 돌은 모두 사람들과 원래 일체의 것이다. 그러므로 오곡(五穀)이나 새, 짐승들로써는 모두 사람들을 양육(養育)할 수가 있고 약이나 돌 침 같은 것으로써는 모두 사람들이 병을 치료할 수가 있는 것이다. 이것들은 오직 같은 한 가지 기운으로 이루어져 있기 때문에 서로가 통(通)할 수 있는 것이다(「傳習錄 下」 74조목).

---

28) 島田虔次(김석근 외역), 『朱子學과 陽明學』, 163쪽.

양명이 말하는 양지(良知)는 인간만이 지니는 것이 아니라, 천지만물이 모두 지니고 있는 것이다. 그것은 상호 감응을 가능하게 하고, 양육하게 하며, 생명의 기운을 통하게 하는 것이다. 그 가운데 인심(人心)의 영묘함과 밝은 작용이 곧 인간의 양지(良知)이다. 그래서 인간의 양지가 천지만물의 상호 의존적 존재를 가능하게 하고 인식을 가능하게 하며, 만물로 하여금 상통하는 기운으로 생육하게 하는 것이다. 또한 그러한 교통은 영적 교통을 의미하는 것이다.[29]

3. 대동사회에 대한 열망

천지만물이 나와 동체(同體)라는 믿음 위에서 양명은 천지만물이 일체(一體)를 이루는 사회 또는 대동사회(大同社會) 실현에 대한 강렬한 의지와 소망을 지니고 있었다. 양명의 제자 전덕홍(錢德洪)에 의하면 양명은 "'모든 인류가 나와 같은 동포요, 일체 물(物)은 나와 함께한다.'는 말을 종신토록 절규하다가 세상을 뜨시고 나서야 그만두셨다."[30]라고 기록하였다. 또한 양명 자신은 다음과 같이 말하였다.

---

29) 『傳習錄 下』 137조목. 黃以方(直)이 陽明에게 사람의 마음과 물건이 실질적으로 분명 별개의 것인데 '같은 몸[同體]'이라고 하는 것은 무슨 의미인지 물은 것이다. 그 질문의 요지는 우리가 동체라고 할 때는 우리의 몸이 그렇듯이 피와 기운이 유통되고 있는 경우가 아닌가 하는 것이다. 이에 대해 양명은 오직 感應하는 빌미[機]로부터 보아야 한다고 말한다. 따라서 一體 또는 同體라는 의미는 천지만물과 인간의 마음이 感通한다는 의미이다. 다시 말해서 마음의 영명한 기운은 단절이나 막힘이 없이 곧 천지만물을 지각하고 천지만물에 통한다고 하는 것이다. 이러한 감응을 통해 천지만물을 하나로 통하게 하는 양지가 소멸된다면 곧 만물에 대한 인식과 존재는 무의미하게 된다. 그것은 마치 육신의 두뇌가 죽으면 사람이 아니라 시체가 되어 하나의 살아 있는 인간이 될 수 없는 것과 같다고 하겠다.

30) 『傳習錄 中』 序文.

왕양명은 그 자신을 대동사회에 대한 열망으로 '미친 자'라고 하
고, 이러한 자기의 광병(狂病)은 대동사회가 실현될 때 치유될 수
있을 것이라고 말하였다.[31] 양명은 광자(狂者)의 마음을 인지상정
(人之常情)이라 하고, 자신의 생사를 돌보지 않고 물에 빠진 부모
형제를 구원하고자 미친 듯 달리는 모습이나, 길 잃은 아들을 찾아
헤매는 부모의 처절한 모습에 비유하고 있다.[32] 양명의 제자 왕용
계(王龍溪)는 "광자(狂者)는 뜻이 너무 높아서 실행이 사실상 따르
지 못할지 모른다. 그러나 어떠한 허식도 없고 아무것도 숨기는 것
이 없으며 마음에 있는 그대로 솔직히 행동한다. 만약 잘못을 범하
면 고치기만 하면 된다. 이것이야말로 성인(聖人)의 경지로 들어가
기 위한 진정한 출발점이다."[33]라고 하였다.

양명이 대동(大同)을 실현하고자 하는 광자(狂者)의 마음을 지니
게 된 것은 '양지(良知)의 학(學)'을 그 스스로 깨달은 것이 계기가
되었다고 한다.[34] 이러한 광자의 마음은 개인적 감정이나 이익에
대한 몰두나 현실과 동떨어진 환상에 사로잡힌 상태가 아니라, 양

---

31) 狂者에 대해서는 『論語』子路篇과 『孟子』盡心下 등을 참조할 것. 광자는 時中하지는 못
하지만, 그렇다고 해서 세상에 아부하고 진리를 어지럽히는 似而非 인간인 鄕愿과도 구별된
다. 그는 진취적이고 뜻이 크며, 初志를 잃지 않으며 과감해서 오로지 옛 성인을 지향하는
높은 뜻을 지닌 이상주의자이다.

32) 「傳習錄 中」 答聶文蔚書.

33) 『龍溪王先生全集』 卷1 與梅純甫問答.

34) 「傳習錄 中」 答聶文蔚書.

지(良知)에 대한 자각으로부터 나오는 그만두고자 해도 그만둘 수 없는 '타인을 일체(一體)로 사는 감정' 또는 '타인에 대한 동정심'이라고 할 수 있다.

만물일체의 사회에 대한 열망은 양명 자신만의 소망이 아니라, 공자 또한 그러했다고 한다. 그래서 양명은 공자의 도(道)를 천지만물을 일체(一體)로 삼는 인(仁)의 도(道)라고 보았다.

> 공자가 항시 바쁘게 자신의 여유조차도 없이 천하를 돌아다닌 것은 사람들에게 인정을 받고 신뢰를 얻기 위해서이겠는가? 아니다. 천지만물 일체(一體)의 인(仁)을 통절히 느끼고 그만두고자 해도 그만둘 수 없는 것이 있었기 때문이다. 그렇기 때문에 '내가 사람의 무리와 함께하지 않으면 누구와 함께하겠는가', '그 한 몸을 깨끗이 하고자 하면 큰 인륜을 어지럽힌다', '세상을 버리는 것을 과감하다고 할 수 있다. 그러나 그렇게 하기가 어려운 일이 아니다.'(『論語』憲問)라고 말했다. 아아, 진실로 천지만물을 일체(一體)로 여기는 자가 아니면 누가 공자의 마음을 알겠는가? … 나의 이러한 불초함으로 어찌 감히 부자(夫子)의 도(道)를 안다고 자부할 수 있겠는가. 다만 내 몸에 고통이 되는 것이 무엇인지 알기 때문에 내가 도와줄 사람을 찾아 헤매면서 구하고 함께 배우고 그 고통을 없애려고 하는 것일 따름이다(「傳習錄 中」 答聶文蔚書).

양명은 공자가 몸소 실천하고자 한 도(道)란 천지만물을 일체(一體)로 삼는 인(仁)의 도(道)라고 보았다. 공자가 세상을 버리지 않고 천하를 바삐 돌아다니면서 사람들을 가르친 것은 천하를 한 몸으로 삼는 그의 마음에서 비롯하였다고 본 것이다. 그것은 곧 세상 사람의 고통과 불행을 보고 수수방관할 수 없는, 만물을 일체로 삼는 마음의 발로라고 한다.

공자의 도(道)를 만물일체의 인(仁)으로 보는 양명은 『대학』을 천지만물이 일체(一體)인 본체(本體)를 확립하고, 이러한 본체를 실현하는 것이라고 보았다.

> 대인(大人)은 천지만물을 한 몸으로 삼는 자이다. 그는 천하를 보기를 일
> 가와 같이 여기고, 중국을 일인과 같이 보는 자이다. … 대인의 학이란 오
> 직 그 사욕의 가림을 제거하여 명덕(明德)을 밝힘으로써 천지만물과의 일
> 체(一體)인 본래성을 회복함이다. … 명덕을 밝히는 것은 천지만물 일체
> 인 본체(本體)를 세우는 것이요, 백성을 친애하는 것은 천지만물 일체를
> 구현하는 것이다(『王文成公全書』 卷26 大學問).

대인의 학으로서 『대학』에 대한 양명의 풀이에서 나타나는 두드러진 특징은 첫째, 명덕(明德)을 천지만물의 일체성(一體性)으로 본 것이며, 그래서 명덕을 천지만물을 하나로 하는 인(仁)이라고 한다.[35] 둘째, 주자(朱子)의 신민설(新民說)에 반대하고 『대학』의 고본(古本)에 따라 친민(親民)을 주장하였다. 이러한 친민의 의미는 행위 주체와 객체의 간격을 배제하고 하나 됨을 실현하고자 하는 의미를 함축하고 있다.[36] 따라서 양명은 대인의 학으로서 『대학』의 목표란 바람직한 인격체로서 대인(大人)이 되는 것이며, 대인이란 이기적 욕구를 버리고 다른 인간과 존재를 자신과 동일한 몸으로 삼는 자라고 한다. 따라서 양명은 모든 존재가 한 몸을 이루는 사회, 즉 대동의 사회는 대인들로 이루어진 사회로 본 것이며, 이러한 사회를 건설하고자 했던 것이다.

결국 왕양명은 성현(聖賢)의 학인 유학을 만물일체의 학으로 파악하였으며, 또한 자신의 전 사상을 관통하는 이론을 천지만물 일체론(一體論)으로 본 것이라고 하겠다. 공자(孔子)의 도(道)가 충서(忠

---

35) 「傳習錄 上」과 「大學問」 참조.
36) 「傳習錄 上」과 「大學問」 참조.

恕) 또는 인(仁)으로 일이관지(一以貫之)하고 있다고 하는 것처럼 양명의 사상은 만물일체론(萬物一體論)으로 귀결된다고 할 수 있다.

Ⅳ. 대동사회의 실현

1. 입지(立志)

왕양명이 군자의 학이나 성현의 학을 규정한 것을 보면, 학문이 지향하는 뜻이 만물일체의 실현에 있음을 알 수 있다.

> 군자(君子)의 학은 (남에게 잘 보이기 위한 것이 아니라) 자신을 위한 학[爲己之學]이다. 자기를 위하는 까닭에 반드시 이기적 자아를 극복해야 한다. 이기적 자아를 극복하면 이기적 자아는 없게 된다. 이기적 자아가 없으면 고집할 자아가 없다(『王文成公全書』 卷8 文錄5 書王嘉秀淸益 卷 3쪽).

> 성현은 단지 자신을 위한 학을 하니, 이러한 공부를 중시하지 효험을 중시하지 않는다. 인자(仁者)는 만물을 한 몸으로 삼는다(「傳習錄 下」).

양명이 말한 학문의 궁극적 목적은 타인을 의식하고, 타인에게 잘 보이고자 하는 것이 아니라, 진정한 자아를 실현하는 것이며, 그것은 곧 진정한 자아를 해치는 욕구의 노예로서 자아를 버리고 만물과 일체(一體)가 되고자 하는 것이다.

따라서 만물일체의 사회를 구현하기 위해서는 무엇보다도 천지만물이 일체라는 믿음과 이러한 믿음을 사회에서 구현하고자 의지를 확립하는 것이 중요하다. 왕양명은 학문에 있어서 최우선 과제가 입지(立志)에 있다고 말한다.

대저 학문은 입지(立志)보다 우선하는 것이 없다. 뜻이 서지 않으면 마치 그 뿌리를 심지 않아서 흙을 돋우고 물을 대어 주는 노고를 하되 성장하지 않는 것과 같다. … 대저 뜻[志]은 기(氣)의 장수[帥]이며 사람의 명(命)이요, 나무의 뿌리요, 물의 근원이다. 근원이 깊지 않으면 흐름이 중단하고, 뿌리가 심어 있지 않으면 나무는 말라 죽는다. 명(命)이 이어지지 않으면 사람은 죽는다. 뜻이 서지 않으면 기(氣)가 어지럽게 된다. 이런 까닭에 군자의 학은 언제 어디서나 입지(立志)로써 일삼지 않는 것이 없다. 눈을 바로 하여 보되 다른 것을 보지 않으며, 귀를 기울이어 듣되 다른 것은 듣지 않는다. 마치 고양이가 쥐를 잡는 것과 같이 하며, 닭이 알을 품는 것과 같이 한다. 정신과 심사(心思)가 모이고 녹아서 결집하여 다시 다른 것이 있음을 알지 못하니, 이런 후에야 이 뜻이 항상 서고 신령한 기운이 정밀하고 밝으며 의리(義理)가 밝게 드러나 하나의 사욕이라도 있으면 지각이 자연히 허용하지 않는다(『王文成公全書』卷7 示弟立志說).

(陸澄이) 뜻을 세우는 것[立志]에 대해서 여쭙자, 선생께서 말씀하셨다. "오직 천리(天理)를 보존하려는 생각만 하는 것이 곧 입지(立志)이다. 이 일을 잊지 않기를 오래하면 자연히 마음속에 모이어 뭉치어지는 것이 있게 된다. 그것은 마치 도가(道家)에서 말하는 '결성태(結聖胎, 성스러운 태아가 맺혀진다)'라고 하는 것과 같다. 이러한 천리에 대한 생각이 언제나 보존되어 있으면 아름답고 위대한 성신(聖神, 성인답고 신령스러움)에 저절로 이르게 된다. 또한 오직 이 한 가지 생각을 좇아 (마음을) 보존하고 기르며 확대하고 충실하게 해 나가는 것일 뿐이다."(「傳習錄 上」 16 조목)

양명이 '뜻을 세운다.'고 말한 것은 첫째, 근본을 확립한다는 의미이다. 즉 올바른 목표의 설정을 의미한다. 그런데 양명이 말하는 근본이란 천리(天理)요, 본심(本心)이며, 양지(良知)이다.[37) 둘째,

학문 방법에 있어서는 지엽적인 것을 버리고 그 근본 또는 목표에 집중, 전념한다는 의미이다.[38] 결국 양명이 말하는 입지(立志)란 행위를 하고자 하는 마음의 의도가 인(仁)이나 양지(良知) 등의 천리(天理)를 지속적으로 지향한다는 의미이다. 따라서 입지를 강조하는 양명은 옳고 그름을 평가하는 데 있어서 동기를 중시하는 의무론(義務論)의 토대 위에 있다고 하겠다.

2. 도덕성의 구현

양명에 의하면 서로가 다른 존재를 자신과 한 몸으로 삼는 사회를 이루는 데 있어서 최대의 장애가 되는 것을 이기심(利己心)과 물욕(物欲)이다. 따라서 만물이 한 몸이 되는 사회를 이루는 것은 이기심을 극복하고 물욕을 제거하여 명덕(明德), 인(仁), 중(中), 양지(良知) 등 인간 보편의 마음의 본체를 회복함[心體의 同然함을 회복함]에 있다고 한다.

왕양명은 천지만물을 일체(一體)로 삼는 인간 보편의 덕성(德性)을 인(仁)이라고 하였다. 그는 '심체(心體)의 동연(同然)함을 회복함'이란 천지만물을 일체(一體)로 하는 인(仁)의 실현과정으로 말하였다. 따라서 만물일체의 대동사회를 구현하기 위해서는 우리의 마음의 덕성인 인(仁)을 온전히 구현해야 한다.

---

37) "사람이 어찌 뿌리가 없겠는가? 良知는 바로 하늘이 심어 놓은 靈妙한 뿌리이며, 스스로 生生不息하는 것이다."(「傳習錄 下」 3쪽) "무릇 心의 본체는 天理이다. 천리의 昭明靈覺을 이른바 양지라 한다."(『王文成公全書』 卷5 答舒國用).

38) "나무가 처음 생장할 때에 번잡한 가지들이 나오면 반드시 잘라 주어야만 한다. 그래야 뿌리와 줄기가 크게 자랄 수 있는 것이다. 처음 학문을 시작할 적에도 역시 그러하다. 그러므로 뜻을 세우는 데[立志] 있어서는 오로지 하나에 전념하는 것이 소중한 일이다."(「傳習錄 上」 116조목).

격물치지(格物致知)에서 평천하(平天下)에 이르게 되는 과정이란 단지 명덕(明德)을 밝히는 것일 따름이다. 백성을 친애(親愛)한다는 것도 덕(德)을 밝히는 것 이외의 어떤 다른 것이 아니다. 명덕은 우리 마음의 덕(德)이며, 바꾸어서 말하면 인(仁)이다. 인(仁)은 천지만물을 하나로 하는 것이다. 만약 한 사물이라도 그 자리를 잃게 되면 그것은 우리 마음의 인(仁)을 다하지 못한 것일 따름이다(「傳習錄 上」 89조목).

양명은 또한 대학문(大學問)에서 천지만물을 일체(一體)로 삼을 수 있는 것은 그 마음의 인(仁)에서 연유한 것이라고 주장한다. 또한 그는 대학(大學)이란 천지만물과의 일체인 나의 본래 모습을 회복하고, 나와 천지만물의 이러한 일체를 실현하여 평화의 세계를 이루는 것이라고 한다.

그러므로 대인(大人)의 학이란 오직 그 사욕의 가림을 제거하여 명덕(明德)을 밝힘으로써 천지만물과의 일체(一體)인 본래성을 회복함이다. … 명명덕(明明德)은 천지만물 일체의 본체[體]를 세움이요, 친민(親民)은 천지만물 일체의 작용[用]을 달성하는 것이다. … 지선(至善)이란 것은 명덕, 친민의 지극한 준칙(準則)이다. 하늘[天]이 명(命)한 본성[性]은 순수하게 지선(至善)이다. 그 영소불매(靈昭不昧)한 것은 이 지선(至善)의 발(發)이요, 이는 바로 명덕의 본체요, 바로 양지라고 하는 것이다(『王文成公全書』 卷26 大學問).

『대학』의 궁극적 목적을 천지만물 일체의 실현, 즉 인(仁)의 마음을 구현하는 것으로 보는 양명에 의하면, 인간 본연의 '다른 존재와의 일체(一體)'의 실현은 첫째로, 천지만물을 일체로 삼는 주체의 확립이 먼저 선행되어야 한다. 그것이 이른바 명명덕(明明德)으로 천지만물로 하여금 일체(一體)이게 하는 자기 내면의 밝은 덕(德) 곧 인(仁)에 대한 자각을 의미한다고 하겠다. 둘째로, 천지만물에 대한 일체감(一體感) 또는 일체(一體)이게 하는 인(仁)의 마음을 구현하는 실질적인 노력으로 친민(親民)이 요구된다. 양명이 명덕을 밝히는 것과 백성을 친애한다고 하는 것을 체용(體用)으로 말한 것은 양자가 선후(先後)도 없고, 분리될 수 없음을 지적한 것이다.

양명에게 있어서 천지만물을 일체로 삼는 인(仁)을 구체적 사건에서 실질적으로 구현하는 주체는 양지(良知)이다. 따라서 양명의 양지(良知)는 천지만물에 대한 일체감을 대상에 대한 분별과 각자가 처한 입장과 상황에 따라 적절하게 구현하는 능력이라 하겠다.

대인(大人)이 천지만물을 한 몸으로 삼을 수 있음은 의도적인 것이 아니라, 그 마음의 인(仁)이 본래 그러 하기 때문이다. 그가 천지만물과 더불어 하나가 됨은 어찌 오직 대인만이 그러 하겠는가? 비록 소인(小人)의 마음이라 할지라도 그러 하지 않음이 없다. 그러나 소인은 스스로 그 마음을 작게 할 뿐이다. 이러한 까닭에 어린이가 우물에 빠지는 것을 보면 반드시 출척측은지심(怵惕惻隱之心)을 가지게 되니, 이는 그 인(仁)을 행하여 어린이와 한 몸이 되는 것이며, 어린이는 동류(同類)이기 때문이다. 새나 짐승이 슬피 울고 벌벌 떨 때 반드시 불인지심(不忍之心)을 가지게 되며, 이는 그 인(仁)을 행하여 새나 짐승과 한 몸이 되는 것이며, 새와 짐승은 같은 지각(知覺)을 지닌 것이기 때문이다. 초목이 꺾이는 것을 볼 때 반드시 민휼지심(憫恤之心)을 지니며, 이는 인(仁)을 행하여 초목과 한 몸이 되는 것이며, 초목이 같은 생의(生意)를 지닌 때문이다. 기와나 돌이 깨지는 것을 볼 때 반드시 고석지심(顧惜之心)을 갖게 되는데, 이는 그 인(仁)을 행하여 기와와 돌과 한 몸이 되는 것이다. … 지선(至善)이란 것은 명덕(明德), 친민(親民)의 지극한 법칙[極則]이다. 하늘이 명(命)한 성(性)은 순수하게 지선(至善)이다. 그 영소불매(靈昭不昧)한 것은 이 지선(至善)의 발(發)이요, 이는 바로 명덕의 본체요, 바로 양지라고 하는 것이다. 지선의 발현은 옳은 것을 옳다 하고, 그른 것을 그르다 한다. 경중후박(輕重厚薄)이 감응(感應)에 따르고, 변(變)하고 동(動)하여 머무름이 없으나[不居] 저절로 천연(天然)의 중(中)이 아님이 없다. 이것은 곧 백성의 규범과 사물의 법칙의 지극함[極]이니, 그 사이에 조금의 의론(議論)과 의심이나 증감(增減)을 용납하지 않는다. 그 사이에 조금의 의론과 의심이나 증감이 있다고 한다면, 이것은 사사로운 뜻과 작은 지혜이니, 지선(至善)이라고 할 수 없다(『王文成公全書』 卷26 大學問).

양명이 천지만물을 일체(一體)라고 하는 것은 무차별적 동일성을 지칭하는 것이 아니며, 내가 천지만물을 일체로 삼는다는 것은 대상에 대한 분별없이 무차별적으로 동일하게 대한다는 것을 의미하는 것이 아니다. 인간의 육신 가운데에는 저절로 경중(輕重)과 본말(本末), 선후(先後)의 구별이 있듯이, 우리가 대하는 천지만물 가운데에도 경중, 후박의 구별이 없을 수 없다는 것이며, 그러한 구별의 능력이 곧 양지라고 하는 것이다. 그래서 양명은 양지(良知)는 인(仁)을 자연스럽게 그리고 창조적으로 가까이에서 멀리까지 대상과 상황에 따라 구현한다는 것이다. 어린애가 우물에 빠지는 것을 볼 때 반드시 그리고 자연적으로 '출척측은지심(怵惕惻隱之心)'을 발휘하며, 새나 짐승이 슬피 울고 벌벌 떨 때 '불인지심(不忍之心)'을 가지게 되며, 초목이 꺾일 때 '민휼지심(憫恤之心)'을 가지며, 기와나 돌이 깨질 때 '고석지심(顧惜之心)'을 드러내는 것은 인간 보편의 일체적(一體的) 동류의식(同類意識)으로서의 인(仁)을 깊이 자각하고 이것을 대상과 상황에 따라 다양하게 표출한 것이라 할 수 있다. 이처럼 천지만물의 일체의 후박(厚薄)에 대한 판단은 양지(良知)의 자연스러운 조리(條理)라고 한다.[39]

---

39) 이러한 주장은 본문의 인용문뿐 아니라 「傳習錄 下」 76條에도 보인다. 그는 말하기를 "대학에서 말하는 두텁고 박함이란 바로 良知에 있어서의 자연스러운 條理에서 뛰어넘을 수가 없는 것이다. 이것을 곧 義로움이라 하는 것이다. 곧 이 조리를 따르는 것을 곧 禮라 하는 것이다. 이 조리를 아는 것을 知라 한다. 처음부터 끝까지 이 조리를 지키는 것을 곧 믿음(信)이라 한다."라고 하였다.

따라서 천지만물을 일체로 삼는 대동사회를 구현하고자 하는 양명의 사상은 곧 인심(仁心)을 대상과 상황에 적절하게 구현하는 것, 인심(仁心), 즉 도심(道心)을 시의적절(時宜適切)하게 표현하는 데[時中] 있다고 하겠다.

성인(聖人)은 천지만물을 일체로 삼는 인심(仁心)을 미루어서 세인(世人)을 가르치고, 이렇게 해서 모두가 오직 나뿐이라고 하는 사욕을 극복하고 가리어진 것을 제거토록 해서 만인이 본래 동일하게 가지고 있는 마음의 참된 모습으로 복귀하자는 것이다. 그 가르침의 대강(大綱)은 요(堯), 순(舜), 우(禹)가 서로 전승한 이른바 "인심(人心)은 오직 위태로운 것이고 도심(道心)은 오직 희미하므로 오직 정(精)하고 오직 일(一)하여 그 중(中)을 잡으라."라고 한 것이요, 그 항목은 순(舜)이 설에게 명한 소위 "부자간에 친애함이 있고, 군신 간에 의가 있고, 부부간에는 구별이 있고, 장유 간에 차례가 있고, 붕우 간에 신의가 있다."라고 한 다섯 가지뿐인 것이다(「傳習錄 中」 答顧東橋書).

양명이 천지만물 일체의 실현을 위한 대강령으로 제시한 것은 첫째, 이기심의 제거를 통한 인심(仁心), 즉 도심(道心)의 회복이요, 둘째, 이러한 마음을 갈고 닦아 정밀하고 순수하게 하여 공평무사(公平無私)하고 치우침이 없이 시중(時中)의 지(知)를 간직하는 것이라 하겠다. 그리고 시중의 지란 양지(良知)를 지칭하는 것이다.

양명은 양지(良知)를 '중(中)'과 '공(公)'으로 말하였다.

성(性)은 선(善)하지 않은 것이 없으므로 지(知)가 양(良)하지 않음이 없다. 양지(良知)는 곧 미발(未發)의 중(中)이요, 확연대공(廓然大公)이며 적연부동(寂然不動)의 본체로서 사람마다 모두 갖추고 있는 것이다. 다만 물욕에 가리어서 어둡지 않을 수 없으므로 모름지기 배워서 어둡고 막힌 것을 제거해야 한다. 그러나 양지의 본체에 대해서는 처음부터 터럭만큼도 보태거나 뺄 수 없다(「傳習錄 中」 答陸原靜書).

양명은 양지의 본체를 미발(未發)의 중(中), 지공(至公) 등으로 말하고 있으며, 또한 중화(中和)의 지(知),[40] 방원장단(方圓長短)의 규구척도(規矩尺度)에 비유하고 있다.[41] 따라서 양지(良知)는 천지만물 일체의 인(仁)을 치우침이 없이 공정하게 상황과 대상에 따라 분별하고 구현하는 창조적 지성(知性)이라고 할 수 있을 것이다. 이러한 점에서 본다면 양명학의 귀결인 치량지설(致良知說)은 사실상『대학』의 목표요, 천지만물 일체를 실현하는 것이라고 하겠다.

천지만물을 일체로 삼는 인(仁)과 양지(良知)를 구현한다고 하는 것은 곧 구체적이고도 다양한 인간관계나 사건에서 '성(誠)'을 항상 견지하는 것이다.

> 이 양지(良知)의 진성측달(眞誠惻怛)을 이루어 그것으로써 어버이를 섬기면 효(孝)이고, 이 양지의 진성측달을 이루어 그것으로써 형을 좇으면 그것이 제(弟)이며, 이 양지의 진성측달을 이루어 그것으로써 임금을 섬기면 그것이 충(忠)이니, 다만 하나의 양지(良知)이고 하나의 진성측달이다(「傳習錄 中」 答聶文蔚書).

양명은 만물일체의 실현근거가 되는 양지(良知)를 구현하는 치량지(致良知)의 핵심을 '성(誠)'과 '중(中)'으로 말하고 있음을 알 수 있다.『대학』을 천지만물 일체의 실현으로 보는 양명은『대학』의 요체를 성의(誠意)로 보고 있으며 유학의 가르침의 제일원리라고 보았다.[42] 그것은 그 자신만이 아는 것[獨知]에 힘쓰는 것이며, 때와 장소, 처음과 끝을 가릴 것 없이 오직 자신을 성실하게 하는 것

---

40)「傳習錄 下」 13쪽.

41)「傳習錄 中」 答顧東橋書.

42)『王文成公全書』卷7 大學古本序 참조할 것.「傳習錄 中」答顧東橋書에서 誠意의 說을 유학에서 인간을 교육시키는 제일의 공부로 삼아 왔다고 주장하였다.

이다.[43]

또한 양명은 인(仁) 또는 도심(道心)의 구현을 위한 '윤집궐중(允
執厥中)'을 말하였으며, 양지(良知)를 '미발지중 확연대공(未發之
中 廓然大公)', '중화(中和)의 지(知)' 등으로 말한 것은 만물일체
의 실현에 있어서 '중(中)'을 지키는 것이 필수적임을 말한 것이다.

> 중(中)이란 바로 천리(天理)이며 역(易)이다. 수시로 변화하니 어찌 그것
> 을 붙잡고 있겠는가? 반드시 그때그때 사정에 따라 알맞게 처리해야지 미
> 리 하나의 규칙을 정해 놓고 있기는 어렵다. 후세의 유가들이 도리를 일일
> 이 빈틈없이 해설함으로써 어떤 격식을 세워 놓으려 하는데 이것이 바로
> 하나를 고집하는 것이다(『傳習錄 上』10쪽).

양명이 말하는 중(中)이란 고정된 표준이나 불변의 원리가 아니
라, 부단히 변화하는 상황과 상이한 처지에 가장 공정하고도 합당
한 이치를 찾아내고 그에 따라 행하는 이른바 시중(時中)하는 것을
의미한다. 그것이 곧 '치중화(致中和)'하는 것이며 중용(中庸)을 택
한다는 의미이다. 이러한 중(中)의 공부는 실상 개인의 욕심을 버
리고 보편의 공도(公道), 천리(天理)를 보존하는 공부이다. 그것을
양명은 근독(謹獨), 성찰(省察)과 존양(存養), 성찰(省察)과 극치
(克治) 등으로 표현한다.[44] 근독이란 『중용』의 신독(愼獨)과 같은
의미로 남이 보지도 듣지도 않는 곳일수록 스스로 자신의 마음과
행위를 삼간다는 의미이다. 성찰이란 어떤 사물과 대면할 때 반성
하고 몸소 살펴서 자신의 뜻과 마음에 사념(私念)이 싹트고 있지
않은지 살피는 것이다. 극치란 만약 사념(私念)이 싹틀 것 같으면

---

43)『傳習錄 上』
44)『傳習錄 上』참조.

그 뿌리를 제거하여 다시는 싹트지 않도록 힘쓰는 것이다. 존양이
란 인욕을 제거하고 천리를 잘 보존하여 천부적인 본성을 거스름
없이 잘 양성하는 것이다.

3. 재능의 구현

왕양명에 의하면 만물일체의 사회는 인(仁)과 양지(良知) 등과 같
은 인간 보편의 도덕적 마음을 이루는 일과 함께, 각자 타고난 차별
적 재능을 충분히 발휘하여 사회 속에서의 기능 및 역할을 다하여
공동의 안녕과 복지를 추구함으로써 달성될 수 있다고 한다.

> 학교에서는 오직 덕(德)을 이루는 것을 목적으로 삼되, 재능이 달라서 어
> 떤 이는 예악(禮樂)에 우수하고 어떤 이는 정교(政敎)에 뛰어나며, 어떤
> 이는 농업(農業)에 뛰어나서 제각기 재능의 차이가 있지만, 학교에서는 덕
> (德)을 성취한데다 이러한 자기의 재능을 더욱 정련(精練)하도록 하는 것
> 이다. 그래서 그의 덕을 성취한 자를 임용하여 직책을 맡기면 종신토록 그
> 자리에 머물도록 하여 바꾸지 아니하였으니, 임용하는 자는 오직 한 마음
> 과 한결같은 덕으로 천하인민이 편안토록 할 것만으로 직분으로 삼고, 재
> 능에 맞고 안 맞음만 보아서, 직위의 높고 낮음으로써 경중(輕重)을 삼는
> 다거나, 수고롭다거나 편안한 것으로 미악(美惡)을 삼지 않는다. 임용된
> 자도 또한 동심일덕(同心一德)으로 천하 인민을 편안토록 할 것만 알고,
> 진실로 그 재능(才能)에 맞으면 종신(終身)토록 번잡한 직무에 처하더라
> 도 수고롭다 하지 않고, 비천하고 자질구레한 일에도 만족하게 여길 뿐 천
> (賤)하다고 생각하지 아니하였다. 이때에 천하의 사람들이 마음이 광대하
> 고 서로 화락(和樂)하여 서로가 모두를 일가(一家) 친척같이 보았다. 그
> 재질(才質)이 낮고 열등한 이는 농공상고(農·工·商·賈)의 분수대로 안주
> 하여 각각 그 직업에 힘쓰며 서로 살리고 서로 기리어 높은 것을 바라거
> 나 제 분수 밖의 것을 사모하는 마음이 없었다. 그 재능의 특이함이 고기

직설(皐·夔·稷·契) 같은 이는 나아가 그 능함을 발휘하며, 어떤 자는 일가(一家)의 일을 보살핌에 있어서 의식(衣食)을 경영하며, 어떤 자는 유무(有無)에 통하며, 어떤 자는 기용(器用)을 준비하기도 하며, 중지(衆智)를 모아 힘을 합하여 부모를 모시고 처자를 기르는 소원을 이루도록 하였다. 오직 두려운 것은 각자가 자기의 직분을 게을리 하지 않을까 하는 것으로 결국은 자기에게 주어진 임무를 중히 여기는 것이었다. … 대개 그 심학(心學)이 순명(純明)하여 천지만물 일체의 인(仁)을 온전히 지님으로써 그 정신이 유관(流貫)하고 지기(志氣)가 통달(通達)하여 남과 나의 구분과 물(物)과 아(我)의 틈이 없어 마치 한 몸에 비유하여 목시(目視)·이청(耳廳)·수지(手持)·족행(足行)이 한 몸의 작용[用]으로 서로 보조 역할을 하는 것과 같다. … 이는 성인의 학이 지이(至易)하고 지간(至簡)하여 알기 쉽고 좇기 쉬워서 배워서 능(能)하기 쉽고 재주를 이루기 쉬운 까닭이다. 그 대본(大本)은 오직 심체(心體)의 동연(同然)함을 회복함에 있으며 지식과 기능은 더불어 논할 바가 아니다. … 나의 발본색원(拔本塞源)의 논(論)을 들으면 반드시 측연(惻然)히 서러워하고 척연(戚然)히 아파하고 분연(憤然)히 일어나는 이 있으려니 패연(沛然)히 강하(江河)를 터 논듯하여 막을 수 없을 것이다(「傳習錄 中」 答顧東橋書).

양명은 첫째, 바람직한 사회의 이상을 '도덕적 심체(心體)의 보편성을 구현, 완성하는 것'이라고 한다. 다시 말해서 천지만물 일체의 근거인 인(仁) 또는 양지(良知) 등 심체(心體)의 동연(同然)함을 회복하는 것이다. 둘째, 힘들고 편안함이나 높고 낮음으로 직업을 선택하지 않고, 재능에 따라 직업을 선택하고, 그 일에 만족하면서 자기 분수를 지켜, 각자 직업에 최선을 다하여 전문지식과 기술을 익혀, 천하 사람들을 편안하게 하고 서로를 양육하고 가르쳐 화평과 기쁨을 함께하는 사회를 실현하고자 하였던 것이다.

양명은 만물일체의 인덕(仁德)을 온전히 할 때, 정신과 뜻이 서로 관통하여 남과 나의 구분과 간격이 없어 마치 한 몸에 비유하자면 눈으로 보고 귀로 듣고 손으로 잡고 발로 걷는 것이 한 몸의 작용으로 서로 보조역할을 하는 것과 같은 경지에 이르게 된다는 것이다. 이러한 사회는 '이웃을 나와 한 몸으로 삼는 덕성(德性)의 보편적 평등성(平等性)에 기초하여 서로를 사랑하고 존중하는 가운데 모든 사람이 각자의 다양한 차별적(差別的) 재능(才能)을 충분히 발휘하는 유기적(有機的)으로 통일된 사회'라고 말할 수 있다.

4. 직업을 통한 생인지도(生人之道)의 구현

양명에 의하면 당시의 직업적 차별관은 인간의 본심, 즉 도덕성을 상실하고 단지 직업을 개인의 이익을 추구하는 수단으로 삼았기 때문이라고 한다. 그래서 선비를 흠모하고 농민을 천시하며, 관리가 되어 벼슬살이를 영예롭게 생각하고 공인과 상인이 하는 일을 부끄럽게 여기게 되었다는 것이다. 또한 관리들이 이익을 다투는 것이 농공상인보다 심하고, 관리의 죄는 그들보다 크고 그 가치는 그들보다 못하다고 한다.[45]

> 옛날 사민[士·農·工·商]은 직업을 달리했지만 도는 같이하였으니[異業而同道], 그것은 마음을 다하는 점에서 동일하다. 선비는 마음을 다해 정치를 폈고, 농부는 먹을 것을 갖추었고, 장인은 기구를 편리하게 하였으며, 상인은 재화를 유통시켰다. 각자는 타고난 자질에 가깝고 능력이 미칠 수 있는 것을 직업으로 삼아 그 마음 다하기를 구하였다. 이러한 직업들의 궁극적 목적은 생인지도(生人之道)에 유익함이 있기를 바라는 점에서 동일할 뿐이다(『王文成公全書』卷25 外集7 節庵方公墓表 乙酉: 古者四民異業而同道 其盡心焉一也. 士以修治 農以具養 工以利器 商以通

---

45) 『王文成公全書』卷25 外集7 節庵方公墓表 乙酉: 自王道熄而學術乖 人失其心, 交騖於利 以相驅軼 於是始有歆士而卑農 榮宦遊而恥工賈 夷考其實 射時罔利有甚馬特異 其名耳 極其所趨 駕浮辭詭辯以誣世惑衆 比之具養器貨之益 罪浮而實反不逮.

貨 各就其資之所近 力之所及者而業焉 以求盡其心 其歸要在於有益
於生人之道 則一而已).

양명에 의하면 직업 활동이란 자신의 이익을 위한 것이 아니라,
자신의 직업에 최선을 다함으로써 타인을 살리는 것이라고 하여,
공생(共生)의 직업관을 지니고 있었다. 인간의 직업 활동은 제각기
분야와 그 기능이 다를지라도, 마음을 다해 각각의 직업적 기능을
최대한 구현하도록 해야 한다는 것이다. 그리하여 각자의 직업 활
동이 타인으로 하여금 삶을 영위하는 데 이로움이 되도록 하는 것
이어야 한다는 것이다.

말하자면 양명은 도덕적 행위 또는 규범의 보편적 당위성의 실
현을 제일원리로 주장하였으며, 각자의 재능에 적합한 직업을 선택
하여 서로를 돕고 부양하는 것을 제이의 원리로 보았다고 하겠다.
이상 두 가지 원리에 따라 움직이는 사회가 곧 양명이 추구했던 만
물일체의 사회, 대동사회라고 하겠다.

Ⅴ. 맺음말

왕양명은 유가가 추구해 왔던 이상사회나 학문의 궁극적 목표란
천지만물이 일체(一體)를 이루는 사회라고 하였다. 이러한 그의 주
장은 발본색원론(拔本塞源論)이나 대학문(大學問) 등에서 두드러
지게 표현되고 있다.

분열과 갈등과 투쟁과 전란의 현실에서도 그가 이러한 사회에
대한 희망을 버리지 않은 것은 인간 모두에게 선천적으로 주어진

인(仁)이나 양지(良知) 등이 하나의 가능성이 아니라 현실적으로 체험되고 인식되기 때문이었다.

그는 사회적 갈등과 대립, 투쟁 등은 인간 보편의 선천적 본심을 외면하거나 밝히지 못한 데 그 원인이 있다고 한다. 이기적인 마음과 물욕에 의해 상실된 보편적 인심(人心)을 회복하는 것이야말로 천지만물 일체를 실현하는 길이다.

양명은 인간으로 하여금 천지만물과 일체를 이루게 하는 인간의 선천적 본심을 인(仁)과 양지(良知) 등으로 말한다. 그것은 천지만물을 지각하고, 만물과 감정의 교감을 가능하게 하여 서로 하나로 통하게 하는 것이다. 그래서 인(仁)과 양지(良知)를 지닌 인간은 이웃이나 사물의 불행이나 어려움을 보면 그만두고자 해도 그만둘 수 없는 역지사지(易之思之)의 마음이나 일체적(一體的) 감정 또는 동류애(同類愛)에 의해 나의 불행과 아픔으로 인식하고 그들을 구하고자 한다.

이러한 만물일체의 인과 양지를 구현하는 길은 우선 나와 천지만물이 일체임을 믿고 이를 실현하고자 하는 뜻을 세우는 것[立志]에서 출발하여야 한다. 나아가 천지만물을 대함에 있어서 성(誠)과 중(中)을 다해야 한다. 성(誠)이란 일이 있을 때나 없을 때를 막론하고 그 자신만이 아는 앎에 충실한 것이다. 그것은 『대학』에 나오는 계구(戒懼), 신독(愼獨)이요, 성의(誠意)의 의미이다. 중(中)이란 사(私)를 버리고 공(公)을 취하는 것이며, 치우침이 없는 올바름을 지키는 것이다. 그것은 곧 상황과 대상에 대한 분별에 따라 경중후박(輕重厚薄)을 적절하게 판단하여 구현하는 이른바 시중(時中)하는 것이다. 이러한 성(誠)과 중(中)을 다양한 인간관계에서 구현할 때, 그것이 충의(忠義), 자효(慈孝), 의순(義順), 애경(愛敬), 신의

(信義) 등의 윤리로 나타난다. 또한 성(誠)과 중(中)을 다해 각자의 재능에 적합한 직업적 활동을 함으로써, 이웃을 편안하게 하고 가르치고 부양할 때 모두가 화락하는 사회가 될 수 있다는 것이다.

양명은 인간 누구나 천지만물을 일체이게 하는 인간 보편의 선천적 도덕성 및 구현능력으로서 인(仁)과 양지(良知)에 대한 신뢰와 이를 실현하고자 하는 뜻을 확립하여, 이러한 자신의 내면적 심성(心性)에 대한 부단한 자기성찰을 통해 성(誠)과 중(中)으로 보존하고, 이기심과 물욕을 극복할 때, 자타의 갈등과 대립, 투쟁과 전란이 그칠 수 있다고 하는 것이다.

오늘날 우리 사회의 불신과 갈등, 대립, 투쟁을 해소하는 길은 나를 포함하는 모든 존재가 일체라는 인식의 바탕 위에서 이기적 욕구를 절제하고 타인을 배려하고 사랑하며 전체의 이익과 정의를 행위의 기준으로 삼는 도덕성의 실현이 선행되어야 할 것이다. 또한 이러한 도덕성을 견지하는 가운데 각자의 재능에 적합한 직업에서 최선을 다해 서로를 편안하게 하고 서로를 양육하고자 하는 올바른 노동관 혹은 직업관의 정립이 요구된다고 하겠다.

왕양명의 군사사상[1]

Ⅰ. 머리말

원말(元末) 홍군(紅軍, 미륵불을 믿는 天台宗의 한 종파인 白蓮敎徒의 비밀결사) 출신의 주원장(朱元璋, 1328~1398)은 남경(南京)에서 명조(明朝, 1368~1644)를 건설하고, 주자학(朱子學)을 관학(官學)으로 삼아 군주권력의 절대화를 위한 사상적 통일을 꾀하였으며, 관리 등용을 위한 과거(科擧)제도를 부활시켰다. 이로 인해 명대의 학풍은 문장이나 짓고 시를 외우는 일에 힘쓰고,[2] 학문이란 권세와 이욕(利欲)을 추구하는 수단이 되었으며,[3] 왕도(王道)가 종

---

1) 박연수·조은영, 「왕양명의 군사사상」(『陽明學』 창간호, 한국양명학회, 1997.11.)을 일부 수정, 보완한 것임.

2) 『王陽明全集』 卷2, 訓蒙大意示敎讀劉伯頌等. 『王陽明全集』 卷1. 이하 권1, 2, 3은 「傳習錄」 上, 中, 下로 표시함.

3) 「傳習錄」 中, 答顧東橋書: 功利의 독소가 사람의 心髓에 깊이 스며들어 습관화되고 결국은 성품으로 되어 버린 지 몇천 년이나 되었다. 세상 사람들은 서로 지식만을 자랑하고 서로 권세만으로 충돌하고 서로 공리만을 다투고 서로 기능만으로 자만하고 서로 명예의 탈취에만

식되고 패술(覇術)이 번창하여 간사한 꾀와 공벌(攻伐)의 계책을 구함으로써 투쟁과 겁탈의 화가 이루 다 말할 수 없고 사람들이 금수와 같이 타락하기에 이르렀다.[4]

한편 명나라가 중국을 통일하였다 하더라도 밖으로는 북방의 몽고족과 여진족, 남방 이민족의 위협이 여전히 상존하였다. 또한 안으로는 포악하고 어리석은 군주의 실정(失政)과 환관의 전횡, 재해의 빈발 등으로 국가기강은 해이해지고, 여러 차례의 내란과 도적의 빈발로 백성은 질고에 허덕였다.[5]

양명(陽明) 왕수인(王守仁, 1472~1528)은 일찍이 두 가지 과제를 해결하고자 하였다. 첫째, 공맹(孔·孟)의 본래적 유학(儒學)을 회복하는 일이었다. 그는 학문이란 과거시험에 합격하기 위한 것이 아니라 성인(聖人) 됨을 위한 것이라고 보았다. 그는 성인의 학을 '심학(心學)'이라고 규정하면서, 그것은 '중(中)을 지키는 것', '인(仁)을 구하는 것'[6]이며, '양지(良知)를 다하는 것',[7] '인욕(人欲)을 버리고 천리(天理)를 보존하는 것'[8]이며, "대인(大人)의 학이란 오직 그 사욕의 가림을 제거하여 명덕(明德)을 밝힘으로써 천지만물과의 한 몸[一體]인 본래성을 회복하는 것이다."[9]라고 하였다. 특히 양명학의 최종적 결론은 치량지(致良知)로 귀결되는데,[10] 그것

급급하게 되었다.

4) 「傳習錄」 中, 答顧東橋書.

5) 李福登, 『王陽明的政治思想』, 21~25쪽.

6) 『王陽明全集』 卷7, 文錄4, 象山文集序.

7) 「傳習錄」 下, 260조. 「傳習錄」 中, 答顧東橋書 139조목.

8) 「傳習錄」 上, 99조목.

9) 『王陽明全集』 卷26, 大學問.

10) 「傳習錄」 中, 答歐陽崇一 168조목: 致良知, 이것은 학문의 大頭腦이며, 聖人이 사람을 가르친 제일의 뜻이다. 「傳習錄」 下, 211조목: 이 致知 두 글자는 참으로 오래전 성인이 전한 秘法이다. 「傳習錄」 下, 25조목: 치량지는 학문의 極至處이다.

은 천지만물의 일체성(一體性)인 양지를 자각하고, 양지의 창조성에 따라 이러한 일체성을 대상과 상황에 합당하게 차별적으로 구현하는 것이다.11)

둘째, 국내의 무질서와 갈등 그리고 내란, 밖으로 이민족의 침략으로부터 질서와 평화를 지키고자 하는 것이었다. 왕양명은 이미 15세에 오랑캐의 부락들을 돌아보면서 방어책을 마련하기도 하고, 후한(後漢) 시대의 복파(伏波) 장군 마원(馬援)을 동경하였다.12) 26세 때에, 변방이 어지러워지자 양명은 경사(京師, 北京)에 머물면서 병가(兵家)의 글을 읽고 병법을 정밀하게 연구하였으며, 28세에 몽고족이 창궐(猖獗)한다는 것을 듣고 명을 받들어 '변무팔사(邊務八事)'를 올리기도 하였다.13) 그는 45세에 병부상서(兵部尙書) 왕경(王瓊)의 추천에 의해 도찰원좌첨도어사(都察院左僉都御史)로 등용됨으로써 무인으로서 능력을 발휘할 수 있었다.14) 또한 그는 만년에 『무경칠서(武經七書)』에 대한 비주(批註)를 남기기도 하였다.15) 이처럼 양명이 그의 군사적 소양을 기르고 군사 활동에 참여한 것은 당시 중국사회의 군사적 필요성에 의한 것이라 하겠으며, 보다 근본적으로는 모두가 한 몸이 되어 질서와 평화를 이루는 대동사회(大同社會)를 실현하고자 한 양명의 학문과 교육사상의 현실적인 구현이었다.

본 연구에서는 양명이 거둔 군사적 성공이 어떠한 전략과 전술에 따라 이루어진 것이며, 그러한 전략 전술의 기초를 이루는 그의

---

11) 「傳習錄」 中, 答顧東橋書.
12) 『王陽明全集』 卷33, 年譜1, 憲宗22年 15歲.
13) 『王陽明全集』 卷33, 年譜1, 孝宗12年 28歲.
14) 『王陽明全書』 卷33, 年譜1, 正德11年 45歲.
15) 魏汝霖, 『中國歷代名將及其用兵思想』 제54, 王守仁.

사상은 무엇인지 살펴보고자 한다. 다시 말해서 자신의 학문과 교육사상을 어떻게 군사 분야에 적용하여 성공을 거둘 수 있었는지 살펴보고자 한다. 이렇게 함으로써 정치가의 군사적 운용, 군사지휘자의 정치적 안목에 대한 지혜를 얻을 수 있을 것이다.

Ⅱ. 군사적 업적

정덕(正德) 11년(1516년, 45세) 당시 3성[江西·廣東·福建省] 일대에 많은 도적들이 일어나 백성들을 약탈하며 큰 해독을 끼쳤다. 이때 병부상서 왕경(王瓊)이 도적을 토벌하는 일에 양명을 적임자라 여기고 도찰원좌첨도어사로 추천하였다.

1. 장주(漳州)의 도적을 평정함

정덕 12년(46세) 1월에 양명은 공에 부임한 후 먼저 십가패법(十家牌法)과 민병제(民兵制)를 실시하여 내실을 기하였다. 2월에 공(贛), 민(閩), 월(粤)의 병비관(兵備官)에게 은밀히 명하여 장부촌(長富村) 일대의 도적 무리들을 물리쳤으며, 이어 상호산(象湖山)으로 패주한 도적들을 기만전술로 대패시켰다. 이후 가당동(可塘洞) 산채(山寨)에서 저항하던 첨사부(詹師富) 일당을 격파하고 계속된 10여 차례의 전투에서 큰 승리를 거두게 되었다. 그중 도적들의 위협에 어쩔 수 없이 복종하였던 자들은 회유하여 그 본업을 회복게

해 주니 그 수가 4,000여 명에 달했다. 대략 삼 개월에 걸친 전역
(戰役)에서 양명은 장남(漳南)의 도적을 평정하였다.[16]

2. 횡수(橫水)와 통강(桶岡)의 비적(匪賊)을 평정함

장(漳), 정(汀) 지방의 도적들은 비록 평정하였지만, 南贛(남공)
지방과 그 서쪽 통강(桶岡), 횡수(橫水), 좌계(左溪)의 도적들과 공
(贛) 남쪽 상신(上新)과 온하(穩下) 등의 도적들이 서로 결탁하여
약탈을 자행하니 세 성에 그 폐해가 심히 컸다. 호광의 순무(巡撫)
는 세 성의 병력을 합쳐서 협공할 것을 주장하였고 대부분의 종사
(從事)들이 통강을 먼저 공략할 것을 건의했다. 그러나 양명은 그
와 같이 하면 시간과 힘의 낭비라 하고 대부분이 예상하는 그 역을
찔러 먼저 통강을 공격할 것처럼 위협하고 횡수를 공략하면 통강
은 자연스레 고립되어 쉽게 점령하게 될 것이라 판단하였다.[17] 10
월 12일 여명에 양명은 도적들을 공격하여 큰 승리를 거두게 된다.
횡수를 격파한 후 승세를 타 좌계(左溪)의 도적들마저 공격하여 일
거에 소탕하였다.

　횡수, 좌계의 도적들을 격파하자, 중론이 승세를 타 통강으로 공
격해 나가자는 것이었다. 양명은 도적의 근거지가 험하므로 우선
병력을 휴식시켜 전력을 보강하면서, 적을 회유하고자 계획하였다.[18]
그러나 여의치 않자 11월 28일 밤 잡았던 도적들을 놓아 주고 은
밀히 도적들의 진영에까지 추격게 하였다. 12월 1일 새벽 비를 무

---

16) 『王陽明全集』 卷33, 年譜1, 正德 12年 46歲.

17) 『王陽明全集』 卷10, 別錄2, 奏疏2, 橫水桶岡捷音疏.

18) 上同.

릅쓰고 공격작전을 감행하여 일거에 도적들을 크게 패주시켜, 두목인 남천봉(藍天鳳) 등 34인을 사로잡았다. 12월 9일, 양명은 토벌을 마치고 병력을 철수시켰다. 양명은 불과 만여 명의 군대로 84개 곳의 도적 소굴을 2개월에 걸쳐 평정하였다. 양명은 이 지역에 숭의현(崇義縣)을 신설하였다.

3. 이두(涮頭)를 평정함

정덕 13년(1518년, 47세) 1월, 횡수와 통강을 격파하고 이두에 들어설 때 도적들에게 권고하여 많은 도적들로부터 투항을 받았다. 그러나 도적의 우두머리 지중용(池仲容)은 끝내 돌이키지 않았다. 양명은 지중용 일당을 회유하려 하였으나 이들이 근본적으로 회개할 의사가 없자, 신년 초 축하연을 치르기 전에 처단하였다. 양명은 군대를 이끌고 곧바로 이두에 직행하여 정월 7일 하리(下涮)의 산채를 공격하고 연이어 상리와 중리를 공격하여 격파하였다. 격파한 도적 소굴이 38개소였다. 도적 수령 58인과 그를 따르던 도적 3천여 명을 목 베었다.[19] 그리고 소탕작전을 지속하여 3월 초순에 이들을 완전히 평정하게 되었다. 양명은 이곳에 화평현(和平縣)을 신설하여 지속적인 안정을 도모하였다. 양명은 훈련되지 않은 병사와 부족한 물자를 가지고도 두 달을 넘기지 않고 도적들이 다시는 노략질하지 못하도록 격파하여, 세 성의 수십 년 우환을 제거하였다.

---

19) 『王陽明全集』 卷25, 外集7, 平涮頭碑.

4. 신호(宸濠)의 난을 계교로 평정함[20]

　신호는 명(明) 태조의 아들 영왕(寧王) 권(權)의 후손으로 무종(武宗)의 숙부였는데, 정덕 14년(1519년, 48세) 6월 14일 자신의 생일을 기하여 군대를 모아 강서성(江西省) 남창(南昌)에서 반란을 일으켰다.

　복건(福建)으로 가던 중 이 일을 당한 왕양명은 신호군의 추격을 가까스로 벗어나 임강(臨江)으로 돌아왔다. 양명은 임강보다는 길안(吉安)이 보다 작전하기에 유리하다고 판단하였다. 또한 그는 신호가 꾀할 수 있는 대안들을 판단하고, 위계(僞計)를 사용하여 신호로 하여금 최하의 방책을 도모하도록 유인하였다. 결국 신호는 양명의 계략에 빠져 군대를 출동시키지 않고 지체함으로로써, 앞서서 전기(戰機)를 잃게 되었다.

　신호는 7월 2일 잔류병 만여 명으로 남창성을 지키게 하고, 스스로 대군을 이끌고 안경(安慶)으로 향하였다. 신호가 출병하자, 부하 장수들은 먼저 안경의 위기를 구하자고 건의하였지만 양명은 상대적으로 미약해진 적의 근거지인 남창을 공격하였다. 양명은 남창으로 진공하여 마침내 20일에 성을 격파하였다. 신호는 양명이 남창을 공략한다는 소식을 듣고 크게 노하여 마침내 안경(安慶)의 포위를 풀고 남창에 돌아가 구원하고자 회군하였다.

　신호의 회군소식에 중론은 입성하여 방어전술을 구사하자는 것이었으나, 양명은 복병운용과 기습작전으로 기선을 제압하면 승산이 있다고 판단하였다. 23일, 양명은 야음을 틈타 진세를 갖추고, 적의 배후를 교란하면서 동시에 신호의 군대를 분리시키도록 작전

---

20) 『王陽明全集』 卷12, 別錄4, 奏疏4, 江西捷音疏.

계획을 짰다. 24일, 황가도(黃家渡)의 전투에서 양명은 거짓 패하여 적을 유인한 뒤 횡(橫)으로 적 중앙을 절단하자, 적은 대패하여 도망하였다. 이때 적 2천여 명이 죽거나 붙잡혔으며, 신호는 병력을 이끌고 팔자뇌(八字腦)로 후퇴하였다.

25일, 신호는 또 한 번의 총공세를 펼쳤으나 관병의 결사항전으로 패퇴하였다. 이날 밤 양명은 기습적인 화공(火攻)을 계획하고 준비케 하였다. 26일 새벽, 신호군은 갑작스런 양명의 화공에 대처하지 못하고 더구나 배들을 서로 연결하여 방진(方陣)을 형성하고 있었던 터라 그대로 당하게 되었다. 이 전투로 반란의 무리 삼천여 명이 붙잡혀 목 베이고, 물에 빠져 죽은 자가 삼만여 명에 달했다. 27일 초사(樵舍)에 이르러 잔당들을 크게 격파하고, 오성(吳城)을 또한 격파하여 평정을 마무리하였다.[21] 수십만의 위세로 나라를 위협하던 신호군을 양명은 부족한 시간과 병력으로 단 2개월여 만에 평정하였으니, 그의 군사적 능력을 유감없이 보여 주었다 하겠다.

5. 사주(思州)와 전주(田州)를 평정함

세종(世宗) 가정(嘉靖) 6년(1527년, 56세) 5월 조정에서는 양명에게 남경병부상서(南京兵部尚書) 겸 도찰원좌도어사(都察院左都御史)로 임명하여 사은(思恩)과 전주(田州) 지방의 노소(盧蘇)와 왕수(王受)의 반란을 토벌하라는 명령을 내렸다.

양명은 9월에 출발하여 11월 20일에 광서(廣西) 오주(梧州)에 개부(開府)하였다. 그는 그곳의 실정을 주의 깊게 파악한 뒤, 당시 사

---

21) 『王陽明全集』 卷38, 世德記, 陽明先生行狀.

은, 전주에 대해 무조건 토벌작전을 구사하여 평정을 하게 될 때 10환(患)이 있고, 그 실정을 살펴 위무(慰撫)로써 다스리면 10선(善)이 있다고 하였다.22) 즉 토벌보다는 위무의 방책을 통해 민심을 얻을 수 있고, 경제적 파탄을 피할 수 있으며, 그를 통해 자연스레 변방의 방위문제까지도 해결된다고 본 것이다. 한마디로 "족식(足食) 족병(足兵) 민시지(民信之)"23)를 달성할 수 있다고 보았다.

가정 7년 정월 26일 양명은 남녕(南寧)에 이르러 조(調)를 철회할 것을 하명하여 방어하기 위해 징집한 병력들을 수일 내에 해산시켜 수만 명을 복귀시켰다. 이에 노소, 왕수도 양명의 뜻을 알고 감복하여, 스스로 포박한 채 부하 두목 수백 인과 함께 투항하였다. 양명이 그 영(營)을 따라 가며 무정(撫定)한 무리가 17,000명에 달하였다. 양명은 이들에게 지난 수년간의 가업을 돌보지 않은 것을 먼저 돌아보도록 하여 모두 귀향시켜 본업을 회복하도록 하였다. 때는 가정 7년 2월 8일이었다.

양명은 또한 이 지방의 오랜 안정을 위해 상소를 올려, 이곳 실정에 맞게 토관(土官)을 세우고, 토목(土目)과 그 당(黨)을 나누어 분산하고, 유관(流官)을 세워 그 세력을 다스리게 할 것을 청하였다. 그리고 만약의 사태를 대비하여 사은, 전주 촌락을 꼼꼼히 방비하고 그 성보(城堡)를 수리하도록 하였다.24) 이와 같이 하자 사방의 토관(土官)들이 왕양명의 권위를 두려워하고 덕을 사모하여 마음으로부터 복종케 되었고, 신의가 널리 퍼져 오랑캐들이 다시는 모반하지 않게 되었다.

---

22) 자세한 내용은 『王陽明全集』 卷14, 別錄6, 奏疏6, 奏報田州思恩平復疏 참조.
23) 『論語』, 顔淵.
24) 『王陽明全集』 卷13, 別錄5, 奏疏5, 處置平復地方以圖久安疏.

6. 팔채(八寨) 단등협(斷籐峽)을 격파함

사은, 전주를 평정한 후, 양명은 같은 해(1528년, 57세) 7월 산곡(山谷)에 기반을 둔 팔채, 단등협에 웅거하던 수만 명의 오랑캐 도적들을 호광으로 복귀하는 병력을 이용하여 평정하였다. 광서(廣西)의 팔채, 단등협은 명대 이래 누차에 걸친 정벌에도 평정할 수 없었던 천험(天險)의 지역으로 유명하였다. 그런 까닭에 이 지역의 도적들은 회유되지도 않고 매우 강포하였다. 그러나 양명이 선종지계(先縱之計, 기만전술)를 발휘, 불의에 급습하여 정벌함으로써 일거에 평정하였다. 양명은 불과 8천 명의 병력으로 3개월 내에 적을 대파하고 참획(斬獲)한 자가 3천여 명이 되었으니, 양광(兩廣)에서 모두 수십 년간에 있을 수 없었던 거사(巨事)라 하였다. 그리고 바로 지세와 위험 지역을 파악하여 위병소를 건립하였고, 학교를 열고 유관(流官)을 세워 변란의 근원을 근절하였으니 이는 모두 보민치안(保民治安)의 방책이었다.[25]

그는 사주와 전주, 팔채, 단등협 등을 격파하고 나서 복파장군의 문묘(文廟)를 배알(拜謁)하고 그가 어렸을 때 꾸었던 꿈과 지금 그가 이룬 군사적 업적이 우연이 아니었음을 말하였다.

> 사십 년 전 꿈속에서 복파장군을 뵙고 시를 지었는데, 이 행정(行征)은 하늘이 정한 것이지 어찌 인위(人爲)겠는가? 가서 정벌함에 감히 풍운진(風雲陣)에 의지하였으니 지나감이 마치 때에 맞는 비가 내림과 같다. 도리어 먼 곳 사람들이 향하고 바라는 것을 알아 기쁜데 도리어 그들의 고통을 다 구제할 방법이 없으니 부끄럽다. 끝내 승산은 조정에 귀착되는 것이니 군대로 사이(四夷)를 정벌한 것을 말하는 것이 부끄럽다.[26]

---

25) 林振玉, 『王陽明論』, 208~211쪽.

이 글에서 양명은 오랑캐와 도적들을 평정하는 일이란 마치 가뭄에 비를 기다리는 농부들에게 비를 내리는 것과 같이 민중의 고통을 풀어 주는 것임을 말하고 있다. 그러나 자신이 백성의 고통을 온전히 해결해 주지 못했음을 부끄럽게 생각하면서 그의 군사적 성공이 자신에게 있기보다는 조정에 있다는 겸허한 태도를 보여 주고 있다. 결론적으로 말해서 양명의 군사적 활동과 그 결과는 그의 학문적 목표요, 철학적 사상의 핵심을 이루는 만물일체(萬物一體)의 인(仁) 또는 양지(良知)를 구현하고 불의(不義)를 바로잡고자 하는 실천적 노력이요, 그 결과였다고 할 수 있으니, 소위 "인심(仁心)과 무술(武術)을 함께 한"27) 것이다.

Ⅲ. 군사에 대한 근본적 인식

이상에서 보았듯이 왕양명은 45세 이후 주로 군사지휘관으로서 많은 도적과 반란 및 이적의 변란을 평정하는 군사적 업적을 이루었다. 그러나 그는 궁극적으로 무력의 행사로서 군사가 필요 없는 사회를 추구하였다. 그래서 그는 전쟁 중에도 교육과 학문의 강론을 중단하지 않았다.

전시와 평시를 포괄하는 군사 활동에 대한 양명의 근본적 인식은 고대 중국의 지성인들이 간직해 왔던 "군대 또는 무기는 생명을 앗아가는 흉기이며, 전쟁은 국가를 위태롭게 하는 것이다[兵凶戰

---

26) 『王陽明全集』 卷35, 年譜3, 嘉靖7年 10月 57歲.

27) 魏汝霖, 『中國歷代名將及其用兵思想』, 제54 王守仁.

危]", "최선의 승리는 싸우지 않고 상대를 굴복시키는 것이다[不戰屈人之兵]."라는 사상에 기초한 것이다.[28] 왕양명은 군사의 동원을 가능한 한 억제하였으며, 불가피하게 군사를 동원할 경우에는 인명 살상을 목표로 삼지 않고, 선량한 백성을 보호하고 불의를 응징하되, 불의한 자들을 섬멸하기 전에 반드시 개과천선의 기회를 제공하였다. 또한 그는 전쟁을 수행하는 과정에서도 인의(仁義)의 실현이라는 전쟁의 목적을 항상 염두에 두고, 이 목적의 달성에 가장 합당하고 효율적인 전략과 전술을 도모하였다. 이와 같은 양명의 군사사상에 관한 견해는 그가 만년에 『무경칠서(武經七書)』를 읽으며 요점을 지적하고 자신의 견해를 간략히 정리한 『양명선생비무경칠서(陽明先生批武經七書)』[29]에서 살펴볼 수 있으며, 이 밖에도 양명이 젊은 나이에 변방의 군사대비책으로 제시한 '변무팔사(邊務八事)'와 실제로 그가 반란과 도적들을 소탕하는 가운데 보여주었던 그의 군사 활동에서 엿볼 수 있다.

1. 정치가 군사보다 중요하다[政治重于軍事][30]

중국의 역사에서 가장 지대한 영향을 끼친 사상은 공자와 맹자를 종주(宗主)로 삼는 수기치인(修己治人)의 유학(儒學)이라고 할

---

28) 중국의 전통적인 군사사상의 특징에 관하여는 國防軍事硏究所의 『中國軍事思想史』 39～74쪽을 참고할 것.

29) 『陽明先生批武經七書』는 양명이 『武經七書』, 즉 손자, 오자, 사마법, 이위공문대, 위료자, 삼략, 육도 등 전반에 대해 일일이 주석을 가한 것이 아니고, 각 병서에서 중요한 내용을 나름대로 발췌하여 기록하고, 본문 중간 혹은 말미에 자신의 견해를 곁들인 것이다.

30) 政治重于軍事라는 말은 魏汝霖·劉仲平 共著 『中國軍事思想史』 29～30쪽에서 유가적 군사사상의 한 특징을 지적한 말이다.

수 있을 것이다. 유학은 인간의 도덕성에 대한 신뢰를 바탕으로 각자의 도덕성을 구현하고, 나아가 이러한 자아의 도덕성을 확충하여 타인에게 미루어 그 사회를 도덕적 사회, 즉 인의(仁義)의 사회로 만들어 가는 데 목표로 삼고 있다. 따라서 유학자들이 제시한 학문과 교육 및 정치의 다양한 방법들은 모두 이러한 목표에 초점이 맞추어지고 있는 것이다. 따라서 공맹의 사상적 전통을 계승, 구현하고자 하는 양명에게 있어서 군사(軍事)는 당연히 위와 같은 교학(敎·學) 및 정치 목표의 구현을 뒷받침할 뿐만 아니라, 최후의 수단이기도 하다. 그는 군사력을 강화하여 적이 두려워하고 백성이 신뢰하게 된 후, 인의를 시행할 수 있는 것이며 이것이 도적을 그치게 하는 요체라고 하였다.[31] 혹자는 이것을 군정배합(軍政配合)[32]이라는 말로 표현한다.

정덕 12년(46세) 1월 양명이 도찰원좌첨도어사(都察院左僉都御史) 겸 순무(巡撫)로서 공(贛)에 부임하는 도중, 만안(萬安, 江西省의 길안)을 지날 때 마주쳤던 유적(流賊) 수백의 무리들을 처벌하지 않고, 구제를 약속하고 생업에 종사하도록 하였다. 또한 그는 이듬해 2월 장주(漳州)를 평정하여, 도적들의 위협에 어쩔 수 없이 복종하였던 이들 4,000여 명을 모두 집으로 돌려보내 그 본업을 회복하게 하였다.[33]

양명이 횡수와 통강의 비적을 토벌하기에 앞서 그들을 회유(誨諭)하였다.

---

31) 『王陽明全集』卷16, 別錄6, 公移, 正德12년 正月 選揀民兵.
32) 魏汝霖, 『中國歷代名將及其用兵思想』, 417쪽.
33) 『王陽明全集』卷33, 年譜1, 正德12年 46歲.

… 나는 매번 너희들을 위한 생각을 하게 되면 문득 밤새 내내 잠을 이루지 못하며, 또한 너희들의 살길을 찾고자 하지 않음이 없다. 오직 이것은 너희들이 어리석고 완고하여 변화되지 않아, 그런 후에 부득이 군사를 일으켰으니 이것은 내가 너희를 죽이는 것이 아니라 하늘이 죽이는 것이다. … 그 자식을 차마 죽이지 못하는 것은 부모의 본심이기 때문이다. 이제 본심을 행할 수 있으니 어찌 기쁘고 다행스러운 일 아니겠는가. 나 또한 이와 똑같다. 너희들이 도적이 되어 고통받는 바 또한 많지 않으니 그간에 도리어 옷과 먹을 것이 충분하지 못하다는 것을 들었다. 어찌 너희가 도적질하는 노력과 힘으로 농사를 짓고 장사를 하지 않고 앉아서 부요(富饒)해지기를 바라며, 편안함을 누리고 즐거움으로 소일하고 본심을 버리고 자의대로 따르고 시내나 유람하고 밭과 들을 떠돌아다니는가? …너희들이 만약 내 말을 듣고 행동을 고쳐 선을 따른다면 나는 곧 너희를 양민(良民)과 같이 보고 다시금 너희의 옛 악(惡)을 추궁하지 않을 것이다. 만약 습성이 이미 이루어져 행동을 다시 고치기 어렵다고 하여, 또한 너희들이 임의로 행동한다면 나는 남쪽으로는 양광(兩廣)의 낭달(狼達)과 서쪽으로 호상(湖湘)의 토병(土兵)을 징발하여 친히 대군을 이끌고 너희 소굴을 포위하여 일 년에 진멸하지 못하면 이 년에, 이 년에 진멸하지 못하면 삼 년에 이를 것이다. … 슬프도다. 백성은 나의 동포요, 너희들 모두는 나의 자식인데, 나는 끝내 너희들을 위무하고 구휼할 수 없어 죽이게 되니, 아프고 아프도다. 말이 여기에 이르니 모르는 사이에 눈물이 나온다.[34]

위의 글에서 도적들에 대한 양명의 측은지심을 엿볼 수 있으며, 어떻게 하든 그들을 선으로 인도하고, 죽음에서 살려 내고자 하는 간절한 노력이 마치 자식을 구하고자 하는 어버이의 마음과 같음을 알 수 있다. 또한 무력의 행사는 선량한 백성과 형제를 지키고자 하는 불가피한 최후의 수단임을 말하고 있는 것이다.

양명은 무혈로 전주, 사주 지방을 평정한 후, 투항한 반도들에게 신의를 지켜 목숨은 살려 주되, 그 우두머리인 노소, 왕수의 죄에 대한 책임을 물어 군문에서 장(杖) 100대를 각각 때렸다. 그리고

---

34) 『王陽明全書』 卷33, 年譜1, 正德 12年 6月 46歲.

"오늘 너희 한 번 죽을 것을 용서한 것은 조정의 천지호생(天之好生)의 인(仁)이다. 다만 장(杖)으로 너희를 다스려 벌을 내린 것은 법의 의로움을 세우기 위함이었다."라고 하였다. 양명은 이들을 모두 귀향시켜 본업을 회복하도록 조치하니, 백성들이 어버이를 존경하듯 하였다.[35]

이상에서처럼 양명은 도적이나 반란군을 무력으로 격멸(擊滅)하기에 앞서 인의의 교화와 정치로 이들을 구제하고자 하였던 것이다.

2. 군대는 흉기이며, 전쟁은 위태로운 것이다[兵凶戰危]

무력과 강제로 국가의 이익과 국토확장을 꾀하는 패도정치(覇道政治)를 배격하고 인의(仁義)의 도덕을 통해 질서와 화합의 왕도정치(王道政治)를 구현하고자 하는 유가(儒家)들은 무력의 행사로서 전쟁을 거부한다. 양명은 근본적으로 무력을 행사하는 군대는 인명을 살상하는 흉기로서 이를 다룰 때 조심해야 하며, 전쟁은 국가의 주권과 안위를 위태롭게 하는 것으로 삼가야 할 것으로 보았다. 따라서 개별적 무력이나 집단적 전쟁은 부득이한 경우에만 사용해야 한다는 것이다.

병(兵)은 흉(凶)한 것이요, 전쟁은 위태로운 것이다. 그러므로 성인께서는 부득이한 경우에만 쓰셨다. 그러므로 손자는 병법을 저술함에 있어서 그 첫머리에 미전(未戰)을 말하였고, 다음으로 졸속(拙速)을 말하였다. 이것은 싸우지 않고 적병을 굴복시킴을 말하는 것이요, 곧 나라를 온전히 하

고, 군대를 온전히 하고, 여(旅)를 온전히 하고, 졸(卒)을 온전히 하고, 오
(伍)를 온전히 하고자 하는 것이다.36)

사랑과 화합, 정의의 정치를 실현하는 수단으로서 군사 활동은
아군이건 적이건 근본적으로 그들의 생명을 존중하며 화합을 도모
하는 데 있으며, 불의(不義)를 바로잡는 것이 궁극적 목적이다. 따
라서 군사 활동의 최선책은 아군이건 적이건 살상을 피하는 데 있
다. 왕양명은 손자의 부전승(不戰勝) 사상을 받아들이고 있으며,
이러한 사상은 근본적으로 유가의 왕도정치와 대동사상의 이념을
구현하고자 하였던 그의 만물일체론(萬物一體論)과 치량지론(致良
知論)의 군사적 구현책이라 하겠다.

이에 따라 양명은 전쟁을 가급적 피하고자 하는 대책과 더불어
전쟁의 발생소지를 근원적으로 해소하고자 하는 적극적인 대책을
마련하였다. 양명은 폭력과 전쟁의 발생소지를 근원적으로 해소하
기 위한 대책으로 십가패법(十家牌法)과 사학제도(社學制度)를 마
련하여 백성의 도덕성 계발을 통한 인화(人和)를 꾀하였으며, 군제
와 민병제, 엄정한 상벌제를 시행하여 군사력을 강화하고 군의 위
엄을 세웠으며, 군사 활동 중에서는 도적과 반란군을 회유하고, 강
제로 동원된 백성들은 본업에 종사할 수 있는 기회를 주었으며, 토
벌 후에는 재발의 근원을 막는 대책을 마련하기도 하였다.

---

36) 『陽明先生批武經七書』 卷一之三.

Ⅳ. 군사력 운용의 전략과 전술

왕양명은 싸우지 않고 적을 굴복시키는 것을 최선의 군사 운용으로 보고, 전쟁이 불가피한 경우에는 피해를 최소화하면서 신속히 승리할 수 있는 방안을 도모하였다. 따라서 전쟁은 무력의 직접적 대결이 있기 전에 이미 시작되는 것이다. 그래서 양명은 상대의 전략, 전술 그리고 실정을 헤아리고 예측하여 아측이 이에 어떻게 대비하느냐에 따라 전쟁의 승패는 이미 결정되었다고 보는 것이다. 이제 양명이 전쟁 개시 전부터 전쟁이 종료된 후의 조치과정에 걸쳐 취한 그의 군사 운용의 원칙을 고찰해 보고자 한다.

1. 피아의 군사경영을 비교하고 그 실정을 탐색한다[校計索情]

양명이 전쟁 수행을 위해 일관되게 강조한 것은 "교지이계이색기정(校之以計而索其情)"이다. 이 말은 『손자』 시계편(始計篇)에 나오는 글귀로서 국방계획에 해당하는 내용을 서술한 구절이다.[37] 즉 양명은 전쟁에 있어서 무엇보다 주도면밀한 국방계획, 국가전략, 군사전략의 수립이 중요함을 강조하고 있다 하겠다. 이에 관련하여 양명은 다음과 같이 말한다.

> (五事를 중심으로) 각 계책을 비교하여 그 실정을 살핀다. 이것은 병가(兵家)의 비장(秘藏)의 것으로서 아래 글의 권(權), 궤(詭)를 말하는 것이다.[38]

---

37) 魏汝霖 註譯, 『孫子今註今譯』, 65쪽.

38) 『陽明先生批武經七書』 卷一之一.

양명은 교계색정(校計索情)을 권(權)과 궤(詭)라는 의미와 결부시킨다. '권'은 "세자 인리이제권야(勢者 因利而制權也)"의 권을 지칭하는 것이요, '궤'는 "병자궤도야(兵者詭道也)"의 궤를 지칭한다고 볼 수 있다. 권은 전쟁에서의 주도권을 의미한다고 볼 수 있다. 혹은 뒤에 이어지는 궤라는 말과 연관하여 볼 때, 보다 변화하는 상황과의 연관성을 고려한 상도(常道)에 대비되는 권도(權道)를 의미한다고도 볼 수 있다. 궤는 전쟁을 수행하는 쌍방이 서로 자신의 의지, 의도, 계획 등을 강요하고자 하는 노력이 변증법적으로 상호 작용하는 전쟁과정에서, 무엇보다 상대의 계획과 의도, 의지, 계획을 넘어서서 자신의 의지를 관철시키는 전략의 속성을 지칭하는 말로 볼 수 있다. 양명은 전쟁에서 주도권을 장악하고 자신의 의지를 관철시키기 위해서 무엇보다 사전 치밀한 교계색정(校計索情)의 과정이 필요함을 인식하였다.

> 병(兵)을 말하는 자는 모두 병은 궤도(詭道)라고 말한다. … 그러므로 대개 전투가 벌어지기 이전에 모든 결과가 결정되는 셈이다. 손자가 '계획을 비교하고 그 실정을 찾는다.'고 말하였으니, 계획을 비교하고 헤아리는 가운데 신명묘용(神明妙用)한 것이 있게 된다. 이른바 이(利)를 인하여 주도권을 잡는다는 것이니 먼저 선전할 수 없는 것이다.39)

양명은 『손자(孫子)』에 기록된바, 군대를 운용하는 불변의 원리인 '오사(五事)'40)와 "이것들을 비교하여 헤아리고 그 실정을 탐색

---

39) 『陽明先生批武經七書』 卷一之二.

40) 『孫子兵法』 第一 始計篇에 의하면 군사를 경영하는 五事를 道·天·地·將·法, 즉 백성으로 하여금 윗사람(치자)과 뜻을 같이하여 생사를 더불어 함으로써 백성이 위태로움을 두려워하지 않는 것을 道라 하고, 음양 한서 등 때에 합당한 것을 天이라 하며, 遠近 險易 廣狹 死生을 地라 한다. 智信仁勇嚴을 지닌 자를 將이라 하며, 세밀한 제도와 관리의 도리, 임금의 명령 등을 法이라 한다.

하는 것[校之以計而索其情]"에 주목하고, 따라서 양명은 사전에 적의 계획과 실정을 알고, 이에 대비한 치밀한 분석과 판단을 하여 아측의 이점을 활용하여 주도권을 잡을 때 승세를 얻는 것이며, 싸우지 않은 상태[未戰]에서 이미 승리를 확보한 셈이라고 보는 것이며, 아측이 충분히 준비가 되지 않고도 신속히 승리를 얻을 수 있다는 것이다. 따라서 '부전이굴인지병(不戰而屈人之兵)', 즉 부전승이라는 최선의 군사운용을 위해서는 적과 아측의 계교를 비교하고 그 실정을 탐색하는 즉 '교계색정(校計索情)'하는 것이 최우선의 방책이라고 하겠다.

또한 교계색정(校計索情)은 실제적인 전쟁수행에서 속전속결(速戰速決)을 이루는 데 있어서도 필수불가결한 요소로 파악된다. 즉 양명은 다음과 같이 말한다.

> 병(兵)은 졸속(拙速)을 귀히 여긴다. 요컨대 싸움에 임하지 않고도 신속히 승리할 수 있는 것이다. 그러므로 모름지기 지혜로운 자는 먼저 각 계책을 비교하여 그 실정을 살핀다는 것이 바로 이 때문이다. 총괄컨대 밖에서 오랜 전쟁을 하여 백성들을 피폐케 하고 나라를 어렵게 하지 않고자 해야 한다.[41]

양명이 교계색정을 통한 졸속을 추구한 것은 싸우지 않고 적병을 굴복시킴을 말하는 것이요, 곧 나라를 온전히 하고, 군대를 온전히 하고, 여(旅)를 온전히 하고, 졸(卒)을 온전히 하고, 오(伍)를 온전히 하고자 하는 것이다.[42] 앞 절에서도 살펴보았듯이 부전승의 전쟁철학을 지지하는 양명은 사전 국방계획 및 전략의 중요성을

---

41) 『陽明先生批武經七書』 卷一之四.
42) 『陽明先生批武經七書』 卷一之七.

교계색정(校計索情)으로 요약하였다. 이러한 교계색정을 통해 우선적으로 미전(未戰) 때에 전쟁을 종결할 수 있도록 하는 것이 첫 번째 목표가 될 것이다. 그렇지만 일단 실제적인 전쟁국면으로 접어들었을 때 지도되는 작전지침은 졸속(拙速)으로 표현되는 속전속결이다. 그러나 이것이 단순한 단기결전(短期決戰)을 의미하는 것은 아니다. 싸우지 않고 이기는 전쟁을 추구했던 이상 대규모의 병력과 장비를 집중시켜 단번에 승부를 내려는 결전사상(決戰思想)은 양명의 군사사상과 부합되지 않는다. 졸속의 작전개념은 어디까지나 싸움에 임하지 않고도 신속히 승리하고자 하는 방도인 것이다. 그리고 속전속결을 추구하는 이유는 백성들을 피폐하게 하고 나라를 어려움에 빠뜨리는 전쟁의 폐해를 최대한 줄이고자 하는 목적에서이다.

그렇다면 교계색정의 구체적 내용은 무엇인가? 그리고 어떻게 그것이 이루어지는가? 교계색정의 구체적인 내용은 손자병법에 기록된 대로 오사(五事), 즉 도(道)·천(天)·지(地)·장(將)·법(法)이 중심이 된다.[43] 양명은 이것을 기준으로 적과 나의 허실(虛實)을 파악하는 것이라고 보았다.

> 소노천은 "모든 형세(形勢)에는 허실(虛實)이 있기 마련이다."라고 말하였다. 대개 능히 각 계책을 비교하고 그 실정을 살필 수 있는 자는 능히 허실을 알 수 있고, 능히 허실을 알 수 있는 자는 능히 적의 강점[實]은 피하고 적의 약점[虛]을 공격할 수 있게 되며, 적을 인하여 승리를 취하게 된다.[44]

---

43) 魏汝霖 註譯, 『孫子今註今譯』 69쪽에서는 오사(五事)에 대하여 다음과 같이 풀이한다. 道是主義 天是時間 地是空間 將是精神 法是紀律, 道者 國家之政治 法者 國家之制度 天地人者 其材料也.

44) 『陽明先生批武經七書』 卷一之十四.

교계색정을 통해 허실을 알게 되고, 허실을 알게 되면 적의 강점
은 피하고 적의 약점을 칠 수 있게 되어 '피실격허(避實擊虛)', '공
기불비 출기불의(攻其不備 出其不意)'의 작전원리를 달성할 수 있
게 된다고 하는 것이다.

교계색정을 위해 간첩 및 제5열 활동이 요구된다.

> 용간(用間)과 상간(桑間)은 같지 않다. 상간은 적으로부터 생기는 것이요,
> 용간은 간첩을 내가 쓰는 것이다. 이 한 법을 알면 아무리 견고한 적의
> 방어벽에 임하여도 파하지 못할 것이 없게 된다. 총괄컨대 '각 계책을 비
> 교하여 그 실정을 살핀다.'는 한 글귀에서 벗어나지 않는다. 매림(梅林)이
> 말하기를 용간은 적을 제압하는 제일의 묘법이다. 그러므로 손자는 심삽편
> 에 이를 붙였으니, 그 뜻이 매우 심원하다. 당세에 뜻을 품은 자라면 유의
> 하지 않을 수 없다.45)

용간의 용병술은 교계색정(校計索情)을 위한 것이라고 보는 것
이다. 이는 적의 계획과 의지를 간파할 뿐 아니라 혼란을 야기하고,
아군의 계획과 기도를 감추기 위한 것이다.

이상과 같은 교계색정을 강조하는 양명의 태도는 수차에 걸친
전쟁수행에서 잘 드러난다. 양명은 남공 일대의 도적들을 평정할
당시 올린 소(疏)46)에서 대거에 도적을 공격하여 일시에 분함을 풀
고자 하기보다 일의 형세와 완급에 따라 토벌과 위무(慰撫)를 함께
해야 한다고 주장하였다. 이것은 피아간의 실정에 대한 파악과 정
확한 판단에 입각해 이루어진 것이다.

또한 양명의 교계색정의 성공적인 예는 신호의 난[正德 14년
1519년 6월 14일]을 평정하는 과정에서도 잘 드러난다. 상황은 매

---

45) 『陽明先生批武經七書』 卷一之三十五.
46) 『王陽明全集』 卷9, 別錄1, 奏疏1, 攻治盜賊二策疏.

우 위급한데 각 성의 병력들은 소집하지도 못하였던 까닭에 양명은 임강(臨江)보다는 길안(吉安)이 보다 작전하기에 유리하다고 판단하여 지휘소로 삼았다.47) 또한 양명은 이때 세 가지 방안이 신호가 꾀할 수 있는 대안이라고 판단하였다. 첫째는 신호가 상책(上策)을 내어 곧바로 경사(京師, 북경)로 기동하여 종사(宗社, 종묘사직)를 단번에 위기에 빠뜨리게 하는 것이요, 둘째는 중책(中策)으로 남도(南都, 남경)로 기동하면 대강(大江)의 남북을 장악하게 되는 것이요, 셋째로는 하책(下策)으로 단지 강서성(江西省)의 성(城)에 웅거하는 것이었다. 이와 같이 상대가 도모할 수 있는 전략을 분석하여 판단한 양명은 위계(僞計)를 이용하여 신호로 하여금 하책을 도모하도록 유인하고자 하였다. 양명이 위계를 쓰고자 결정한데에는 우선 신호의 인간 됨이 의심이 많고 성급하다는 것이 첫째 이유였고, 현실적으로 시간이 촉박하여 병력을 소집할 수 없기 때문에 시간을 벌어야 한다는 것이 두 번째 이유였다. 이에 따라 양명은 간첩을 운용하여 조정의 거짓 밀지를 주어, 양광(兩廣) 호양(湖襄) 도어사(都御史) 양단(楊旦), 진금(秦金) 및 양경(兩京) 병부(兵部)에게 군사를 출병하여 반란군의 기동로의 목에 잠복하여 기다리라고 하였다. 또한 신호의 부하 장수들과 신호와 연합하였던 도적들이 배신하였다는 거짓 정보를 지어내었다. 그리고 이것들을 일부러 신호에게 노출되도록 하였다. 과연 신호는 이로 인해 의심에 빠져 군대를 출동시키지 않았고, 앉아서 전기(戰機)를 잃는 꼴이 되었다. 신호는 군사적으로 가장 핵심적인 목표였던 북경이나 남경을 쉽게 함락하여 일거에 승기를 잡을 수 있었으나, 양명의 작전에 당하여 그 기회를 놓치고 말았던 것이었다.48) 초기 신호 반란

---

47) 『王陽明全集』 卷38, 世德記, 陽明先生行狀.

군에 대한 양명의 대응은 예상되는 적의 계획과 아군의 실정을 파악하여 그에 따른 전략을 구사한 교지이계이색기정(校之以計而索其情)의 대표적인 실례라고 할 수 있다.

이상에서 양명이 장주의 도적과 신호의 반란을 단기간에 평정할 수 있었던 것은 피아간의 지리적 여건, 준비상태, 계책 등을 상호 비교하고 그 실정을 파악하여 이룬 것이라 하겠다.

2. 전쟁의 승리는 마음의 동(動)·부동(不動)에 달려 있다[攻心守氣]

싸우지 않고 이기고자 하는 양명의 군사 전략·전술은 당연히 무력에 의한 섬멸전을 꾀하기보다는 적의 마음을 의심과 혼란, 불안의 상태로 몰아 판단력을 흐리게 하고 전투의지를 상실하게 하는 심리전을 추구하였다. 반면 아측의 군사와 백성의 마음을 하나로 합하고, 부동심을 지니도록 하는 것이다.

양명은 전장에서의 승부가 마음의 동(動)·부동(不動)에 의해 갈라진다고 한다.

> 혹자가 물었다. "용병에는 기술이 있습니까?" 선생이 말하였다. "용병에 무슨 기술이 있겠는가? 다만 학문이 순수하고 독실하여 이 마음을 길러 부동하게 하는 것, 이것이 그 기술이다."49)

양명은 군사를 운용하는 기술이 부동심에서 비롯된다고 주장한 것이다. 그가 부동의 마음을 기른다고 하는 것은 심체(心體)를 간

---

48) 『王陽明全集』 卷34, 年譜2, 正德14年 48歲.
49) 『王陽明全集』 卷39, 附錄7, 世德記附錄1, 征宸濠反間遺事.

직한다는 의미이다. 즉 부동심을 기른다는 것은 외물의 위협이나 유혹, 내적인 욕구와 이기심에 의해 흔들림 없이 인간 보편의 본심을 보존하고 기르는 것, 즉 양지를 기르고 구현하는 것이다.[50] 또한 양명이 횡수(橫水)의 도적을 평정하러 가기 전 날, 양사덕(楊仕德)에게 보낸 서한에서 "산속의 도적은 격파하기 쉬우나 마음의 도적은 격파하기 어렵다."[51]라고 하였다. 이 말은 문자 그대로 해석하면 평정심 또는 본심을 가리거나 동요하게 하는 이기심이나 욕구 등을 몰아내는 것이 산속의 도적을 격파하기보다 어렵다는 의미를 지칭하는 것이지만, 이 말이 사용된 문맥을 고려한다면 마음이 적의 움직임이나 계략에 흔들리지 않고, 급변하고 유동적인 전장상황에서도 그 중심이 요동치 않음으로 변화에 대처하여 당황하지 않고 시의적절하게 응대함으로써 외적인 도적을 격파할 수 있다는 의미를 함축하고 있는 것이다.

양명이 병부상서 왕경(王瓊)의 추천으로 강서(江西)의 남공(南贛)과 복건(福建)의 정장(汀漳) 등지의 도적들을 평정하는 일을 맡았을 때, 왕사여(王思輿)는 계본(季本)에게 양명이 공을 세울 것이라고 말하였으며, 그것은 양명이 부동의 마음을 지니고 있는 것을 알고 있었기 때문이었다.[52]

---

50) 양명은 여러 곳에서 '不動'을 말하고 있는데, 그것은 『周易』(繫辭上 10장)과 『孟子』(公孫丑 上), 『中庸』(1장), 程明道의 「定性書」 등에서 그 근거를 찾아볼 수 있다. 또한 양명의 「傳習錄」에서는 대략 10회 정도 '不動'이라는 말이 나온다. 그 요지는 처음에는 無善無惡, 天理의 心體를, 후에는 良知를 不動으로 말한다. 그것을 寂然不動, 未發之中, 廓然大公 등으로 氣나 外事에 不動하는 것 등으로 표현한다. 또한 동시에 그것은 感而遂通, 發而中節, 物來而順應의 작용으로 나타나는 것으로 말한다. 이러한 부동은 맹자가 말하듯이 集義하면 자연히 부동하게 된다. 그것은 곧 본체의 회복이기 때문이다. 양지에 의거할 때 또한 부동하게 된다. 한편 『中庸』에서 말하는 戒謹・恐懼의 공부가 곧 動靜을 일관하여 부동하는 경지에 이르는 것이라고 보았다(「전습록」, 72, 81, 101, 145, 155, 158, 202, 243, 272, 341조 등 참조).

51) 『王陽明全集』 卷4, 文錄1, 書, 與楊仕德薛尚誠.

또한 양명은 신호(宸濠)와 교전하고 있을 때, 두세 명의 동료와 학문을 논하고 있었는데, 도중에 아군이 불리하다는 말을 듣고 주위 사람들은 두려운 빛을 띠었으나 양명은 변함이 없었다고 한다. 그는 부동심을 간직하여 위험에 처하여서도 두려워하지 않으며, 다양한 변화에 능히 대응할 수 있었던 것이다.

또 양명은 『손자(孫子)』 군쟁편(軍爭篇)에서 치기치심치력(治氣·治心·治力)을, 『이위공문대(李衛公問對)』에서는 공심수기(攻心守氣)라는 구절을 발췌하고 있는데, 이는 전투상황에서 근본적으로 무엇이 목표인지를 엿보게 해 준다. 그는 유동적이며 급변하는 전장상황에서 시의적절(時宜適切)하게 대처할 수 있는 열쇠는 나의 마음과 기세를 부동하게 지키면서, 적의 심기를 요동케 하는 데 있다고 본 것이다. 전장에서는 적의 심리적 붕괴를 목표로 삼고 지향한다는 것이다.

그래서 양명은 『오자(吳子)』에서 병력 운용의 방법으로 제시한 사기(四幾, 氣幾·地幾·事幾·力幾) 중 사기(事機)가 가장 중요하다고 하였다.[53] 양명이 강조한 사기(事幾)는 『오자』의 원문을 보면 "간첩을 잘 활용하고 기동성 있는 병력을 운용하여 적의 병력을 분산시키고 그 군신(君臣) 사이를 이간질시키고 상하(上下) 지휘체계가 서로 불신하게 한다."라고 하고 있다. 즉 사기(事機)란 제5열 활동이나 신속한 기동군의 운용 등을 통해 적의 수뇌부를 교란하여 제반 작전계획에 대하여 효과를 획득할 수 있는가의 여부를 결정짓는 관건을 말

---

52) 『王陽明全集』 卷33, 年譜1, 正德 11年 先生 45歲. 일찍이 양명은 환관 劉瑾의 비위를 간하다 투옥된 감찰어사 대선과 박언휘 등을 구하려다가 오히려 하옥되어 매를 맞고 기절을 하기도 하였다. 여기서 권세의 위협에 굴하지 않고 義를 지키고자 했던 양명의 모습을 볼 수 있다(『王陽明全集』 卷33, 年譜1, 正德1年 35歲 참조).

53) 『陽明先生批武經七書』 卷二之十三.

한다. 이는 양명이 싸움 이전에 적의 계획을 분쇄하고자 하고, 구체적으로 적의 수뇌부를 혼란시키고자 하였음을 보여 준다.

양명이 통강(桶岡) 지역을 토벌할 때 소리와 세력으로 위협하고, 사신을 보내 도적들로 하여금 화복(禍福)을 깨우쳐 주어, 저들로 하여금 두려운 마음을 갖게 한 것은 일종의 심리전으로 적의 전투 의지를 꺾은 것이라 하겠다.[54] 또한 그는 신호의 난을 평정할 때, 간첩과 의병(疑兵)으로 신호의 마음을 혼란스럽게 하여 군대의 발동 시간을 지연시켜, 신호로 하여금 적절한 공격 시기를 놓치게 하였으며, 반면 양명 자신은 군대를 모으고 대비하는 시간을 벌었던 것이다.

따라서 양명이 바라본 전승의 요결은 나의 마음은 부동(不動)하게 하고, 적의 마음은 요동(搖動)하게 하는 데 있다고 할 수 있다. 이를 보다 현대적인 언어로 바꾸어 본다면, 전승의 원리는 적을 물리적으로 파괴시키는 데 있는 것이 아니라 적을 심리적으로 마비시키는 데 있다고 본 것과 크게 다르지 않다.[55]

3. 군사의 운용원리는 상황의 변화에 임기응변하는 것이다 [兵宜隨時]

부전승 사상, 속전속결의 사상을 바탕으로 실제적 무력행사가 이루어지는 전투에서 시도되었던 왕양명의 작전 및 전술의 원리는 "군대의 운용은 때에 따라 적절히 해야 한다."는 임기응변(臨機應

---

54) 『王陽明全集』 卷10, 別錄2, 奏疏2, 橫水桶岡捷音疏.

55) 현대전의 기동전 이론 및 마비전 이론에 관하여는 고진석의 『마비전의 현대적 발전』(국방대학원 석사학위논문, 1990)과 원형호의 『전략론』(한원, 1994, 240~244쪽)을 참조할 것.

變)을 강조하는 그의 진술에서 찾아질 수 있다. 양명은 다음과 같이 말했다.

> 군사의 운용은 때에 따라 적절하게 하여 그 변통(變通)이 호흡과 같으니, 어찌 이뤄진 말로(고정된 설로) 고집할 수 있겠는가?56)

한마디로 급변하는 상황에서 어떤 정해진 패턴이나 고정된 유형의 작전 또는 전술은 있을 수 없다는 것이다. 중요한 것은 유동적인 전장상황에서 그 형세와 기세에 따라 시의적절하게 대응하는 유연한 전력 운용이 중요한 것이다. 양명이 시의(時宜)를 중시한 것은 군사에서뿐만 아니라 철학, 정치의 분야에서도 보인다.57)

군대를 때와 상황에 따라 적절하게 운용하기 위해서는 상대방의 계책과 실정을 정확히 헤아리고, 상대를 속여 자기의 계책과 실정을 적이 파악할 수 없도록 하는 것이 선행되어야 한다. 그래서 양명은 손자병법의 병자궤도(兵者詭道), 교계색정(校計索情)에 주목하였던 것이다.58)

그는 일에 따라 적절하게 대응하기 위해서는 무엇보다도 우선적으로 현지에서 사정을 잘 알고 조치를 신속하게 취할 수 있는 지휘관에게 군 지휘의 자율권이 주어져야 한다는 것을 인식하였다. 그래서 그는 상소하여 군대 지휘의 자율권을 허락받았다.59)

---

56) 『王陽明全集』 卷33, 年譜1, 正德12年 2月 46歲.

57) 왕양명 철학의 핵심 개념인 良知의 중요한 특징은 天理를 時中, 中和하게 하는 知로서 고정된 것이 아니라, 무수한 상황과 대상에 따라 그 시비선악들을 분별하는 기능이다(「傳習錄」中, 答顧東橋書과 「傳習錄」下, 304조목 등 참조). 또한 그는 정치가 추구하는 道는 동일하나 그 방법으로서 제도와 법령 등은 때에 따라 달리하여야 한다는 것이다(「傳習錄」上, 11조목).

58) 『陽明先生批武經七書』 卷一之二.

59) 『王陽明全集』 卷9, 別錄1, 奏疏1, 攻治盜賊二策疏.

적의 강점을 피하고 약점을 공격한다[避實擊虛] 양명은 적의 강점은 피하고 적의 약점을 치고 들어감으로써 피아의 불필요한 살상과 파괴를 최대한 줄이도록 기도하였다. 그리고 공격의 목표를 적의 물리력 요소의 파괴에 두는 것이 아니라 적의 심리와 의지, 의도를 무력화하는 데 맞추었다. 따라서 양명은 작전에 있어서 무엇보다 피아의 허실을 파악하는 것을 중시하였던 것이다.

> 소노천은 "모든 형세(形勢)에는 허실(虛實)이 있기 마련이다."라고 말하였다. 대개 능히 각 계책을 비교하고 그 실정을 살필 수 있는 자는 능히 허실을 알 수 있고, 능히 허실을 알 수 있는 자는 능히 적의 강점(實)은 피하고 적의 약점(虛)을 공격할 수 있게 되며, 적을 인하여 승리를 취하게 된다. 병(兵)의 형(形)의 가장 지극한 모양은 무형에 이르고 신묘함에 이르게 된다. 이것이 '적을 이르게 하되 적에 의해 내가 이르게 되지는 않는다.'는 것이 되는 것이 아니겠는가?[60]

양명은 피아의 허실을 비교하여 적의 강점을 피하고 약점을 공격하는 군사적 운용원칙을 승리의 방법으로 제시한 것이다. 양명은 상대적으로 유리한 지형을 점령하여 강력하게 저항하는 도적들을 직접 공격하지 않고, 위협과 회유로 심리적 불안과 위협을 가하고 예기치 못한 시간과 방향으로 기습하여 통강에서 승리를 거두었다.[61] 또한 그는 간첩을 운용하고 거짓 정보를 흘려서 신호의 대병력의 출동을 지연시켰으며, 신호의 주력군과 충돌을 피하고, 약한 남창성(南昌城)을 공략하여 격파함으로써 승기를 잡았던 것[62]도 피실격허(避實擊虛)의 원리를 응용하여 승리를 거둔 사례로 볼 수

---

60) 『陽明先生批武經七書』 卷一之十四.
61) 『王陽明全集』 卷33, 年譜1, 正德12年 10月 46歲.
62) 『王陽明全集』 卷34, 年譜2, 正德14年 48歲.

있다. 양명은 적의 강약을 고려하여 진퇴를 판단하고 공수를 결정하였으니, 한마디로 적의 강점은 피하고 나의 강점으로 적의 약점을 쳐서 승리를 거둔 것이다.

기정(奇·正)[63]의 운용 기정(奇正), 허실(虛實)의 운용은 결국 상대의 심리적 허점, 약점에 초점을 맞춘 전력운용에 대한 실제적 지침이며, 졸속(拙速)의 작전 개념을 구현하는 구체적인 용병원칙이 된다고 할 수 있다.

> 천지(天地)와 강과 바다와 해와 달과 사시(四時)보다 더 정(正)한 것이 없다. 그러나 또한 천지와 강과 바다와 해와 달과 사시보다 더 기(奇)한 것이 없다. 오직 무궁하며 갈함이 없고, 끝났으되 다시 시작하고, 죽었으되 다시 살아난다. 이로 말미암아 보건대 변하지 않고 화하지 않으니 이름할 수 없다. 기정(奇·正)은 상생(相生)하여 마치 끝없는 고리와 같으니 이것이 병(兵)의 세(勢)이다. 세(勢)에 맡긴즉 싸우지 않고도 이미 기세에 삼켜지게 되는 것이니 그러므로 이르기를 정(正)으로써 합(合)하고 기(奇)로써 승리한다 하는 것이다.[64]

먼저 양명은 병세(兵勢)는 기정(奇·正)의 두 요소에 의해 결정

---

63) 陳高春 主編, 『中國古代軍事文化大辭典』, 202~203쪽에서는 奇와 正에 대해 다음과 같이 설명한다. 奇와 正은 고대 군사 활동 중 용병에 관한 중요 술어이다. 그 의미에 대해서는 많은 해석이 있는데, 일반적으로 다음과 같이 정의할 수 있다. 奇는 奇異, '出人意料 變幻莫測 與正相對'의 의미요, 正은 一般的, 常規的 의미를 가진다. 따라서 '奇'는 作戰의 變法, '正'은 作戰의 常法을 말하며, 작전 지휘상 常規를 준수하는 것이 正이요, 靈活히 운영하는 것이 奇이다. 병력이나 부서상으로 본다면 主力이 正이 되고, 一部가 奇가 된다. 견제부대가 正이 되고, 돌격부대가 奇가 되고, 一第波가 正이 되고 豫備隊가 奇가 되고, 적과 직접 상대하여 싸우는 부대가 正이 되고, 비밀스레 적을 제압하는 부대가 奇가 된다. 작전상으로 본다면 정면작전이 正이 되고, 측익 및 후방작전이 奇가 된다. 정면공격이 正이 되고, 측후방 우회 기동이 奇가 되고, 正攻이 正이 되고 기습이 奇가 된다. 작전활동상으로 본다면 공개적인 교전이 正이 되고, 은밀한 야습이 奇가 된다. 적에게 직접적으로 보여 주는 상황이 正이 되고, 적을 기만하는 상황이 奇가 된다.

64) 『陽明先生批武經七書』 卷一之十一.

된다고 본다. 또 "전세불과기정(戰勢不過奇正)"이라는 손자의 말을 주목하였다. 여기서 세(勢)라는 것은 "이(利)를 인하여 주도권을 잡는 것[因利而制權]"이다. 따라서 전장에서 그 주도권을 잡아 승기를 잡느냐 그렇지 못하느냐는 기정(奇·正)의 적절한 운용 여부에 달렸다고 본 것이다. 이러한 양명의 병세(兵勢), 전세(戰勢)에 대한 견해는 변화무쌍한 불예측성, 혼란, 마찰이 난무하는 전장을 고려한 것이라 볼 수 있다. 변화막측한 전장에서 적절히 대응하기 위해서 역시 때에 따라 무궁히 대응할 수 있는 기정(奇正)의 원리를 강조하고 있다 하겠다.

양명은 이러한 기정은 부단히 변화하는 것으로 마치 순환하는 고리와 같다고 하였다. 또한 기정은 서로 상생하는 상호 대대(相互待對)의 관계를 가진다. 특히 기병(奇兵)의 운용은 역리(易理)에 기초한 것으로 변화무쌍한 데 그 특징이 있다.[65] 기정(奇正)의 변화는 무궁하여 때에 따라 전장의 양상에 적절히 대응하게 된다.

양명의 기정배합(奇正配合)의 전력운용은 그가 수행했던 전쟁에서 공통저으로 잘 드러나고 있다. 정덕 12年 장주를 평정할 때 양명은 도적들의 귀로(歸路)를 차단케 하여 그 배후에서 위협토록 계획하였다. 또 험준한 지세를 이용하여 복병을 매복시키고, 각 향촌의 왕래하는 도로에는 적을 기만하기 위한 의병(疑兵)을 배치함으로써 도적들로 하여금 진출하지도 퇴각하지도 못하게 하여 쉽게 승리를 거두었다. 상호산(象湖山)으로 달아난 잔당들을 공격할 때에는 병력을 3대(隊)로 나누어 야습을 감행하였다. 즉 정병(精兵) 1,500명과 후속하는 중병(重兵) 4,200명을 적 정면으로 기동시키고, 결정적으로 기병(奇兵)을 적의 측후방 간격으로 침투시켜 적의

---

65) 『陽明先生批武經七書』 卷一之十.

허를 찔러 승부를 결정지었다.

횡수를 공략할 때, 양명은 400여 명의 병력을 선발하여 은밀히 산 정상으로 침투시켜 기병(奇兵)으로 활용하였다. 동시에 새벽 미명에 병력을 진군시켜 이들과 호응하여 도적들을 공격하도록 하여 큰 승리를 거두었다.

한편 양명은 『이위공문대』에서 '선정이후기'(先正而後奇)라 정리하고 있는데, 이는 『이위공문대』 본문상의 '선인의후권휼'(先仁義後權譎)이란 글을 근거로 한 것이다. 이는 양명이 정치를 군사적 해결보다 우선하였다는 앞 절의 내용을 그대로 받는다고 볼 수 있다. 또한 통강을 평정할 때 이러한 기정의 운용을 잘 살펴볼 수 있다.

그러므로 주둔지를 가까운 땅으로 이동시키고, 병력을 휴식시켜 전력을 보강하되, 위협하는 소리는 크게 높이고 사신을 보내 도적들로 하여금 화복을 깨우쳐 주어, 저들로 반드시 두렵게 하여 항복게 하여야 하는 것만 한 것이 없다. 혹 도적들이 복종치 않는다면 예정한 대로 적을 습격하여 가히 그 길을 얻을 수 있을 것이다.[66]

위의 내용을 본다면 이는 적의 형세에 따라 용병을 달리하는 양명의 태도를 보여 주고 있다. 또한 『이위공문대』의 글을 빌려 말하자면, 인의(仁義)의 정(正)을 먼저 하는 태도로 볼 수도 있겠다. 양명은 지형의 특성을 감안하여 우선적으로 적을 회유하고자 계획하였던 것이다. 그러다가 여의치 않자 잡았던 도적들을 놓아주고 은밀히 도적들의 진영에까지 추격하여 적의 실정을 살피게 하였다. 그리고 작전 당일 새벽에 비를 무릅쓰고 강행군을 하여 도적들이 예상치 못한 때에 공격함으로써 일거에 도적들을 크게 패주시켰다.

---

66) 『王陽明全集』 卷10, 別錄2, 奏疏2, 橫水桶岡捷音疏.

Ⅴ. 군사력 건설의 원칙

양명은 군사의 궁극적 목적인 질서와 평화의 도덕사회, 즉 만물일체(萬物一體)의 대동(大同)사회를 이루기 위하여 도덕규범만을 강조한 것이 아니라 군사적 대비를 하지 않으면 안 된다고 보았다. 그래서 그는 일찍이 28세에 신진 관료로서 변무팔사(邊務八事)를 건의하였으며, 45세에 남쪽 변방지역의 도찰원좌첨도어사(都察院左僉都御史) 겸 순무(巡撫)로 명을 받아 민병을 조직하고 병제를 정비하여 성(城)과 중요지역 방위를 위한 군사력을 마련하였으며, 십가패법과 향약(鄕約) 등을 시행하여 각 주민이 협동하여 자체적으로 촌락을 지킬 수 있도록 하였다. "만약에 그대가 평화를 원하거든 전쟁에 대비하라."라고 한 4세기 로마의 전략가 베게티우스의 말을 실행하였다고 하겠다. 양명은 군사력의 건설을 군비의 양적 확장을 꾀하기보다는 정예화된 최소의 상비군과 민병 등을 조직, 유지함으로써 군비를 줄여 백성의 부담과 고충을 덜면서 이루고자 하였던 것이다. 이제 군사력 건설을 위한 양명의 방안을 변무팔사, 민병제 및 병제의 정비책을 중심으로 고찰해 보고자 한다.

1. 변무팔사(邊務八事)[67]

군사력을 건설하기 위한 양명의 대책은 그의 나이 28세에 상주(上奏)한 변무팔사(邊務八事)에 잘 나타나 있다. 당시 별자리에 이

---

67) 『王陽明全集』 卷9, 別錄1, 奏疏, 陳言邊務疏.

변(異變)이 있어, 조정은 아래에 조서를 내려 의견을 구하였다. 오 랑캐가 함부로 날뜀을 듣고 양명이 서울로 돌아가 명을 받들고, 이 에 변방의 일에 있어서 힘써야 할 여덟 가지 방책을 상주(上奏)한 것이 '변무팔사(邊務八事)'이다.

이 방책은 비록 당시 변방의 위협에 대처하기 위한 계책이라고 할지라도 기실 군사력을 강화하기 위한 군정개혁의 방안이라고 하 겠다. 그러나 이 방책을 제시하기에 앞서 양명은 조정 내부의 문제 점을 다음과 같이 지적하였다. ① 대신(大臣) 된 자들이 밖으로는 변방의 일을 대비하는 데 지나치게 신중하여 우유부단하며, 안으로 는 봉록(俸祿)을 붙들고 임금의 총애를 바라고 있다. ② 왕 주변의 관리들은 복지부동, 과오의 은폐 그리고 권세를 이용하여 뇌물을 받는 악을 서슴지 않고 있다는 것이다. ③ 세상을 걱정하는 자들을 세상 물정을 모르고 미친 자[迂狂]로, 진언하는 자들을 경조부박 (輕佻浮薄)한 것으로 매도함으로써, 공명정대하고 강직한 기운을 막고 눌러 버리며, 비겁하고 나약함과 구습을 좇는 기풍을 조장하 고 있다는 것이다. 결국 양명은 변방에 대비하기에 앞서 조정의 개 혁을 먼저 요구하였다고 하겠다. 다음은 변무팔사를 요약 정리한 것이다.

첫째, 축재이비급(蓄材以備急). 양명은 변방의 위협에 대처하고 군사력을 강화하기 위해서는 평상시에 인재를 발탁하여 문과 무를 두루 훈련시켜 문무를 겸한 인재로 길러 유사시에 대비하도록 해 야 한다고 주장하였다. 또한 다양한 재주를 지닌 인재를 등용하여 적절히 활용해야 한다는 점을 들고 있다. 그는 서사기사(書·史· 騎·射)로써 익히고, 육도삼략(六韜·三略)과 모유(謀猷)로써 교수 (教授)하고, 또한 무술을 배우게 하여 문무(文武)를 갖춘 인재를

양성하고 시험하여 그 가운데 뛰어난 자를 등용하도록 하며, 교습
(敎習)의 방법은 재주와 기술에 따라서 하여야 한다는 것이다.[68]
또한 양명은 변화에 통하고 뛰어난 자를 택하여 변방의 지형과 지
세, 오랑캐의 허(虛)와 실(實), 일의 형세의 완급(緩急)을 두루 알
도록 하게 하여, 평일에 깊이 알고 익숙하게 시찰하지 않음이 없어
일단 긴급사태가 있으면 가서 임하게 하도록 해야 한다는 것이다.

둘째, **사단이용장(舍短以用長)**. 사람의 재능에는 장단점이 함께
있으므로 단점을 버리고 장점을 택하여 활용하도록 해야 한다는
것이다.

셋째, **간사이성비(簡師以省費)**. 양명이 군사의 수를 줄여 소수
의 정병을 유지하고 이들을 잘 대우하고자 한 것은, 당시 변방의
적 상황에 대한 판단과 군대를 유지하는 데 드는 경제적 부담을 줄
이고자 한 데서 연유한 것이다. 적정수준 이상의 군대를 유지함으
로써 야기되는 군비의 가중은 백성의 고역을 초래하며, 결국 군사
력을 약화시키는 것으로 보았다고 하겠다.

넷째, **둔전이족식(屯田以足食)**. 병참선이 길면 군비가 낭비된다.
둔전을 두어 병농(兵農)을 함께 하여 어느 정도 군량을 자급자족할
수 있도록 해야 한다는 것이다. 그래서 그는 각 성(省)의 1/3병력은
식량을 공급하는 인원으로 활용하도록 하였다.

다섯째, **행법이진위(行法以振威)**. 위로부터 군법을 지키고 권한
을 올바로 행사해야 사졸이 분발하고 격려되어, 군의 위엄이 떨치
고 엄숙하게 되어 적을 이길 수 있다는 것이다.

여섯째, **부은이격노(敷恩以激怒)**. 전상자를 돌보고 전사자의 가
족들을 위무하고 구제하여 은혜를 베풀고, 상을 내걸어 용기를 고

---

68) 『王陽明全集』卷16, 別錄8, 公移, 選揀民兵.

무하며, 대의(大義)로써 적의 불의(不義)와 악(惡)을 폭로하여 적개심을 북돋우면 원수를 죽여 나라의 은혜에 보답하고자 할 것이라고 한다.

일곱째, 손소이전대(損小以全大). 군의 지휘관들에게 융통성을 주어 상황에 따라 작은 것을 버리고 큰 것을 취하게 하면 결국 승리를 이룰 수 있다는 것이다.

여덟째, 엄수이승폐(嚴守以乘弊). 아군의 수비 장점을 살리면서 적의 첩보를 수집하고, 아군을 훈련시키고, 군령을 세우며, 군사를 잘 먹이고 적개심을 키우는 등, 모든 준비가 충분히 갖추어져 사기가 충천하면 반대로 적군의 기세가 꺾이어 열세에 놓이게 된다. 이때 적의 단점을 이용하여 공격하면 반드시 이기게 된다는 것이다.

이상 변무팔사 내용을 요약한다면, 문무를 겸비한 인재의 등용과 육성 및 각 사람의 장점 활용, 정병주의(精兵主義)와 병농일치(兵農一致)로 군비 절감 및 경제력 회복, 군법 준수와 올바른 권한 행사에 의한 군기확립과 인의(仁義)에 의한 사기 앙양, 지휘관의 자율권 보장, 내수외양(內修外攘) 등을 군사력 강화의 방법으로 제시한 것이다.

2. 민병제 및 병제

왕양명은 정덕 12년(1517년, 46세)에 민병(民兵)을 선발, 조직하였다. 그가 민병을 조직한 원칙들은 다음 몇 가지로 요약해 볼 수 있다.

첫째, 병력의 규모를 가능한 한 최소화하였다. 그래서 각 성(省)

에 4백~6백 명의 군대를 유지하였다. 이 가운데 실제로 성과 중요 지역을 방비하는 군대는 2/3의 병력이 담당하고 나머지 1/3의 병력은 기술과 식량조달의 일을 담당하였다. 특히 정예병사는 관원에 귀속시키기도 하였다.

둘째, 그 재주에 따라 노수(弩手)와 타수(打手), 기쾌(機快) 등으로 구분하였다. 이는 오늘날 기능에 따라 병과를 분류한 것과 같다고 하겠다.

셋째, 병력의 유지비는 각 성의 상업세와 벌금으로 자체 조달하도록 하였다.

넷째, 교육과 훈련은 각자의 재주와 기술에 따라 실시하고, 기구와 설비는 지형에 따라 적절히 배치하였다. 훈련을 철저히 하고 명령과 복종 체계를 확립하였다.[69]

군사력 건설을 위한 하나의 방책으로서 민병제는 각각의 재능과 용기를 갖춘 소수의 병력을 선발하고, 이들을 그 재능에 따라 교육, 훈련하고 활용하고자 한 것이며, 이를 통해 병력의 유지비를 자체 조달 또는 최소화하여 백성의 부담을 없게 하면서 소기의 목적을 달성하고자 한 것이다.

또한 양명은 같은 해 5월 병제(兵制)를 정비하였다. 그는 거듭 전투의 학습방법으로 항오(行伍)보다 중요한 것이 없으며, 무리를 다스리는 법으로 분수보다 우선한 것이 없다고 한다.

그래서 그는 군 조직을 아래로부터 위로 '오(伍)'(25명), '대(隊)'(50명), '초(哨)'(200명), '영(營)'(400명), '진(陣)'(1,200명), '군(軍)'(2,400명)으로 조직하여 일직선형 수직적 지휘체계를 확립하고, 능력에 따라 각 조직에 지휘자를 두어 그 책임을 분명히 하였

---

69) 上同.

으며, 초(哨) 이상의 조직에는 보좌역을 두도록 하였다. 또한 책임에 대한 처벌에 있어서 직속 상급부대의 장이 직속 하급부대의 장을 처벌할 수 있도록 하여 일사불란한 명령과 복종체계를 확립하였다. 이처럼 양명은 군의 위계조직을 확립하고 그 책임과 역할을 확실히 하여, 부대의 상하가 서로 연결되고 대소가 서로 이어, 마치 몸이 팔을 부리고, 팔이 손가락을 부리어, 거동을 하나로 하고 무리를 다스리기를 적은 듯하니 이미 제도를 갖춘 군사를 이루게 된 것이다.[70)]

Ⅵ. 맺음말

수차례의 도적과 이적의 토벌과 신호의 반란을 평정한 양명의 군사적 업적은 수많은 적을 살상하고 파괴하여 패배시킨 전과 때문에 위대한 것이 아니라, 오히려 수많은 무고하고 선량한 백성들의 생명을 살리고 생업을 회복하여, 민심을 수습하였다는 데 있다고 하겠다.

양명은 기본적으로 군사는 인간의 생명을 위협하고 국가의 안위를 위태롭게 하는 것이므로 가능한 억제되고 피하여야 할 것으로 보았다. 다만 불가피한 경우에는 인명의 피해를 최소화하여, 즉 불필요한 전투 없이 적을 굴복시켜 승리할 수 있는 방법을 강구하고자 했다. 천지만물을 한 몸으로 삼는 인(仁) 또는 양지(良知)를 실현하는 것을 그의 학문과 정치의 목표로 삼았던 양명에게 있어서

---

70) 『王陽明全集』 卷16, 別錄8, 公移, 兵符節制.

상대를 무력으로 위협하거나 살상하는 전쟁은 당연히 피해야 할 것이었다. 불의(不義)한 세력이 선량한 백성을 위협할 경우 선량한 백성에게 인(仁)을 베풀고 불의(不義)한 자들을 의(義)로써 바로잡기 위해 불가피하게 무력을 사용해야 할 필요가 있을 때에도, 그는 그의 마음에 본래적으로 있는 인과 양지에 따라 인명의 살상을 최소화하고자 하였다. 이상과 같이 군사를 인의의 정치를 구현하는 수단으로 보았던 양명의 군사운용의 전략 및 전술은 교계색정(校計索情), 공심수기(攻心守氣), 병의수시(兵宜隨時) 등으로 요약될 수 있다.

양명이 말하는 교계색정은 실제적인 무력 충돌 이전의 정보 수집 및 분석, 피아의 전략 전술의 비교 및 판단, 전쟁 준비 및 작전 계획 등을 포괄하는 국방계획을 말한다. 이는 궤도(詭道)로서 인식되는 전쟁의 상황에서 적의 의도와 계획을 정확히 파악하고 이에 근거하여 상대적으로 우월한 계교(計巧)를 아측이 마련할 때, 상대적 우위를 지키면서 전쟁의 주도권을 잡을 뿐만 아니라 부전승 및 속전속결을 이룰 수 있다는 것이다.

양명은 전승(戰勝)은 피아의 심리적 동부동(動·不動)에 따라 결정된다고 보고 공심수기(攻心守氣)를 말하였다. 그는 무력에 의한 인명 및 유형의 전력을 섬멸하기 보다는 적의 마음을 의심과 혼란, 불안의 상태로 몰아 판단력을 흐리게 하고 전투의지를 상실하게 하는 심리전을 중시하였다. 반면 불의에 대항하고 무력을 두려워하지 않는 용기, 즉 부동심(不動心)을 지님으로써 사태의 변화에 즉각 대응할 수 있다고 본 것이다.

또한 양명은 군사의 운용은 상황의 변화에 따라 임기응변하여야 한다는 병의수시(兵宜隨時)를 주장하였다. 그때그때의 급변하는 전장 상황하에서 적절히 대처하기 위해서는 군사운용의 원리 등을 상황에 적합하게 변통하는 즉응성(卽應性) 있는 전력 운용이 필요하다고 본 것이다. 이에 따라 양명은 피아의 허실을 잘 살펴 적의 강점은 피하고 나의 강점으로 적의 약점을 치는 피실격허(避實擊虛)를 주장하고, 기정(奇·正)의 적절한 활용을 주장하였다.

양명은 군사력 강화를 위하여 문무를 겸한 인재의 등용과 교육, 단점을 버리고 장점을 활용하는 인재의 활용책을 주장하였으며, 군비를 줄이고 백성의 부담을 덜기 위한 정병주의와 병농일치를 꾀하였으며, 인의(仁義)로써 적을 감화, 회유하여 적대의식을 둔화시키고, 아측의 사기를 진작시키고 전투의지를 강화하며 신뢰를 쌓아나갔다.

결국 양명은 교육 및 정치가로서 군사력을 교육 및 정치의 목적을 실현하는 데 효과적으로 활용하였을 뿐만 아니라, 군사 지휘자로서 군사 운용에 있어서 군사적 효율성과 인도주의 정신을 잘 조화시킴으로로써, 훌륭한 교육 및 정치가인 동시에 유능한 군사지휘자로서 능력을 발휘하여 위대한 군사적 업적을 성취하였다고 하겠다. 양명이 이러한 군사적 성공을 거둘 수 있었던 비결은 첫째로 인의(仁義)라는 뚜렷한 군사운용의 목적을 초지일관 실천하였으며, 둘째로 급변하는 전장에서 부단히 적에 대한 정보를 수집하고, 피아의 계교를 분석, 판단하는 능력을 지녔다는 것이다. 이것은 무수한 상황에 창의적으로 대처할 수 있는 능력으로서 양지를 몸소 인식하였다는 데서 찾아볼 수 있다. 셋째, 양명은 과감한 실천력을 지니고 있었다는 것이다. 어떠한 외세의 압력이나 죽음도 두려워하지 않고 인의(仁義)를 실천한 그의 용기는 그의 지행합일(知行合一) 철학을 구현한 것이라 하겠다.

사회적 분열과 갈등의 양명학적 해소[1]

I. 머리말

오늘날 우리는 사회 도처에서 격려와 칭찬과 동조의 박수 소리보다는 마찰하고 파열하는 불협화음을 더 많이 듣는다. 사회적 분열과 갈등의 현상을 찬찬히 살펴보면 그 배후에는 권력, 부, 명예, 공적 등을 획득하고자 하는 소유지향적(所有志向的) 가치관, 감각기관과 육신의 욕구를 따라가는 쾌락주의(快樂主義), 자신만을 생각하는 이기주의(利己主義) 등이 자리하고 있음을 알 수 있다. 더구나 오늘날 돈과 물질을 최고의 가치로 삼는 자본주의 경제, 소비와 쾌락을 조장하는 상업주의 문화, 윤리도덕을 경시하며 지식과 예능을 위주로 하는 기능교육, 나아가 갈등을 조장하고 경쟁을 부추기는 정치 – 사회적 구조와 분위기는 사회의 갈등과 대립의 양극

---

[1] 박연수, 「사회적 분열과 갈등의 양명학적 해소」, 『양명학』 제17호(한국양명학회, 2006. 12.), 121~164쪽을 수정·보완한 것임.

화, 첨예화를 조장하고 있다.

왕양명(王陽明, 1472∼1528)은 어려서부터 성인(聖人)이 되고자 하는 꿈과 후한(後漢)시대 마원(馬援)과 같은 장군이 되고자 하는 뜻을 지녔다.[2] 이러한 기록은 양명이 살던 시대에도 사회적 분열과 갈등이 심각하였으리라는 것을 추측하게 한다. 또한 여기서 외국의 침략과 내부의 반란이나 소요가 없는 평화의 사회에 대한 양명의 간절한 염원을 엿볼 수 있다. 왕양명은 45세에 병부상서 왕경(王瓊)의 추천으로 도찰원좌첨도어사(都察院左僉都御史)가 된 이후 죽을 때까지 강서, 광동, 광서, 복건, 호남 등지에서 일어난 비적(匪賊)을 정벌하였고, 강서성 남창(南昌)에서 일어난 왕족 신호(宸濠)의 반란을 평정하였다. 양명은 전투 중에도 제자들과 학문을 강론하였으며, 50세 이후에 제시된 치량지설(致良知說)과 대학문(大學問), 발본색원론(拔本塞源論) 등의 핵심명제는 "나와 천지만물은 한 몸[天地萬物一體]이다."라는 것이다.[3] 양명에 의하면 성인(聖人)의 정치와 교육이란 통치자가 백성을 사랑하고, 백성들이 서로 친애함으로써 질서와 화합의 사회를 이루고자 한 것이었다고 한다.[4]

정인보(鄭寅普, 1892∼?) 선생은 우리 민족 모두가 과거의 역사와 당시 사회를 반성하고 양명의 학설을 수용・실행함으로써, 당쟁과 살육이 중단되고 서로가 감통(感通)하고 화합하는 사회를 이룰 수 있기를 염원하였다. 정인보 선생은 수백 년간의 조선왕조는 당

---

2) 王守仁 撰, 『王陽明全集』(吳光・錢明・董平・姚延福 編校, 上海古籍出版社, 1992. 12), 卷33, 年譜1.

3) 『王陽明全集』, 卷2(傳習錄 中), 答顧東橋書, 142∼143조목은 발본색원론(拔本塞源論)이라고 일컬어지고 있다. 大學問은 『王陽明全集』, 卷26에 실려 있다.

4) 『王陽明全集』, 卷1(傳習錄 上), 1조목 참조. 공자(孔子)가 항상 바쁘게 천하를 주유(周遊)한 것은 사람들로부터 명예를 얻기 위한 것이 아니라, 천지만물을 한 몸으로 삼는 인(仁)을 통절히 느끼고, 그만두고자 해도 그만둘 수 없는 그 마음을 실현한 것이었다고 한다(『王陽明全集』, 卷2(傳習錄 中), 答聶文蔚, 182조목).

쟁(黨爭)과 살육(殺戮)으로 이어져 온 역사였다고 한다. 이러한 역사의 중앙에는 정주(程·朱)의 학설을 신봉(信奉)하고 그 학설을 배워 이 땅에 중국문화의 적자(嫡子)로서 중국을 높이고자 하는 사대주의자[尊華派]와 자가(自家)의 편의를 도모하려는 이기주의자[私營派]가 있었다고 한다. 이들은 공통적으로 진리를 추구하는 진실한 마음[實心]과 독실한 실천[實行]을 외면하고 허학(虛學)과 가행(假行)을 일삼았던 자들이라고 한다. 그리하여 조선사회에는 허학과 가행만이 가득하였다고 한다. 실심(實心)을 떠난 허학은 자기의 이기적 생각[自私念]을 돌아보고 옹호하며 꾸미는 데 교묘하게 작용하여, 이기적 생각이 드디어 위선과 거짓의 가행(假行)으로 변하게 되었다고 한다. 정인보 선생은 이전의 전철(前轍)을 다시 밟지 않기 위해 실심(實心), 즉 거짓과 사악함이 없는 번밑 마음[本心]과 민물(民物)과 감통하는 양지(良知)를 불러일으키고자 하는 염원을 담아서 『양명학연론(陽明學演論)』을 지었다고 한다.5) 정인보 선생은 실심(實心), 실행(實行)을 환기하는 것이 이기심을 극복하고, 이기심에서 연유하는 당쟁과 살육을 중지시키고 상호 감통과 화합의 사회로 나아가는 길로 보았다.

　오늘날 우리 사회의 심각한 분열과 갈등에 직면하여, 분열과 갈등의 원인을 남의 탓으로 돌리고, 타인에게 비난의 화살을 맹렬하게 쏘아 댈 것이 아니라 차분히 우리 자신을 돌이켜 보아야 할 것이다. 논자는 왕양명(王陽明)과 한국 양명학을 대표하는 하곡(霞谷) 정제두(鄭齊斗, 1649~1736)의 사상을 '갈등과 화합'이라는 측면에서 조명(照明)해 보고자 한다.

---

5) 鄭寅普, 『陽明學演論』(홍이섭 해제, 삼성문화재단, 1975년), 논술의 연기, 10~15쪽 참조.

Ⅱ. 분열과 갈등의 현상 및 그 원인

1. 분열과 갈등의 사회에서는 어떠한 현상들이 나타나는가?

분열(分裂)이라고 하는 것은 하나의 단위 또는 연속체가 외적 요인의 개입으로 인해 두 개 이상으로 단절 또는 분리되거나, 그 자체 요인에 의해 틈이 생기면서 두 개 이상의 단위로 분리되는 현상을 지칭하는 것이다. 갈등(葛藤)이란 분열을 통해 나누어진 단위들이 서로 다른 입장, 견해, 이해관계 따위로 대립하면서 화합하지 못하고 있는 상태를 가리킨다.

왕양명(王陽明)은 "큰 것이 작아지고 통한 것이 막혀서, 사람마다 제각기 사사로운[딴] 마음이 생겨 부자형제를 원수(怨讐)같이 보는 자까지 있게 되었다."라고 한다.6) 또한 그는 "이득을 탐하고 명성(名聲)과 공리(功利)를 갈취하는 온갖 기술을 날마다 구하니, 관중(管仲), 상앙(商鞅), 소진(蘇秦), 장의(張儀)와 같은 무리들이 수없이 나오게 되었다. 이런 상태가 오래 지속되자 투쟁과 겁탈로 그 재앙을 견디지 못하여 사람들이 금수나 오랑캐와 같은 지경에 빠져들게 되었다."7)라고 한다. 분열하여 대립하고 갈등하거나 투쟁하는 사회현상이란 사람마다 그 마음[大體]이 옹졸하고 편협하여, 의사(意思)와 감정이 타인과 소통하지 못하고, 가치관이나 감정의 공감대를 형성하지 못하고 있다는 증거이다. 또한 이런 사회에서는 사람마다 내면적 가치보다는 부귀공명(富貴功名)과 같이 밖에서

---

6) 『王陽明全集』, 卷2(傳習錄 中), 答顧東橋書, 142조목.
7) 『王陽明全集』, 卷2(傳習錄 中), 答顧東橋書, 143조목.

획득할 수 있는 외적 가치를 소중히 여기고 그러한 것들을 얻을 수 있는 기술(技術)을 찾기에 급급해한다.

사회의 분열과 대립은 구성원 각자가 자기만의 영역을 구축하려는 모습으로 드러난다고 양명은 다음과 같이 기술하고 있다.

> 후세에는 양지(良知)의 학(學)이 밝혀지지 않아서 세상 사람들은 그 사지(私智)를 이용하여 서로 겨루고 배척하게 되었습니다. 그래서 사람마다 마음을 달리하게 되었고, 편파적이면서 헛된 의견이나, 치우치고 고루(固陋)한 견해, 교활하고 거짓되며 음험하고 사악(邪惡)한 술수가 이루 다 말할 수 없는 지경에 이르렀다. 겉으로는 인의(仁義)의 이름을 빌리지만 속으로는 자기의 사적인 이익이 되는 것을 실행하며, 궤변(詭辯)으로 세속에 영합하고, 행위를 꾸며서 명성을 구하고 있다. 타인의 선행을 엄폐(掩蔽)하고, 그것을 훔쳐서 자기의 장점으로 삼고, 타인의 사사로움을 들추어 은근히 자기가 정직하다고 여기며, 분노를 지어 서로 이기려 하면서도 오히려 정의(正義)를 행한다고 말하고, 남을 모함하며 서로 쓰러뜨리면서도 오히려 악을 미워한다고 말한다. 현명한 자를 질투하고 유능한 자를 시기하면서도 오히려 자신은 시비(是非)에 공정하다고 여기며, 자기의 감정과 욕구대로 하면서 오히려 자신은 좋아하고 싫어함을 백성과 함께한다고 생각한다. 서로 능멸(凌蔑)하고 서로 해쳐서 골육(骨肉)을 나눈 일가친척과 이미 네다 내다 하여 싸우는가 하면, 피차에 울타리를 치는 모습인데, 하물며 이 넓은 세상에서 수많은 사람과 사물에 대해서 또한 어떻게 한 몸으로 여길 수 있겠는가?[8]

사회의 분열과 갈등은 개인들이 간교한 꾀로 타인을 적대하고 배척하는 현상으로 나타난다고 한다. 또한 사람마다 편견과 망상, 고집 그리고 음험하고 사악함이 이루 다 말할 수 없을 지경이다. 자기의 이익과 명성을 위하여 궤변과 가식을 일삼으며, 타인의 선을 숨기고 악을 드러내며, 자신의 악행을 선행으로 착각한다. 타인을

---

8) 『王陽明全集』, 卷2(傳習錄 中), 答聶文蔚, 180조목.

능멸하고 해치고, 심지어 골육을 나눈 친척까지도 자신과 구별하며 싸운다는 것이다.

또한 양명은 갈등의 현상은 공리(功利)를 추구하는 마음으로 또는 일종의 자기 과시나 자기 부풀리기의 징후로 나타난다고 한다.

> 지식을 가지고 서로 자랑하고, 세력을 가지고 서로 밀어붙이고, 이익을 가지고 서로 다투고, 기능을 가지고 서로 자만하고, 명성을 가지고 서로 취한다. 세상에 나아가 관리가 되면 전곡(錢穀)을 다루는 자는 병력과 형벌까지 겸하고자 하고, 예악(禮樂)을 담당하는 자는 또 관리를 선발하는 요직에 참여하고자 한다. 군현(郡縣)에 처하면 포정사(布政使)나 안찰사(按察使)의 높은 관직을 사모하고, 대간(臺諫)의 자리에 있으면 재상(宰相)의 요직을 바란다. 본래 그 일에 뛰어나지 않으면 그 관직을 겸할 수 없고, 그 학설에 능통하지 않으면 그 명예를 바랄 수 없다. 널리 기억하고 암송하는 것은 오만함을 기르는 데 적합하고, 많은 지식은 악을 행하는 데 적합하고, 넓은 견문은 논변을 마음대로 하는 데 적합하고, 풍부한 사장(詞章)은 거짓을 꾸미는 데 적합하다. 그래서 고(皐)와 기(夔)와 직(稷)과 설(契)조차도 겸할 수 없었던 일을 지금은 처음 배우는 어린 학생들조차도 모두 그 학설에 통하고 그 기술을 궁구하려고 한다. 명호(名號)를 참칭(僭稱)하는 것으로야 "나는 천하의 일을 함께 이루고자 한다."고 말하지 않은 적이 없지만, 그 속마음과 실제 의도는 "이렇게 하지 않으면 자신의 사사로움을 이루어 그 욕구를 만족시킬 수 없다."고 여기는 데 있다.9)

공리(功利)를 위한 습성은 자신의 지식과 기술에 대하여 자만하고 자랑하며, 서로 세력과 이익과 명성과 직위를 다투는 모습으로 나타난다는 것이다. 또한 능력이 모자란 자가 높은 직위를 원하거나 학설에 능통하지 못한 자들이 명예를 바라게 된다고 한다. 뿐만 아니라 넓은 기억력, 많은 지식, 폭넓은 견문, 풍부한 문장력 등은 자신의 오만을 키우고, 악을 행하고, 자신의 주장을 정당화하고 꾸

---

9) 『王陽明全集』, 卷2(傳習錄 中), 答顧東橋書, 143조목.

미는 데 이용한다는 것이다. 분열하고 갈등하는 사회에서는 겸손 대신 교만이 넘치고, 세속적 가치들을 다투고, 자신의 한계와 분수를 모르며, 자신의 재능을 공익(公益)을 위해 사용하기보다는 자신만을 위해 사용한다는 것이다.

이상을 요약하면, 사회의 분열과 갈등은 우선 '막힘'과 '작아짐'의 현상으로 나타나며, 이어서 자기만의 성(城)을 쌓거나 자기를 과장(誇張) 및 과시(誇示)하는 현상으로 발전한다고 하겠다.

2. 분열과 갈등의 원인은 무엇인가?

이기심과 물욕 왕양명은 부모형제를 원수처럼 여기게 되는 현실이나, 투쟁과 겁탈의 사회를 우려하면서, 이러한 현상을 초래한 근원적 병폐를 뿌리 뽑고 그 원인을 차단하고자 하였다. 그는 그 원인을 이른바 발본색원론(拔本塞源論)[10]과 대학문(大學問), 그 밖의 여러 곳에서 설명하고 있다.

왕양명은 이기심(利己心)과 물욕(物欲)이 분열과 갈등의 원인이라고 한다.

> 세상 사람의 마음이 처음에는 성인(聖人)과 다름이 없으나, 특히 내가 있다는 사사로움에 이간(離間)되고[特其間於有我之私] 물욕의 가림으로 격단(隔斷)되어[隔於物欲之蔽], 이로써 큰 것이 작아지고 통한 것이 막혀서, 사람마다 제각기 사사로운[딴] 마음이 생겨, 부자형제를 원수같이 보는 자까지 있게 되었다.[11]

---

10) 『王陽明全集』, 卷2(傳習錄 中), 答顧東橋書, 142~143조목을 발본색원론이라고 칭한다.
11) 『王陽明全集』, 卷2(傳習錄 中), 答顧東橋書, 142조목.

이기심이란 보편적이고 공적(公的)인 것을 먼저 생각하기보다는 자타(自他)를 분별하고, 자신을 내세우며 자신의 이익을 먼저 생각하는 것이다. 이기심은 그 자신을 스스로 작고 편협하게 만들며 자기만의 성을 쌓아 다른 존재들로부터 스스로를 분리하고 고립한다. 물욕은 외적 물질에 대한 강력한 욕구로서, 이것이 장애가 되어 자타의 마음이 교류(交流)하는 통로를 막아 버린다. 이기심과 물욕은 인간의 보편적이며 근본적인 마음이 아니라, 차별적이며 비본래적(非本來的)인 마음으로 사회적 분열과 갈등의 근본적 원인이라고 한다.

한편 양명은 갈등과 투쟁을 야기하는 공리(功利)를 추구하는 습성이란 왕도정치(王道政治)가 쇠미해지고, 성현(聖賢)의 교육과 학문이 희미해진 데서 연유한다고 한다.

> 하(夏)·은(殷)·주(周) 삼대 이후로 왕도(王道)가 쇠미(衰微)해지고 패술(覇術)이 번창하였다. 공맹(孔·孟)이 돌아가시자 성인(聖人)의 학문이 희미해지고 그릇된 학설이 횡행하였다. 패도(覇道)의 무리들이 선왕(先王)의 가르침에 근사한 것을 몰래 취하여 밖으로 가장(假裝)하고 안으로는 사사로운 욕구를 달성했다. … 이런 상태가 오래 지속되자 투쟁과 겁탈로 그 재앙(災殃)을 견디지 못하여 사람들이 금수(禽獸)나 오랑캐와 같은 지경에 빠져들게 되었다.[12]

양명은 투쟁의 원인을 패권(覇權) 정치와 사설(邪說)의 만연(漫然)에서 찾았다. 겉으로는 인의(仁義)를 가장(假裝)하면서 속으로 자국 또는 자기의 세력을 확장하려는 패도(覇道)의 무리들이 권세를 장악하면서, 이러한 패도정치를 돕기 위한 패술(覇術), 즉 명성

---

12) 『王陽明全集』, 卷2(傳習錄 中), 答顧東橋書, 143조목.

(名聲)과 공리(功利)를 갈취하는 기술을 구하는 자와 이를 공급하는 자들이 수없이 나오게 되었다고 한다. 이러한 상태가 지속되면서 투쟁과 화란(禍亂)이 초래되었다고 한다. 양명은 과거의 역사를 통해 정치지도자의 그릇된 통치철학이 국민의식을 타락하게 하며, 결국 그 사회를 투쟁과 혼란으로 몰아넣는다는 교훈을 도출하였다.

또한 양명은 "성인(聖人)의 학문은 날로 멀어지고 날로 어두워졌으며, 공리(功利)의 습성은 점점 더 번져 나갔다."[13]라고 하며, "양지(良知)의 학이 밝혀지지 않아서 천하 사람들이 사사로운 꾀[私智]를 이용하여 서로 겨루고 배척하게 되었다."라고 하였다.[14] 그런데 양명이 말하는 성인의 학이나 양지의 학이란 공통적으로 마음의 본체[心體]를 밝히는 것 또는 내 마음의 천리(天理) 또는 인(仁)을 실현하는 것을 의미한다.

그렇다면 성인(聖人)의 학을 어둡게 하고 공리(功利)의 악습을 조장한 학술이란 어떤 것인가?

> 옛날의 가르침이란 인륜(人倫)으로써 가르친 것이었다. 후세에 와서 문장이나 짓고 외우는 습속이 일어나 선왕(先王, 이전의 聖王)의 가르침이 사라졌다. 오늘날 어린이를 가르칠 때는 오로지 효제충신(孝悌忠信)과 예의염치(禮義廉恥)를 가르치는 데 오로지 힘쓰도록 해야 한다.[15]

왕양명은 우리의 마음과 인륜을 외면하는 학문이 결국은 그 사회의 분열과 갈등을 조장하는 요인이 된다고 한다. 그는 도덕성을 함양하고 마음을 순화하는 것과 전혀 상관없이 단지 문장을 짓고

---

13) 『王陽明全集』, 卷2(傳習錄 中), 答顧東橋書, 143조목.
14) 『王陽明全集』, 卷2(傳習錄 中), 答聶文蔚, 180조목.
15) 『王陽明全集』, 卷2(傳習錄 中), 訓蒙大意示敎讀劉伯頌等, 195조목.

외우는 것은 결국 그것이 개인의 공리(功利)에 이용되거나 그것을 은폐하고 꾸미는 데 이용된다고 보았다.

또한 양명은 마음과 사물의 이치[理]를 분리시키고, 마음 밖에서 그것을 구하게 될 경우, 분열과 대립, 갈등이 초래된다고 한다. 이것은 주자(朱子)의 즉물궁리설(卽物窮理說)에 대한 비판적 평가이다.

> 심(心)과 리(理)를 나누어 둘로 삼음으로써 정일(精一)의 학(學)이 사라지고, 세상의 학자들은 지리멸렬(支離滅裂)하여, 밖으로 형명기수(刑名器數)의 말단적인 것을 모색함으로써, 이른바 물리(物理)를 밝히기를 구하니, 이는 내 마음이 곧 물리이며, 처음부터 밖으로부터 빌려 올 수 없다는 것을 알지 못한 것이다.[16]

양명의 설명에 따르면 심(心)·리(理)를 둘로 나눔으로써, 세상 사람들이 근본이 되는 마음을 버리고 형명기수와 같은 말단적인 것에서 이치를 찾느라 흩어지고 갈라졌다는 것이다. 이는 마치 장님들이 제 각기 자신들이 접촉할 수 있는 부분만을 지각하고 그것을 코끼리라고 주장함으로써 분열하고 대립하는 것과 같다고 하겠다.

또한 양명은 심(心)과 리(理)를 나누어 둘로 삼음으로써, 외형상의 합리(合理)만을 추구하게 되었다고 한다.

> 내가 지금 '마음이 곧 리(理)이다.'라고 주장하는 것은 어째서인가? 그것은 오직 세상 사람들이 마음과 리를 나누어 둘로 삼기 때문에 곧 많은 여러 가지 폐단이 생기는 것이다. 예를 들면 춘추시대의 오패(五覇)[17]들이 오랑캐를 물리치고 주(周)나라 왕실을 존중하였던 것은 모두가 한결같은 사사로운 마음에서 나온 것이어서 곧 리(理)에 합당하지 않다. 그러나 사

---

16) 『王陽明全集』, 卷7, 文錄4, 象山文集序.

17) 趙岐는 齊桓公, 晉文公, 楚莊王, 秦繆公, 宋襄公을 五覇라고 하며, 荀子는 진목공과 송양공 대신 吳의 闔閭와 越의 句踐을 꼽는다.

람들은 그들의 행동이 이치에 맞으며, 단지 마음에 순수하지 못함이 있다
고 한다. 흔히 그들의 행동을 좋아하고 흠모하면서 외면상으로만 보기 좋
게 일을 처리하려 하고 마음과는 전혀 관계가 없는 것으로 생각하려 든다.
마음과 이치를 나누어 둘로 삼으니, 그 결과는 패도(覇道)가 거짓된 짓을
하는데도 자신들은 그것을 알지 못하는 것이다. 그래서 나는 '마음이 곧
리(理)이다.'라고 주장하는 것이다. 나는 마음과 리(理)가 한 가지임을 알
도록 함으로써 마음에 대하여 공부를 하게 하여 밖으로 형식적인 의로움
을 추구하지 않도록 하려는 것이다. 이것이 곧 왕도(王道)의 참[眞]이오,
내가 학설을 세운 근본 취지이다.18)

양명에 의하면 리(理)를 심(心) 밖의 사물에 있다고 하는 주자
(朱子)의 학설은, 세상 사람들로 하여금 오로지 객관적 사물의 일
정한 이치가 무엇이며, 그것에 어떻게 부합할 수 있는지 관심을 갖
게 한다고 한다. 세상 사람들은 이제 어떤 행위를 평가할 때, 그
행위자의 동기나 의도에는 관심이 없고 오직 그 행위가 객관적으
로 형식화한 사물의 이치에 합당한지 그것만을 본다는 것이다. 따
라서 사람들은 겉과 행동을 보기 좋게 그리고 이치에 맞게 꾸며서
남에게 잘 보이려고 한다는 것이다.

요약하자면 왕양명은 이기심(利己心)과 물욕(物欲)이 분열과 갈
등의 근본적 원인이라고 한다. 또한 정치나 학술에서 근본 또는 핵
심을 버리고 지엽말단적인 것을 추구하는 것은 하나에 집착하는 것
[執一]으로 편협성을 조장하는 것이며, 내적 동기(動機)를 무시하
고 객관적 이치와 외면적 행위의 일치만을 추구하는 학설은 형식
과 가식(假飾)을 조장하게 된다는 것이다. 따라서 편협한 집착으로
인해 사회적 분열과 갈등이 발생하고, 가식과 거짓으로 인하여 사
람 사이에 틈이 생긴다고 하겠다.

---

18) 『王陽明全集』, 卷3(傳習錄 下), 答聶文蔚, 311조목.

사욕(私欲)과 편당(偏黨)   한편 하곡은 당시 사회의 현실을 다음과 같이 표현하였다.

> 대체로 이치[理]는 헤아릴 수 없으며, 천도(天道)도 역시 알기 어렵다. 내가 보기에는 날개가 있어 나는 것 중에 봉황은 적고 까마귀나 솔개는 많으며 … 어찌 착한 자는 적고 악한 자는 많은가? … 어찌하여 어진 이는 드물고 불초(不肖)한 자는 불어나는가? … 부귀공명(富貴功名)에 힘쓰는 무리는 항상 그 뜻을 얻고 예의도덕(禮義道德)의 선비는 항상 불우한 것을 근심하며, 앞세우는 것은 내 몸을 이롭게 하고 사욕을 행하는 일이요, 뒤로 미루는 것은 세상을 유익하게 하고 백성을 이롭게 하는 도(道)이다. 힘과 위엄을 가지고 억제하는 정치는 대를 이어서 인습(因襲)이 되고, 예악인의(禮・樂・仁・義)의 정치는 어느 시대에나 용납되지 못하였다. 권세를 잡은 자는 호활탐모(豪猾貪冒)한 자요, 불우에서 헤매는 자는 측은충현(惻隱忠賢)한 무리이다.[19]

하곡이 바라본 사회는 이른바 악화(惡貨)가 양화(良貨)를 구축(驅逐)하고 있으며, 도리(道理)에 합당한 것이 아니었다. 당시 사회는 천박한 자, 악한 자, 불초한 무리들이 고상한 자, 선한 자, 어진 자를 압도하고, 자신의 부귀공명을 추구하는 이기주의와 교활하고 탐욕스러운 패권주의가 지배하고 있었다. 그래서 그는 이치와 하늘의 도를 알기 어렵다고 한탄하였던 것이었다. 도리에 합당하지 못하니, 그 사회가 질서와 화합의 사회일 수는 없는 것이다.

> 군자(君子)의 싸움은 오직 그 의리(義理)를 위한 것이요, 자기의 사욕 때문인 것은 아닙니다. 공론(公論)의 결정은 옳고 그름에 달린 것이요, 세력의 강함과 약함으로써 정할 것은 아닙니다. 그러면 군자로서 두려워할 것은 그 의리에 어긋나는 일이 백 세 후까지 전해질까 두려워할 따름이요,

---

19) 鄭齊斗, 『霞谷全集』(驪江出版社, 1988. 9. 影印), 卷7, 雜著. 이하 『霞谷全集』으로 약술함.

어찌 성세(聲勢)로써 서로 겨루려 해서야 되겠습니까? 지금의 논자들은 그렇지 아니하여 우리의 시비(是非)는 돌보지 않고 힘써 분노의 모양을 지어 오직 힘으로써 이김을 유쾌하게 생각합니다. … 대개 편당이 있음으로부터 이런 풍습이 이루어져 이름난 대신이나 큰 선비들 간에도 이것을 면치 못하는 이가 있고 오늘날에 이르러서도 으레 그래야 하는 것으로 알고 있습니다. 이런 물결이 쳐 가면 갈수록 도의(道義)가 무너지고 말 터이니 심히 개탄스러운 일입니다.[20]

하곡은 당시의 분열과 대립의 현상을 명성과 세력 다툼으로 묘사하고 있다. 이러한 다툼의 저변에는 사욕(私欲), 즉 이기심이 자리하고 있다는 것이다. 자신의 주장을 정당화하거나 자기의 사사로운 뜻을 성취하기 위하여 타인의 권위를 빌려 오거나 그것을 자기에게 편리하게 이용하는 이른바 호가호위(狐假虎威)하는 자들이 많았다고 한다.[21] 또한 편당(偏黨)이 있은 이후로 명성과 세력 다툼이 고질적인 풍습이 되었다고 한다.

대저 도리(道理)를 살피지도 않고, 남의 의사를 이해하지도 못하고 오직 (주자와) 같은가, 다른가 하는 것으로써 막아 버리니, 이래서는 지언(知言)의 뜻이 아니며, 군자(君子)가 납득할 바가 못 됩니다.[22]

하곡은 하나의 편협한 견해에 집착하여 자기와 다른 의견에 대하여, 도리(道理)를 살피거나 시비(是非)를 공정하게 분별함이 없이 공격과 욕설만을 일삼는 것은 당습(黨習)에서 연유한 치졸(稚拙)한 생각이라는 것이다.[23] 이것은 보편적 도리(道理)를 하나의

---

20) 『霞谷全集』, 卷1, 書, 朴南溪書 甲子.
21) 『霞谷全集』, 卷9, 存言下.
22) 『霞谷全集』, 卷2, 書, 答鄭景由書 纘輝 丙子.
23) 『霞谷全集』, 卷2, 書, 再答鄭景由書.

학설의 전유물(專有物)로 삼으며, 또한 그 학설을 자신의 파당(派黨)의 소유로 삼음으로써 당시 조선사회의 분열과 대립이 더욱 심각해졌다는 의미를 함축하고 있다.

또한 하곡은 당시의 과거제도(科擧制度)가 염치(廉恥)를 없애고 의리(義理)를 죽이는 것이 되어 버렸다고 한다.

> 선비가 선비 됨은 염치(廉恥)와 의리(義理)인데, 지금 선비가 되려는 사람은 염치와 의리를 닦으려 하면 도리어 선비가 되기 어렵게 되었으니, 이것이 합(盒)만 사고 구슬은 돌려준다는 것입니다. 나라가 선비에게서 취해 얻는 것은 그 염치와 의리인데 지금은 선비를 취하는 것이 반드시 염치도 의리도 없이 만들어 놓고야 취하니, 이것이 통발[筌]만 취하고 고기는 잃어버린다는 것입니다.[24]

당시 관리를 등용하는 시험이 염치와 의리를 갖춘 선비를 물리치고, 오히려 선비들에게 출세주의(出世主義)와 이기주의를 부추기는 제도가 되어버렸다는 것이다. 말하자면 과거제도가 훌륭한 인재를 선발하는 데 기여하기보다는 오히려 사회적 분열과 갈등을 조장하는 제도가 되었다는 것을 의미한다.

한편 오늘날 우리 사회의 분열과 갈등, 대립이 타인에 대한 무관심과 몰이해라는 '막힘'의 현상으로, 마음의 편협성과 조직의 소규모화 등 '작아짐'의 현상으로 나타나고 있다. 또한 이러한 분열과 갈등의 현상은 사회로부터 도피, 자기 폐쇄성, 자살 등의 현상으로 발전하기도 한다. 이는 자신이 사회로부터 분리되었다는 소외감의 소극적 표현이라고 볼 수 있을 것이다. 다른 한쪽에는 사사건건 타인과 대립하고, 배척하며, 투쟁하고자 하는 경향의 사람들도 볼 수

---

24) 『霞谷全集』, 卷3, 書, 答李伯祥書.

있다. 이러한 현상은 남에게 인정받지 못하는 개인의 좌절감 또는 오만(傲慢)과 편견(偏見)에서 비롯하는 일체의 권위에 대한 배척 그리고 나와 다른 모든 것을 배격하는 배타성의 표현이라고 할 수 있다. 요즈음 비정상적인 안티문화가 증폭되고 있는 현상은 우리 사회의 질서와 화합을 크게 저해하는 중대한 요소라고 볼 수 있을 것이다.[25]

오늘날 우리 사회가 분열하고 대립, 갈등하며 투쟁에 이르게 되는 원인이란 이기심과 물욕에서 연유한다는 것을 알 수 있다. 이기심과 물욕은 인간의 본능적 욕구의 일부이기도 하지만, 이것을 더욱 부추기는 것은 우리 사회를 움직이는 원리들, 즉 자본주의, 상업주의, 쾌락주의, 입시제도 및 취업시험 등에 있어서 경쟁의 원리 등이라고 할 수 있다. 한편으로는 이러한 원리에 따라 우리 사회가 갈 수밖에 없으며, 그 결과로서 초래될 사회적 분열과 갈등도 어쩔 수 없으며, 오히려 소그룹 분권화, 의견의 다양화, 적절한 갈등, 경쟁의 촉진은 사회의 발전에 도움이 된다고 주장하는 사람들도 있는 것 같다. 이기심과 물욕으로 가득 찬 개인과 사회가 성공한 역사는 없다. 맹자는 인화(人和)를 승리의 요체로 말했고,[26] 인류 역사에서 위대한 업적을 성취하였던 시기는 그 사회가 질서와 화합을 이루었던 때였던 것을 알 수 있다.

---

25) 『한국일보』, 2006년 10월 17일자 사회면 참조.
26) 『孟子』, 公孫丑 下.

Ⅲ. 감통(感通)과 조화(調和)의 실현

1. 감통(感通)과 조화(調和)가 과연 가능한가?

오늘날 우리 사회에 만연해 있는 이기심과 물욕을 절제함으로써 사회적 분열과 갈등을 과연 해소할 수 있을까? 인류역사에서 갈등과 대립 그리고 전쟁이 없었던 때를 찾기란 거의 불가능하다. 그러나 우리 인류는 평화에 대한 염원을 버리지 않고 갈등과 분쟁을 해결하고자 부단히 노력해 왔다.

인(仁)과 양지(良知) 왕양명은 부강(富强)과 공리(功利)를 추구함으로써 금수(禽獸)나 오랑캐와 같은 야만의 경지에 이른 현실에 대하여 슬퍼하였으나, 좌절하거나 절망하지 않았다.

> 오호라! 슬퍼할 따름이다. 다행이 천리(天理)가 사람의 마음에 있는바 끝내 없앨 수 없고[不可泯], 양지(良知)의 밝음이 한결같기에[萬古一日], 나의 발본색원론(拔本塞源論)을 들으면 반드시 측은히 여겨 슬퍼하고, 근심하여 마음 아파하며, 분연히 일어나서, 마치 장강(長江)과 황하(黃河)를 터놓은 것처럼 흘러서 막을 수 없을 것이다.27)

양명은 분열과 투쟁의 현실을 극복할 수 있다고 보았다. 그것은 천리(天理)가 인간 본연의 마음에 내재해 있으며, 그러한 천리를 밝혀 드러낼 수 있는 양지(良知)가 영원히 존재한다는 것을 깨닫게 된다면 천지만물을 한 몸으로 삼을 수 있는 인심(仁心)이 밖으로

---

27) 『王陽明全集』, 卷2(傳習錄 中), 答顧東橋書, 143조목.

넘쳐서 막을 수 없을 것이기 때문이다.

누구나 선천적으로 그 마음에 천지만물을 한 몸으로 삼는 인(仁)이나 양지(良知)를 지니고 있기 때문에 분열과 갈등을 극복하고 하나로 합할 수 있다고 한다.

> 대인(大人)이 천지만물을 한 몸으로 삼을 수 있음은 그것을 의도해서가 아니라, 그 마음의 어짊[仁]이 본래 그와 같아서 천지만물과 더불어 하나가 되는 것이다. 소인(小人)의 마음도 대인의 마음과 동일하다. 이것은 천명(天命)의 성(性)으로 자연히 영소불매(靈昭不昧)한 것이다. 그러므로 명덕(明德)이라 한다.28)

> 격물치지(格物致知)로부터 평천하(平天下)에 이르기까지 모두가 단지 하나의 명덕(明德)을 밝히는 일이다. 친민(親民)도 또한 명덕(明德)의 일이다. 명덕은 이 마음의 덕이니, 즉 인(仁)이다. 인(仁)은 천지만물을 한 몸[一體]으로 삼으니 하나의 물(物)이라도 처할 곳을 잃은 것이 있으면 이는 나의 인(仁)이 미진(未盡)한 곳이 있는 것이다.29)

> 성현(聖賢)은 단지 자기를 위한 학[爲己之學]을 하니, 공부를 중요시하고 효험을 중요시하지 않는다. 인(仁)이란 만물을 한 몸으로 삼으니, (자기와) 한 몸으로 삼을 수 없다면 이는 단지 자신의 사사로움을 잊지 못한 것이다. 인체(仁體)를 온전히 얻으면 천하가 다 나의 인(仁)으로 돌아온다.30)

> 무릇 사람이란 천지의 마음이다. 천지만물은 본래 나와 한 몸[一體]이니, 백성들의 곤궁함과 고통이 어떠한 것이든 내 몸의 절실한 아픔이 아니겠는가? 내 몸의 아픔을 모른다면 시비지심(是非之心)이 없는 사람이다. 시비지심은 사려(思慮)하지 않아도 알고, 배우지 않고도 능한 것으로 이른바 양지(良知)이다. 양지가 사람 마음에 있는 것은 성인(聖人)과 어리석은 자의 구분이 없으며, 천하(天下) 고금(古今)이 다 같다.31)

---

28) 『王陽明全集』, 卷26, 大學問.
29) 『王陽明全集』, 卷1(傳習錄 上), 89조목.
30) 『王陽明全集』, 卷3(傳習錄 下), 285조목.

양명에 의하면 사람은 천지의 마음, 즉 천지만물의 중심이며 곧 나와 천지만물은 한 몸이다. 그리하여 누구나 이웃의 고통과 곤궁함을 자신의 아픔과 곤궁함으로 여긴다. 그는 이러한 마음을 배우거나 사유하지 않아도 알고 행할 수 있는 시비지심(是非之心)을 양지(良知)라고 한다. 양지는 천리(天理) 또는 인(仁)에 대한 직각(直覺, intuition)이라고 할 수 있다. 그것은 경험이나 학습을 통해 아는 것이 아니라, 사유기능으로서 마음이 도덕적 의무, 즉 도덕적 원리나 도덕적 감정을 조금도 의심의 여지없이 명석(明晳)하게 알고, 그러한 의무를 대상과 상황에 따라서 치우침 없이 공정하고 판명(判明)하게 헤아려 대응하는 역동적(力動的), 실천적 앎이다.

양명은 분열과 투쟁을 극복하여 질서와 화합의 사회를 이룰 수 있는 근거를 인(仁)이나 명덕(明德), 시비지심(是非之心)이나 양지(良知)라고 하며, 그것을 천리(天理) 또는 마음의 본체[心體]라고도 한다. 그는 이러한 것들을 보존하고, 회복하고, 밝히며, 다하고자 하는 것이 학문, 즉 성현(聖賢)의 가르침이라고 한다. 그는 성인(聖人)의 학문을 심학(心學)이라고 칭한다.[32) 또한 그는 성인이 추구하였던 학문의 내용을 "인욕(人欲)을 제거하고 천리(天理)를 보존하기를 배우는 것",[33) "심체(心體)를 밝히는 것",[34) "마음을 다하기를 구하는 것",[35) "명덕(明德)을 밝히는 것"[36) 등으로 말했다.

---

31) 『王陽明全集』, 卷2(傳習錄 中), 答聶文蔚書, 179조목.
32) 『王陽明全集』, 卷7, 文錄4, 象山文集序와 重修山陰縣學記 참조.
33) 『王陽明全集』, 卷1(傳習錄 上), 111조목.
34) 『王陽明全集』, 卷1(傳習錄 上), 31조목.
35) 『王陽明全集』, 卷7, 文錄4, 重修山陰縣學記.
36) 『王陽明全集』, 卷26, 大學問.

성인(聖人)의 마음은 천지만물을 일체(一體)로 삼으니, 세상 사람을 보는데 내외(內外)·원근(遠近)의 구별이 없다. 혈기가 있는 모든 것은 그의형제나 자식의 친속(親屬)이기 때문에 안전하게 그들을 가르치고 길러서[敎養] 만물일체(萬物一體)의 염원을 완수하고자 한다.37)

성인(聖人)이 마음을 다하기를 구하는 것은 천지만물을 한 몸으로 삼는것이다. … 무릇 성인의 학은 나와 타인, 안과 밖의 구별이 없고, 하나같이 천지만물을 마음으로 삼는다.38)

성인(聖人)께서 그것을 우려하여, 천지만물을 일체(一體)로 삼는 어짊[天地萬物一體之仁]으로써 세상 사람들을 가르쳐서, 모두 그 사사로움을 이기고 그 가림을 제거함[克其私去其蔽]으로써 누구나 동일한 심체(心體)를 회복하게 하셨다[復其心體之同然].39)

양명은 나와 타인 사이에 발생하는 분열과 갈등을 종식시키고 서로 한 몸으로 삼는 것을 인(仁)이라고 한다. 양명은 이 인(仁)을 인간 보편의 마음 본체[心體]로 본 것이다. 이것이 있음으로 해서 각 개인은 딴 마음을 극복하고 물욕의 장애를 제거할 수 있다는 것이다. 또한 이기심과 물욕이 제거된 본연의 마음상태를 인심(仁心)이라고 한다. 그는 이러한 인심(仁心)을 옛 성인(聖人)들이 몸소 실천하였으며 또한 그러한 마음을 온전히 구현하고자 하였다는 것이다. 이러한 본연의 마음은 누구나 동일하게 지니고 있어서, 누구나 인(仁)을 실현할 수 있으며, 할 수 있기 때문에 인간의 의무라고 한다.

천인일원(天人一元)　　하곡은 만물의 시원적(始原的) 존재인 하늘[天]과 인간은 동일한 근원[一元]이라고 한다.

---

37) 『王陽明全集』, 卷2(傳習錄 中), 答顧東橋書, 142조목.
38) 『王陽明全集』, 卷7, 文錄4, 重修山陰縣學記.
39) 『王陽明全集』, 卷2(傳習錄 中), 答顧東橋書, 142조목.

우리의 심성(心性)에서 벗어나지 아니하면 하늘과 사람은 본래[自] 동일한 근원[一元]이다. 어찌하여 물리(物理)를 구하다가 도리어 근원[源]을 잃는가?40)

… 사람은 오직 이 마음일 뿐이요, 마음은 곧 하늘이다. … 아! 사람은 누구인들 이 마음이 없으랴! 한 마음[一心]의 은미(隱微)한 데에 천지가 갖추어져 있으니 그 체(體)가 크다고 할 것이다. 넓고 넓은 하늘을 내 한 마음에 간직한다는 것은 그 도(道)가 간약(簡約)하다고 할 것이다.41)

인간이 본래 일원(一元)이라고 하는 것은 인심(人心)에 천지만물의 이치가 간직되어 있다는 것을 의미한다. 따라서 하곡은 인간과 만물은 그 근원에 있어서 한 몸[一體]이라고 한다.

본연충막(本然沖漠)의 체(體)는 만물이 원래 사람과 더불어 한 몸이 되는 것이며, 생리(生理)의 순기(純氣)는 만물이 역시 한 가지 근원[一原]인 것이니, 이것이 곧 사람이 태어나 형체를 이루지 않았을 때에 음양(陰陽)의 리(理)가 이러했던 것이다.42)

형체를 지닌 개체로서 만물과 인간을 보면 분명 다르지만, 존재의 근원에서 본다면 한 몸[一體]이라고 한다. 본래의 충막(沖漠)한 본체에서 본다면 사람과 만물이 서로 감통(感通)하고 생리(生理)의 순기(純氣)를 공유하고 있다는 것이다.

하곡은 영통(靈通)한 본체와 밝은 덕(德)을 지니고 있는 인간만이 만물과의 본연의 일체(一體)를 자각하고 구현할 수 있는 주체라고 한다.

---

40)『霞谷全集』, 卷7, 詩, 草亭新居.
41)『霞谷全集』, 卷7, 說, 名兒說.
42)『霞谷全集』, 卷8, 存言上, 理一說.

풀이나 나무, 날짐승이나 길짐승과 같은 것도 생명력을 가득 지니고 있어
서 살아 움직이는 것들을 불쌍히 여기거나 삶의 이치대로 살아가려는 그
런 도리가 없는 것은 아니지만, 영통한 본체[靈體]가 없으며 밝은 덕[明
德]이 없다. 그러므로 어린아이에 대해 놀라고 두려워하며 가엾게 여기는
마음을 내지 못한다.43)

인간은 식물이나 동물처럼 생리(生理)와 생기(生氣)를 지니고
있을 뿐만 아니라, 그 마음에 다른 존재와 신령하게 통(通)하고 도
리를 밝게 드러낼 수 있는 명덕(明德)을 지니고 있다고 한다. 따라
서 인심(人心)은 어린아이의 위험을 보면, 그를 한 몸으로 삼는 인
(仁)을 자각하고 측은지심(惻隱之心)을 내어 어린아이를 구하고자
한다.

2. 감통(感通)과 조화(調和)를 어떻게 실현할 수 있는가?

왕양명은 자타의 간격과 장애 그리고 투쟁을 극복할 수 있는 길
을 마음의 본체(心體)에서 찾았다. 본연의 마음은 막힘이 없이 감
통(感通)하며, 치우침이 없이 중절(中節)하며, 물에 거스르지 않고
순응하기 때문이다. 그는 마음의 본체를 적연부동(寂然不動)하면서
감이수통(感而遂通)하고,44) 미발지중(未發之中)이나 발이중절(發而
中節)하며,45) 확연대공(廓然大公)하여 물래이순응(物來而順應)하
는 것46)으로 설명한다.47)

---

43) 『霞谷全集』, 卷1, 書, 答閔彦暉書.
44) 『易經』, 繫辭傳上, 제10장: 寂然不動, 感而遂通天下之故.
45) 『中庸』, 제1장: 喜怒哀樂之未發, 謂之中. 發而皆中節, 謂之和.
46) 『明道文集』, 제3, 明道答橫渠先生定性書, 頁1: 君子之學, 莫若廓然而大公, 物來而順應.

양명은 이러한 심체(心體)를 천리(天理)라고 하며,[48] 양지(良知)라고 하기도 하고,[49] 도심(道心)이라고도 한다.[50] 이른바 양명이 심체를 천리(天理) 또는 내 마음의 천리[吾心之天理]라고 지칭하는 것은 무수한 개별적 사물의 당연한 이치[物理 또는 事理]와 구별되며, 그것들의 근원이며 궁극적 표준이 되는 천리(天理)가 사물 가운데 있는 것이 아니라 나의 마음에 내재해 있다는 것을 의미한다. 한편 양명은 "양지(良知)란 저절로 그러한 천리(天理)의 밝은 깨달음이 발현되는 곳[天理自然明覺發見處]이며, 단지 참으로 성실하게 슬퍼하고 애달파하는 마음[眞誠惻怛]이 바로 그 본체이다."[51]라고 하며, "양지는 천리가 환하고 밝아서 신령하게 깨닫는 곳[天理之昭明靈覺處]이다."[52]라고 한다. 따라서 양지는 인(仁)과 같은 천리를 밝히고 상황에 따라 구체적으로 실현하는 주체라고 하겠다. 따라서 막힘없이 감통(感通)하고 조화(調和)를 이루는 길은 양지를 실현하는 것[致良知]이라고 하겠다.

또한 양명은 도덕성의 함양을 근본으로 삼는 교육관(敎育觀)과 생인지도(生人之道)의 실현을 직업의 근본취지로 삼는 직업관(職業觀)을 정립함으로써 분열과 갈등 대신 아름다운 조화(調和)를 이루는 사회를 성취하고자 하였다.

치량지(致良知)　　왕양명은 치량지(致良知)를 학문의 핵심이며,

---

47) 『王陽明全集』, 卷1(傳習錄 上), 72조목.
48) 『王陽明全集』, 卷2(傳習錄 中), 啓問道通書, 145조목.
49) 『王陽明全集』, 卷2(傳習錄 中), 答陸原靜書, 157~158조목.
50) 『王陽明全集』, 卷7, 文錄4, 象山文集序.
51) 『王陽明全集』, 卷2(傳習錄 中), 答聶文蔚(二), 189조목.
52) 『王陽明全集』, 卷2(傳習錄 中), 答歐陽崇一, 169조목.

성인(聖人)이 사람을 가르친 제일의 뜻[第一義]이라고 한다.53) 양명은 자신의 양지를 실현하거나 그런 노력을 하면, 피차간에 시비(是非)와 호오(好惡)의 공감(共感)이 이루어지고, 타인을 자신의 몸처럼 여기며, 서로를 신뢰하고 화락(和樂)하는 현상이 나타난다고 한다.

> 세상의 군자가 오직 자신의 양지(良知)를 실현하는 데[致其良知] 힘쓰기만 한다면 저절로 시비(是非)를 공유(共有)하고 호오(好惡)를 함께하며, 남을 자기와 같이 보고, 나라를 한집안처럼 보아서 천지만물을 한 몸으로 여길 수 있다. 그러면 천하가 다스려지지 않기를 구할지라도 그러하지 못할 것이다.
> 옛 사람들이 타인의 선행(善行)을 보기를 마치 자기로부터 나온 것같이 여겼으며, 타인의 악행(惡行)을 보기를 자기가 악에 빠진 것처럼 여겼을 뿐만 아니라, 백성의 굶주림과 곤고함을 마치 자기의 굶주림과 곤고함처럼 보았으며, 한 사람이라도 자기 자리를 얻지 못하면 마치 자신이 그를 도랑에 밀어 넣은 것처럼 여겼던 까닭은 의도적으로 그렇게 행하여 천하 사람들이 자기를 믿어 주기를 바랐기 때문이 아니다. 자신의 양지를 실현하여 스스로 만족하기를 구하는 데 힘썼을 따름이다. 요(堯)·순(舜)·탕(湯)·문(文)·무(武) 등 성왕(聖王)이 말을 했을 때 백성들 가운데 믿지 않은 자가 없었던 것은 그 양지를 실현하여 말했기 때문이며, 행동하였을 때 백성들 가운데 기뻐하지 않은 자가 없었던 것은 그 양지를 실현하여 행동했기 때문이다. 그래서 백성들은 화락하고 크게 만족하여 죽여도 원망하지 않았고, 이롭게 하더라도 공로로 여기지 않았다. 이러한 정치의 시행이 야만족에게 미치니 무릇 혈기가 있는 자는 어버이를 존경하지 않는 자가 없었으며, 이것은 양지가 같기 때문이다. 오호라! 성인께서 천하를 다스린 것이 어찌 그렇게도 간단하고 쉬운 것일까.54)

치량지에 힘쓰면 시비와 호오에 대한 의견에 있어서 대립이나

---

53) 『王陽明全集』, 卷2(傳習錄 中), 啓問道通書, 144조목과 傳習錄 上, 30조목 참조.
54) 『王陽明全集』, 卷2(傳習錄 中), 答聶文蔚書, 179조목.

갈등이 없이 공감이 이루어진다. 또한 타인을 자기처럼, 나라를 가족처럼 여기게 된다. 그리하여 타인의 선행을 자기의 일처럼 기뻐하고, 타인의 악행을 자기의 일처럼 괴로워하며, 백성의 굶주림과 곤고함을 자신의 굶주림과 곤고함처럼 여긴다. 또한 백성들이 그들을 신뢰하고 기뻐하며, 화락한다.

따라서 양지를 실현한다는 것은, 양지의 명각(明覺)이 내면의 천리(天理)에 의거하여 다른 존재의 희로애락(喜怒哀樂)을 밝게 지각하는 것을 의미하며, 또한 양지의 감응(感應)하는 작용이 다른 존재에 감통(感通)하여 그들의 아픔을 자신의 아픔으로 공감하고 반응하는 것을 지칭하는 말이다. 양지가 그 대상에 따라 발현될 때, 양지 자체의 "천연적으로 본래 지니고 있는 균형[中]"에 따라 경중후박(輕重厚薄)의 차이를 둔다고 한다.[55] 다시 말해서 치량지는 인심(人心)의 인(仁)을 밝혀, 민(民)·물(物)에 감응하고 통하되, 중(中)을 지키면서 대상과 상황에 따라 적절하게[時中] 차별적 일체감(一體感)을 실현하는 것이다.

입지(立志) 양명은 학문의 핵심[頭腦]이며 본원을 입지(立志)라 하고,[56] 학문에 있어서 가장 먼저 해야 할 일이라고 하였다. 양명은 뜻[志]을 기(氣)를 거느리는 장수, 사람에게 있어서 명(命), 나무의 뿌리, 그리고 물의 근원 등에 비유하였다.

> 대저 학문은 입지(立志)보다 우선하는 것이 없다. 뜻이 서지 않으면 마치 그 뿌리를 심지 않아서 흙을 돋우고 물을 대어 주는 노고를 하되 성장하지 않는 것과 같다. … 대저 뜻[志]은 기(氣)의 장수[帥]이며 사람의 명

---

55) 『王陽明全集』, 卷2(傳習錄 中), 答聶文蔚(二), 189조목.
56) 『王陽明全集』, 卷2(傳習錄 中), 啓問道通書, 144조목과 傳習錄 上, 30조목 참조.

(命)이요, 나무의 뿌리요, 물의 근원이다. 근원이 깊지 않으면 흐름이 중단하고, 뿌리가 심어 있지 않으면 나무는 말라 죽는다. 명(命)이 이어지지 않으면 사람은 죽는다. 뜻이 서지 않으면 기(氣)가 어지럽게 된다. 이런 까닭에 군자의 학문은 언제 어디서나 입지(立志)로써 일삼지 않는 것이 없다. 눈을 바로 하여 보되 다른 것을 보지 않으며, 귀를 기울이어 듣되 다른 것은 듣지 않는다. 마치 고양이가 쥐를 잡는 것과 같이 하며, 닭이 알을 품는 것과 같이 한다. 정신(精神)과 심사(心思)가 모이고 녹아서 결집하여 다시 다른 것이 있음을 알지 못하니, 이런 후에야 이 뜻[志]이 항상 서고, 신령한 기운(氣運)이 정밀하고 밝으며, 의리(義理)가 밝게 드러나, 하나의 사욕이라도 있으면 지각이 자연히 허용하지 않는다.[57]

양명은 뜻이 확립되지 않으면 방향타가 없는 배, 재갈이 없는 말, 뿌리 없는 나무와 같다고 한다. 입지(立志) 없이는 학문의 진보나 일의 성취를 기대할 수 없다고 한다.

양명은 입지(立志)란 마음이 선한 생각[善念]을 간직하는 것, 즉 천리(天理)를 보존하고자 생각하는 것이라고 한다.[58] 또한 입지란 성인(聖人)이 되겠다는 뜻을 세우는 것이다.[59] 따라서 입지란 우리의 마음을 성인(聖人)이나 천리(天理)로 지향하는 것이다. 다음으로 뜻을 세운다는 것[立志]은 일회적(一回的)인 것이 아니라, 생각마다, 항상 그리고 지속적으로 천리를 보존하기를 생각하는 것이다.[60] 천리를 보존하고 실현하고자 하는 마음을 언제, 어디서나 간직해야 한다는 것이다. 마지막으로 입지란 천리를 보존하고자 하는 선념(善念)을 전일(專一)하고, 정신심사(精神心思)를 응취융결(凝

---

57) 『王陽明全集』, 卷7, 文錄4, 示弟立志說(乙亥).
58) 『王陽明全集』, 卷1(傳習錄 上), 16조, 53조 등 참조.
59) 『王陽明全集』, 卷3(傳習錄 下), 260조목. 입지란 聖人이 되겠다는 뜻을 세우는 것이며, 성인이 되려는 뜻이 있다면 자기의 良知에 다른 생각, 즉 사념이나 사욕을 남겨 두어서는 안 된다는 것이다.
60) 『王陽明全集』, 卷1(傳習錄 上), 16조 참조.

聚融結)하는 것이다. 다시 말해서 우리의 마음을 맑고 밝게 하고, 그 마음의 빛을 천리(天理)로 집중, 조명하는 것이 입지이다.

대립과 갈등이 없는 평화의 사회를 이루기 위해서는 천지만물을 한 몸으로 삼는 마음[天理, 仁]을 언제 어디서나 하나같이 간직하고 실천해야 한다.

성의(誠意)와 사성(思誠) 양명은 학문의 핵심[大頭腦處]이며 가르침의 제일의(第一義)를 성의라고 한다.[61] 그는 『중용』에서 말하는 "진실[誠]하지 않으면 사물이 없다."는 것과 『대학』의 "밝은 덕[明德]을 밝힌다."는 공부는 단지 뜻을 진실하게 하는 것[誠意]이며, 뜻을 진실하게 하는 공부는 하나의 격물(格物, 일을 바르게 함)이라고 한다.[62] 양명은 마음의 본체로서의 성(誠)과 명덕(明德)의 공부는 주객(主·客)의 교통(交通)을 가능하게 하며, 상호 친애(親愛)하게 하는 것이며, 그것은 성의(誠意), 즉 마음이 의욕(意欲)하는 것을 속임 없이 진실하게 하는 것이라고 한다.

> 그때그때 구체적인 일에서 그 양지(良知)를 실현하는 것이 바로 격물(格物)이다. 착실하게 그 양지를 실현하는 것이 바로 성의(誠意)이다. 착실하게 그 양지를 실현하되 사적인 의도[意], 기필[必], 고집[固], 자아[我]가 조금도 없는 것이 정심(正心)이다.[63]

또한 양명은 성의(誠意)란 마음의 발동인 의(意)를 진실하게 하는 것이며, 이것은 그 의(意)의 본체인 양지(良知)를 실현하는 공부

---

61) 『王陽明全集』, 卷1(傳習錄 上), 129조목과 卷2(傳習錄 中), 答顧東橋書, 130조목 참조.
62) 『王陽明全集』, 卷1(傳習錄 上), 6조목.
63) 『王陽明全集』, 卷2(傳習錄 中), 答聶文蔚(二), 187조목.

라고 한다.64) 양지를 실현한다는 점에서 성의(誠意)는 격물(格物)과 다르지 않다. 즉 우리의 의지를 진실하게 하는 것은 타인이나 사물에 대한 올바른 관계와 태도를 갖는 것이라 하겠다.

한편 양명은 "진실함[誠]은 마음의 본체이다. 이 본체를 회복하고자 하는 것이 사성적(思誠的) 공부이다."라고 하여, 공부가 아닌 본체로서 성(誠)을 설명하고 있다.65)

> 반성하고 살펴서 사욕을 제거하는[省察克治] 공부는 잠시라도 방심할 수 없으니, 마치 도둑을 몰아내는 것처럼 말끔하게 쓸어내려는 의지가 있어야 한다. … 고양이가 쥐를 잡듯이 언제나 정신을 집중하여 눈으로 살피고 귀로 들어서 한 생각의 싹이 발동하자마자 곧바로 제거해야 한다. 못을 끊고 쇠를 자르듯이 단호하여 잠시라도 그것을 방편으로 허용해서는 안 되고 몰래 간직해서도 안 되며 그것에 출로를 내주어서도 안 된다. … 처음 배울 때는 반드시 반성하고 살펴서 사욕을 제거할 것을 생각해야 하는데 이것이 곧 성(誠)을 생각하는 것이며, 단지 하나의 천리(天理)를 생각하는 것이다.66)

심체(心體)의 성(誠)을 이루고자 하는 사성(思誠) 공부로서 성찰극치(省察克治)란 사욕(私欲)이 재발하지 않도록 불씨를 하나도 남김없이 철저히 제거하는 것이며, 항상 정신을 집중하여 사욕이 발동하자마자 즉각적으로 단호하게 제거하는 것이다.

또한 양명은 입성(立誠), 성신(誠身)하는 방법이란 그 홀로 아는 곳[獨知處]에서 성(誠)이 싹이 트니, 그곳에서 계구(戒懼)하는 것이라고 한다.67)

---

64) 『王陽明全集』, 卷1(傳習錄 上), 6조목: 身之主宰便是心. 心之所發便是意. 意之本體便是知.意之所在便是物.

65) 『王陽明全集』, 卷1(傳習錄 上), 121조목.

66) 『王陽明全集』, 卷1(傳習錄 上), 39조목.

도덕의 실현으로서 직업 활동 왕양명은 발본색원론(拔本塞源論)에서 천지만물이 하나의 건강한 유기체와 같은 모습을 이루고 있는 이상사회의 모델을 고대 성현들이 통치하고 교육하던 사회에서 찾았다.

> 그 가르침의 대강은 요(堯)·순(舜)·우(禹)가 서로 주고받은 이른바 '도심(道心)은 오직 은미하니 오로지 순수하고 전일하여 그 중(中)을 잡으라.'는 것이며, 그 세부 항목은 순이 설(契)에게 명한 이른바 '부자는 친애하고, 군신은 의(義)가 있고, 부부는 구별이 있고, 어른과 어린이는 순서가 있고, 친구는 신의가 있다.'라고 하는 다섯 가지일 뿐이다. 당(唐)·우(虞)와 하(夏)·상(商)·주(周) 삼대의 세상에서는 가르치는 자는 이것을 가르쳤고, 배우는 자는 오직 이것을 배웠을 뿐이다. 당시에는 사람들에게 서로 다른 견해가 없었고, 가정에서도 서로 다른 습관이 없었다. … 아래로는 작은 마을이나 시골의 농(農)·공(工)·상(商)·고(賈)의 천한 신분에 이르기까지 모두 이 학문을 지니지 않음이 없었고, 오직 덕행(德行)을 이루는 것을 임무로 삼았다. 무엇 때문일까? 잡다한 견문, 번거로운 암송, 넘쳐나는 사장(詞章), 공리(功利)의 추구가 없이, 오직 부모에 효도하고, 윗사람을 공경하며, 친구와 신의를 지켜, 똑같은 마음의 본체를 회복하도록 했기 때문이다. …
>
> 학교에서는 오직 덕(德)을 이루는 일에만 종사하였다. 그러나 재능이 달라서 어떤 자는 예악(禮樂)에 뛰어나고 어떤 자는 정교(政敎)에 뛰어나고, 또 어떤 자는 수토(水土)와 농사에 뛰어나기 때문에 그 덕을 성취함에 따라서 학교에서 각자의 재능을 더욱 정련하도록 하였다. 덕이 있는 자를 천거하여 임용한 뒤에는 평생 그 직책에 머물러 다시 바꾸지 않게 하였다. 임용하는 자는 오직 한 마음 한 덕으로 천하 인민을 평안하게 할 일만 생각하고, 그 재능이 (그 직책에) 부합하는지의 여부를 볼 뿐이요, 높고 낮음으로써 경중(輕重)을 삼거나 수고로움과 편안함으로써 좋고 나쁨을 삼지 않는다. 임용된 자도 오직 동심일덕(同心一德)으로 천하 인민을 편안하게 할 것만 생각했으며, 만약 그 재능에 맞으면 종신(終身)토록 번잡한 데 처하더라도 수고롭다 하지 않고, 낮고 자질구레한 일에도 편안히 여기

---

67) 『王陽明全集』, 卷1(傳習錄 上), 120조목.

며 천하다고 여기지 않았다.

당시에는 천하 사람들이 화락하고 너그러워 모두 서로를 일가친척처럼 보았다. 재질이 낮은 자는 농(農)·공(工)·상(商)·고(賈)의 직분에 편안해하고 각각 그 직업에 힘써서 서로 살리고 서로 길러 줄 뿐이지, 높은 것을 바라거나 제 분수 이외의 것을 넘보는 마음이 없었다. 그 재능이 남다른 고(皐)·기(夔)·직(稷)·설(契)과 같은 이는 나아가 그 재능을 발휘하되 마치 한집안의 일처럼 하였으니, 어떤 이는 의식(衣食)을 경영하고 어떤 자는 물자를 유통하고, 어떤 자는 기용(器用)을 갖추되 지혜를 모으고 힘을 합하여 부모를 섬기고 아래로는 처자를 양육하는 소원을 이루고자 하였다. (그들은) 오직 자기가 맡은 일에 혹 태만하지 않을까 두려워하여 자기의 직책을 중히 여기고, 자신의 사사로움만 중(重)히 여기는 누(累)를 걱정하였다. …

대개 그 심학(心學)이 순수하고 밝아서 천지만물 일체의 인(仁)을 온전히 지님으로써 그 정신이 흘러 관통하고 지기(志氣)가 통달(通達)하여 남과 나의 구분이나 물(物)과 아(我)의 틈이 없었다. 이것은 마치 한 몸에 비유하면 눈은 보고, 귀는 듣고, 손은 쥐고, 발은 걸어서 전신(全身)의 작용을 돕는 것과 같다. … 이것이 바로 성인(聖人)의 학이 지극히 쉽고 지극히 간단하여 알기 쉽고 좇기 쉬운 까닭이다. 학문이 쉽게 성취되고 재능이 쉽게 완성되는 것은 바로 대강이 오직 누구나 동일한 마음의 본체를 회복하는 데 있기 때문이니, 지식과 기능은 더불어 논할 바가 아니다.[68]

고대에 성인(聖人)이 다스리던 사회에서는 사람들이 서로 화락(和樂)하여 서로를 한 가족처럼 보았으며, 자기의 직분에 만족하여 그 일에서 자기의 재능을 발휘하되 집안일처럼 최선을 다하였다. 자기 직책을 중히 여기고 최선을 다하되, 다른 일을 못한다고 해서 부끄러워하지 않았으며, 타인이 그 일을 잘하는 것을 자기가 잘하는 것처럼 여겼다. 또한 성현(聖賢)이 가르친 심학(心學)이 순수하고 밝아서, 백성들이 만물을 일체(一體)로 삼는 인(仁)을 온전히 이루었기 때문에, 그 정신이 막힘이 없이 소통하고 그 뜻과 기운이

두루 통하여 자기와 타인의 구분, 나와 객체[物我]의 틈이 없었다고 한다. 이는 마치 하나의 건강한 신체와 같이 각 지체의 뼈와 살이 틈이 없이 연락(連絡)하고, 기운과 피와 정신이 잘 소통(疏通)하고, 각 기관이 서로 감통하여 각 기능을 다하면서 전신의 작용을 돕는 것과 같은 사회였다.

그는 옛 성현들이 가르치고 백성들이 배웠던 것은, 마음의 평형을 잃지 않고 도덕적 심성을 지키는 것이며, 구체적인 사회규범으로 이른바 오륜(五倫)이었다고 한다. 잡다한 견문, 번거로운 암송, 넘쳐나는 사장(詞章), 공리(功利)를 추구하기보다는 부모에 대한 효도, 윗사람에 대한 공경, 친구와의 신의 등을 지켜 인간 공통의 심체(心體)를 회복하도록 함으로써, 신분과 직업이 달라도 공통적으로 이러한 성현의 가르침을 최고의 가치로 삼고, 배우고 실천하였다.

한편 학교에서는 교육의 근본 또는 주 임무를 덕(德)의 성취이며, 재능을 연마하는 것은 말단적(末端的)이고 부차적인 것으로 인식하였다고 한다. 따라서 학교에서 우선해야 할 것은 배우는 자들에게 세상의 백성들을 모두 편안하게 해주는 마음을 길러 주는 것이었다. 이러한 도덕성을 성취한 후에 각자의 재능을 정련하도록 하였다.

직업과 직책의 선택 또는 배치는 재능에 맞는지의 여부만을 고려할 뿐, 직업의 고하(高下), 귀천(貴賤), 이난(易難) 등으로 경중(輕重)을 평가하지 않았다. 직업 활동을 할 때에는 오로지 그가 처한 곳에서 한결같은 마음으로 백성을 편안하게 하고자 하는 덕을 실현하였다.

양명은 당시의 세태가 자기의 이익만을 따라서 직업을 선택하는 것을 비판하면서, 공자의 제자들이 각각 생업을 달리 했었다고 말한다.

> 옛날에는 사민(四民. 士農工商)이 그 직업을 달리하되 도(道)는 함께하여, 그들이 마음을 다하는 것이 동일하였다. 선비는 정치를 닦음으로써, 농부는 먹을 것을 갖춤으로써, 공인은 기구를 편리하게 함으로써, 상인은 재화를 유통시킴으로써, 각자 그 자질에 가깝고 힘이 미치는 것에 나아가 직업으로 삼아, 이로써 그 마음을 다하기를 구하였다. 그들이 귀결하는 요점은 사람을 살리는 길[生人之道]에 도움이 되게 하는 것에 있어서 동일할 뿐이었다. 선비와 농부는 정치를 닦고 먹을 것을 갖추는 데 그 마음을 다하는 자이고, 기구를 편리하게 하고 재화를 유통시키는 것은 오히려 그 선비와 농부이다. 공인과 상인은 기구를 편리하게 하고 재화를 유통시키는 데 그 마음을 다하는 자이며, 정치를 닦고 먹을 것을 갖추는 것은 오히려 공인과 상인이다. 그러므로 사민이 직업은 다르나 도는 같다[異業而同道]고 하는 것이다.[69]

이 글은 소(蘇)의 곤산(崑山)에 살던, 호(號)가 절암(節庵)이요, 성씨가 방(方)인 사람이 처음에는 선비였는데, 이것을 버리고 상업에 종사하였던 일에 관해 논한 것이다. 양명은 직업의 근본취지를 설명함으로써 직업의 평등을 주장하고 있다. 사농공상(士農工商)은 하는 일은 달라도 서로를 살리는 방도[生人之道]를 실현한다는 점에서 똑같이 존중받을 가치가 있다고 한다. 따라서 직업 활동에서 가장 중요한 것은 그가 택한 직업에서 사람들을 살리고 그들의 삶을 유지하는 데 유익한 최선의 방법을 강구하고, 몸과 마음을 다하여 그 직업을 수행하는 것이다.

결론적으로 양명은 이업동도(異業同道)가 이루어지는 사회, 즉 사람을 살리는 도[生人之道]를 공통의 마음으로 삼고, 이러한 마음

---

69) 『王陽明全集』, 卷25, 外集7, 節庵方公墓表(乙酉).

을 바탕으로 각자의 재능에 따라 선택한 직업과 분야에서 최선을
다하는 사회를 이루고자 하였다.

신독(愼獨)을 통한 성의·정심의 실현 하곡은 백성을 인애하고
사물을 아껴서 천지를 질서 짓고 만물을 육성하는 것은 양지(良
知), 양능(良能)이라고 한다.

> 우리가 능히 측은(惻隱)히 여기고 수오(羞惡)하며, 능히 백성을 인애(仁
> 愛)하고 사물을 아껴서[愛物] 능히 중화(中和)를 이루어 천지를 자리 잡
> 게 하고 만물을 육성하는 것까지도 모두 우리의 양지(良知), 양능(良能)
> 이 아닌 것이 없다. 하늘이 나에게 준 생각하지 않고 배우지 않아도 저절
> 로 가지는 본연의 체(體)가 바로 이 본체인 것이다.[70]

하곡은 양명과 마찬가지로 우리 마음에 양지(良知)가 있어서 천
지를 일체(一體)로 삼고 천하를 일가(一家)로 삼는다고 한다.[71] 그
런데 하곡은 인심(人心)의 생리(生理)를 인간이 본래 지니고 있는
덕(德)이라고 하며, 그것을 양지(良知)와 인(仁)으로 설명한다.

> 사람의 생리(生理)란 능히 밝게 지각하는[明覺] 것이 있어 스스로 능히
> 두루 미치지 않는 것이 없으며[周流通達] 하여 어둡지 아니하며, 능히 측
> 은(惻隱)·수오(羞惡)·사양(辭讓)·시비(是非) 어느 것이나 다 못하는
> 것이 없으니, 이것이 그 고유한 덕(德)으로서 이른바 양지(良知)인 것이며
> 또한 인(仁)이라고 하는 것이다. … 대개 그 전체(全體)의 덕으로 말하면
> 인이라 하고, 그 본체(本體)의 밝음으로 말할 때는 양지라고 하니, 그 가
> 리켜 부르는 이름은 비록 이러하나 그 전체가 어찌 본체가 아니겠는가?
> 본체가 어찌 전체의 밖에 있겠는가? 오직 하나의 물(物)인 것이다.[72]

---

70) 『霞谷全集』, 卷1, 書, 答閔誠齋書.
71) 『霞谷全集』, 卷9, 存言 下.

천지만물을 하나의 전체로서 질서와 조화(調和)를 이룰 수 있게 하는 것은, 분명하게 지각하고 어느 것이나 두루 통하여, 능히 측은(惻隱)·수오(羞惡)·사양(辭讓)·시비(是非) 등을 할 수 있는 사람의 생리(生理)라고 한다. 특히 인심(人心)에 부여된 온전한 덕(德)으로서 생리를 인(仁)이라 칭하고, 인심에 부여된 본체로서의 생리에 대한 분명한 지각[明覺]을 양지(良知)라고 칭한 것이다.

하곡은 명덕(明德), 도심(道心)의 회복을 위한 방법으로 성의(誠意)와 정심(正心)을 주장하였다.

『중용(中庸)』의 미발(未發)의 중(中)과 중절(中節)의 화(和)는 성정(性情)의 본체를 가지고 말한 것이니 이것은 도심(道心)과 천리(天理)의 조목이요, 『대학(大學)』의 성의(誠意)와 정심(正心)은 심성의 공부를 가지고 말한 것이니 곧 중화 공부[用功]를 하는 순서이다. … 대저 성의란 중화에서 그 사사(私邪)와 죄악을 이기고 다스리는 일을 초절(初節)의 공부로 삼은 것이고, 정심이란 것은 중화에서 그 매이고 얽히거나 치우치고 편벽된 일을 밝혀서 없애는 것이니, 이것은 정밀하고 극진한 공부인 것이다. … 사사(私邪)와 악욕(惡欲)이 없어졌다 하더라도 그 착한 가운데에 나아가 동(動)하는 기(氣)에 매여 호오(好惡)를 짓고 의필고아(意必固我), 편의부정(偏倚不正), 혼타방일(昏惰放逸), 장영기복(將迎起伏) 등에 있어서 일체의 은미(隱微)한 병통이 모두 부서지고 없어져서 얽힌 것이 없다면 이것은 심체(心體)의 올바른 것이 되어 감공(鑑空)하고 형평(衡平)하여서 치우친 바가 없는 것이다. 이른바 미발의 중(中)의 대본(大本)이요, 이른바 명덕(明德)이요, 도심(道心)인 것이다.73)

하곡은 『중용』의 중화를 가지고 인심의 본체를 설명하였으며, 『대학』의 성의와 정심을 그 본체 회복의 공부로 파악하였다. 양명은 명덕(明德)을 밝히고 백성을 친애하여 천지만물이 한 몸이 되는 사

---

72) 『霞谷全集』, 卷1, 書, 與閔彦暉論辨言正術書.
73) 『霞谷全集』, 卷8, 存言 上, 四端七情說.

회를 이루기 위한 방법의 핵심을 성의(誠意)으로 설명하였다. 그러나 하곡은 이기적이며 나쁜 생각을 극복하는 성의(誠意)와 함께 정심(正心), 즉 주관적인 선입견이나 편견과 집착이 없는, 맑고 텅 빈 거울이나 평형을 이루고 있는 저울과 같은 공평무사한 마음을 지키는 것이 곧 분열과 갈등이 없는 평화를 이루는 길이라고 보았다.

하곡은 중화(中和)를 이루고, 나아가 천지의 질서와 만물의 육성을 가능하게 하는 것을 신독(愼獨)이라고 한다.

> 성인(聖人)은 하늘의 명(命)이 심원하여 그치지 않는 것과 같사오니 어느 곳에 공리(功利)의 사의(私意)가 개재될 수 있겠습니까? 정자(程子)가 공부를 강론하고 넓힐 때에는 반드시 신독(愼獨)을 주로 하였으니, 이것이 곧 심원하여 그치지 않는 곳이며, 이것이 곧 천명의 성(性)입니다. 비록 천지를 자리 잡게 하고, 만물을 육성할지라도 치중화(致中和) 위에서부터 길러 오지 않음이 없다면 그 사이에는 별로 다른 일이 없사오니 오직 신독(愼獨)하면 중화를 이루는 것이고, 중화를 이루면 천지가 자리를 잡고 만물이 육성되는 것입니다.74)

하곡은 신독(愼獨)이란 모든 일의 근본이 되며, 시종일관(始終一貫)해야 하는 것이라고 한다. 그는 주자(朱子)의 경자봉사(庚子封事)를 강론하는 가운데 다음과 같이 말한다.

> … 대체로 천하의 만 가지 일이 기강(紀綱)이 없으면 서지 못하는 것이다. 그러나 그 근본은 마음을 바르게 하는 데 있고, 마음을 바르게 하는 근본은 신독(愼獨)에 있다. 천리(天理)와 사의(私意)를 팔자로 타개하는 것은 신독에 있으며, 천덕(天德)과 왕도(王道)의 공효(功效)가 넓어지는 것도 신독 공부에서 말미암는다. 『대학』의 성의(誠意), 정심(正心)과 『중용』의 계신(戒愼), 공구(恐懼)의 공부가 신독의 뜻이 아님이 없다. 맨 처음에 손을 댈 곳이 여기에 있으며, 철두철미할 곳도 여기에 있다.75)

---

74) 『霞谷全集』, 卷5, 筵奏 戊申 5월 2일.

주자가 정치의 도(道)로 위로는 휼민(恤民)과 무군(撫軍)의 도를 말하고, 아래로는 기강(紀綱)을 말한 것과 달리 하곡은 보다 근본적으로 정심(正心)과 신독(愼獨)을 주장하였다. 그는 가까이로는 천리와 사의를 분별하고, 성의, 정심, 계신, 공구 등이 모두 신독의 공부이며, 나아가 나의 덕을 넓히고 궁극적으로는 왕도를 구현하는 일의 근본도 신독이라고 한다. 하곡에 있어서 신독은 만사의 시작이요, 끝이다.

그는 『대학』의 성의(誠意)를 주석하는 가운데 성(誠)과 신독(愼獨)을 다음과 같이 관련해서 말한다.

악취(惡臭)를 싫어하듯 하고 호색(好色)을 좋아하듯 함은 성(誠)이다. 성(誠)의 본체가 이러하니 스스로 쾌족(快足)하면 이것은 그 앎이 극치에 이른 것이다. … 신독(愼獨)이 그 공부의 착수처이다. 성의의 공부는 다만 하나의 신독일 뿐이다. 신독은 자기를 속이지 아니하고 스스로 쾌족하게 하는 공부이다. 자기를 속이지 않고 스스로 쾌족해하면 그것이 바로 성(誠)이다. 두 가지 뜻이 없는 것이다.[76]

하곡은 "성(誠)이란 마음이 스스로 근본으로 삼는 바요, 도(道)란 사람이 마땅히 스스로 행할 바이다."라고 한다. 하곡은 주렴계(周濂溪)의 사상을 계승하여 이러한 성(誠)은 오상(五常)의 근본이며 백행(百行)의 근원이라고 하였다. 따라서 성(誠)을 결여한 오상과 백행은 그릇된 것이 된다.[77] 또한 그는 『중용』에서 자신을 이루는 것을 인(仁)이라 하고 사물을 이루는 것을 지(知)라고 하는데, 이것

---

75) 『霞谷全集』, 卷5, 筵奏 4월 3일. 卷10, 年譜 英祖4년 4월 辛巳朔 참조.

76) 『霞谷全集』, 卷13, 大學2 殘註.

77) 『霞谷全集』, 卷17, 經學集錄上 道之用 : 誠五常之本 百行之源也 靜無而動有至正而明達也 五常百行非誠非也.

을 일관하는 것은 중단이 없는 성(誠)이라고 한다. 이러한 성(誠)을 이루고자 하는 공부가 곧 신독(愼獨)이라고 하는 것이다.

하곡은 개인이 지니고 있는 도덕성과 왕도정치를 일관하는 원리란 성(誠), 중(中), 중화(中和), 양지(良知), 인(仁)이라고 하며, 특히 성(誠)과 중(中)을 강조하였다. 이것들은 각 개인에게 타 존재와 감통(感通)하게 하고 한 몸[一體]이게 하는 부단한 생명의 원리이며 또한 시중(時中)하여 천지를 질서 짓고 육성하는 원리라는 것이다. 그리고 이것들은 부단하고도 전일(專一)한 의지[誠意]와 치우침이나 집착함이 없는 마음[正心]을 통해 얻을 수 있고, 이것들의 근본이며 시종일관하는 공부는 신독(愼獨)에 있다고 한다.

Ⅳ. 맺음말

갈등과 투쟁의 오랜 역사만큼이나 질서와 평화 또한 인류의 오랜 염원이었다. 일찍이 중국인들은 온 세계가 조화(調和)를 이루고 있는 하나의 건강한 몸처럼 되기를 소망하였다. 『시경(詩經)』의 낙토(樂土), 『예기(禮記)』와 『여씨춘추(呂氏春秋)』의 대동(大同), 노자(老子)의 현동(玄同), 장자(莊子)의 대동(大同), 묵자(墨子)의 상동(上同)이나 송대(宋代) 이후 성리학자들에 의해 주장된 '천지만물(天地萬物)은 일체(一體)이다.'라는 학설은 이상사회에 대한 중국인들의 염원을 담고 있다. 이 가운데 『예기(禮記)』에서 제시되고 있는 대동사회는 신의(信義), 화목(和睦), 친애(親愛)를 바탕으로 하나가 되고, 각자의 처지에서 주어진 재능을 충분히 발휘하되 이웃과 함께 나누는 사회이다.

왕양명은 발본색원론(拔本塞源論)과 대학문(大學問)에서 성현(聖賢)들이 가르쳐 온 학문의 궁극적 목표와 방법을 제시하였다. 그는 성인의 학문이란 대동(大同)사회, 즉 천지만물을 한 몸으로 삼는 사회를 이루고자 한 것이라고 한다. 다시 말해서 천지만물을 한 몸으로 삼는 인심(人心)의 도덕성으로서 인(仁)의 실현을 목표로 삼고, 최선을 다해 각자의 재능을 온전히 발휘하여 유기적(有機的)으로 조화(調和)를 이룬 사회를 열망하였다고 한다.

왕양명은 사회의 분열과 대립, 갈등, 투쟁의 원인이 '나'에게 있다는 것이다. 또한 이것들을 극복하고 다른 존재들과 화합하며 평화를 이루는 것도 '나'로부터 가능하다는 것이다. 양명은 그것을 나의 마음이라고 한다. 내가 인간의 공통적인 본래적인 마음을 지니고 있느냐, 비본래적인 마음을 지니고 있느냐에 따라, 각자의 내면의 평화 혹은 불화, 사회적 평화 또는 분쟁이 결정된다는 것이다.

인심(人心)의 본래성이란 인심의 명덕(明德), 온갖 다양한 개별적 사물들의 이치의 근원으로서의 천리(天理), 천지만물을 한 몸으로 삼는 인(仁), 스스로 환하면서 밝게 드러내는 신령한 깨달음[靈覺]으로서 양지(良知)를 지칭한다. 비본래적 인심(人心)이란 이상의 본심(本心) 또는 마음의 본체(本體)가 어떤 장애에 의해 가리어지거나 막혀서 그 본연의 기능을 다할 수 없는 상태를 지칭하는 것이다.

갈등과 투쟁이냐, 질서와 화합이냐? 어느 한쪽의 선택과 결단은 그 사회의 미래를 바꾼다. 질서와 화합을 원한다면 무엇보다도 먼저 그것을 실현하고자 하는 확고한 의지를 세워야 한다. 질서와 화합을 위한 첫걸음은 인심의 본체인 천리(天理) 또는 인(仁)과 양지(良知)를 지향하는 마음을 언제 어디서나, 오로지 순수하게 보존해야 한다. 이것을 입지(立志)라고 한다. 따라서 입지란 본래적 인심에로의 선구적 결단이라고 말할 수 있을 것이다.

그러나 우리의 선한 의지를 방해하는 장애요인들이 도적처럼 침입한다. 양명은 마음에서 일어나는 도적을 물리치는 것이 산속의 도적을 물리치는 것보다 어렵다고 말한 바 있다.[78] 그렇다면 이러한 장애는 언제 어디서 발생하는가? 양명은 그것이 나만이 아는 '독지처(獨知處)' 즉 양지(良知)에서 비롯될 수 있다고 한다. 따라서 양지가 깨어 있는가, 어두움에 갇혀 있는가에 따라 분열과 화합의 나뉨이 시작된다고 한다. 따라서 독지처 또는 양지에 대한 성찰극치(省察克治), 곧 계구(戒懼)가 필요하다는 것이다. 하곡은 신독(愼獨)을 강조한다. 다음으로는 의지[意]에서 장애가 생길 수 있다. 양명에 의하면 의지는 행위의 시작이다. 행위의 동기인 그 의지가 진실하지[誠] 못하거나 선(善)하지 못하다면, 그 행위는 가식적인 것이 되어 피아의 감통(感通)을 저해하게 될 것이다. 성의(誠意)란 우리의 행위의 의지와 동기가 마음의 본체인 양지 또는 천리에서 나온 것을 지칭한다. 그것이 자신의 이익이나 물욕 또는 외적 명예나 목적을 위한 수단이어서는 성의라 할 수 없다. 따라서 의지를 진실하게 하는 것[誠意]이 본연의 양지를 구현하는[致良知] 공부라고 한다.

한편 양명은 갈등이나 화합을 조장하는 부차적인 원인을 정치, 교육, 직업 등에서 찾고 있다. 그는 옛 성현들이 가르치고 백성들이 배웠던 것은, 각자 처한 위치에서 각자의 윤리적 의무를 다함으로써 인간의 보편적 심체(心體)를 회복하는 것이었다고 한다. 학교에서의 교육이란 덕(德)의 성취를 핵심 임무로 삼았으며, 재능이란 부차적인 것이어서, 재능을 정련(精鍊)하는 것은 덕을 실현하기 위

---

78) 『王陽明全集』, 卷4, 與楊仕德薛尚謙(二)(丁丑). 卷25, 外集7, 節庵方公墓表(乙酉).

한 것이었다. 직업과 직책의 선택 또는 배치는 재능에 맞는지 여부만을 고려할 뿐, 직업의 고하(高下), 귀천(貴賤), 이난(易難) 등으로 경중(輕重)을 평가하지 않았다고 한다. 양명은 사농공상(士農工商) 등 모든 직업이 공동으로 추구하는 근본취지는 사람을 살리는 도[生人之道]를 실현하는 것이기 때문에 똑같이 존중받을 가치가 있다고 한다. 따라서 양명은 피차의 직업을 존중하면서 각자의 재능에 따라 선택한 직업과 분야에서 최선을 다함으로써 사람을 살리는 도[生人之道]를 실현하는 사회, 즉 직업은 다르나 같은 진리를 추구하는[異業同道] 사회를 이루고자 하였던 것이다.

양명이 45세에 도찰원좌첨도어사(都察院左僉都御史)로 임명되어, 이듬해에 사학(社學)을 세우고, 향약(鄕約)을 시행한 것이나, 비적을 토벌하는 과정에서 그들의 생명을 존중히 여긴 것은 천지만물을 일체(一體)로 삼는 그의 인심(仁心)에 따른 것이라 하겠다.[79] 하곡은 영조(英祖)와 정치를 논하면서, 사회적 갈등과 혼란을 해소하고 기강(紀綱)을 세우는 근본은 신독(愼獨)에 있다고 하며, 『대학』의 성의·정심과 『중용』의 계신(戒愼)·공구(恐懼)가 신독의 뜻이라고 한다. 또한 그는 그칠 줄 모르는 붕당(朋黨)의 투쟁을 중단시키고 탕평(蕩平)을 이루기 위해서는 왕이 실심(實心), 즉 성(誠)과 중(中)의 마음으로 실정(實政)을 해야 한다고 하였다.[80]

우리 사회의 고질적인 병폐가 되어 버린 불신, 분열, 대립, 갈등, 투쟁을 해소하기 위해서는 먼저 이 지구, 이 나라가 하나의 유기체(有機體)라는 것을 깨닫고, 공동체 의식을 확고히 정립하는 일이다.

---

79) 박연수, 「문무를 겸한 실천적 군사지휘자로서 왕양명」(『陽明學』 제9호, 한국양명학회, 2003. 2), 44~45쪽.
80) 『霞谷全集』, 卷5, 筵奏 戊申 4월 3일, 4월 17일, 4월 24일, 4월 28일, 5월 2일 등 참조.

다음으로 각 개인은 매사에 임할 때마다 자아성찰을 통해 일체감 (一體感)의 실현을 가로막는 장애요인들을 찾아내고 그것을 단호히 물리쳐야 한다. 또한 국가 및 사회의 지도자들은 자신이 이끌어 가는 공동체의 구성원들을 화합하게 할 수 있는 리더십을 개발하고, 발휘하여야 한다. 또한 직업에 대한 차별적 의식과 제도를 버리고 직업인 간 상호 존중을 바탕으로 조화(調和)를 이루어야 할 것이다. 교육 담당자들은 현재의 교육 방향이 바른지, 교육의 본말 (本末)과 경중(輕重)의 구별이 제대로 이루어지고 있는지 평가하여, 학교교육의 목적과 기본을 정립해야 할 것이다.

양명학의 영향과 전개[1)]

Ⅰ. 중국양명학의 전개

1. 양명학의 영향

양명학이 유행한 결과 명대(明代) 말기에 드러난 사회적, 사상적 특징을 정리해 보면 다음과 같다. ① 지리(支離)하고 외적인 것만을 추구하는 정주학(程·朱學)과 달리 간이직절(簡易直截)한 학풍을 조성하였다. ② 범인(凡人) 역시 성인(聖人)이라고 하여 인간의 재량(才量)은 상이(相異)하지만 그 본질은 우열(優劣)이 없다는 의식을 고취하였다. ③ 도덕의 주체로서 개인을 존중한 양명의 사상은 그의 제자들에 의해 개체의 생명을 존중하고, 더 나아가 개인의 욕망을 긍정하는 경향으로 나아갔다. 왕양명에게 있어서 욕망은 태

---

1) 박연수, 「제9장 양명학의 영향과 전개」, 「제10장 동서의 양명학」, (「양명학의 이해」, (집문당. 1999. 9.)을 수정, 보완한 것임.

양을 가리는 구름처럼 우연적인 것이었으나, 그 제자들은 개인적 욕망이나 이기심을 인간에게 있어서 불가피한 것, 즉 필연적인 것으로 생각하였다. ④ "육경(六經)은 곧 내 마음의 주석(註釋)"이라고 한 양명의 주장은 경전을 무시한 것이 아니었으나, 제자들에 와서 육경에 대하여 비판 내지는 조소(嘲笑)하는 태도로 나타났다. ⑤ 자아주의, 개성주의, 적극주의, 행동주의가 성행하였고 ⑥ 서재(書齋)에서 독서하기보다는 많은 학자들이 모여서 제목을 내걸고 연구회, 토론회를 개최하는 이른바 강학(講學)을 중시하였다. 이것은 친구와의 동지의식을 갖고 학문을 연마하는 방법이었다. ⑦ 양명학은 윤리학을 위주로 하지만, 존재론적 측면에서 보자면 기론(氣論)에 속한다고 할 수 있다. ⑧ 양명학의 좌파(左派) 경우에는 허황한 글 장난으로 치달았고 ⑨ 모두들 지기(志氣)와 절조(節操)를 숭상한답시고 떠들썩하기만 하였고, 양지(良知)와 심성(心性)을 이야기한답시고 책을 덮고 공부를 게을리 하였으며 ⑩ 서로 토론과 강의를 한답시고 공맹(孔・孟)의 학설을 청담(淸談)으로 흐르게 하여 내성외왕(內聖外王, 내적으로 도덕성을 완성하고 외적으로 인의의 왕도정치를 구현함)의 도(道)를 밝히지 못하였다. ⑪ 인간이 본래 지니고 있는 지(智)와 용(勇)을 분해시켜 모든 것을 속박하거나 훼손시켰다. "아무 일이 없이 태평할 때는 팔짱을 끼고 심성을 이야기하고 위기에 당하여서는 한번 죽음으로써 인군(人君)에 보답한다."라고 하는 말이 당시의 상황을 잘 드러내 주는 말이다. 덕행(德行)이 없고, 경세(經世)의 실학(實學)이 없는 당시 양명학도들의 학풍을 볼 수 있다.

정주학파(程・朱學派)는 이른바 위학(僞學)의 금(禁)[주자 만년에 정주학 또는 도학을 僞學이라고 부르고 道學의 문도를 관계로부터 완전히 몰아내려고 한 시도]이라는 정치적 문제를 일으키기는 하였지만, 양명학파는 사회적 문제[사회적 통념과 권위에 도전하여 기성도덕을 극단적으로 부정하여 적극적으로는 도덕적 혼미와 사회적 불안을, 소극적으로는 사회적 퇴폐를 초래하게 함]를 일으켰다. 양명학의 말폐(末弊)를 지적하자면, 이상(理想)으로만 치달아서 실천에 힘쓰지 않고, 입으로는 양지(良知)를 제창하면서도 사실은 명성, 여색, 재물, 이익에 탐닉(耽溺)하는 자도 왕왕 있었다는 것이다. 이것은 전적으로 왕양명의 책임이라고 할 수 없지만, 각자의 마음에 있는 양지(良知)로써 사물을 판단하고 선악(善惡)을 결정짓는 표준으로 삼아 객관적 조건을 무시한 폐단에서 연유한 것이라 할 수 있을 것이다.

왕학 좌파의 학설은 점차 이른바 광선(狂禪)에 떨어지는 병폐를 지니게 되었다.

> 양명 선생의 학은 왕간과 왕기가 등장하자 천하를 풍미(風靡)했으나, 또한 왕간과 왕기 때문에 점차 그 전한 바를 상실하게 되었다. 왕간과 왕기는 자주 스승의 설에 만족하지 않고 구담(瞿曇, 고타마 싣다르타)의 신비설을 첨가하여 스승의 설로 돌림으로써 결국 양명을 선(禪)으로 추락시켰다.[2]

왕양명의 문하(門下) 가운데 용계(龍溪) 왕기(王畿, 1498~1583, 字는 汝中), 심재(心齋) 왕간(王艮, 1483~1540)이 나온 이후, 뒤를 이어 파석(波石) 서월(徐樾), 산농(山農) 안균((顔鈞), 여원(汝元) 하심은(何心隱, 1517~1579), 탁오(卓吾) 이지(李贄, 1527~1602) 등으로 이어지는 왕학(王學) 좌파(左派)는 자신의 이욕(利欲)에 따라 거리낌 없이 행동하는 폐단을 낳아 예법이 흩어져 없어지고 윤

---

2) 黃宗羲, 繆天綬 選註, 『明儒學案』, 序錄, 10쪽.

상(倫常)을 멸시하는 사회도덕의 파탄을 초래하였다. 이탁오는 "주색재기(酒色才氣)도 깨달음[菩提]의 길에 장애가 되지 않는다."라는 극언을 서슴지 않았다.3)

이러한 때에 경양(涇陽) 고헌성(顧憲成, 1550~1612)의 동림학파(東林學派)는 주자학과 양명학을 절충하여 그 폐단을 바로잡고자 하였다. 그는 말하기를 "주자는 공평하고 양명은 고원(高遠)하다. 주자는 실제에 정밀하고 양명은 위대함을 열었다. 주자는 닦음에 즉하여 깨닫고, 양명은 깨달음에 즉하여 수행한다. 두 선생의 일과 생각과 강론 등은 같지 않으나 도(道)의 지극함에 이르기를 바란 것은 동일하다."라고 한다.4) 염대(念臺) 또는 종주(宗周) 유즙산(劉蕺山, 1578~1645)은 감천(甘泉) 담약수(湛若水, 1466~1560)의 학설과 양명학설을 절충하여 정좌(靜坐), 계구(戒懼), 신독(愼獨)을 주장하며, 양명학의 유폐(流弊)를 바로잡고자 하였다.5)

한편 명말(明末) 청초(淸初)에 정림(亭林) 고염무(顧炎武, 1613~1682)는 정주학(程·朱學)을 높이고 왕양명의 양지설에 정면으로 반대하고 나섰으며, 선산(船山) 왕부지(王夫之, 1619~1693)는 송명(宋·明) 유학에 대하여 부정적인 태도를 취하고, 특히 양명학을 양유음석(陽儒陰釋)하여 성학(聖學)을 속이는 사설(邪說)이라고 비판하였다.6)

그러나 이주(梨洲) 황종희(黃宗羲, 1610~1695)는 양명의 사상과 유즙산의 사상을 계승하였다.7)

---

3) 黃宗羲, 繆天綬 選註, 『明儒學案』, 新序 27쪽.

4) 黃宗羲, 繆天綬 選註, 『明儒學案』, 新序 29쪽.

5) 黃宗羲, 繆天綬 選註, 『明儒學案』, 新序 28쪽.

6) 黃宗羲, 繆天綬 選註, 『明儒學案』, 新序 30쪽.

7) 勞思光, 정인재 역, 『중국철학사』(송명편), 8쪽.

2. 중국 양명학파의 분파

양명학파는 그 학문적 특성상 대체로 좌파와 우파로 구별된다.[8) 좌파는 왕기(王畿), 심재(心齋) 왕간(王艮, 1483~1540), 여방(汝芳) 나근계(羅近溪, 1515~1588), 동애(東崖) 왕벽(王襞, 1511~1587) 등이다. 우파는 서산(緒山) 전덕홍(錢德洪, 1496~1574)과 쌍강(雙江) 섭문울(聶文蔚, 1487~1563)과 동곽(東廓) 추수익(鄒守益, 1491~1562), 염암(念菴) 나홍선(羅洪先, 1504~1464), 남야(南野) 구양덕(歐陽德, 1495~1554) 등이다. 이들 가운데 좌파의 대표적 인물인 왕용계와 왕심재에 대해 이주(梨洲) 황종희(黃宗羲, 1610~1695)는 선학(禪學)에 가깝다고 평가하였다.[9)

황공위(黃公偉)는 양명학파 가운데 ① 우파(右派)로 전덕홍, 섭쌍강, 추동곽, 나염암, 구남야, 양봉(兩峯) 유문민(劉文敏)과 정보(正甫) 호직(胡直, 1517~1585), 당남(塘南) 왕시괴(王時槐) 등을 들고 있다. ② 좌파(左派)로는 구암(久菴) 황관(黃綰, 1477~1551), 왕용계 등의 절강학파(浙江學派)와 왕심재 왕동애 부자, 서월, 안산농, 나여방, 하심은, 이탁오 등의 태주학파(泰州學派)를 들고 있다.[10)

청대(淸代)의 황종희(黃宗羲)는 지역에 따라 양명학파를 ① 절중(浙中, 浙江 中部)학파, ② 강우(江右, 江西 일대)학파, ③ 남중(南中, 소완 일대)학파, ④ 초중(楚中, 호북 일대)학파, ⑤ 북방(北方, 山東 河南 일대)학파, ⑥ 월·민(越閩, 광동 복건 일대)학파, ⑦ 태주(泰州)학파 등으로 분류하기도 한다.[11)

---

8) 黃宗羲, 繆天綬 選註, 『明儒學案』, 新序, 24~26쪽.

9) 黃宗羲, 『明儒學案』, 卷32.

10) 黃公偉, 『宋明淸理學體系論史』, 幼獅文化事業公司, 中華民國 60년 9월, 380~381쪽.

오강(吳康) 또한 양명학을 계승한 학파를 제자들의 활동 지역에 따라 ① 절중학파(浙中學派, 浙江 中部) - 서애(徐愛), 왕기(王畿), 전덕홍(錢德洪), 계본(季本), ② 강우학파(江右學派, 江西) - 추수익(鄒守益), 구양덕(歐陽德), 섭표(聶豹), ③ 남중학파(南中學派, 江南) - 황성증(黃省曾), 주충(周衝), 주득지(朱得之), ④ 초중학파(楚中學派) - 장신(蔣信), ⑤ 산동학파(山東學派) - 목공휘(穆孔暉), ⑥ 협서학파(夾西學派) - 남대길(南大吉), ⑦ 게양학파(揭陽學派) - 설간(薛侃), ⑧ 태주학파(泰州學派) - 왕간(王艮) 등으로 구별하기도 한다. 이 외에 사숙(私淑)한 나홍선(羅洪先), 재전(再傳)의 여러 제자들이 있다.[12]

혹자는 절강학파(전서산, 왕용계), 태주학파(왕심재, 나근계), 강우학파(섭쌍강, 나염암, 왕당남)로 나누기도 한다.[13]

이처럼 양명의 학파는 제자들의 활동지역이나 학문적 특색에 따라 나누어진다. 이제 학문적 특색에 따른 이들의 분파를 살펴보기로 한다. 학문적 특색의 차이란 주로 치량지(致良知)와 심체(心體)에 대한 견해 차이에서 비롯한 것이다.

3. 몇 가지 논쟁

양지설에 대한 논쟁 양명학의 핵심을 이루는 양지(良知)에 대한 학설의 차이에 따라 ① 현성파(現成派) ② 귀적파(歸寂派) ③ 수증파(修證派) 등으로 구분하고, 각각을 좌파, 우파, 정통파로 구분

---

11) 『明儒學案』, 『陽明學術要』(錢穆), 『중국철학문답』(夏乃儒) 등 참고.

12) 吳康, 『宋明理學』 참고.

13) 유명종, 『한국양명학』 참고.

하기도 한다.14)

양지현성파(良知現成派)는 왕학좌파(王學左派)에 속하는 태주학파(泰州學派)의 용계(龍溪) 왕기(王畿)에 의해 처음으로 제기되어 왕심재(王心齋)를 비롯하여, 나근계(羅近溪)·주해문(周海門)·경천태(耿天台)·하심은(何心隱)·이탁오(李卓吾) 등으로 계승되었다. 이 학파에 의하면 양지(良知)는 현성(現成)하여 스스로 있는 것이며, 갈고 달굼을 기다리지 않아도 된다고 하는 것이다. 다만 깨우침[悟]으로 양지를 얻는 것이 공부라고 한다. 이 양지를 깨우쳐 얻는 것[悟得]은 발용(發用)하는 곳에서의 공부를 말하지 않는다. 이것이 이른바 '선천적인 마음의 본체상에서 근거를 세운다.'고 하는 것이다. 이들은 우리 인간의 정서와 의지의 자연 그대로를 중시한 나머지 임정사의(任情私意)로 흐르게 되었고, 혹은 공허(空虛)에 흘러서 예교(禮敎)를 가볍게 보는 경향으로 극단화하게 되었다.

양명학 우파(右派)인 귀적파(歸寂派)의 인물로는 쌍강(雙江) 섭문울(聶文蔚), 염암(念菴) 나홍선(羅洪先) 등이 있으며, 당남(塘南) 왕시괴(王時槐)가 계승하였다. 특히 섭쌍강을 제1인자로 꼽는다. 이 학파에 의하면 양지의 본체는 허적(虛寂)인데 작용[用]은 감발(感發)이라고 구별하였다. 즉 '원두'와 '드러나 있는 것'이 다른 것이라고 생각하고, 양지는 반드시 닦고 체험하는[修證] 공부를 경과하여야 드러난다고 한다. 양명이 중년(中年)에 주장했던 주정설(主靜說)을 치량지(致良知)의 근본이라고 보았다.

양명학의 정통파인 수증파(修證派)는 추동곽(鄒東廓), 구양남야(歐陽南野) 등과 제1인자로는 전덕홍(錢德洪)을 꼽는다. 이들을 이

---

14) 岡田武彦(오카다 다케이코), 『王陽明と明末の儒學』, 122쪽.

견라(李見羅)가 이었다고 한다. 이들은 양지가 곧 천리(天理)라는 것을 강조하면서 본성즉공부(本性卽工夫), 공부즉본체(工夫卽本體)의 정신을 체득하였다. 이들에 의하면 양지는 일단의 배양(培養) 공부를 필요로 하며, 경(敬)과 계신공구(戒愼恐懼) 등의 공부가 양지를 깨닫는 것과는 별도로 요구된다는 것이다. 추동곽은 계신공구가 의념(意念)이 발동하기 전이나 발동한 이후에도 다 함께 적용되는 공부라고 한다.

한편 ① 근독계구(謹獨戒懼)를 위주로 하는 학파와 ② 허령적조(虛靈寂照)를 주로 하는 학파 등 이대학파(二大學派)로 구분하기도 한다. 전자는 수지(修持)를 중시하며, 수렴(收斂)으로써 공부로 삼는다. 후자는 깨달음[悟]을 중시하며 발산(發散)으로 일을 삼는다. ①의 부류에 속하는 인물로는 성선(性善)의 회복을 주장하는 서애(徐愛), 심체부동(心體不動)을 구(求)하는 전덕홍錢德洪), 경(敬) 및 계구신독(戒懼愼獨)을 주장하는 추수익(鄒守益), 수렴흡취(收斂翕聚)를 주장하는 나홍선(羅洪先) 등이 있다. ②의 부류에 속하는 인물로는 사무삼오(四無三悟)를 주장하는 왕기(王畿), 안신입본(安身立本)을 주장하는 왕간(王艮) 등이 있다. 별도로 섭표의 귀적(歸寂)과 이재(李材, 見羅)의 지수(止修)와 같은 것은 양지의 뜻에 근본하여 다소 변화를 가미한 것이다.

사구교(四句敎) 논쟁 양명학파 내에서의 논쟁 내지 분파의 계기가 된 것은 양명의 치량지설(致良知說)에 관한 해석의 차이였으며, 그 논쟁의 발단은 이른바 천천교(天泉橋)의 사언교(四言敎) 또는 사구교(四句敎)로 통해 구체적으로 언급된 마음의 본체와 공부에 대한 서로 다른 인식에서 비롯한 것이다. 이것은 정해년(丁亥年,

1527년, 嘉靖 6년, 56세) 9월 양명이 군사를 거느리고 광서성(廣西省)의 사주(思州)와 전주(田州)를 정벌하러 출발하려 할 때 전덕홍(錢德洪), 왕여중(王汝中, 畿) 등과 함께 학문을 논한 것이다.

왕양명의 가르침, 즉 '사구교'에 대하여 전덕홍이 편집한 「전습록」에는 다음과 같이 기록되어 있다. 이것은 인심의 본체(本體), 의지[意], 앎[知] 그리고 실천(實踐)에 관해 언급한 것이다.

> 선(善)도 없고 악(惡)도 없는 것은 마음의 본체(本體)이며, 선이 있고 악도 있는 것은 의(意)의 움직임이며, 선을 알고 악을 아는 것은 곧 양지(良知)이며, 선을 행하고 악을 제거하는 것이 격물(格物)이다.[15]

이에 대해 이른바 양명학 좌파에 속하는 용계(龍溪) 왕여중(王汝中)은 다음과 같이 이해하였다.

> 그것은 아마 궁극적인 뜻을 말한 것이 아닐 것이다. 만약 마음의 본체가 선(善)도 없고 악(惡)도 없다고 한다면, 의(意)도 선도 없고 악도 없는 의가 되고, 지(知)도 선도 없고 악도 없는 지가 되며, 물(物)도 선도 없고 악도 없는 물이 될 것이다. 만약 의(意)에 선과 악이 있다고 한다면 결국은 심체(心體)에도 선과 악이 존재해야 할 것이다.[16]

왕기(王畿)는 학문 태도에 있어서 근본적으로 스승의 학설 또는 문자를 묵수하기를 거부하면서 스스로의 징험(徵驗)에 의해 깨닫기를 주장하고, 그 사구교에 모순이 있음을 지적한 것이다.

사구교를 왕양명의 정설(定說)로 지키기를 주장하는 전덕홍과 달리, 왕기는 다음과 같이 주장하였다.

---

15) 『王文成公全書』, 卷3, 「傳習錄」 下, 315조목.
16) 『王文成公全書』, 卷3, 「傳習錄」 下, 315조목.

양명 선생은 때에 따라서 가르침을 세웠는데, 이것을 권법(權法)이라고 한
다. 일정한 것에 집착해서는 안 된다. 본체와 작용[體用], 드러남과 은미
함[顯微]은 단지 하나의 기틀[一機]이며, 마음과 의념과 앎과 사물[心意
知物]은 단지 하나의 일[一事]이다. 만약 마음이 무선무악의 마음이라는
것을 깨달았다면 의념은 무선무악의 의념이며, 앎은 무선무악의 앎이고,
물은 무선무악의 물이다. … 학(學)은 모름지기 스스로 징험(徵驗)하고
스스로 깨쳐야 하지 타인의 발꿈치에서 맴돌아서는 안 된다. 만약 사문(師
門)의 권법(權法)에 집착해서 정본(定本)으로 삼는다면 말에 사로잡힌 것
에 지나지 않는다.17)

왕기는 마음의 체용(體用)의 일관성에서 스승의 학설에 모순이
있는 것처럼 보이는 것은 그것이 권법(權法)이기 때문이라고 본 것
이다. 즉 심체에 선악(善惡)이 없다면 심용(心用)도 선악이 없어야
한다는 것이 정설이라는 것이다.

그러나 양명학 우파에 속하는 서산(緒山) 전덕홍(錢德洪)은 스승
의 학설을 다음과 같이 이해하였다.

심체(心體)란 하늘이 명(命)한 본성[性]이어서 원래가 선(善)도 없고 악
(惡)도 없는 것이다. 다만 사람에게는 경험에 의한 습심(習心)이 있기 때
문에 의(意)에 선과 악이 존재하게 되는 것이다. 격물(格物), 치지(致知),
성의(誠意), 정심(正心), 수신(修身)은 바로 그 본성의 본체로 되돌아가는
공부인 것이다. 만약 의념(意念)에 원래부터 선과 악이 없다면 그러한 공
부를 말할 필요가 없을 것이다.18)

전덕홍은 양명의 사구교는 상황과 대상에 따라 원칙을 응용한
권법(權法)이 아니라 변할 수 없는 정설(定說)이라는 것이다. 이른
바 왕기의 사무설(四無說)과 전덕홍의 사유설(四有說)은 결국 공부

---

17) 『龍溪王先生全集』, 卷1, 天泉證道記.
18) 『王文成公全書』, 卷3, 「傳習錄」下, 315조목.

방법의 차이로 연결되어, 전자는 '돈오본체(頓悟本體)', 후자는 '점수공부(漸修工夫)'를 강조하게 되었다.

이상 두 제자의 주장에 대해 왕양명은 "두 사람의 의견은 서로 도와야만 활용이 될 수 있는 것이지 각자가 한편만을 고집해서는 안 된다."라고 말하고, 사람의 자질에 따라 가르쳐야 할 것이라고 보았다.

> 첫째, 근본[根機]이 예리한 사람은 곧장 근원을 좇아 깨달음에 들어간다. 사람의 마음 본체는 원래 밝고, 막힘 집착이 없으며, 원래가 '감정이 드러나기 전의 중(中)'의 상태인 것이다. 근본이 예리한 사람은 본체에 대하여 단번에 깨닫게 되고 바로 그것이 공부가 되며, 남과 자기, 외부와 내면에 대하여 한꺼번에 모두를 투철히 이해하게 되는 것이다.
> 둘째, 경험에 따른 습심(習心)을 지니고 있어서 마음의 본체가 가리어져 있음을 면치 못하는 사람이 있다. 그러므로 얼마 동안 의념에 있어서 착실히 선을 행하고 악을 제거하도록 가르치는 것이다. 공부가 무르익은 뒤에 찌꺼기를 깨끗이 제거해 버리게 되면 그 마음의 본체도 역시 아주 밝아지는 것이다.
> 여중(汝中)의 견해는 내가 여기서 말하는 근본이 예리한 사람에게 적용되는 것이고, 덕홍(德洪)의 의견은 두 번째 사람들을 위하여 법도를 세울 적에 적용되는 것이다. … 이후로 친구들과 학문을 논할 적에는 나의 취지를 잊어서는 안 된다. 선도 없고 악도 없는 것은 마음의 본체이며, 선도 있고 악도 있는 것은 의(意)의 동(動)이다. 선을 알고 악을 아는 것은 양지(良知)이며, 선을 행하고 악을 제거하는 것이 격물(格物)이다. 오직 나의 이 말을 근거로 하여 사람들에 따라 적절히 지도하면 자연히 병폐가 없어질 것이다. 이것은 원래가 위아래로 모두 통하는 공부이다. 그러나 근본이 예리한 사람은 세상에서는 만나기가 어렵다. … 사람에게는 경험에 의한 습심이 있다. 그래서 양지를 근거로 하여 실제로 선을 행하고 악을 제거하는 공부를 하도록 가르치지 아니하고, 단지 터무니없이 본체에 대해서만 생각하게 한다면 일체의 하는 일 모두가 착실히 되지 않고 오직 허무(虛無)와 적멸(寂滅) 같은 것만이 길러질 것이다.[19]

결국 전서산 계열은 점수적(漸修的) 학풍을 지니고, 왕용계 계열은 돈오적(頓悟的) 학풍을 풍기고 있다고 하겠다.

4. 왕양명의 제자들

심재(心齋) 왕간(王艮, 1483~1540) 왕심재의 이름은 간(艮), 자(字)는 여지(汝止)이며, 태주인(泰州人)으로 젊었을 때 소금물을 삶는 제염(製鹽) 종사자였다고 한다. 그는 태주학파라는 독립된 한 학파를 형성하였다. 당시 그의 문하(門下)에는 많은 제자가 있었는데, 거기에는 농공상고(農·工·商·賈), 심지어 초부(樵夫, 나무꾼)나 도공(陶工)까지도 있었다. 양명은 그의 학설을 간이직절(簡易直截)하다고 평가하였으며, 그에게 감동하였다고 한다.

그의 격물설은 이른바 회남격물설(淮南格物說)이라고 불리고 있다. 그에 의하면 물(物)이란 자신[身]과 천하(天下), 국가(國家), 가(家)들이며, 본(本)과 말(末)이 있는 것으로 자신[身]이 근본[本]이라고 한다. 격(格)이란 자신이 근본인 줄 알고 가(家), 국(國), 천하(天下)가 말(末)인 줄 아는 것이다. 행하여 얻지 못하는 것이 있으면 이것을 자기에 돌이켜 구한다[反求]. 자기를 돌아보는 것[反己]을 격물(格物) 공부라고 한다.[20]

그는 『대학(大學)』의 삼강령(三綱領)을 다음과 같이 설명한다.

> 지어지선(止於至善)이란 안신(安身)이다. 안신은 천하의 대본(大本)을 세우는 것이다. 근본이 다스려져야 말(末)이 다스려지며, 자기가 바르게 되

---

19) 『王文成公全書』, 卷3, 「傳習錄」下, 315조목.
20) 黃宗羲, 繆天綬 選註, 『明儒學案』, 泰州學案, 處士王心齋先生艮, 217쪽.

어야 물(物)이 바르게 된다. 이것이 대인(大人)의 학이다. 그러므로 자신
[身]이란 천지만물의 근본[本]이요, 천지만물은 말(末)이다. 자신[身]이 근
본인 줄 알고 이로써 명덕(明德)을 밝혀서 친민(親民)하는 것이다. 자신
이 편안하지 못하면 근본이 확립되지 않은 것이니, 근본이 어지러우면서
끝이 다스려지는 법은 없다. 본말(本末)이 어지러우면 다스림은 더욱 어지
럽다(『明儒學案』王心齋語錄).

자신에 대한 사랑과 공경을 통해 자신을 편안하게 하는 것이 가
정과 국가, 천하를 질서와 공경, 사랑, 평화롭게 하는 근본이 된다
고 하는 것이다.

그는 격물을 다음과 같이 풀이하고 있다.

격(格)은 격식(格式)의 격(格)이요, 혈구(絜矩)를 이르는 말이다. 내 몸은
하나의 구(矩)요, 천하국가는 방(方)이다. 혈구란 방(方)의 부정(不正)은
구(矩)의 부정에 말미암은 것을 아는 것이다. 이런 까닭에 바른 법(法,
矩)을 버린다면 오히려 방(方)을 구하지 않는 것과 같다. 구(矩)가 바르면
방(方)도 바르며, 방(方)이 바르면 격(格)이 이루어진다. 따라서 격물(格物)
이라 한다(『王心齋語錄』, 卷3, 어록).

말하자면 다양한 사물의 방(方, 직선)을 재는 것은 나의 몸의 구
(矩, 자)라는 것이다. 따라서 나의 몸의 구(矩)를 바르게 하지 않는
다면 사물의 방(方)이 바르게 될 수 없다고 하는 것이다.

『대학』에 대한 왕간의 해설은 나[心과 분리될 수 없는 身]와 도
(道)가 하나이며,[21] 나와 천지만물이 분리될 수 없는 본말(本末)이
되, 내가 근본이 된다는 자아중심주의 사상을 표현하고 있는 것이다.
그러나 자아중심주의는 이기주의가 아니다. 왜냐하면 나란 도(道)와
분리될 수 없으며 다른 존재와 분리될 수 없는 것이기 때문이다.

---

21)『王心齋語錄 下』: 身與道原是一件.

왕심재는 "인(仁)으로 천지만물을 일체(一體)로 삼는다."라고 하면서, 만물이 그 본원에서 하나라고 하는 사상을 주장하였다. 이러한 만물일체 사상에 근거하여 세상을 구하고자 하는 사명감을 다음의 비유로 말하고 있다.

> 도인(道人)이 어느 날 한가하게 시장을 걷고 있다가 우연히 어느 가계의 한 통 속에 들어 있는 뱀장어를 보았다. 포개지고 뒤얽히고 짓눌려서 마치 숨이 끊어져 죽은 것 같았다. 이때 홀연히 그중에서 한 마리의 미꾸라지가 나타나서 상하좌우로 끊임없이 멈추지 않고 움직이니 마치 신룡(神龍)과 같아 보였다. 뱀장어들은 미꾸라지에 의하여 몸을 움직이고 기가 통하게 되었으며 생명의 기운을 되찾을 수 있었다. 이제 뱀장어의 몸이 움직일 수 있게 하고 기(氣)를 통하게 하여 뱀장어의 목숨을 건진 것은 모두 미꾸라지의 공(功)인 것이 틀림없으나 그 역시 미꾸라지의 즐거움이기도 했던 것이다. 결코 뱀장어들을 불쌍히 여겨서 그렇게 한 것이 아니고 또 뱀장어의 보은(報恩)을 바라고 그렇게 한 것도 아니다. 스스로 그 본성에 따른 것에 불과하다. 여기에서 도인(道人)은 크게 탄식하여 말하기를 '나와 사람들이 세상에 함께 있는 것은 뱀장어와 미꾸라지가 한 통 속에 있는 것과 같은 것이 아닐까? 내가 듣기에 대장부(大丈夫)는 천지만물과 일체(一體)가 되고 세상을 위해서 마음을 세우고 사람들을 위하여 할 일을 결정한다고 했다. 바로 이와 같은 것이 저 광경이다.'라고 하였다(『중휴심재왕선생전집(重鐫心齋王先生全集)』, 卷4, 추선부(鰍鱔賦)).

심재는 그만둘 수 없는 만물과의 일체감(一體感)을 실현하고자 세상의 핍박을 무릅쓰고 오로지 도(道)를 향하여 나아가는 영웅지사(英雄志士)들을 불러일으켰다. 심재와 그를 따르는 무리들은 양명이 말한 이업동도(異業同道), 사민평등(四民平等)의 학풍을 실제로 구현하였던 것이다. 양명과 마찬가지로 심재는 교육을 통한 이기심의 극복과 주체적 실천에 대한 강조로서 이상사회를 실현할 수 있다고 생각했다.

그의 사상은 선불교적(禪佛敎的) 색채가 강하다. 그는 심체(心體)는 허령명각(虛靈明覺)하여 티끌 하나 섞이지 않은 동시에, 그것이 현성(現成)하여 어디에나 본체를 드러낸다는 것을 강조하였다. 심체의 깨달음에 관하여 말하기를 "심 본체에 나아가서 그것을 잃지 않으면 곧 엄숙히 공경하는 것이고, 심 본체에 나아가서 항상 간직하면 곧 수양을 돕는 것이니 진실로 (심 본체를) 가로막아 붙잡아 두지 말아야 한다."[22]라고 하였다. 이러한 선불교적 특색은 양명의 다른 제자들에게서도 보인다. 근계(近溪) 나여방(羅汝芳, 1515~1588)은 성인(聖人)과 어리석은 자의 차이를 단지 깨달음[覺]과 미망[迷]의 차이로 보고 말하기를 "다만 한 차례 성품의 착함[性善]을 보면 범부가 성인이 되는 경지에 설 수 있다."[23]라고 하여 일종의 불교의 돈오적(頓悟的) 방법을 차용하고 있는 것으로 보인다. 산농(山農) 안균(顏鈞)은 강연회에서 돌연 일어나 데굴데굴 구르면서 "내 양지(良知)를 보라."[24]라고 하였다.

외적(外的) 예(禮)보다 본성에 따를 것을 주장하였다. 황종희(黃宗義)가 지적하고 있듯이 안산농, 하심은에 이르러 그들은 명교(名敎)에 얽매이지 않았다.[25] 왕간은 일찍이 이르기를 심체는 "본래 스스로 활발하여 소리개가 하늘을 날고 물고기가 못에서 뛰는 것과 같다."[26]라고 하여, 심(心)의 부단한 작용성을 말하면서, 그러한 역동적(力動的) 특성을 속박하지 말도록 한 것이다. 그는 "자신을 존중하고 근본을 세워라(尊身立本)."라고 하였다. 안균(顏鈞, 字는

---

22) 『王心齋先生全集』, 卷3, 語錄: 卽此不失 便是莊敬, 卽此常存 便是持養, 眞不須防檢.
23) 『近溪子集』 제4책: 只一見性善 便凡夫立地成聖.
24) 李摯, 『李溫陵集』, 卷4, 答周柳塘: 試看我良知.
25) 『明儒學案』, 泰州學案, 卷首의 注.
26) 『王心齋先生全集』, 卷3, 語錄: 本自活潑 鳶飛魚躍.

山農)은 왕간(王艮)의 사상을 보다 발전시켜 "본성은 명주(明珠)와 같아서 원래 티끌의 섞임도 없으니 어찌 보고 들음이 있으며, 삼가고 경계함을 더하겠는가? 평상시 단지 본성이 행하는 바에 따라 스스로 그런 것에 맡기는 것을 도(道)라고 한다. 때로 방자하고 나태한 점이 있으면 이를 향해 제재를 가하면 그것으로 좋은 것이다. 무릇 선유(先儒)가 보고 들은 도리라든가 격식이라든가 하는 것은 모두 도(道)를 가로막는 대단히 해로운 것이다."27)라고 하였다. 이 같은 사상의 영향을 받아 명나라 후기의 어떤 문인(門人)들은 제멋대로 유가의 도덕규범을 지키지 않으므로 광선(狂禪)으로 일컬어졌다. 청초(淸初)의 육롱(陸隴, 1630~1692)은 이들을 비판하여 "그 폐단이 예법을 방탕하게 하고 윤리질서를 멸시하여 세상 사람들이 다시는 스스로 객관적인 규율 안에 안주할 수 없어 온갖 병폐가 번갈아 생겨났다."28)라고 하였다.

인간정욕의 합리성을 긍정하였다. 왕간(王艮)은 "사람이 가난에 찌들려 몸을 얼리고 굶주리게 하는" 것은 "자신의 근본을 잃는"29) 것이라고 한다. 또 그는 "백성의 일용이 곧 도이다."라고 한다. 안균은 말하기를 "욕구를 절제하는 것이 인(仁)을 체득하는 것은 아니다."30)라고 하여 인욕을 극복하거나 제거하는 것에 반대하였다. 하심은(何心隱)은 인욕(人欲)이 인성(人性)의 자연적 표현임을 긍정하여 "소리·색·냄새·맛·편안함이 귀·눈·코·입·신체보다 우월하다. … (이는) 부여받은 자기의 본성을 다하는 지극히 선(善)한 것이다."31)라고 하였다. 이것은 "천리(天理)를 보존하고 인

---

27) 『明儒學案』, 泰州學案, 卷首의 注.
28) 『三魚堂文集』, 卷3, 學術辯.
29) 『王心齋先生全集』, 卷3, 語錄.
30) 『明儒學案』, 泰州學案 3: 制欲非體仁.

욕(人欲)을 없앤다."라고 하는 금욕주의 철학에 대한 강력한 공격이다. 왕간은 자연유행(自然流行)으로서의 인정(人情)을 긍정하는 것이며, 다만 인위적 집착으로서의 인정은 부정하는 것이다.

쌍강(雙江) 섭문울(聶文蔚, 1487~1563) 섭표(聶豹)의 자(字)는 문울(文蔚)이며, 호는 쌍강(雙江)으로 강서(江西) 영풍인(永豊人)이다. 양명이 생존하던 때에는 그 문하에 들지 못하였다. 양명이 죽은 후에야 비로소 문인이라고 칭하였다.

그의 학설은 대체로 나홍선과 많이 합치하며, 그의 학은 '아직 발동하지[未發] 않은 곳'의 공부에 중점을 두었으므로 그의 주장은 언제나 이른바 '마음의 본체'를 강조하였다.

그는 '심무정체(心無定體)'설을 비판하고 일정한 심체(心體)는 적연부동(寂然不動)하되 온갖 변화[萬化]의 터전이 된다고 한다.[32] 그리고 그는 적연(寂然)한 심체(心體)를 닦는 공부, 즉 심체를 고요하게 하는 공부를 말하였다.

> 양지(良知)는 본래 고요하다. 사물에 감응(感應)된 뒤에야 앎이 있다. … 그것[양지]이 밖에 감응된 것을 마음으로 여기어 드디어 마음 밖에서 찾아서는 안 된다. 그러므로 학문의 길은 그 안에서 주인 노릇을 하는 고요한 것에서 찾아서 그것으로 하여금 고요하게 하여 언제나 흔들림 없게[定] 만들어 놓으면 감응되어 통하지 않음이 없고 밖으로 나가 모두 함께 갖추지 않음이 없다. 움직여 판별하지 않음이 없다. 그리고 천하의 할 수 있는 일은 모두 마치게 된다(『雙江集』, 卷6, 答歐陽南野 제3서).

한편 그는 치지(致知)를 허령(虛靈)한 본체를 충만케 하는 것으

---

31) 『何心隱集』, 原學原講: 聲色趣味安逸之承於耳目口鼻四肢 …盡乎其性於命之至善者也.
32) 『雙江集』, 卷6, 與歐陽南野書.

로 풀이하였다.[33] 그에게 있어서는 '본체가 서면 작용이 저절로 생겨난다.'라고 하는 양명의 학설을 인용하여 그의 공부를 통괄하는 총강령(總綱領)으로 삼았다.[34]

그는 양지의 작용처에서 공부를 배제하는 것은 아니나, 그것은 제이차적인 것이고, 일차적인 공부는 미발처(未發處)의 공부라고 한다. 말하자면 그는 성찰(省察)에 앞서 함양(涵養) 공부를 해야 한다는 것을 강조하였다. 그는 다음과 같이 말한다.

> 치지(致知)란 오직 고요한 데로 돌아가게[歸寂] 하여 통(通)하여 느끼는 것이며, 본체를 꼭 잡아서 응용하는 것이다. 이것을 일러 먼 곳도 가까운 데서 시작함을 알며, 바람이 일어나는 곳을 알며, 미세한 것의 드러남을 안다고 한다. 그러므로 앎은 불량(不良)함이 없다(『雙江集』, 卷4, 贈王學正之宿遷序).

결국 치지란 고요한 양지의 본체로 돌아감이며, 그것은 곧 "허령본체(虛靈本體)의 양(量)을 꽉 채워서 적연부동(寂然不動)하게 하는 것이다."[35]라고 하는 것이요, 징심(澄心, 마음을 가라앉혀 맑게 함)[36]의 공부이다.

그는 양지를 기르는 것과 양지를 활용하는 것을 구별하여 말한다.

> 오늘날 사람들은 양지(良知)를 기를[養] 줄 모르고, 다만 양지를 쓸[用] 줄만 안다. 그러므로 드러나 있는 것을 넉넉하다고 여긴다(『雙江集』, 卷8, 答載伯常).

---

33) 『雙江集』, 卷6, 答亢子益問: 知者 心之體也 卽 明德也. 致者 充滿其虛靈之本體.
34) 『雙江集』, 卷6, 答歐陽南野 제3서.
35) 『雙江集』, 卷6, 答歐陽南野 제3서.
36) 『雙江集』, 卷8, 答載伯常.

그렇다면 기른다[養]는 것은 무엇을 의미하는가? 그는 양명의 말을 인용하여 다음과 같이 말했다.

> 양명 선생도 역시 이렇게 말했다. 성인은 천지를 제자리 잡아 주고 만물을 기르는 데 이르러서도 역시 단지 희로애락이 아직 발동하지 않은 중(中)에서 길러 내는 것이다. 길러 낸다는 한 글자는 얼마간 체험하며, 얼마간 함축하고, 얼마간 쌓아 가고, 얼마간 참아 내는 것이다(『雙江集』, 卷6, 笞歐陽南野 제2서).

양(養)이란 마음 자체의 향상 전환을 가리킨 것이라면, 이른바 용(用)이란 마음이 밖의 일에 응(應)하는 것을 가리켜 말한 것이다. 양(養)을 중시한 결과 그는 치지(致知)의 공부를 강조하였을 뿐 격물(格物)에 공부가 있음을 부정하였다.

> 치지(致知)는 마치 거울을 닦는 것 같으며, 격물(格物)은 마치 거울이 비추는 것과 같다. 격물(格物)에 아무런 공부가 없다고 말하는 것은 이것 때문이다(『雙江集』, 卷9, 笞王龍溪).

결국 섭쌍강은 격물에 공부가 없다고 말하여 양명이 치지(致知)와 격물(格物)을 나눌 수 없는 공부로 본 것과 다른 견해를 갖게 되었다.

이상의 논의를 통해 '양지가 현성(現成)되는 것인가, 아닌가? 공부의 요점은 단지 중(中)에서만 실현되고 화(和)는 일종의 효험이요, 자연스런 표현인가? 격물하는 곳에는 공부가 없는가?' 등이 당시의 중요한 문제로 드러났음을 알 수 있다.

동곽(東廓) 추수익(鄒守益, 1491~1562) 추수익의 자(字)는 겸

지(謙之)요, 호는 동곽(東廓)이며, 강서성(江西省) 안복인(安福人)이다. 황종희는 『명유학안』에서 추동곽 학설의 핵심을 계신공구(戒愼恐懼)로 말하고 있다.

> 동곽(東廓)은 독지(獨知)를 양지(良知)로 여기었다. 그리고 삼가 두려워하고 홀로 있을 때를 삼감[戒懼謹獨]을 치량지(致良知)의 공부로 생각하였다. 이것은 사문(師門)의 본래 취지인데 그것을 배우는 자가 그 취지를 잃어버렸다(『明儒學案』, 師說, 鄒東廓守益, 34쪽).

황종희에 의하면 추동곽은 양명의 치량지를 독지(獨知), 즉 양지(良知)를 삼가는 것으로 보았으며, 이는 양명학의 취지를 바르게 이해한 것이라고 보았다. 그래서 그는 추동곽을 양명의 적전(的傳) 또는 종자(宗子, 嫡統)라고 말하고 있다.[37]

그의 계신공구설(戒愼恐懼說)은 정주(程·朱)의 주경설(主敬說)과 유사한 것 같으나, '지속적인 양지(良知)의 정명(精明)'으로 풀이하고 있다.

> 성문(聖門)의 요지는 단지 경(敬)으로써 자기를 닦는 데 있었다[『論語』 憲問: 修己以敬]. 경이란 것은 '양지의 정명(精明)'이며 진속(塵俗)이 섞이지 않은 것이다. '경계하고 삼가며 두려워하여(戒愼恐懼)', '언제나 정밀하고 언제나 밝으면' 문 밖에 나가 정중히 손님을 맞이하듯 일을 맡음에 제사 지내듯 경건히 하게 된다[『論語』 顔淵].(『東廓文集』, 卷4, 簡胡鹿崖)

정주(程·朱)와 추동곽의 차이는 전자가 주일(主一)의 경(敬)을 말하였으나, 후자는 양지(良知)의 상정명(常精明)을 말한 것이다.

---

37) 黃宗羲, 繆天綬 選註, 『明儒學案』, 序錄, 江右王門學案, 7쪽: 『明儒學案』, 江右王門學案, 文莊鄒東廓先生守益, 178쪽.

그리고 이러한 양지의 상정명은 계신공구(戒愼恐懼)를 통해 이루어지는 것이며, 그것은 그의 중화론(中和論)에서 잘 나타나 있듯이 체용일원(體用一源)의 양지(良知)를 실현하는 것이다.

대체로 양지(良知)는 하나이다. 본체[體]를 가리켜 말한 것이 있는데, 고요하여 조금도 움직이지 않은 것이 이것이다. 작용[用]을 가리켜 말한 것이 있는데 감응하여 마침내 천하의 까닭에 통하는 것이 이것이다. 그 고요하여 조금도 움직이지 않는 것을 가리켜 아직 발동하지 않은 중(中)이라 하고, 간직된 것을 신(神)이라 일컬으며 툭 터져 크게 공정한 것이라고 한다. 그 감응하여 통한 것을 가리켜 이미 발동한 화(和)라 일컬으며, 지나간 곳이 감화된다고 일컬었으며 사물이 오면 이에 순응한다고 일컬었다. 본체와 작용은 두 가지가 아니다. 학자가 과연 경계하고 삼가고 두려워하고 실제로 그의 힘을 써서 자기의 사사로운 꾀를 쓰는 것이 그것에 장애를 주어 해를 끼치지 않을 수 있다면 언제나 고요하고 언제나 감응하여 언제나 신통하고 언제나 교화시키며 언제나 크게 공정하고 언제나 순응한다. 마치 밝은 거울이 환하듯 만물이 반드시 비추인다. 감응하지 않았다 하여 먼저가 아니며, 이미 감응되었다 하여 나중이 아니다(『東廓文集』, 卷5, 復黃致齊).

그에 의하면 중화(中和)란 양지(良知)의 체용(體用)을 가리키며, 계신공구(戒愼恐懼)의 공부로 체용(體用), 즉 중화(中和) 공부를 동시에 달성한다고 하는 것이다. 결국 치량지(致良知)의 공부가 곧 계신공구(戒愼恐懼)이다.

그는 또한 말하기를 "고요함을 지키고 욕심을 적게 하는 것[主靜寡欲]은 모두 치량지(致良知)의 별명이다."[38]라고 한다.

추동곽에 의하면 신독(愼獨)의 공부는 내외(內·外), 동정(動·靜) 등을 일관하여 이루어져야 하며, 중화(中·和)와 미발이발(未發·已發) 등이 서로 떨어질 수 없으며, 적연부동(寂然不動)·감

---

38) 『東廓文集』, 卷5, 復黃致齊.

이수통(感而遂通) 역시 나눌 수 없다고 한다.

서산(緒山) 전덕홍(錢德洪, 1496~1574) 전덕홍의 자(字)는 홍보(洪甫), 호(號)는 서산(緒山), 절강((浙江) 여요(餘姚)의 사람이다. 전덕홍은 양명이 신호(宸濠)의 반란을 평정한 후 월(越)에 돌아왔을 때 여러 사람들과 함께 중천각(中天閣)에서 양명에게 학문을 배웠다. 전덕홍은 용계(龍溪)와 더불어 가장 오랫동안 왕양명으로부터 직접 교육을 받았으며, 용계와 더불어 문하의 양대(兩大) 거인(巨人)으로 일컬어진다.[39]

양명의 치량지(致良知) 학은 만년에 내놓은 것인데, 처음에 정좌(靜坐) 징심(澄心)으로 가르친 까닭에 배우는 자들 가운데 많은 사람들이 정(靜)을 좋아하고 동(動)을 싫어하는 폐단이 있었다. 그래서 말하기를 "양지는 미발지중(未發之中)이다", "근독(謹獨은) 곧 치량지이니 또한 일찍이 수렴(收斂)을 위주로 하지 않음이 없다."라고 하였다.

용계는 "적(寂)이란 마음의 본체[體]이며, 고요함[寂]은 비춤[照]을 용(用)으로 삼는다. 그 텅 빈 지(知)를 지키고 비춤을 버리는 것[遺], 이것은 그 용[用]과 어긋나는 것[乖]이다."라고 하며, 전덕홍은 "미발(未發)이 필경 어느 곳을 따르는가? 이발(已發)을 떠나 미발을 구한다면 반드시 얻지 못할 것이다."라고 하였다.

용계가 추구하는 것은 변동불거(變動不居)의 본체[體]를 깨달음에 있으며, 전덕홍은 다만 사물상에서 실심(實心)을 갈고 닦는(磨鍊) 것이었다. 그러므로 덕홍의 철오(徹悟)는 용계와 같지 못하였고, 용계의 수지(修持)는 덕홍과 같지 못하였다고 한다.

---

39)『明儒學案』, 浙中王門學案, 員外錢緒山先生德洪. 150~159쪽 참고.

덕홍에 의하면 마음이 만물의 주재(主宰)이며, 우주 만상(萬象)을 일으킨다고 한다. 또한 그는 "마음의 본체는 순수하여 섞임이 없으며 지선(至善)하다. 양지란 지선(至善)을 확실히 살핀다(著察). 양지는 곧 지선이다."라고 한다.

'천천증도답문(天泉證道答問)'에서 왕양명의 사구교(四句敎)에 대하여 왕용계가 '사무(四無)'를 주장한 반면, 전덕홍은 '사유(四有)'를 주장하였다. 즉 전덕홍은 부동(不動)의 진체(眞體)로서 양지(良知)가 존재하며, 의념(意念)에 선악(善惡)이 있으며, 선과 악을 분별하는 것이 우리 마음의 양지이며, 선을 행하고 악을 제거하는 우리의 노력이 격물(格物)이라는 것이다. 이 네 가지가 배움에 필수적인 것으로 있다는 것이다. 전덕홍은 주로 수양(修養)을 말하여, 본심(本心)의 깨달음을 중요하게 여기기보다는 의념(意念)의 수련을 중요하게 여긴 것이다.[40]

용계(龍溪) 왕기(王畿, 1498~1583) 왕기의 자(字)는 여중(汝中), 호(號)는 용계(龍溪), 절강(浙江) 산음인(山陰人)이다. 가정(嘉靖) 계미년(癸未年, 1523년)에 양명에게 수학하여 그 문하의 뛰어난 제자가 되었다. 왕양명에게 배움을 청하러 오는 사람들이 많았는데, 먼저 왕기와 전덕홍을 통해 양명학의 요지를 깨우치곤 하였다고 한다.

왕기는 양지(良知)를 동적(動的)인 우주적 원리로 파악하였다. 양명은 이미 말하기를 "양지(良知)는 조화(造化)의 정령(精靈)이다. 하늘을 낳고 땅을 낳고 귀신(鬼神)을 만들고 황제(皇帝)를 만드니 모두가 여기에서 나왔다."라고 하였다. 왕용계에 의하면 "세상에는 오

---

40) 黃公偉, 『宋明淸理學體系論史』(幼獅文化事業公司, 民國 69), 395쪽.

직 하나의 기운이 있을 뿐이며 그 기(氣)의 영(靈)을 양지(良知)라고 한다.” 그리고 그 양지는 “자연을 부단히 창조하는 스스로도 멈출 수 없는 기틀(바탕)”이며, “변화하고 두루 흘러서 일정한 규칙으로 파악될 수 없는 것”이며, “활발하게 생동하는 것”이다. 이것이 바로 ‘천칙(天則)’이며 직접 관찰할 수 있는 ‘체(體)’로서의 진리일 뿐만 아니라 ‘용(用)’이다. 체(體)이면서 용(用)이요, 이(理)이면서 동시에 기(氣)인 그러한 신(神)과도 같은 무(無)이다. 양지(良知)는 그냥 ‘사람의 양지’가 아니라 이를 넘어서 ‘우주적인 원리’이다.

그는 인간의 양지(良知)를 ‘현성양지(現成良知)’라고 한다. 치량지란 습성, 인욕을 먼저 제거하고 그 후 비로소 양지가 지극해지는 것이 아니고, 양지 자체가 그것을 제거하는 날카로운 칼이다. 촉매에 의하여 비로소 효력을 발휘하는 약이 아니라 그 자체에 촉매를 포함하고 있는 약이다. 명덕을 세상에 밝힌다 함은 우리가 그것을 의식적으로 하고자 함이 아니다. 양지 그 자체의 자연적이고 필연적인 의지, 활동, 자기 전개일 따름이다. 우리가 양지를 지극히 하는 것이 아니고 양지 그 자체가 스스로 지극하게 되는 것이다. “양지에 비추어 편안하면 바른 것이고 양지에 비추어 편안하지 않으면 그른 것이다. 편안하면 반드시 행하되 세상이 모두 비난해도 돌아볼 필요가 없다.”

이상과 같은 주장에 대해 그것의 실천은 소홀히 하면서 다만 본체를 논하는 것에 불과하다든지, 자기 멋대로 편리하게 행하면서 ‘본성에 따라’ 움직인 것이라서 도(道)에 합치된다고 한다는 등의 격렬한 비난이 쏟아졌으나 그는 굴하지 않았다.

또한 왕기는 “양지(良知)야말로 삼교(三敎)의 핵심”[41]이라 하여

---

41) 『龍溪王先生全集』, 卷1, 復陽堂會語: 先師良知之學 乃三敎之靈樞.

유불도(儒・佛・道) 삼교의 융화(融和)를 꾀했다.

　　하심은(何心隱, 1517~1579)　　하심은의 본명은 양여원(梁汝元)이며, 자(字)는 주건(柱乾), 호는 천산(天山)으로 강서(江西) 영풍인(永豊人)이다. 그는 왕간(王艮), 석파(石波) 서월(徐樾), 안균(顔鈞)으로 이어 내려오는 학통을 계승한 것으로 알려져 있다.

　　그는 "대저 사람은 곧 천지의 마음이요, 인(仁)은 인심이며, 마음은 태극(太極)이다. 태극의 생(生)한 바가 양의(兩儀)다."[42]라고 하고, 욕구에 대해서 절이화(節而和)와 여민동욕(與民同欲)을 주장하여 악(惡)으로 보기보다는 절제(節制)와 화합(和合), 백성과 더불어 충족시켜야 할 것으로 보았다.

　　그는 심재(心齋)의 재전(再傳) 제자로 양명학이 추구하던 대동사회(大同社會)의 이상을 실제로 시도하였다. 그는 37세경(1553년)부터 수년 동안 이상적인 공동체를 실험하였다. 이 공동체를 회(會)라 하고, 모인 곳을 취화당(聚和堂)이라 했는데, 구성원은 누구나 교육과 생활을 공동으로 하였으며, 상당히 치밀한 자체조직을 가지고 있었다. 그들은 일상사와 경조사 등 일체의 생활을 공동으로 처리하였으며 세금도 공동으로 납부하였다. 모든 학생들은 빈부(貧富)나 친소(親疏)에 구애됨이 없이 비교적 평등한 생활을 하였다. 그런데 이러한 회(會)조직의 필요성을 주장하게 된 그의 사상적 배경은 만물일체(萬物一體) 사상과 오륜(五倫) 중 교우유신(交友有信)을 핵심으로 본 사회관에서 연유한다. 그는 부자(父子), 군신(君臣), 장유(長幼), 부부(夫婦) 등 종래의 종적(縱的) 사회관계와 거기로부터 비롯되는 친(親), 의(義), 서(序), 별(別) 등의 규범보다는

---

42) 『흔동집』 권1.

신교(信交)를 오륜의 근본으로 중시하고 이로써 사회관계를 횡적
(橫的) 관계로 보았다.

   탁오(卓吾) 이지(李贄, 1527~1602)   이지의 처음 이름은 재지
(載贄)요, 호는 탁오(卓午), 굉보(宏甫), 온릉거사(溫陵居士)이다. 그
집안의 선조(先祖)들은 복건성(福建省) 천주(泉州) 상인으로 해외무
역 혹은 역원(譯員)으로 활동한 바 있었다. 그들은 대대로 회교(回
敎)를 믿었으며, 이지(李贄)의 처(妻) 역시 회교도였다고 한다.
   그는 어려서 『역』을 배우고, 『예경』, 『서경』 등을 공부하였으며
26세에는 복건(福建) 향시(鄕試)에 합격하였다. 34세에 남경 국자감
박사로 승진하였으나 부친상을 당하여 복건으로 돌아와 농사지으며
어려운 생활을 하였다. 40세에 양명학을 접하였으며, 왕용계의 글과
양명의 글을 보게 되었다. 그는 44세(1570)에 남경형부원외랑(南京
刑部員外郎)으로 7년 동안 머무는 동안 경정향(耿定向), 경정리(耿
定理)와 그의 제자인 초횡(焦竑, 澹園)과 알게 되고, 왕기(王畿, 龍
溪)와 나여방(羅汝芳, 近溪)과도 사귀었다. 그는 경정향(耿定向)과는
논쟁하였고 왕기와 나여방에게는 경의를 표하였다. 그는 예교(禮敎)
에 대해 비판적이고, 경(耿)은 옹호하는 입장이었다. 61세에 불교
연구에 골몰하였고, 67세에 왕기(王畿)가 죽었는데, 그를 당대의 유
종(儒宗), 인천법안(人天法眼)이라고 높이 평가하였다.
   그 후 그는 호북(湖北) 마성(麻城)에서 독서와 저술 및 문예비평
에 전념하였다. 장서(藏書) 18권과 분서(焚書) 6권이 이때 간행되었
다. 그는 당시의 허위의식(虛僞意識)과 가학(假學)을 비판하였다. 71
세에 북경(北京)의 서산극락사(西山極樂寺)에 들었는데, 신안(新安)
의 왕본구(汪本鉤)가 따랐으며 그가 죽는 날까지 상종하였다. 72세

에 초횡(焦竑)과 함께 마테오리치와 면담하였으며, 73세(1599)에 『장서(藏書)』 68권을 남경에서 간행했는데 정부는 도를 어지럽히고 혹세무민(惑世誣民)하였다는 명목으로 그를 체포하였다. 그는 76세에 북경 옥중에서 자살하였다.

그는 당시의 학자들을 거짓 도학자(道學者)로 규정하였다. 그는 말하기를 "지금 세상에 도를 배웠다고 일컫는 자는 한갓 이름만 있을 뿐 실상이 없다."라고 하였다.

그는 거짓된 마음을 끊고 진심(眞心)의 회복을 주장하였다. 그것은 곧 어린이와 같은 순진한 마음이다.

> 대저 동심(童心)은 진심(眞心)이다. 만일 동심을 옳지 않다 한다면 이는 진심을 옳지 않다고 하는 것이다. 동심이란 가(假)를 끊어 버린 수수한 참이요, 최초 일념(一念)의 본심(本心)이다(『焚書』, 卷3, 童心說).

이러한 동심(童心)이 거짓에 물들게 되는 이유는 무엇인가? 그것은 견문에 의해 지각된 것들이 우리의 마음을 지배함으로써 미명(美名)을 좋아하고 동심을 잃어버린다는 것이다.

> 그런데 동심은 어쩌다가 갑자기 잃어버릴까? 대개 처음에 문견(聞見)이 이목(耳目)으로부터 들어와 마음을 지배함으로써 동심을 잃고, 장성함에 도리가 문견에 따라 들어와 안을 지배함으로써 동심을 잃게 된다. 그것이 오래되면 도리와 문견이 날로 더욱 많아져 지각한 바가 날로 더욱 넓어져 미명을 좋아할 줄 알고, 이것을 드러내고자 생각하여 동심을 잃는다. 불미(不美)한 것을 추(醜)한 것으로 알고 이것을 감추려 노력하니 동심을 잃게 된다(『焚書』, 卷3, 童心說).

한편 그는 천하에 생지(生知) 아닌 사람이 없다고 주장하였다.

천하에 한 사람도 생지(生知) 아닌 이 없고, 일물(一物)도 생지(生知) 아
닌 것 없으며, 또한 일가(一刻)도 생지 아닌 것이 없는데 오직 자기가 모
르는 것일 뿐, 그리하여 아직 일찍이 이를 알게 하지 않는 일이 없다(『焚
書』, 卷1, 答周西嵒).

이는 『중용』의 생지(生知), 학지(學知), 곤지(困知)와 안행(安行),
이행(利行), 면행(勉行) 등의 차이를 기품(氣稟) 부동(不同)의 차이
로 설명한 이전의 학자들과 달리 "거리에 가득한 모두가 다 성인
(聖人)이다."라고 한 양명의 사상을 계승한 것이다.

또한 그는 개성의 존중을 말하였다. 가지런하지 않은 자연의 물
정(物情)을 자연 그대로 존중해야 한다는 주장이다.

일물(一物)에 각기 일건원(一乾元)을 갖추었으니 이는 성명(性命)을 각기
바르게[正] 한다는 것이요, 같을[同] 수는 없다. 만물을 일건원(一乾元)이
통체(統體)하니 이것이 태화(太和)의 보합(保合)이며, 다름[異]일 수 없다.
… 그러나 사람마다 일건원(一乾元)을 바로 하였다(『九正易因』, 卷上).

천하는 지대(至大)하고 만민은 지중(至衆)하여 물(物, 人)의 부제(不齊)
는 또 물(物)의 정(情, 眞相)이다(『明燈道古錄』, 卷上).

II. 한국양명학의 전개

1. 전래와 배척

양명학의 전래 양명(陽明) 왕수인(王守仁, 1472~1528)의 어록
은 처음 서애(徐愛)가 기록한 14개조였으나, 여기에 육징(陸澄)과

설간(薛侃)의 기록이 추가되어 1518년에 간행되었다. 이것이 오늘날 「전습록(傳習錄)」 상권(上卷)이다. 1524년 남대길(南大吉)이 양명의 편지를 편집하여 「전습록」 중권을 만들었고, 양명 사후(死後) 28년(1556년)에 전덕홍(錢德洪)이 이전의 어록에 없던 것들을 모아 하권을 추가하여 「전습록」 전권(全卷)을 간행하였다.

왕양명의 글이 최초로 조선에 전래된 것은 1519년에서 1521년 사이이며, 그것은 서애가 기록한 「전습록」 초간본(初刊本)이다.[43] 중종(中宗)으로부터 선조(宣祖)에 이르는 전래 초기 양명의 글에 접했던 대표적 인물로는 박상(朴祥, 1474~1530), 김세필(金世弼, 1473 ~1553), 홍인우(洪仁祐), 동강(東岡) 남언경(南彦經, 1528~1594), 경안령(慶安領) 이요(李瑤), 퇴계(退溪) 이황(李滉, 1501~1570), 서애(西厓) 유성룡(柳成龍, 1542~1607) 등을 들 수 있다.

양명학설에 대한 비판　양명학이 전래되던 당시 조선의 유학계는 심학적(心學的) 경향을 띠고 있어 육상산(陸象山, 1139~1193)의 글과 함께 양명의 글이 자연스럽게 읽혔을 것으로 보인다. 그러나 1550년대에 들어서면서 양명학을 배척하는 중국의 서적들이 들어오고,[44] 이미 조선왕조의 건국이념이 되었던 정주학(程·朱學)이 전성기를 맞이하게 된다. 1566년 학계의 지도적 위치에 있던 퇴계가 양명학설을 적극 논변(論辨)·배척한 것이 계기가 되어, 양명학은 소수 몇 사람에 의해 은밀하게 그 명맥이 이어졌다. 퇴계를 필두로 하여 양명학 배척에 적극적인 태도를 보인 대표적인 인물로

---

43) 吳鍾逸,「陽明傳習錄傳來考」(『철학연구』 제5집, 고려대, 1978년) 참조. 오종일은 朴祥의 『訥齋集』과 金世弼의 『十淸軒集』에 근거하여 양명학이 전래된 시기는 中宗 16년 辛巳 (1521)보다 앞선다고 주장하였다.

44) 尹南漢,「李朝陽明學의 傳來와 受容의 問題」(『중앙사론』 제1집, 중앙대, 1972년) 참고.

는 유성룡(柳成龍), 남계(南溪) 박세채(朴世采, 1631∼1695), 남당 (南塘) 한원진(韓元震, 1682∼1750) 등을 꼽을 수 있다.

양명학에 대한 조선유학자들의 비판은 주자학(朱子學)을 토대로 친민(親民), 성의(誠意), 심즉리(心卽理), 지행합일(知行合一), 치량 지(致良知) 등 전반에 가해졌다.

첫째, 왕양명은 학문이란 각 개인이 행위의 주체로서 스스로를 반성하여 본연의 인애(仁愛)의 마음을 구현함으로써 천지만물과 한 몸[一體]을 이루는 것이라고 한다.45) 그러나 퇴계나 남당은 유학이 란 수기치인(修己治人)의 학으로, 자신의 명덕(明德)을 밝히고 이 를 통해 타인을 교화(敎化)하고자 하는 학문이라고 한다.46) 둘째, 왕양명은 심체(心體)를 밝히고 구현하는 방법의 핵심으로 성의(誠 意)를 제시하였다.47) 그러나 남당은 마음을 단속하고 보존하며 본 성을 함양하고 의리를 행하는 실질적인 공부는 경(敬)에 있다고 하 며, 양명은 경을 배척함으로써 실질적인 공부를 결여하였다고 한 다.48) 셋째, 양명의 심즉리란 주자처럼 마음과 이치[理]를 둘로 나 누어 충효와 같은 도덕법칙이 임금이나 부모와 같은 사물에 있다 는 주장을 비판하고,49) 또한 마음과 이치를 나눔으로써 외형상의 합리만을 추구하는 경향에 대한 우려에서 나온 것이다.50) 양명은 마음 밖에 사(事)도 리(理)도 없으며, 마음에서 사물의 이치를 구해 야 한다는 것이다.51) 그러나 퇴계는 양명의 심즉리란 외적 사물이

---

45) 「傳習錄 中」, 序文. 「傳習錄 中」의 答聶文蔚書와 答顧東橋書, 『王文成公全書』, 卷26, 大學問 등 참조.

46) 『退溪全書』, 卷41, 雜著, 傳習錄論辨. 『南溪集』, 卷59, 王陽明學辨, 大學問 참조.

47) 『王文成公全書』, 卷7, 大學古本序. 「傳習錄 中」, 答顧東橋書 129∼130조 참조.

48) 『南塘集』 卷27, 雜著, 王陽明學辨, 大人之學.

49) 「傳習錄 中」, 答顧東橋書 135조.

50) 「傳習錄 下」, 321조.

마음의 누(累)가 되는 것을 꺼리고, 박학(博學)의 폐단을 제거하기 위하여 주장한 것이지만, 결국 사물과 인륜의 도리를 없애고 오로지 본심을 근본 취지로 삼는 불교와 같다고 비판하였다.[52] 한편 서애는 인식이란 주체의 인식능력과 대상의 이치가 합할 때 성립된다고 본 것이다. 그런데 양명은 주체의 인식능력만을 추구하고 대상의 이치를 배제하였다고 비판한 것이다.[53] 넷째, 양명은 참다운 지(知)는 스스로 행위를 지향하며 행위로 이어진다는 것이며, 참다운 행위는 이미 지를 따르며 지의 완성과정이라는 것이다.[54] 또한 지의 진절독실처(眞切篤實處)가 행이요, 행의 명각정찰처(明覺精察處)가 지라고 하여, 지·행이 서로를 내포하고 있다는 의미에서 분리될 수 없는 하나라고 하는 것이다.[55] 그러나 퇴계는 감각적 대상[形氣]에 대한 지식의 경우에는 행위와 분리될 수 없지만, 도덕적 대상[義理]에 대한 지식의 경우에는 행위와 분명 별개의 것이라고 한다. 그러나 이것들은 상호 의존하고 병행하는 것이라고 한다.[56] 다섯째, 양명은 마음의 본체인 천리(天理)의 소명령각(昭明靈覺)을 양지(良知)라 하고,[57] 또한 양지는 지선(至善)한 명덕(明德)의 본체라고 한다.[58] 따라서 주체적 자각을 통해 체인(體認)된 양지는 바로 사물의 개별적 이치의 원천이 된다는 것이다. 이러한 내 마음의 양지를 구체적인 사건 가운데에서 구현하는 것이 바로

---

51) 「傳習錄 上」, 3조.
52) 『退溪全書』, 卷41, 雜著, 傳習錄論辨과 抄醫閭先生附白沙陽明抄後復書其末 참조.
53) 『西厓集』, 詩, 讀陽明集有感.
54) 「傳習錄 上」, 5조.
55) 「傳習錄 中」, 答顧東橋書 133조.
56) 『退溪全書』, 卷41, 雜著, 傳習錄論辨.
57) 『王文成公全書』, 卷5, 答舒國用.
58) 『王文成公全書』, 卷26, 大學問.

치량지(致良知)이다. 서애와 남당, 남계 등은 양명이 양지를 천리
라고 하는 것은 허량지각(虛靈知覺)의 마음과 마음에 갖추어진 이
치인 성(性)을 혼동한 것이라고 비판한다.[59] 『대학』에서 말하는 지
(知)란 외적 사물을 수용하는 미묘한 지각작용이라고 한다. 그 지
각작용이 가능한 것은 그 작용을 가능하게 하는 선천적 이치와 동
시에 실질적인 작용자인 형기(形氣)로 이루어져 있기 때문이라고
한다.[60]

2. 수용과 전개

중종(中宗) 때에 전래된 양명학이 선조(宣祖) 때에는 상당히 성
행하였다. 양명학을 긍정적으로 수용하였던 조선 최초의 인물은 남
언경(南彦經)과 그의 문하생인 이요(李瑤)이다.[61] 남언경은 처남
홍인우(洪仁祐)와 양명학에 관해 편지 왕래가 있었다고 하나 문집
이 유실되어 그 내용을 알 수 없다. 남언경은 화담(花潭) 서경덕
(徐敬德, 1489~1546)의 문인이며, 소재(蘇齋) 노수신(盧守愼, 1515
~1590), 이항(李恒) 등과 이학(理學)을 강론하고 율곡(栗谷), 우계
(牛溪), 송강(松江) 등과 교우하였다. 그러나 이들이 양명학의 어떤
점을 수용하였는지 밝힐 수 있는 자료가 없다. 이후 양명학자로서

---

59) 『西厓集』, 卷15, 雜著, 王陽明以良知爲學. 『南塘集』, 卷27, 雜著, 致良知. 『南溪集』, 卷
  55, 雜著, 良知天理說 참조.

60) 『南溪集』, 卷55, 雜著, 良知天理說 참조.

61) 李能和는 「朝鮮儒界之陽明學派」(『靑丘學叢』 제25호, 1936)에서 宣祖와 李瑤의 양명
  학에 관한 대화를 싣고 있는 『王朝實錄』(『宣祖實錄』, 卷52, 27년 甲午, 7월 17일 癸巳)
  에 근거하여 오직 이요가 홀로 양명학을 깊이 믿었으며, 이요는 남언경에게서 배웠으니, 이
  들이 곧 조선 최초의 양명학자라는 것이다. 같은 기록에 의하면 유성룡은 "지금 언경에게서
  배운 자들은 대부분 양명을 숭상한다."고 하였다.

일컬을 만한 인물로는 지천(遲川) 최명길(崔鳴吉, 1586~1647, 계곡(谿谷) 장유(張維, 1587~1638)를 들 수 있는데, 이들은 남언경의 아들 남격(南格)에게서 양명학을 배웠다.[62] 그리고 조선 양명학의 태두라고 할 수 있는 하곡(霞谷) 정제두(鄭齊斗, 1649~1736)는 양명학에 관한 장유의 글을 접한 것이 계기가 되어 양명학을 연구하게 되었다.[63] 하곡은 율곡, 남계, 윤증(尹拯) 등의 사상적 영향을 받았다.[64] 양명학설을 수용하였던 이들은 대체로 서인(西人) 계열에 속했던 인물들이며, 서인이 노론(老論)과 소론(少論)으로 분리된 이후에는 소론에 속한다. 하곡 이후 양명학은 강화도에 은거한 하곡을 통해 그 후손과 혈연으로 맺어진 친인척을 통해 250여 년간 가학(家學)으로 은밀히 전해졌다.

3. 국난에 대한 양명학적 태도

임진년(壬辰年, 1592) 일본이 조선을 침략하였을 때, 최초의 양명학자 남언경(南彦經)은 의병(義兵)을 일으켰다가 진중(陣中)에서 병사(病死)하였고,[65] 이요(李瑤) 또한 의병에 종사하였다.[66] 이들

---

62) 崔秉稷 외, 『增補譯註 遲川先生集』, 後跋 참조. 가평문화원 부원장을 지낸 崔寅和의 조사에 의하면, 안산에 살던 장유가 앞강에서 扁舟를 타고 강 건너 양평 땅 砂器幕 골에 살던 남언경의 아들 남격을 심방하여 양명학을 배웠다고 한다. 그 장자인 南好學은 장유와 함께 仙源 金尙容의 사위가 되었다고 한다.

63) 『霞谷集』, 卷2, 書3, 答崔汝和書(癸酉). 『明谷集』, 卷13, 與鄭士仰書(壬申) 참고.

64) 『霞谷集』, 卷7, 雜著(拾遺), 壬戌遺敎). 『明齋遺稿』, 卷30, 題爲學之方圖. 『明齋遺稿』, 卷32, 隨錄跋. 『明齋遺稿』, 卷19, 與閔以升. 『明齋遺稿』, 卷18, 與柳和仲. 『明齋遺稿』, 別集, 卷3, 擬與懷川書 참조.

65) 南道振撰, 『宜寧南氏家乘』, 卷3, 通政大夫守全州府尹南東岡先生行狀. 朴南溪撰, 『東儒師友錄』, 卷24, 南彦經條 참조. 이상은 尹南漢의 『조선시대의 양명학 연구』(집문당, 1982년) 137~138쪽을 참조한 것임.

양명학자로부터 실천을 중시하는 행동하는 지성인의 삶의 모습을 엿볼 수 있다.

인조반정(仁祖反正)과 두 차례의 호란(胡亂)이라는 국난에 직면하여 다른 학자나 관리들과 다른 선택과 행동을 보인 양명학자들의 결단과 결단의 이유를 고찰함으로써 한국양명학의 특징을 엿볼 수 있다. 당시 세칭(世稱) 사우(四友)로 알려진 장유(張維), 최명길(崔鳴吉) 그리고 이시백(李時白, 1581～1660)과 조익(趙翼, 1579～1655)은 함께 양명학을 공부한 자들로 인조반정에 참여하였던 핵심적 인물들이다.

계곡(谿谷)은 다양한 학설이 공존하는 중국과 달리, 당시 조선은 정주학(程·朱學) 일색이요, 실심(實心)으로 학문을 하는 자는 없고, 생각은 편협하고 뜻과 기개가 없으며, 정주의 학설을 입으로 외우고 겉으로 높일 뿐이라고 한다.[67] 또한 그는 마치 우물 안의 개구리처럼 자신의 편견에 사로잡혀 새로운 것을 배척하는 당시 학자들의 학문적 편협성과 폐쇄성을 지적하였다.[68] 그는 말하기를 "선유(先儒)의 정설(定說)을 공경히 지키는 것도 마땅하나, 마음에 의심하는 바가 있으면 또한 강론하고 연구하는 것이 마땅하다."[69]라고 하여, 독신성인(篤信聖人)하던 자하(子夏)보다 반구저기(反求諸己)하던 증자(曾子)를 존숭하던 양명처럼,[70] 진리란 다양한 학문에 대한 열린 마음, 자기반성과 비판정신을 통해 성취된다고 보았다.

---

66) 『宣祖實錄』, 卷52, 27年 7月 癸巳條. 尹南漢의 『조선시대의 양명학 연구』(집문당, 1982년) 195～196쪽 참조.

67) 『谿谷集』, 「谿谷漫筆」, 卷1.

68) 『谿谷集』, 「谿谷漫筆」, 卷2.

69) 『谿谷集』, 「谿谷漫筆」, 卷1.

70) 「傳習錄 上」, 6조: 子夏篤信聖人 曾子反求諸己. 篤信固亦是 然不如反求之切.

계곡은 다른 존재에 의존하고 기생하는 그림자나 허깨비와 같은 사람, 남의 물건을 훔치는 좀도둑, 남을 해쳐서 자기를 살찌우는 시랑(豺狼)과 같은 자들은 선비로서 경계해야 할 소인(小人)이라고 한다. 그는 의리(義理)와 이욕(利欲)을 스스로 분별하고, 자신을 다스리고 절제하며, 자주적으로 실천할 것을 주장하였다.[71] 말하자면 계곡은 자주적이고 자율적인 도덕의 주체로서의 실천적 삶을 살 것을 강조한 것이다. 또한 그는 시를 지을 때 경계해야 할 것으로 날카롭고 교묘함, 막히고 깐깐함, 표절, 모방, 의심스러운 사실과 궁벽한 말의 사용 등을 지적하였다.[72] 계곡은 시작(詩作)을 독립과 자주 그리고 진정성을 지닌 주체의 표현으로 보았던 것이다.

계곡은 마음과 이치, 대상과 주체가 일원(一源)이며 무간(無間)이라고 주장한다.[73] 그는 "마음은 온갖 변화의 근본이다. 진리는 마음에서 찾아야 한다."라는 내용의 양명의 시(詩)를 인용하면서 그의 사상에 동조한다.[74]

또한 계곡은 즉물궁리(卽物窮理)와 거경(居敬)을 주장하는 주자학의 지리(支離)한 학문방법을 풍자적으로 비판하면서, 우리가 힘써야 할 근원이며 행위의 지침이 되는 것은, 남들이 듣고 보지 못하는 곳, 즉 자신만이 아는 곳이라고 하여, 신독(愼獨)을 학문의 핵심으로 말하였다.[75] 그는 학문과 교육의 방법으로서 정주(程·朱)가 주장하는 객관적이고 형식적인 예악형정(禮·樂·刑·政)을 통한 수도(修道)에 반대하고, 계구신독(戒懼·愼獨) 등의 내적인 수

---

71) 『谿谷集』, 「谿谷漫筆」, 卷1.

72) 『谿谷集』, 「谿谷漫筆」, 卷1.

73) 『谿谷集』, 卷3, 雜術.

74) 『谿谷集』, 「谿谷漫筆」, 卷1.

75) 『谿谷集』, 卷2, 册文, 箴銘贊, 愼獨箴.

양을 근본적인 것으로 본다.[76]

계곡은 『대학』의 격물치지(格物致知)를 지식을 이루는 공부로 보는 주자와 달리 지행(知·行)을 겸한 공부로 보는 양명의 견해에 동조한다.[77] 그는 양명의 치량지설은 그 실제적 공부를 오직 성찰(省察)과 확충(擴充)에 두어서 무사(無事)의 정적(靜寂)에 빠지는 것을 경계하였다고 주장한다.[78]

한편 인조반정과 그 이후의 정치개혁 그리고 호란의 정국을 주도하였던 자겸(子謙) 최명길(崔鳴吉)의 지침이었던 사상은 당시 사상계를 주도하던 주자학이 아니라 양명학이었다.[79] 그는 명분(名分)보다 실질(實質), 형적(形迹)보다 마음을 중시하였다.[80] 정묘호란(1627년)과 병자호란(1636년) 때, 나라와 백성을 지킬 힘이 없는 조정에서는 척화(斥和)의 소리만이 높았다. 지천은 말하기를 "싸우려니 힘이 미치지 못하고, 화친하려니 중론(衆論)이 두려워서 감히 못 하고 있다. 하루아침에 성(城)이 무너지는 날이면 위아래 사람이 모두 죽임을 당할 것이니 장차 종묘(宗廟) 사직(社稷)을 어느 곳에 두리까?"라고 하며, 화친을 주장하였다. 그는 말하기를 "군자가 믿는 것은 마음이니, 마음에 돌이켜 생각하여 부끄러움이 없으면 남들의 비방이나 칭찬은 단지 외물(外物)일 뿐이다."[81]라고 하였다. 최명길이 시비(是非)의 기준으로 삼은 마음이란 양명이 말한

---

76) 『谿谷集』, 「谿谷漫筆」, 卷1.

77) 『谿谷集』, 「谿谷漫筆」, 卷1.

78) 『谿谷集』, 「谿谷漫筆」, 卷1.

79) 李能和, 「朝鮮儒界之陽明學派」(『靑丘學叢』 제25호, 靑丘學會, 1936년). 李能和는 "지천이 병자호란을 당하여 主和를 주장하게 된 臨難處變의 사상이 양명학에 크게 힘입었다."고 하였다.

80) 『遲川集』, 卷8, 疏箚, 論典禮箚 丙寅.

81) 『遲川集』, 卷11, 疏箚, 丙子封事 第三.

본심, 마음의 본체, 독지(獨知), 양지를 지칭한 것이다. 그는 '자심독지(自心獨知)'[82]를 말하고, "양지의 천성(天性)을 하루아침에 깨치니 시비의 판단을 엄폐할 수 없게 되었습니다."[83]라고 하였으며, "내 평생에 우환의 난감(難堪)함을 당한 것이 한두 번이 아니나 '이것'에 의존하여 크게 낭패하기까지는 이르지 않았다."[84]라고 하였는데, 이것이란 다름 아닌 양지를 말한 것으로 보인다.

지천이 생사의 고비와 급변하는 상황에서 선택하고 결심할 때, 그가 의거한 원칙은 두 가지로 요약된다. 첫째, 성의(誠意), 즉 어떤 행위를 선택할 때 순수하고 진실한 뜻에 따랐다. 지천은 결심할 때, 자신의 이해(利害), 세상의 여론, 그리고 행위결과 등을 고려하지 않았다.[85] 그는 오로지 스스로 중단할 수 없고 속일 수 없는 진실하고 순수한 마음에 따랐으며,[86] 자신의 직책에 따른 의무에 충실하였던 것이다.[87]

둘째, 그는 치량지, 즉 상충하는 가치나 행위의 경중을 헤아려 시의적절(時宜適切)하게 대응하는 양지에 따랐다. 지천이 심양(瀋陽)의 감옥에서 김상헌(金尙憲)과 경(經)과 권(權)에 대하여 토론하면서, 척화(斥和)는 수경(守經, 불변의 의리를 지킴)이요, 주화(主和)는 권도(權道, 의리의 경중을 헤아림)라고 하면서, 강화(講和)를 주장하였다.[88] 또한 지천은 "도에는 정도(正道)와 권도가 있고, 일

---

82) 『遲川集』, 卷17, 雜著, 復箴.
83) 『遲川集』, 卷8, 疏箚, 論典禮箚 丙寅.
84) 『遲川集』, 卷17, 雜著, 寄後亮書.
85) 『谿谷集』, 「谿谷漫筆」, 卷1: 雖斥和者 外爲大言 內實幸和議之成 而畏浮議 莫敢明言 獨子謙遇事 輒首發無所顧避 卒以是被彈去.
86) 『陽明學演論』, 154쪽: 정인보는 지천이 主戰派의 비난과 공격을 받으면서도 그만둘 수 없는[不容已] 純誠은 조금도 그만둘 수 없었다고 평가하였다.
87) 『明谷集』, 卷17: 崔錫鼎은 지천이 뭇 사람들의 비방을 무릅쓰고 나라의 주권[社稷]을 보존하고 백성을 구하기 위해 主和를 주장하였다고 한다.

에는 경중이 있는데, 때에 따라 의(義)도 달라집니다. 성인이 『역경
(易經)』을 지음에 중도(中道)를 정도보다 귀하게 여긴 것은 진실로
이런 까닭입니다."[89]라고 하여, 사물의 경중을 헤아려 그 상황에
합당한 시중(時中)의 도를 의무로 삼아야 한다는 것이다. 이것은
우리가 마땅히 실행해야 할 도덕적 의무들이 상충하는 난처한 상
황이 발생할 수 있으며, 이러한 경우 선악시비의 경중을 헤아리는,
양명이 말하는 본심의 양지에 따라야 한다는 것을 의미한다.[90]

4. 한국양명학의 태두(泰斗) 정제두(鄭齊斗)

시대상황과 문제의식　하곡(霞谷) 정제두(鄭齊斗, 1649~1736)
는 포은(圃隱) 정몽주(鄭夢周, 1337~1392)의 11대손이며, 한성부
(漢城府) 반곡방(盤谷坊)에서 성균(成均) 진사(進士) 정상징(鄭尙徵)
의 장남으로 태어났으며, 서인(西人)의 명문집안 출신이다. 하곡은
어려서 우계(牛溪) 성혼(成渾, 1535~1598)과 율곡(栗谷) 이이(李
珥, 1536~1584)의 성리학을 배우고, 젊어서는 명재(明齋) 윤증(尹
拯, 1629~1714)의 무실지학(務實之學)의 영향을 받았으며, 장유
(張維, 1587~1638)의 글을 통해 양명학에 접하였다. 또한 소론(少
論)에 속하는 박세채(朴世采, 1631~1695)를 스승으로 삼고, 최석
정(崔錫鼎, 1646~1715), 민이승(閔以升), 박대숙(朴大叔) 등과 벗
하였다.

---

88) 『燃藜室記述』, 卷26, 瀋獄諸囚.

89) 『遲川集』, 卷11, 疏箚, 丙子封事 第三.

90) 「傳習錄 中」, 答顧東橋書 139조: 節目時變에 대한 良知는 方圓長短에 대한 規矩尺度
　　와 같다. 절목시변을 미리 정할 수 없는 것과 같이 방원장단을 이루 다 궁구할 수 없다.

하곡 당시는 세 차례의 전쟁을 겪고 난 이후로, 사회질서를 확립하기 위하여 정주적(程·朱的) 예교주의(禮敎主義)의 통제와 주자학 중심의 사상적 획일화가 강화되던 때였다. 또한 16세기 중엽부터 전개된 당쟁이 당시에는 노론·소론, 노론·남인의 갈등으로 심화되었다. 외래문물이 들어와 경세치용(經世致用)·이용후생(利用厚生)·실사구시(實事求是)의 실학적(實學的) 학풍이 대두하면서, 명분과 의리를 중시하던 주자학의 사회적 권위도 점차 상실되어 갔다. 한편 명청(明·淸) 교체기에 직면하여, 명분과 의리를 중히 여기는 존명배청(尊明排淸)의 운동과 함께 청(淸)의 체제를 긍정하는 현실론도 나타났다.

하곡은 다음 사항을 개선해야 할 문제로 인식하였다. 첫째, 각 개인은 자신의 부귀공명만을 추구하고, 나라가 선비로부터 취할 것은 염치(廉恥)와 의리(義理)인데 당시 사회제도는 선비가 되려는 자들로 하여금 오히려 염치도 의리도 없게 하고 있다.[91] 둘째, 스스로 진리를 구하기보다는 주자의 학문적 권위를 빌리거나, 그 학설에 부화뇌동(附和雷同)하여 자신의 뜻과 이익을 이루고, 자신의 위엄을 세우려고 허가(虛·假)의 학에 빠져 있다.[92] 셋째, 참된 도덕성과 몸소 행하는 실천력이 없이 다만 화려한 글재주와 부질없는 변론, 출세를 위해 과거(科擧)만을 준비하고 있다.[93] 넷째, 예의와 의리를 고정화하고 형식화하여, 도덕규범을 불변하며 절대적이라고 여겨 변통할 줄 모른다. 다섯째, 의리와 심성 공부를 객관적 사물에 대한 의리의 탐구와 주관적 심성에 대한 함양공부로 나누

---

91) 『霞谷集』, 卷3, 書5, 答李伯祥書.

92) 『霞谷集』, 卷9, 存言 下.

93) 『霞谷集』, 卷11, 遺事.

어, 본말(本末)을 전도(顚倒)하였으며, 마음을 소홀히 하는 결과를 초래하였다.[94] 여섯째, 사욕(私欲)과 성세(聲勢)를 위한 편당(偏黨)에서 연유하는 파당의 분열은 도의를 타락시키고 국가사회에 화(禍)와 난(亂)을 초래할 것이라고 우려하였다.[95]

마음의 천리(天理)를 보존하는 위기지학(爲己之學) 하곡 자신은 바깥세상으로부터 얻어지는 부귀, 권세, 명예보다 내면의 마음을 수양하여 참다운 자기가 되는 것을 인생과 학문의 목적적 가치로 삼았다.[96] 또한 그는 자녀와 제자들에게도 부귀공명과 같은 외적(外的) 가치를 얻고자 마음 밖으로 달리는 것을 경계하였다. 그는 세속적 가치를 즐기고 세상의 일에서 업적을 이루고자 몰두하는 것을 경계하였다.[97]

하곡은 학문이란 타인과의 논변에서 이기거나 남이 자신을 알아주기를 구하는 것이 아니라, 보편적인 도(道)를 밝혀 스스로 체득하고 실천하고자 하는 것,[98] 성인(聖人)의 뜻을 찾아서 그 실(實)을 얻고자 하는 것이라고 한다.[99] 그는 성현의 교훈은 "이 마음의 천리(天理)를 보존하고자 하는 데 불과한 것이다."라고 한다.[100] 또한 하곡은 성인의 학문, 즉 성인의 가르침은 『대학』에 있다고 하여,[101] 성학(聖學)이 곧 『대학』이라고 하며, 『대학』은 명덕(明德)

---

94) 『霞谷集』, 卷8, 學辯.

95) 『霞谷集』, 卷1, 書1, 上朴南溪書 甲子. 『霞谷集』, 卷5, 筵奏, 戊申 4월 24일 참조.

96) 『霞谷集』, 卷11, 遺事: 平生立志 深察於爲己爲人之別 嘗以務外循名爲切戒.

97) 『霞谷集』, 卷7, 雜著(拾遺), 壬戌遺敎.

98) 『霞谷集』, 卷9, 存言 下.

99) 『霞谷集』, 卷1, 書1, 答朴南溪書 丁卯.

100) 『霞谷集』, 卷8, 學辯 참고.

101) 『霞谷集』, 卷9, 存言 下.

을 밝히는 것이라고 한다.102) 그런데 명덕이란 하늘로부터 부여받은 것으로 천리(天理)의 밝음 또는 천리가 밝게 드러나는 곳을 가리킨다.103) 또한 하곡은 성인의 학을 심학(心學), 성학(性學)이라고 칭하며, 성(性)은 마음의 본체이며 이른바 천리라고 한다.104)

따라서 하곡이 추구하였던 성인의 학이란 그 마음의 천리를 보존하는 것이며, 이것은 인간 본연의 심성을 구현하는 것이요, 진정한 자아를 실현하는 것이며, 동시에 보편적 진리에 이르고자 하는 것이다.

만물의 주재(主宰)와 권형(權衡)으로서 인심 하곡이 보존·실현하고자 하였던 인심이란 무엇인가? 그는 인심이란 천지만물의 주인이라고 한다.

> 천지만물 가운데 누가 주인인가? 오직 사람의 마음이 모든 신령스러운 것들 가운데 으뜸이다. 상제(上帝)가 그 충(衷)을 내리시고[帝降其衷] 하늘이 그 밝은 것을 놓으셨으니[天縱其明], 오직 황(皇)의 극(極)이요 제(帝)의 법칙이다. 생(生)의 원천[源]이요, 물(物)의 임금이다. 이것이 능히 물을 체인(體認)하고 물을 명(命)한다. 만 가지 리(理)가 이로써 갖추어지고 만사가 이로써 흥한다. 만 가지 그 품목이 있음은 모두가 그 물이다. 만 가지 차례는 모두 이것의 용(用)이다. 천하가 여기에 근본하여[本] 나오니 천지를 들어 여기에 비유할 것이 없다. 그 큰 것을 세우면 물이 뺏을 수 없으며, 본성[性]이 진실로 안정되면[性苟得定] 물이 다스려지지 않을 수 없다[物無不職]. 물이 그 지(知)가 이르면[致] 본성 이것은 하늘이 낸 것이다. 마음을 확립하고 자기[己]를 극복하고, 경계하고 두려워하며 본심을 보존하고 살펴야 한다. 진실로 지극한 덕[至德]이 아니면 지극한 도[至道]를 성취할 수 없다.105)

---

102) 『霞谷集』, 卷8, 學辯.

103) 『霞谷集』, 卷8, 學辯. 卷9, 存言 中, 全體一性.

104) 『霞谷集』, 卷9, 存言 下, 聖人之學心學.

인심이 천지만물의 주인이라고 하는 것은, 인심이 천지만물 가운데 정령(精靈)으로 하늘의 덕(德)을 부여받았으며, 천지만물 가운데 영명감통(靈明感通)하여 하늘의 법칙을 갖추지 않음이 없다고 하는 것이다. 그래서 만물을 감통하고, 만사를 일으키고 질서를 짓는 것이다. 이러한 인심의 지위와 역할을 천지만물의 주재와 권형이라고 한다.[106]

또한 하곡이 주장하는 인심이란 곧 인심의 생리(生理)를 지칭하는 것이다. 생리 가운데에서 그것의 주장이 되고, 진실하며, 무극(無極)의 극(極)이 되며, 지순지일(至純至一)한 것을 리(理)의 진체(眞體) 또는 진리(眞理)라고 하는 것이다.[107] 그것은 온갖 생명을 가능하게 하는 생리 중 나의 마음에 있으며, 생리의 영통묘용(靈通妙用)과 생명력의 근원[命元][108]을 지칭하는 것이다.

하곡은 초목이나 짐승에게도 생리가 있으나 명덕(明德)은 없다고 한다.[109] 만물에 영통하고 만리(萬理)를 통솔, 주재하는 진리는 인간의 마음의 영명(靈明)한 본체요, 명덕(明德)이라고 하는 것이다.[110]

인심(人心)의 천리(天理)　　하곡이 말하는 인심의 천리, 인심의 생리, 실심실리(實心·實理), 명덕, 진리 등은 명칭은 다르지만, 실상은 온갖 다양한 이치의 근원이며,[111] 시비선악의 판단 및 도덕적

---

105) 『霞谷集』, 卷8, 存言 上, 定性文.
106) 『霞谷集』, 卷8, 存言 上, 定性文 殘註.
107) 『霞谷集』, 卷9, 存言 中.
108) 『霞谷集』, 卷8, 存言 上.
109) 『霞谷集』, 卷1, 書, 答閔彦暉書.
110) 『霞谷集』, 卷8, 存言 上.
111) 『霞谷集』, 卷15, 孟子說 : 나의 한 마음의 이치[吾一心之理]가 物에 있어서 만 가지로 다르게 쓰이어[用萬殊於物] 각기 그 마땅함이 있지 아니함이 없으니, 물의 형태는 천만 가

감정의 능동적 주체로서 인간 본연의 마음 또는 마음의 본체를 지칭하는 개념들이다. 하곡은 온갖 사물의 이치의 근원이 되는 마음의 본체, 마음의 천리 또는 진리를 인(仁), 중(中), 성(誠), 지(知) 등으로 말한다.

> 사람의 생리란 능히 밝게 깨닫는 바 있어 스스로 능히 주류통달(周流通達)하여 불매(不昧)하며 능히 측은(惻隱)·수오(羞惡)·사양(辭讓)·시비(是非) 어느 것이나 능히 못 하는 것이 없으니, 이것이 그 고유한 덕(德)으로서 이른바 양지(良知)인 것이며 또한 인(仁)이라고 하는 것이다.112)

하곡이 인(仁)을 생리(生理)라고 칭한 것은 그것이 관념적, 형식적인 이치가 아니라 그 스스로 유행하고 감통하는 생명의 이치라고 하는 것이다. 하곡은 인과 양지는 하나의 생리이며, 덕으로 별개의 것이 아니지만, 구현해야 할 도덕성 전체를 인으로 포괄하여 지칭하며, 도덕성 자체가 지니는 명각(明覺)의 작용에 의해 그것을 사단(四端)의 정(情)으로 구현하는 기능을 양지라고 지칭한 것이다.113) 그는 인이란 양지가 밝히고 구현하는 덕의 내용을 지칭하는 것이며, 양지는 인을 밝히고 구현하는 기능을 지칭하는 것이라 하겠다.

> 성(誠)이란 것은 불이(不貳)요, 불이(不已)이며, 그것은 가리어질 수도 없는 것이요, 감(感)하여 통(通)하는 도(道)라는 것이다. 그것은 이광(李廣)이 바위를 향해 화살을 쏘았던 것과 같은 것이니, 그 마음이 지극히 전일(專一)하여 그 성(誠)이 흔들려 둘이 되지 않았던 까닭에 바위를 꿰뚫었

지로 다르지만, 그 이치가 마음에서 나온 것인즉 한 근본이면서 만 가지의 다름이 있다[一本而有萬殊].

112) 『霞谷集』, 卷1, 書2, 與閔彦暉論辨言正術書.

113) 『霞谷集』, 卷1, 書2, 與閔彦暉論辨言正術書: 그[마음] 全體의 德으로 말하면 仁이라 하고, 그 本體의 밝음으로 말할 때는 良知라고 하나니… 명칭은 다르나 실상은 一物이다.

던 것이다. 만약 조금이라도 짐짓 시험 삼아 한가롭게 산만하게 하여 뜻
[意]이 능히 전일(專一)하지 못함이 있고, 의심과 믿음이 반반이어서 반드
시 하고자 하는 생각[念]이 없으면 종래 리(理)를 꿰뚫어 볼 수 없을 것
이다.114)

하곡은 진실 및 성실[誠]의 본질적 특성을 단절, 중단 혹은 분열
[不貳]이 아니라고 한다. 성이란 잡것이 섞이지 않은 순수성과 통
일성[純一]을 의미한다. 또한 성을 불식(不息)이라고 한 것은 그
본체의 작용이 일관성과 지속성[不已]을 지니고 있다는 것이다. 부
언하자면 성이란 자타의 간격과 대립을 극복하고, 내외를 합하며,115)
마치 암컷과 수컷이 사랑을 느끼고 자석이 바늘을 당기듯 상호 감
응, 감동하고 소통하게 하며,116) 사물을 생육하고 변화시키며 완성
하는 능동적이고 지속적인 힘이다.117) 행위의 법칙으로서 성이란
뜻[意]이 산만하거나 의심으로 인해 흔들림이 없이 하나의 일에 전
념하고 집중하는[專一] 것이며, 가식과 거짓이 없이 순수하고 진실
한 것, 중단함이 없이 한결같은 성실함을 의미한다.

> 감공(鑑空)하고 형평(衡平)하여서 치우친 바가 없는 것이 이른바 미발(未
> 發)의 중(中)의 대본(大本)이요, 명덕(明德)이요, 도심(道心)이라고 하는
> 것이다.118)

오로지 이것 전체의 한 개 성(性)[하나의 仁理神明]이 천지만물을 통하여
원래 이것 하나라고 하는 것은 곧 이 리(理)이다. 그것은 완전하고 유행하
며 감응하고 관통하고 중절(中節)하며 부박(溥博)하지 아니함이 없으니

---

114) 『霞谷集』, 卷9, 存言 中, 誠者不貳.

115) 『霞谷集』, 卷12, 中庸說.

116) 『霞谷集』, 卷9, 存言 中, 誠者不貳.

117) 『霞谷集』, 卷12, 中庸雜解.

118) 『霞谷集』, 卷8, 存言 上, 四端七情說.

시중(時中)이란 것이 이것이다. 그러므로 다만 하나의 명덕이라고 한다. 물(物)이 있으면 법칙(法則)이 있으니, 한 개의 밝은 구슬이 지극히 공허하여 만 가지 형상을 두루 비추어서 고운 것과 더러운 것과 검은 것과 흰 것들이 각기 그 물건에 따르는 것이며 한 개의 커다란 종(鐘)은 지극히 허(虛)하여 만 가지의 소리를 모두 발(發)하는 것이니 크게 두들기면 크게 응(應)하고 작게 두들기면 작게 응하여, 각기 그 두들기는 것에 따라 소리가 나는 것이다.[119]

하곡은 인간 본연의 마음이며, 당위적 원리의 하나를 중(中), 중정(中正), 시중(時中) 등의 개념으로 말한다.[120] 중용(中庸)의 중이란 지나침도 부족함도 없는 평상의 도이며,[121] 순수하여 치우치고 얽매인 바가 없는 것이며,[122] 황극(皇極)의 도로서 중이란 치우침과 비뚤어짐이 없으며[無偏無陂] 사사로이 호오를 짓지 않으며[無有作好惡] 파당을 짓지 않는 것[無偏無黨] 등이다.[123] 감공, 형평을 중이라고 하는 것은 선입견이나 편견으로 인한 고집과 집착, 그리고 개인적인 호오에 의해 치우치거나 비뚤어짐이 없는 본연의 마음을 지칭하는 것이다. 이것은 일체의 주관적 편견과 선입견 그리고 집착으로부터 자유롭고, 공정성과 솔직함을 잃지 않는 것이 도덕적 행위의 기본조건이 된다는 것을 의미한다.

하곡은 구체적 상황에서 선입견이나 편견 없이 시의적절(時宜適切)하게 행위를 선택하는 것을 시중, 대중(大中)이라고 한다. 하곡은 시중을 사물의 다양한 모습을 그대로 드러내는 밝은 구슬이나, 두드리는 강도에 따라 여러 가지 소리를 내는 속이 빈 커다란 종에

---

119) 『霞谷集』, 卷9, 存言 中.
120) 『霞谷集』, 卷8, 存言 上.
121) 『霞谷集』, 卷12, 中庸說.
122) 『霞谷集』, 卷8, 存言 上, 四端七情說.
123) 『霞谷集』, 卷16, 三經箚錄, 書箚錄, 洪範十章.

비유한다. 그는 다양한 사건이나 대상에 직면하여 그때그때 적절히 판단하고 결심하여 최선의 행위를 선택하게 하는 것이 인심의 본연의 모습이라고 한다. 인심의 본체이며, 명덕으로서 중이란 첫째, 이기적 욕구나 선입견, 편견, 기대와 예측, 그리고 속단 등에 의한 집착과 장애가 없는 마음의 공적(空寂) 상태를 지칭한다. 둘째, 선악시비의 척도로서 흔들리거나 치우침이 없는 부동(不動)과 형평(衡平)의 마음이며, 자나 저울이 사물에 따라 길이를 재고 무게를 다는 기능을 다하듯, 인심이 시의적절(時宜適切)하게 본연의 기능을 발휘하는 것을 시중(時中)이라고 지칭한다.

반관내성(反觀內省)의 마음공부　하곡은 도(道)란 자신 안에서 구할 수 있으며, 밖의 사물이나 타인으로부터 구할 수 있는 것이 아니라고 한다.

> 우리 학문은 이[道]를 안에서 구할 뿐이고, 밖에서 구하지 않는 것이다. 이른바 안에서 이를 구한다는 것은 돌이켜 보아 안으로 살피고[反觀內省] 밖의 사물을 끊는다는 것은 아니다. 오직 안에서 스스로 만족할 것을 찾는 것이고 다시 밖의 득실을 일삼지 않는 것이다. 오직 그 마음의 시비를 다하고, 남의 시비에 따르지 않는 것이다. 사물의 근본에서 그 참됨[實]을 이루고[致] 다시는 일과 행위의 자취[迹]에 구애되지 않는다. 나의 안에 있을 뿐이니 어찌 남에게 관여하겠는가?124)

하곡은 보편적인 도리나 의리, 구체적인 사물이나 행위의 시비선악이란 나 자신 안에서 구하는 것이지 밖으로부터 구할 수 있는 것이 아니라고 한다. 안에서 구한다고 하는 것은 객관적인 사물과 단

---

124) 『霞谷集』, 卷9, 存言 下.

절한다는 것이 아니라 외물(外物)에 구애되지 않는다는 것이다. 객관적 사물의 일정한 이치[定理]나 세상 사람들의 중론(衆論), 사물과 행위의 형적(形迹)이나 결과를 고려함이 없이 오직 자기 자신의 마음이 지시하는 시비에 따라 스스로 만족하게 여기기를 구한다는 것이다.

하곡은 『대학』이란 명덕(明德)을 밝히는 것, 즉 선천적으로 인심에 주어진 도덕성을 밝히는 것이라고 한다. 구체적인 방법으로 제시되고 있는 격물(格物)·치지(致知)·성의(誠意)·정심(正心)이란 자기 자신을 속이지 않는 것, 즉 무자기(毋自欺)의 공부라고 한다.

> 대인지학(大人之學)이란 천하에 명덕(明德)을 밝히는 도이니 곧 정심(正心), 성의(誠意), 치지(致知), 격물(格物)에 있으며, 이것이 곧 이른바 그 덕을 밝힌다는 것이다. 그 공부는 무자기(毋自欺)이니 이것이다.125)

양명이 『대학』의 핵심을 성의와 치량지(致良知)에 두었던 것과 달리, 하곡은 『대학』의 정심, 성의, 치지, 격물 등을 명덕을 밝히는 조목으로 이해하면서 이것을 종합하여 자신을 속이지 않는 것[毋自欺], 즉 자신만이 아는 지를 속이지 않고 스스로 그 지에 만족하기를 구하는 것이요, 그것을 치지(致知)라고 한다.126)

또한 하곡은 『대학』의 성의(誠意)·정심(正心)이란 『중용』의 중화(中和)라는 성정의 본체를 보존하는 공부라고 설명한다.

> 『중용』 미발(未發)의 중(中)과 중절(中節)의 화(和)는 성정(性情)의 본체를 가지고 말한 것이니 이것은 도심과 천리(天理)의 조목이요, 『대학』의

---

125) 『霞谷集』, 卷8, 學辯.
126) 『霞谷集』 卷8 學辯.

성의와 정심은 심성의 공부를 가지고 말한 것이니 곧 중화 공부를 하는 순서이다. … 대저 성의란 그 사사(私邪)와 죄악의 일을 중화에서 극복하고 다스려서 초절(初節)의 공부로 삼은 것이고, 정심이란 것은 그 얽매고 얽히거나 치우치고 편벽(偏僻)된 일을 중화에서 소융(昭融)한 것이니, 이것은 정밀하고 극진한 공부인 것이다. … 사사와 악욕이 없어졌다 하더라도 그 착한 가운데에 나아가 동(動)하는 기(氣)에 매여 호오(好惡)를 짓고 의필고아(意必固我), 편의부정(偏倚不正), 혼타방일(昏惰放逸), 장영기복(將迎起伏) 등에 있어서 일체의 은미(隱微)한 병통이 모두 부서지고 없어져서 얽힌 것이 없다면 이것은 심체(心體)의 올바른 것이 되어 감공(鑑空)하고 형평(衡平)하여서 치우친 바가 없는 것이다. 이른바 미발의 중의 대본(大本)이요, 이른바 명덕이요, 도심인 것이다.127)

하곡은 도덕적 본성과 감정을 실현하는 방법 가운데 우선하는 것으로 사심(邪心)과 악념(惡念)을 제거하는 성의를 말한다. 다음으로 얽매이거나 편협하고 치우친 병통을 없애는 정심을 말한다. 다시 말해서 도덕성의 구현을 위해서는 일차적으로 그 마음이 지향하는바, 즉 행위의 동기가 순수하고 진실하여야 하며, 다음으로 거리낌과 치우침이 없는 바르고 공정한 마음을 지녀야 한다는 것이다.

한편 하곡은 개인의 도덕성을 고양하고, 인의의 왕도정치를 구현하기 위한 가장 기초적인 일은 신독(愼獨)이라고 한다.

대체로 천하의 만 가지의 일이 기강(紀綱)이 없으면 성립하지 못하는 것이다. 그러나 그 근본은 마음을 바르게 하는 데 있고, 마음을 바르게 하는 근본은 신독에 있다. 천리(天理)와 사의(私意)를 팔자(八字)로 타개(打開)하는 것은 신독에 있으며, 천덕(天德)과 왕도(王道)의 효력이 넓어지는 것은 신독에서 말미암는다. 『대학』의 성의 정심과 『중용』의 계신(戒愼) 공구(恐懼)가 신독의 뜻이 아님이 없다. 맨 처음에 손을 댈 곳이 여기에 있으며, 철두철미하게 해야 할 곳도 여기에 있다.128)

---

127) 『霞谷集』, 卷8, 存言 上, 四端七情說.

하곡은 온갖 일의 궁극적 기초가 신독이며, 천리와 사의를 명확히 분별할 수 있는 것도 신독이라고 한다. 또한 도덕적 개인과 도덕사회의 효과도 신독에 달려 있다고 한다. 하곡은 마음공부의 근본은 자신이 홀로 있을 때를 삼가는 것이라고 한다. 왜냐하면 그때가 선악과 시비가 갈리는 출발점이기 때문이다. 홀로 있을 때를 삼가는 신독의 공부는 『대학』과 『중용』에서 공통적으로 제시한 것이라고 한다.

하곡 철학의 핵심적인 취지는 도덕적 앎과 실천의 능동적 주체로서 본연의 자아를 확립하고 실현하는 것이다. 그것은 자신의 성정(性情)과 심의(心意)를 언제 어디서나 부단히 성찰하고 삼가며, 사악한 생각과 편협한 마음을 극복하고 다스려[克治], 순수하고 진실하며 공정무사한 마음을 온전히 간직하고 구현할 때 달성될 수 있다고 하는 것이다.

의리(義理)의 선택과 실천　하곡은 시비선악의 올바른 판단과 선택을 위해서 먼저 선입견과 편견, 그리고 집착 등을 버려야 한다고 한다.

> 만약 사사로운 것을 말하는 것이라면 무의(毋意) 두 글자만으로 이미 다 되었는데 왜 반드시 무고(毋固), 무필(毋必)이라는 했겠는가? 아마도 이 것은 비록 그것이 정당한 것이라 할지라도 고집하고 기필하는 뜻이 있다면 이미 그것은 사사로운 것이 되기 때문일 것이다. 그리고 '선(善)을 택하여 꼭 붙들어라.'라고 하는 고집(固執)은 그 지키는 바가 독실함을 말하는 것이요, 의식적으로 고집하는 것은 아니다.[129]

공자가 말한 사무(四毋)[130]란 마음과 뜻에 있어서 사사로움이 없

어야 함은 물론 기필(期必)함이나, 외물에 대한 집체(執滯)가 없어야 한다는 의미이다. 하곡은 사물을 처리함에 있어서 항상 선(善)과 의(義)를 지향하고자 하는 순수의식을 독실하게 간직하되, 미리그 사물을 처리하는 원칙을 세우거나 어떤 결과를 기필(期必)해서도 안 된다는 것이다.

하곡은 도덕원리나 규범이 그 자체 절대적 의무가 아니라, 행위의 주체가 주어진 상황에서 여러 원리 가운데 가장 타당하다고 선택하는 원칙이 절대적 의무가 된다고 한다.

> 진대(陳代)가 맹자에게 제후를 먼저 찾아보라고 권한 것은 성현의 시대구제를 위한 사업 때문이요, 우계(牛溪) 성혼(成渾)이 강화(講和)에 찬성한 것은 국가의 존망에 관계되기 때문입니다. 이 두 가지 의리는 지극히 무겁고 큰 것으로서 먹을 것을 얻는 것이나 아내를 얻는 것보다 더 중대한 것이니 아마도 이(利)를 따르고 의(義)를 폐한다고 비난할 수는 없을 것입니다. … 만약 경(經)이 있는 줄만 알고 권(權)이 있는 줄을 모른다면 비파 기둥에 풀 바르기[膠柱調瑟]라 하지 않을 수 없을 것입니다. 그런데 세상에서는 사세(事勢) 형편에 잘 맞춰서 경과 권을 가늠하려는 자가 있으면 자를 굽히는[枉尺] 사람으로 의심하니 무슨 까닭인지 모르겠습니다.[131]

하곡은 이익을 위해 의리를 포기하는 왕척직심(枉尺直尋)에 대하여 반대하면서, 하나의 의리만을 고집하여 권도(權道)를 쓰지 않는 교주조슬(膠柱調瑟)에 대해서도 반대한다. 경(經)이란 보편적 행위규범 또는 행동준칙을 가리킨다. 반면 권(權)이란 긴급사태의 경우나 보편적 행위규범들이 상충하여 하나의 규범을 선택할 수

---

130) 『論語』, 子罕.
131) 『霞谷集』, 卷1, 書1, 上朴南溪書 庚申.

없을 때, 상충하는 규범들의 경중과 선후를 분별하는 것을 의미한다. 따라서 권이란 이(利)를 위해 의(義)를 포기하는 왕척(枉尺)과 달리, 보다 크고 중요한 의리를 실현하기 위해 작은 의리를 버리거나 굽히는 것, 즉 의리의 경중을 헤아려 변통하는 것을 의미한다.132) 하곡은 경(經)에 대한 맹목적인 묵수를 지양(止揚)하고 시의적절(時宜適切)하게 실리(實理)를 분별하는 권(權)을 강조하였다.

하곡은 의리나 의무의 경중을 헤아리고, 개별적 사물의 선악시비를 판단하는 능동적 주체를 양지(良知)라고 한다.

> 양지란 그 영명(靈明)한 본체로서 말하면 상제(上帝)요, 그 알고 깨닫는 작용으로 말하면 화공(化工)이니 곧 하나의 마음을 이르는 것이다. … 그 본체를 가리켜 말하는 때가 있는데, 양지는 곧 마음의 본체이며 미발(未發)의 중(中)이라고 말하는 것이 이것이다. 그 작용을 가리켜 말하는 때도 있는데, 양지가 곧 선(善)을 알고 악(惡)을 안다고 하는 그 지(知)이다. 맹자의 본문은 아래 지자(知字)를 말한 것 같고, 양명은 위아래의 지자(知字)에 통하여 겸해서 말한 것이다. … 그러나 실상은 하나의 지(知)이니 분별할 것이 아니며 단지 하나의 양지라고만 하면 족하다. 마치 불에 있어서 본래 밝음은 그 본체요, 그 빛이 물(物)에 비춤은 그 작용이나 밝음은 하나뿐으로서 불의 밝음과 비춤에 있어서의 밝음을 분별할 필요가 없는 것과 같다.133)

> 이 체(體)[天命의 性이요, 明德의 本體인 良知]는 본래 전일(專一)하여 밖에서 구할 겨를이 없고, 본래 저절로 온전하게 갖추어져 첨부하고 보충할 것이 없다. … 그 사리(事理)의 지극한 선(善)은 미리 정할 수 없고, 이루 다 궁구할 수 없다. 그것이 때에 따라서 바뀌니, 모두가 이 마음의 근본에서 나오는 것인즉, 실로 저울이 물(物)에 따라서 바뀌는 것이나, 깨끗한 거울이 물건에 따라서 비추어 주는 것과 같다.134)

---

132) 『霞谷集』, 卷15, 孟子說 下, 諸章雜解.

133) 『霞谷集』, 卷1, 書2, 答閔誠齋書.

134) 『霞谷集』, 卷9, 存言 下.

하곡은 도덕의 주체로서 인심을 양지라고 한다. 하곡은 양지의 본체[體]와 작용[用]을 빛의 밝음과 비추는 작용에 비유하여 설명한다. 하곡은 양지의 본체를 치우침이 없는 영명(靈明)한 빛 그 자체라고 하며, 양지의 작용이란 대상에 빛을 비추어 그것들을 지각하고 분별하는 것이라고 한다. 하곡은 양지의 본체란 천명(天命)의 성(性), 즉 선천적인 도덕성이며 그 자체 완전성을 갖춘 것으로 지선(至善)이라고 한다. 양지의 작용은 본체인 지선한 이치에 따라 무수한 개별적 사물의 이치를 구현하는 것이다. 이러한 양지의 작용은 밝은 거울이 사물에 따라 그것을 밝게 비추어 주는 것에 비유된다.

또한 그는 양지를 입이 스스로 달고 쓴 것을 구별하고, 눈이 흑백을 구별하는 것이나, 밝은 거울이 흑백(黑白)과 미추(美醜)를 밝히고, 저울이 무게를 다는 것으로 비유함으로써,135) 양지를 그 자체가 본래 지니고 있는 원리에 의거하여 그 대상과 상황에 감응하며 그것들의 선후와 경중을 헤아리는 선험적 직관지(直觀知)로 보았다고 하겠다. 따라서 양지란 그 본체인 궁극적 가치와 보편적 도덕원리를 구체적 상황과 대상에 따라 수시로 변역(變易)하여 그 상황에서 가장 옳은 것을 선택할 수 있는 능력이며, 시중(時中)의 지(知)라고 할 수 있을 것이다.

하곡은 결단의 일관성과 지속성, 명분[名]과 실제[實]의 일치를 주장함으로써, 행위에 있어서 거짓과 가식을 배척하였다.

> 나로서 보면 연호(年號)가 만약 허식(虛飾)이라면 칭신(稱臣), 궤배(跪拜)도 허식인 것이며, 칭신, 궤배가 실제라면 연호도 실제인 것입니다. 자

---

135) 『霞谷集』, 卷8, 存言 上.

청(淸)의 연호를 사용하는 것과 청에게 궤배하는 문제가 당시 조정의 토론 대상이었다. 이미 연호를 받은 상황에서 궤배를 해야 하는지가 논쟁거리였다. 정제두는 이미 청으로부터 연호를 받았으니, 스스로 신하이기를 인정한 것이기 때문에 궤배도 마땅히 해야 한다는 것이다. 연호를 사용하면서 궤배, 칭신하지 않는다면 행위에 일관성이 없으며, 명실(名實)이 부합하지 않는 것이라는 인식이다.

한국양명학의 태두로서 하곡은 "학을 허론(虛論)에서 구할 것이 아니라 일점 천량(天良)의 속일 수 없는 이 한 자리로부터 선악의 변파(辨破)를 관두(關頭)로 하여 나가지 아니하고는 진학문(眞學問)을 바랄 수 없다."[137)]라고 하였다. 그래서 학문의 근본을 성의와 신독, 무자기에 두었으며, 허가(虛假)를 버리고 진실성을 회복하여 진실한 자아가 되는 것을 학문의 목표로 삼았다. 그는 "리(理)가 심외(心外)에 존재한다면 이는 허조(虛條)요, 실리(實理) 아니다."[138)]라고 하였으며, 우리가 보존하고 실현해야 할 진리란 마음의 본체요, 선천적으로 주어진 명덕이며, 인심의 생리라고 하였다. 그것은 고정된 것이 아니라 중단 없는 생명의 이치요, 조화(調和)의 원리이며, 그것을 성(誠), 중(中), 인(仁), 양지(良知)라고 한다. 그는 "선악(善惡)이 원래 정형(定形)이 있는 것이 아니다."[139)]라고 하여, 인

---

136) 『霞谷集』, 卷1, 書2, 答閔彦暉書.

137) 정인보(홍이섭 해제), 『陽明學演論』(삼성문화재단, 1972년 7월 31일), 165쪽.

138) 같은 책, 169쪽.

139) 같은 책, 168쪽.

간은 선악시비에 대하여 스스로 판단하고, 상황에 따라 창의적이고 능동적으로 대응한다는 것이다. 그는 거짓과 꾸밈이 없는 진실성과 성실성[誠], 이웃에 대한 사랑[仁], 치우침이 없는 공정성[中], 그리고 창조적 지성[良知]을 실심(實心)과 실리(實理)로 삼고 실행(實行)할 것을 주장하였다. 하곡은 도덕과 삶의 주체로서 인간의 자율성과 창의성을 드높이고, 철저한 자기 성찰과 자기 극복을 통해 진정한 자아, 조화로운 세계인을 목표로 하였다.

5. 강화 하곡학파의 양명학

시대상황과 학파의 형성 강화(江華) 하곡학파(霞谷學派)란 강화도 지역을 구심점으로 하고, 학문분야는 다양하되 하곡(霞谷) 정제두(鄭齊斗)의 양명학을 근본사상으로 삼으며, 하곡으로부터 시작하여 250여 년간 혈연과 학연으로 이어져 내려온 하곡의 문인들을 지칭한다.

하곡학파가 활동하던 시기에 고질화된 당쟁이 지속되어 국론이 분열되고 민생은 피폐하여 국운이 날로 기울어지고 있었으며, 사변적인 주자학에 대립하여 경세치용(經世致用)·이용후생(利用厚生)·실사구시(實事求是)를 표방하는 실학(實學) 운동이 일어났다. 또한 서구 및 일본 제국주의의 침략이 노골화될 때, 서구의 과학기술과 문물을 도입하여 자강(自强)의 기틀을 마련하고자 하는 개화파(開化派)와 서구의 문물과 열강의 접근으로부터 우리의 전통문화와 윤리 그리고 주권을 지키고자 하는 위정척사파(衛正斥邪派)가 첨예하게 대립하였다. 강화 하곡학파 최후의 시기에는 미국, 프랑

스 등에 의해 국토가 유린되고, 일제(日帝)에 의해 명성황후(明星皇后)가 시해되었으며, 결국 주권을 상실하고 나라가 합병되는 치욕을 당하게 된다.

강화 하곡학파가 본 당시 사회의 가장 큰 문제점은 첫째, 마음을 버리고 문장에 몰두하거나, 부귀공명과 같은 외적 가치를 추구하는 것이며[140] 둘째, 수많은 인재를 죽이고, 끊임없는 소모적 논쟁으로 국력을 쇠약하게 하고, 나라를 파당으로 분열시킨 고질화된 붕당(朋黨)이며[141] 셋째, 허학(虛學)과 가행(假行), 즉 성현의 글과 행적을 빌려 와서 세상 사람의 말과 행동을 판단하고 규제하며,[142] 인의(仁義)를 가장하여 타인의 행위를 비판하는 것 등이었다.[143]

하곡이 61세(1709년)에 강화도 하현(霞峴)에 은거하여 그를 따르는 정종(定宗)의 별자(別子) 덕천군(德泉君)의 후예(後裔)와 자신의 후손 및 친인척들에게 다양한 학문을 가르침으로써 250여 년간 하곡학파가 지하수처럼 이어져 내려왔다. 이들의 학문분야는 경학(經學)으로부터 사학(史學), 수학(數學), 역학(易學), 고증학(考證學),

---

140)『霞谷集』, 卷11, 附錄, 祭文 : 學을 하는 자는 대개 모두가 글의 뜻에만 얽매이고 章句에 빠져서, 근본을 버리고 끝으로만 달리어 참된 것을 무릅쓰고 거짓을 꾸며 내며, 밖으로는 仁義의 이름을 핑계 대고 안으로는 功利의 사욕만 차릴 뿐이다.『霞谷集』, 卷11, 附錄, 門人語錄 : 세상의 학자는 다른 사람을 위하고[爲人], 선생의 학은 자기를 위한다[爲己]. 세상의 학자는 외적인 것에 힘쓰고[務於外], 선생의 학은 내적인 것에 전념한다[專於內].

141) 정동유는 세상을 유익하게 해야 할 학술이 오히려 사람을 죽이는 지경에 이르게 된 것은 학술이 이름[名]을 추구하는 데로 돌아갔기 때문이라고 한다. 세상의 명성을 얻고자 학문을 하는 자들은 자신의 당파를 두호하는 것을 道義로 삼고, 義理라는 명분을 내세워 남을 꾸짖고 죽인다는 것이다(『晝永編』 참고). 이건창은 조선 사회의 붕당의 폐해가 심각했던 가장 근원적 원인은 당시 학자들이 사회적 명성과 지위를 얻어 자기의 이익과 권력을 독점하기 위한 수단으로 학문을 하였다는 것이며, 名分과 義理를 존중하는 유학자들이 명분과 의리를 따지고 이에 따라 피아를 구분하고 상대를 공격하였다는 것, 또한 地緣, 血緣, 學緣 등으로 파벌이 다양하고 광범위하게 형성되었다는 것, 공직이나 문벌의 세습화 경향은 權門勢家를 중심으로 하는 당파의 형성을 조장하였다는 점이다(『黨議通略』, 原論 참고).

142)『椒園遺藁』, 冊二, 君子之過說.『椒園遺藁』, 冊二, 假說 下.

143)『椒園遺藁』, 冊二, 假說 下.『蘭谷存稿』, 原論 上中下, 續原論.

시문(詩文), 서화(書畵), 언어학(言語學) 등 다양하였지만, 그들의 삶의 원리는 양명학이었다. 그들은 조선의 폐쇄적 학풍 때문에 양명학을 공개적으로 지지하거나 주장할 수는 없었지만, 양명학을 가치및 도덕의 사상적 기초로 삼고, 다양한 분야의 학문을 통해 양명학의 취지를 구현하였다.

하곡으로부터 직접 배웠던 인물로는 아들 정후일(鄭厚一, 1671~?)과 이광려(李匡呂), 10대의 나이[1709년]에 강화도로 이주한 후그의 종형 항재(恒齋) 이광신(李匡臣, 1700~1744)과 종제 원교(圓嶠) 이광사(李匡師, 1705~1777) 등과 함께 학문을 배우고 하곡의아들 후일의 사위가 된 이광명(李匡明, 1701~1778), 그리고 하곡의 아우 정제태(鄭齊泰)의 사위 백하(白下) 윤순(尹淳, 1680~1740)과 그 밖에 저촌(樗村) 심육(沈育), 둔곡(遁谷) 이진병(李震炳), 노술(盧述), 이덕윤(李德胤), 김택수(金澤秀) 등이 있다. 하곡학 중기의 인물로 이광사의 두 아들 이긍익(李肯翊, 1736~1806)과 이영익(李令翊, 1738~1780) 그리고 이광명의 아들 초원(椒園) 이충익(李忠翊, 1744~1816)과 그 아들 대연(岱淵) 이면백(李勉伯, 1767~1830), 완구(宛丘) 신대우(申大羽, 1735~1809)와 그 아들 석천(石泉) 신작(申綽, 1760~1828), 이광려(李匡呂)에게 배운 현동(玄同) 정동유(鄭東愈) 등이 있다. 하곡학 마지막 시기의 인물로 영재(寧齋) 또는 명미당(明美堂) 이건창(李建昌, 1853~1898), 경재(耕齋) 이건승(李建昇), 난곡(蘭谷) 이건방(李建芳, 1861~1939)과 그제자 위당(爲堂) 정인보(鄭寅普, 1892~1950) 등이 있다.

실심(實心)의 실학(實學)　오늘날 강화학 또는 강화양명학, 하곡학파 등으로 일컬어지고 있는 그들 스스로는 자신의 학문을 계산

지학(稽山之學), 정백자성명지학(程伯子性命之學)이라 하고, 때에 따라 실학(實學)이라 부를 경우도 있었다.144) 강화 하곡학은 정명도(程明道)와 왕양명(王陽明)의 학설에 그 연원을 두었다고 하겠으며, 그 학파의 목적과 학문의 특징은 '실학(實學)'이라는 개념으로 표현된 것이다.

하곡으로부터 직접 실학의 요체를 들었다는 이광사(李匡師)는 선생의 학문을 다음과 같이 말하였다.

> 선생의 학문은 오로지 안으로 자기를 실하게 하는 것[專於內 實於己]이어서 … 내가 앎이 얕아서 선생의 이루신 도(道)가 어디까지 이르렀는지 감히 알지 못하지만, 대개 그것은 밖으로부터의 유혹을 물리치고 실리만을 간직하였을 뿐[去外誘 存實理] 그 밖의 경지는 없다.145)

이광사는 하곡의 가르침이란 오로지 자기 내면의 마음을 진실하게 하는 것, 즉 부귀권세와 같은 외적 가치에 유혹되지 않고 마음의 참된 이치를 보존하는 것이었다고 한다. 노술(盧述)은 제문에서 하곡은 거짓이나 꾸밈이 없는 진실한 마음[實心]을 바탕으로 하는 진실한 충성[實忠]과 효도[實孝]를 행하였다고 한다.146) 박필일(朴弼一) 등이 사액(賜額)을 청하는 유소(儒疏)에서 "이것[誠]으로 지를 이루면 참된 지[眞知]가 되고, 이것으로 힘써 행하면 진실한 행

---

144) 閔泳珪, 「강화학 최후의 광경」(『回歸』 제3집, 1987. 6.)이나 閔泳珪, 『江華學 최후의 광경』(도서출판 又半, 1994. 10), 12쪽 참조. 실학이란 교조화된 학설을 반성 없이 맹목적으로 추종하는 것이 아니라, 스스로의 노력에 의해 진리를 추구하는 학풍을 지칭한다. 또한 실학은 虛飾과 假裝을 배격하고 스스로 성실하고 참되기를 희구하는, 학문하는 사람으로서의 몸가짐을 가리키는 데서 시작된 말이다. 실학의 利用厚生, 經世致用의 측면이란 민생과 사회의 어려움을 자신의 마음에서 참을 수 없어 그 개선을 추구하는 데서 비롯한 것이지, 개인의 名聲이나 功利가 목적이 아니다.

145) 『斗南集』, 卷3, 書贈穉婦繭紙.

146) 『霞谷集』, 卷11, 附錄, 祭文.

동[實行]이 되며, 참된 지로써 진실한 행동을 하면 이것이 실학(實學)입니다. … 오직 우리 선정(先正)의 실심(實心)과 실학(實學)은 한 세상의 유종(儒宗)이셨는데"147)라고 하여, 하곡을 실심으로 진지를 이루고, 이를 실행한 실학의 으뜸으로 평가하였다. 신대우(申大羽)는 선생의 묘표(墓表)에서 "이 마음을 간직하여 만 가지 이치를 정밀하게 하였고[存此心而精萬理], 이 마음을 진실하게 하여 만 가지 일에 응했다[實此心而應萬事]."148)라고 선생을 평가하였다. 따라서 강화 하곡학파가 추구한 실학이란 '진실무위(眞實無僞)한 인간형의 수립'149)을 목표로 하며, 진실한 마음, 내외일치, 지행합일이 특징이라고 하겠다.

강화 하곡학파의 인물들은 스스로 실심실학을 추구하며 실천하였다. 이광사(李匡師)가 5대 이하 선인(先人)들의 언행을 바로잡아 『선세언행록(先世言行錄)』을 엮자, 이광신(李匡臣)이 발문(跋文)을 지어서, 선대의 언행이 외적 화려함을 버리고 내적 진실성에 힘쓴[捨華而務實] 것으로 귀결된다고 하였다. 이때의 무실(務實)이란 겸손과 삼감으로 마음을 붙들고, 순수하고 성실함으로 처신하여, 이름[名]을 따라 바깥으로 내달리는 일이 없음을 의미한다는 것이다.150) 따라서 무실(務實)의 실(實)이란 어떤 것도 섞임이 없이 순수하며, 진실하고 성실한 마음, 즉 실심(實心)을 지칭하는 것이라고 하겠다. 허위와 가식을 배격하고 진실과 성실을 추구하는 것이 이들의 선대로부터 전수되어 온 덕목이요, 후손이 이어 갈 정신임을 밝힌 것이라 하겠다.

---

147) 『霞谷集』, 卷11, 請設書院儒疏 再疏.

148) 『霞谷集』, 卷11, 附錄, 墓表.

149) 沈慶昊, 「강화학의 虛假批判論」(『대동한문학』 제14집, 대동한문학회, 2001.6.), 68쪽.

150) 沈慶昊, 「恒齋 李匡臣論」(『震檀學報』 84호, 진단학회, 1997년), 243쪽 참조.

이광신(李匡臣) 자신은 속마음[心髓]에 힘써 대본(大本)을 확립하는 내수(內修)를 실천하였으며, 호명(好名)을 싫어하고, 노여움을 숨기려 하지 않고, 정해진 규칙대로 집안을 다스리고, 한결같이 곧음으로 사람과 사귀고, 안과 밖이 일치하고, 시비선악에 대한 태도를 분명히 하였으며, 남들이 꺼려하는 간질병자와 함께한 상에서 식사하였다.[151]

신대우(申大羽)는 이덕윤(李德胤, 1717~1790)에 대하여, 학은 충성과 신의를 주로 하고[學主忠信], 공부는 경계하고 삼감을 오로지 하여[工專戒愼], 내면을 오로지 하고 자신을 진실하게[專內實己] 하여, 세상의 부귀영화에 흔들림 없이 일상 언행에 진실하여 거짓됨이 없는 삶을 살았다고 하였다.

> 오직 선생[이덕윤]만이 탁월하여 먼저 그 큰 것을 세우고[先立乎其大], 안을 오로지 하고 자기를 실(實)하게 하는 학문[專內實己之學]으로써, 말은 전훈(典訓, 경전의 가르침)에서 떠나지 않고 행동은 오로지 인륜법도[倫彝]에서 벗어나지 않았다. 일상에서 그의 말과 행동을 한마디로 말하면 진실하고 거짓이 없음[眞實無僞]일 따름이었다. 독행(獨行)의 고절(苦節)을 닦아 사문(斯文)을 실낱에 매달린 위험에서 구하였다. 삶이 수(數)가 있고, 죽음에 명(命)이 있은즉 세상 사람을 영화롭게 하는 부귀도, 곤욕을 주는 곤궁도 선생을 좌우할 수 없었다.[152]

완구는 이덕윤이 어떠한 유혹에도 넘어가지 않고 어떠한 위협에도 굴하지 않으면서 진실을 추구하고, 거짓 없는[眞實無僞] 삶을 산 진유(眞儒)의 전형(典型)이었다고 한다.

신대우(申大羽) 자신은 전내실기지학(專內實己之學)을 추구하였

---

151) 같은 논문, 242쪽 참조.

152) 『宛丘遺集』, 卷9, 行狀, 李先生行狀.

고, 도가(道家)의 박소임진(樸素任眞)의 생활에 공감하였으며, 참으로 인간을 동정하고 사랑하는 진성측달(眞誠惻怛)의 정의(情誼)를 지니고 있었다고 한다.[153] 따라서 완구가 추구한 실학이란 꾸밈없이 소박하고 진실하며, 참으로 타인을 사랑하고 동정하는 그러한 실심을 실천하는 것이었다고 하겠다.

이광사(李匡師)는 홍재(弘齋) 민옥(閔鈺, ?~1741)이 실(實)로 나아가고 사욕을 제거하였으며, 내실을 취하고 외면을 후리 쳐 간 삶을 살았다고 한다. 그는 홍재의 실사(實事), 실언(實言), 실정(實情) 등 진실무망(眞實無妄)한 삶의 태도에 감화를 받았다.[154]

이건창(李建昌)은 그의 부친 이상학(李象學, 1829~1888)이 양산군수를 지낸 바가 있는데, 부친에 대하여 말하기를, "이록(利祿)을 마음에 두지 않았다. 정사(政事)에서 공직강민(公直彊敏)하고 실심(實心)을 미루어 대체(大體)에 힘썼다[推實心懋大體]."라고 하였다.[155]

위당(爲堂)은 『양명학연론』을 지어 잠자는 한민족(韓民族)의 실심을 불러일으키고자 하였다.[156] 그는 "양명이 일생 애써 말한 것과 후대의 현자들이 힘써 주장하고 지키고자 한 것이란 별것이 아니라, 스스로 가릴 수 없는 천생으로 가진 이 앎에 의하여 조금도 유감이 없게 하자 할 뿐이다."[157]라고 하여, 양명학의 핵심을 속일 수 없는 천생의 앎, 즉 양지를 유감없이 구현하는 치량지(致良知)로 파악하였다. 또한 그는 "외오서[獨]의 곳은 일체 허가(虛假)가

---

153) 沈慶昊, 「申大羽論」(『조선후기한문학작가론』, 집문당, 1994년), 97~131쪽.
154)『圓嶠集』, 卷6, 祭閔兄士相鈺文.
155)『明美堂集』, 卷17, 先府君行狀.
156) 鄭寅普(洪以燮 해제),『陽明學演論』(삼성문화재단, 1975년 6월 재판), 논술의 연기, 15쪽.
157) 같은 책, 후기, 186쪽.

부접(附接)하지 못하므로 이에서 삼감[愼]이 곧 실학(實學)의 핵심이다."라고 하여, 독지(獨知), 즉 양지에 대한 삼감, 즉 신독(愼獨) 공부를 통해 입성(立誠)하고자 하는 양명학을 실심실학(實心 · 實學)으로 이해하였다.[158]

가치 및 도덕 판단의 원칙　강화 하곡학파는 실심(實心) · 실리(實理)를 실행하도록 가르쳤다. 실심이란 실리가 부여된 마음이며, 실리란 실심의 조리(條理)이며, 순수하고 진실한 실심이 구체적인 사물과의 사이에서 구성하는 이치라고 할 수 있다. 따라서 강화 하곡학파의 사람들이 가치 및 행위를 선택하고 결심할 때 의거하는 것은 객관적 사물의 일정한 이치[定理]나 세상 사람들의 일반적인 여론[衆論]이 아니라, 자신의 진실한 마음 또는 진실한 이치라는 것이다.

민영규(閔泳珪)는 강화 하곡학파의 도덕철학은 일종의 동기주의(動機主義)에 속한다고 한다.

> 일의 성패가 문제가 아니다. 동기의 순수성 여부가 문제일 따름이다. 왕양명의 가르침이었다. 질(質)의 참됨만이 네가 갈 길이다. 결과의 대소고하(大小高下)는 물을 바가 아니다. 사기공(沙磯公) 이시원(李是遠)이 어린 손주 이건창(李建昌)에게 아침저녁 이르던 말이다. … 시작과 끝을 오직 진실과 양심에 호소했을 뿐, 성패를 묻지 않는 강화학의 가르침이었다.[159]

> 모든 행위에 대한 도덕적 가치판단의 기준은 오로지 그 동기의 성실성 여하에 있고, 그것이 결과할 공리성(功利性) 여하에 관계하지 않는다.[160]

---

158) 같은 책, 대학문 발본색원론, 72~73쪽.

159) 閔泳珪, 「강화학 최후의 광경」(『回歸』 제3집, 1987.6.) / 閔泳珪, 「강화학 최후의 광경」(『江華學 최후의 광경』, 도서출판 又半, 1994. 10.), 55쪽.

160) 閔泳珪, 「爲堂 鄭寅普 선생의 行狀에 나타난 몇 가지 문제 – 실학원시」(『동방학지』 제13

『중용(中庸)』의 신독을 표방하고, 양심을 속일 생각을 말고, 결과의 공리
(功利)가 아니라 동기의 순(純)과 성(誠) 여하에 가치판단의 기준을 두려
할 때, 당색과 학파의 소속여하를 막론하고 실학(實學)의 범주에 넣어서
좋다.161)

실학파로서 강화 하곡학파는 도덕적 시비선악의 판단 및 선택이
거짓이나 가장과 같은 위선이거나, 그 선택의 결과가 어떠하든 그
결과를 고려한 것이라면 도덕적으로 올바른 선택이 될 수 없다는
것이다. 하곡학파는 행위 결과의 유용성(有用性)에 따라 시비를 평
가하는 목적론적 공리주의(功利主義 혹은 公利主義)와 달리, 행위
의 시작이며 동기인 의지를 진실하게 하는 것[誠意]을 중시하는 양
명학과 같은 동기주의요, 진실성을 중시하는 실학이라고 하겠다.

이광태(李匡泰, 1693~1754)는 자제들에게 가르치기를 "일의 성
(成)·불성(不成)은 내게 있는 것이 아니니, 내가 알 바 아니다."라
고 하여, 일의 결과나 그 평가에 관심을 갖기보다는 일 자체의 옳
고 그름을 분별하고 옳은 일을 실행하도록 가르쳤다는 것이다.162)
따라서 하곡학파들에게 있어서 도덕적 행위의 평가기준이란 행위
로 인한 결과가 아니라, 그 행위 동기의 순수성이다. 그들은 어떤
행동을 선택할 때, 그 행동으로 생길 수 있는 미래의 결과를 고려
하지 않고 오로지 그 행동을 하지 않으면 안 되는 진실한 마음에
따른 것이다.

집, 1972년 12월)/ 閔泳珪, 「爲堂 鄭寅普 선생의 行狀에 나타난 몇 가지 문제-실학원
시」(『江華學 최후의 광경』, 도서출판 又半, 1994. 10.), 81쪽.

161) 閔泳珪, 「爲堂 鄭寅普 선생의 行狀에 나타난 몇 가지 문제-실학원시」(『동방학지』 제13
집, 1972년 12월). 閔泳珪, 「爲堂 鄭寅普 선생의 行狀에 나타난 몇 가지 문제-실학원
시」(『江華學 최후의 광경』, 도서출판 又半, 1994년 10월), 83쪽.

162) 鄭良婉·沈慶昊, 『강화학파의 문학과 사상』(1)(한국정신문화연구원, 1993년 2월), 40~
41쪽.

강화 하곡학파의 가치 및 도덕 판단의 두 번째 원칙은 그 선택이 도덕원리에 부합해야 한다는 것이다. 그런데 그 선택과 판단이 준거하는 도덕원리란 객관적 사물의 일정한 이치[定理]나 공허하고 추상적인 이치가 아니라, 인심의 실리(實理)이다. 그것은 이른바 마음의 조리(條理)요, 인심의 생리(生理)요, 진리(眞理)이다.

이건창은 말하기를 "요순(堯·舜) 이래 마음을 떠나 도(道)를 말한 자가 없고, 공맹(孔·孟) 이래 도(道)를 떠나 경(經)을 말한 자가 없다."라고 하고, "내 몸이 의리(義理)를 정(定)할 수 있으며, 의리는 일정함이 없다. 내 마음이 의리를 궁격(窮格)할 수 있으나 의리는 다함이 없다. 이제 내 몸은 옛 성현과 같지 못하나 스스로 의리를 밖으로 버린다면 옳지 않다."163)라고 하여, 사사물물(事事物物)에서 정리(定理)를 구하는 것을 거부하고 인간의 실심을 도덕 주체로 삼고 있다는 점에서 그 철학적 근저가 양명학적 입장에 있다.164) 또한 그는 "천하의 변화는 지극히 무궁하고 인심의 은미함은 지극히 알기 어려운 것이다. 그 요점은 그 실에 힘쓸[務其實] 뿐이니, 수시변통(隨時變通)하는 것 외에 다른 것이 있겠는가? 진실로 한때 한 가지 일에만 고집하여 억지로 명분을 삼고 의(義)를 곡해해서는 안 된다."라고 한다.165) 영재에게 있어서 지극히 알기 어려운 은미한 마음이란 곧 힘써 구해야 할 실심이며, 그것은 무궁한 사물의 변화에 따라 수시변통하여 시의적절하게 의리를 구현할 수 있는 것이기도 하다. 따라서 하곡학파는 인심에 인간으로서 마땅히 지켜야 할 이치가 있다는 점에서 일종의 법칙주의 또는 의무

---

163) 『明美堂集』, 卷9, 書, 答汝園論出處書.

164) 宋錫準, 「寧齋 李建昌의 심학사상」(『유학연구』 제2집, 충남대학교 유학연구소, 1994년 12월), 177쪽.

165) 『明美堂集』, 卷11, 原論 18쪽.

론적 윤리설에 속하지만, 그 도덕적 의무나 원리가 불변의 절대적인 것이 아니라 상황에 따라 내면에서 명령하는 의무를 선택해야 한다고 하는 점에서 주체적 상황윤리에 속한다고 하겠다.

강화 하곡학파의 철학사적 위상 강화 하곡학의 실학(實學)은 국내적으로는 실심실리(實心實理)로서의 성(誠)을 중시하는 율곡(栗谷), 윤증(尹拯), 하곡(霞谷)의 계통을 이은 것이며, 국외적으로는 맹자의 성(誠), 『대학』의 성의(誠意), 『중용』의 성(誠)과 성의(誠意)를 공부의 핵심으로 삼는 왕양명의 사상적 영향을 받은 것으로 볼 수 있다.

이건승(李建昇)은 "실심(實心)이 없으면 어찌 실사(實事)가 있겠으며, 실사(實事)가 없다면 어찌 실효(實效)를 바랄 것인가?"[166]라고 하여, 실심을 실사와 실효를 가능하게 하는 행위 주체로 삼은 것이다. 이러한 사상은 『중용』에 기반을 둔 것이다.

이건방(李建芳)은 모든 사물은 진실함으로 성공하고 거짓으로 실패한다고 한다. 그는 진(眞)이란 진실성, 즉 성(誠)으로 사물의 끝과 시작이며, 진실하지 못하면[不誠] 일이 성립할 수 없다[無物]고 하는 것이다. 사물이란 성품의 종류가 다양하며 제 각기 독특하게 얻어[獨得] 지니고 있는 이치[實理]를 그 본질로 삼고 스스로 다른 것과 구별되기 때문에 잠시도 다른 것으로부터 그것을 빌릴 수 있는 것이 아니라고 한다. 빌린다면 그것이 곧 허위(虛僞)요, 참이 아니며, 그 자신으로서 존재하는 것이 아니라고 한다.[167]

이건창(李建昌) 또한 『중용』에 기초하여, 실심(實心)으로서의 성

---

166) 『韓國學報』 제6집, 〈啓明義塾趣旨書〉.
167) 『蘭谷存稿』, 梅泉集序.

(誠)을 실리(實理)로 삼고 실사(實事)를 행함으로써 실효(實效)를 얻을 수 있다고 한다. 실심이 없으면서 한갓 명목(名目)만 취한다면 실효를 거둘 수 없다는 것이다.[168] 또한 그는 나라의 부강은 군주의 실심에 달려 있다고 보고 자강(自彊)의 논리를 전개하였다. 첫째, 명분보다 먼저 실심에서 구하여야 한다는 것이다. 둘째, 부강의 원인을 밖에서 구하기보다는 내 안의 실{實]에서 구해야 한다고 한다.[169]

강화 하곡학파는 부귀공명과 같은 외적 장애로부터의 자유를 추구하며, 부단히 자아를 반성하고, 스스로 시비선악을 판단하고 선택하며 책임을 지는 주체를 확립하고, 나아가 주체의 다양성을 실현하고자 하였다. 강화 하곡학파들은 실심을 바탕으로 실사, 실효를 말하며, 실용적인 학문의 연구를 주장한다. 주체성의 확립을 바탕으로 자존(自存), 자강(自强)을 위한 개혁을 도모하고자 하였다. 이 점에서 몰주체적(沒主體的) 성향이 있는 근대지향적 개화파(開化派)의 입장과 다르며, 사대주의적(事大主義的) 성향을 지닌 보수적 위정척사파(衛正斥邪派)와도 다르다. 따라서 이들은 시대의 변화에 따라 개혁하되, 외적 변화와 혁신보다 내 마음의 확립, 내면의 자기 혁신과 충실을 개혁의 우선 과제로 삼았다고 하겠다.

한편 대한제국이 일제에 합병된 후, 일부 애국적인 지식인과 관리들이 민족의 수치를 견디지 못하여 자결하거나 해외로 망명하였으며, 어떤 애국지사들은 무력항쟁을 통한 독립운동을 하거나 다양한 방법으로 국민들을 계몽하고 민족의식을 일깨우는 애국계몽운동을 벌였다. 이때 양명학자로서 강화 하곡학파를 제외하고는 고하

---

168) 『明美堂全集』, 卷7, 疏, 擬論時政疏.
169) 『明美堂全集』, 卷7, 疏, 擬論時政疏.

(古下) 송진우(宋鎭禹), 겸곡(謙谷) 혹은 백암(白巖) 박은식(朴殷植, 1859~1925)을 들 수 있다. 박은식이 양명학을 어떻게 연구하게 되었는지 알 수 없으나, 강화 하곡학파와 친분관계가 있던 김택영(金澤榮)이 박은식의 「학규신론(學規新論)」의 서문을 쓴 것이나 김택영에게 보낸 박은식 글에 '여김창강서(與金滄江書)'가 있다는 것은 어떤 형태로든 영향을 받았을 가능성을 배제할 수 없다.

박은식(朴殷植)은 당시 시급히 해결해야 할 문제로 '전민족적(全民族的) 단결'과 '개명(開明)'이라고 보았다. 그는 나라와 민족의 생존과 번영에는 단결이 필수조건이며,[170] 생존경쟁에서 이길 수 있는 힘은 지혜에서 발생하고 지혜는 학문에서 발생한다는 것이다.[171] 따라서 나라를 융성하게 하고 백성을 살리는 길은 교육과 학문을 통해 문명한 민족이 되는 길이라고 한다.[172] 강화 하곡학파와 별개로 그는 양명학설을 과학·기술의 경쟁사회의 도덕적 기반으로 삼고,[173] 인류평화와 민족단결을 꾀하고자 하였다.[174]

6. 양명학의 한국적 수용

한국 양명학자들이 양명의 학설로부터 취한 점들을 종합해 보면, ① 학문의 획일성과 폐쇄성을 지양하고, 다양한 학문에 대한 개방

---

170) 「조속 회개하여 대동단결에 노력하라」(『독립신문』 130호, 1922년 6월 24일 / 『朴殷植全書 下』).

171) 「學校總論 1」(『西友』 제1호, 1906년 / 『朴殷植全書 下』).

172) 「물질개량론」(『서북학회 월보』 제1권, 제8호/『朴殷植全書 下』) / 「學規新論」(『朴殷植全書 中』) / 「務望興學」(『황성신문』, 광무10년 1월, 16-17일/『朴殷植全書 下』).

173) 「王陽明先生實記」(『朴殷植全書 中』).

174) 「日本陽明學會主幹에게」(『서북학회월보』 제1권, 제20호, 隆熙4년 / 『朴殷植全書 下』).

정신과 비판정신을 수용하였다. ② 모방(模倣)과 가차(假借), 거짓과 꾸밈의 학문이 아니라, 학문에 대한 열정과 진실한 마음으로 학문하는 태도를 간직하였다. ③ 진리의 기준은 객관적 합리성이 아니라 주체성이라고 보았다. 인간으로서 당연히 실천해야 할 이치나 규범이란 추상적인 사물의 이치, 변하는 사회적 관습이나 형식적 의례, 권위를 지닌 기존의 학설, 대중의 여론 등으로부터 구할 수 있는 것이 아니라, 은폐할 수도 속일 수도 없는 나의 본심의 만족함을 추구하였다. ④ 인간의 본래적 심성은 온갖 이치의 근원으로서 천리(天理)이며, 고정화되고 형식적인 것이 아니라 시중(時中)하는 리(理)이며 생리(生理)라는 것이다. 또한 그것은 하나같이 속임이 없으며, 중단함이 없는 성(誠)이요, 이러한 리(理)를 언제 어디서나 바르게 구현할 수 있는 창조적 지성으로서 양지(良知)이며, 모든 존재를 한 몸으로 삼을 수 있는 인(仁)이라는 것이다. ⑤ 시의적절한 판단 및 실천을 위해서 기만과 허위 그리고 편견과 집착 등을 버리고 실심실리(實心實理)인 성(誠)·중(中)·인(仁)·양지(良知)를 다하고자 하였다. ⑥ 이를 위한 구체적 방법으로 일상사에서 실심에 대한 계구(戒懼)·존성(存省)과 신독(愼獨) 그리고 행위의 동기를 진실하고 순수하게 하는 성의(誠意)를 중시하였다.

결론적으로 진정한 자아를 추구하였던 한국 양명학자들은 자신의 내면에 진실하고 충실하여 만사(萬事) 만리(萬理)의 주체로서 자신을 스스로 높이고자 하였다. 그들은 자기기만과 허위 및 사욕을 버리고 주체성에 투철함으로써 지행(知行), 내외(內外), 명덕친민(明德親民), 자타(自他) 등의 합일(合一)을 추구하였다.

Ⅲ. 일본양명학의 전개

송학(宋學)을 일본에 전한 것은 가마쿠라 바쿠후(鎌創幕府, 1185~
1333) 시대에 송(宋) 나라에 다녀온 승려들이다. 이들이 주자(朱子)
의 글을 포함하여 많은 유교서적을 수입하여,[175] 황실(皇室)과 공가
(公家) 그리고 선승(禪僧)들 사이에서 널리 읽혔다. 그 결과 1500년
대 말엽까지 유교는 불교적인 논리로 해석되고 이해되었다.

도쿠가와 이에야스(德川家康, 1542~1582)가 천하를 통일한 후
에도(江戶, 지금의 東京)에 바쿠후(幕府)를 세우고 쇼군(將軍)이 된
(1603년) 후 대외적으로 개방정책을 취하고 대내적으로는 1615년「공
가제법도(公家諸法度)」와「무가제법도(武家諸法度)」,「사원법도(寺
院法度)」,「참근제도(參勤制度)」를 실시하는 등 막부권력을 강화해
나갔다. 또한 그는 문사(文士)와 학승(學僧)을 가까이하여 당시 33
세의 유학승(儒學僧) 후지와라 세이카(藤原惺窩, 1561~1619)[176]를
진중(陣中)에 초청하여『정관정요(貞觀政要)』의 강론을 들었으며(1593
년), 막부정권을 수립한 후에는 후지와라 세이카의 제자 하야시 라
잔(林羅山, 1583~1657)[177]을 유관(儒官)으로 채용하여 막부의 문
교정책, 의식전범(儀式典範), 외교문서 입안 등 중요업무를 담당시

---

175) 1211년 입송승(入宋僧) 쥰조오(俊芿)가 주자의 글을 포함하여 300여 권의 유학서적을
들여왔고, 1241년 엔니(円爾)가 송나라에 유학하고 돌아오면서 많은 유학서적을 들여왔다.

176) 일본 근세유학의 鼻祖로 일컬어지는 후지와라는 7세 때 입산하여 승려가 되었고, 18세에
禪儒兼修의 儒學僧이 되었다. 30세(1590년)에 조선 통신사로 일본에 간 黃允吉, 金誠
一, 許筬 등과 交遊하면서 주자학을 지향하였고, 1598년 정유재란 때 포로로 잡혀 간 강
항(姜沆)을 만나 주자학을 배웠다고 한다. 또한 그는 양명학에도 접했다고 한다.

177) 로닌(浪人) 武士의 아들로 태어나 13세에 禪門에 들어갔으나 3년 후에 하산하여 유학공
부에 전념, 철저한 排佛論者가 되었다. 22세에 후지와라의 제자가 되었다. 25세에 막부에
들어가 四代의 쇼군을 보필하였으며, 1790년 '寬政異學の禁' 이후 그의 학이 막부의 공
식적 관학이 되었다.

컸다. 1630년 하야시가(家)는 에도에 학교를 설립하였고, 그것은 세습적인 지도력하에 관립 유학대학으로 성장하였다.

한편 정통 주자학의 계승자로 자부한 야마자키 안사이(山崎闇齋, 1618~1682)는 료닌(浪人) 무사의 아들로 태어나 어릴 때 승려가 되었으나, 24~25세 때에 주자학으로 전환하였다. 그는 이단배척론(異端排斥論)을 저술하고, 공맹(孔·孟)이 군사를 이끌고 일본에 쳐들어온다면 주저하지 않고 사로잡겠다는 민족주의적 주장을 하였다. 38세에 교토(京都)에 사립학교를 열고 일생 동안 수많은 제자들을 가르쳤다. 그는 특히 이퇴계(李退溪)를 숭앙하여 그의 글을 교육의 교재로 사용하였다.

한편 일본에서의 양명학은 사학(私學)의 입장으로 번주(藩主)의 보호 아래 학파를 형성해 갔으며, 민간학자의 찬조로 평민과 농민을 대상으로 교육되었다. 양명학이 일본에 전래된 것은 왕양명과 같은 고향사람인 주순수(朱舜水, 1600~1682)가 일본에 망명하여 전한 것이라고 한다. 이에 앞서 케이고 료안(桂悟了庵)이라는 일본인 승려가 정덕(正德) 8년(1513년)에 왕양명과 직접 만났었다고 하지만, 그가 양명학을 믿었는지 또는 양명학을 전파했는지는 알 수 없다.[178] 일본에서 케이안(慶安) 3년(1650)에 「전습록(傳習錄)」이 처음으로 간행된 것을 계기로 양명의 어록(語錄)과 문록(文錄)이 잇달아 간행되었으며, 양명학에 대한 비판서도 함께 간행되었다. 그러나 양명의 글이 일본에 들어온 것은 『지신일록(知新日錄)』(1594)의 저자 정유악(鄭維岳)의 글로 미루어 보면 늦어도 1590년대일 것으로 판단된다.[179] 또한 강호유학(江戶儒學)의 시조로 일컬

---

178) 『王陽明全集』(上海古籍出版社), 卷32, 補錄, 送日東正使了庵和尙歸國序.

179) 요시다 코헤이(정지욱 역), 『일본양명학』(청계, 2004), 49~50쪽 참고. 『지신일록』은 주

어지는 후지와라 세이카(藤原惺窩)가 『양명문록』을 읽었는데, 이 책은 왜란 기간(1592~1598) 중 조선에서 가지고 간 것이라고 추정되고 있다.[180]

최초로 일본 양명학을 창도(唱導)한 자는 주자학의 권위주의와 형식주의에 반기를 든 나카에 토주(中江藤樹, 1608~1648)이며, 후지 코잔(淵岡山, 1617~1686)과 쿠마자와 반잔(熊澤蕃山, 1619~1691)[181]이 그 문하생으로 뒤를 이었다. 나카에 토주의 이름은 원(原), 자(字)는 유명(維命)이다. 그는 근강국(近江國) 고도군(高島郡) 소천촌(小川村)에서 태어났다. 그는 무사였던 조부의 업을 이었지만, 27세 때 어머니 공양을 명분으로 탈번(脫藩)하여 무사생활을 포기하였다. 그는 11세에 성인(聖人)의 학을 목표로 삼고, 처음에는 주자학을 엄수(嚴守)하여 성인(聖人)의 격식(格式)을 굳게 지켰다. 그러다가 격법(格法)을 고수하는 것이 "간혹 때에 맞지 않고 방해가 되며 행하기가 어려움으로 해서 의심"하게 되고, 격법이란 인간을 일정한 틀에 붙들고 얽매이게 하여 행동에 모가 나며 융통성이 없게 할 뿐만 아니라 마침내 인간이 본래 가지고 있는 활발한 모습을 상실하게 한다는 중요한 자각을 하게 된다. 따라서 그는 격법을 고수하는 것은 좌절만을 경험할 뿐이라는 결론에 이르게 된다. 그래서 상제(上帝)라는 인격신으로서 천(天)을 설정하고, 또 외

자의 사서(四書)에 대한 이해를 보충하고 바로잡을 수 있는 신설(新說)들을 모아 편집한 것인데, 그 신설이란 대개 왕양명이 제창한 양지심학(良知心學)의 영향을 받은 학자들의 학설들이다.

180) 오카다 다케히코(岡田武彦), 「日本人と陽明學」(『王陽明の世界』, 東京, 明德出版社, 1986), 443쪽 참고.

181) 쿠마자와 반잔은 나카에의 제자로 서혼슈(西本州)의 도자마한(外樣藩) 오카야마(岡山)의 가노(家老)로까지 상승한 로닌(浪人) 출신이다. 그는 사무라이들이 토지로 돌아갈 것과, 보다 간요(簡要)한 형태의 삶을 옹호하였다(존 페어뱅크 외, 김한규 외역, 『동양문화사 상』, 을유문화사, 1991. 9, 522쪽 참고).

천명(畏天命)·존덕성(尊德性)의 학을 수립한다. 그는 천(天)을 현전(現前)하면서 천지만물에게 명령하며, 지켜보면서 엄정하게 복선화음(福善禍淫)하는 초월적 인격신으로 보았다. 이러한 천명(天命)으로서의 성(性)이 곧 명덕(明德)이라고 한다. 명덕과 연관해서 왕양명(王陽明)의 치량지설(致良知說)과 왕기(王畿)의 현성량지설(現成良知說)을 수용하였다. 그는 마음이 맑고 깨끗하면 어떠한 행위의 표현방식도 옳다는 융통무애(融通無碍)한 행동방식을 시인하였다. 이러한 사고를 토대로 권(權)이 곧 도(道)라는 권도론(權道論)과 외래의 어떤 사상이든 그대로 일본에 수용되는 것이 아니고 때와 장소, 그리고 지위에 따라 다르게 수용되어야 한다는 시처위론(時處位論) 등을 제시하였다.

코잔(岡山)의 이름은 유원(惟元)이며, 종성(宗誠)이라고도 불렀다. 37세에 토주의 문인이 되어, 토주가 죽을 때까지 5년 동안 스승으로 섬겼다. 후에 교토(京都)의 강산(岡山)에 거주하면서 학사(學舍)를 창설하고, 50여 년 동안 스승의 가르침을 충실히 계승하여 강의하였다.

반잔(蕃山)의 이름은 백계(伯繼), 자(字)는 양개(良介)이다. 교토의 도하(稻荷)에서 태어났다. 그는 토주 문하에서 가장 걸출한 경세가(經世家)이며, 나날이 새로움을 구하는 학자로 자임하고, 낡은 것에 구애받지 않고 시세(時勢)에 변통(變通)할 것을 주장하였다. 그래서 "때에 따라 마땅함을 제정하고, 병에 따라 약을 처방한다."라는 왕양명의 주장을 받아들였다. 또한 그는 각자 자신의 구체적인 직업생활에서 양지를 발휘함으로써 덕의 평등에 도달하는 이른바 왕양명의 '사민평등론(四民平等論)'을 수용하며, "오거나 가거나 앉거나 눕는 것이 모두 정좌(靜坐)이다. 어찌 따로 정(靜)이라고 말하겠는가?"라고 하여, 왕양명의 사상마련(事上磨鍊)의 정신을 수용하였다.

도쿠가와 바쿠후(德川幕府)는 1651년 '경안의 난(慶安の亂)'을 일으킨 유이 쇼세쓰(由井小雪)를 양명학 신봉자로 인식했기 때문에 쿠마자와 반잔을 채용하고 있는 비전번주(備前藩主, 이케다 미타스마사池田光政)에게 양명학을 가르치지 못하도록 경고장을 보냈다. 그리고 명나라가 망한 것은 양명학자들의 반란 때문이라고 보고, 양명학 신봉자들을 가장 많이 채용하고 있던 웅본번(熊本藩)에 왕학금지령(王學禁止令)을 내리고(1669년, 22명 파면)), 나카에 토주가 처음 학숙(學塾)을 열었던 회진번(會津藩)에도 금지령을 내렸다(1683년). 그러나 민간의 학자들은 자유롭게 양명학을 연구할 수 있었다.

주자학에 의문을 품고 양명학으로 전향한 미와 싯사이(三輪執齋, 1669～1744)가 『표주전습록(標註傳習錄)』(1712)을 지어 일본양명학의 중흥(中興)의 계기를 이루었다. 그의 학술과 유업은 막부 말기의 유신(維新)에 커다란 영향을 끼쳤다고 한다. 싯사이의 이름은 희현(希賢), 자(字)는 선장(善藏)이며, 교토에서 태어났다. 그의 사상은 『일용심법(日用心法)』 속에 갖추어져 있다. 이 책은 입지(立志)를 처음으로 하고[始], 집중(執中)을 끝으로 하여[終], 일용 간단없이 자각적으로 수용해야 할 내면적 공부를 말하고 있다.

싯사이 이후 끊어진 양명학이 다시 부흥기를 맞이하였다. 1790년 정통주자학 이외의 학문 교육을 금지하는 칸세이(寬政) 이학금지령(異學禁止令)이 내려진 다음에도 양명학은 면면히 지속되었다. 육롱기(陸隴其) 일파의 집요한 양명학 비판에 사토 잇사이(佐藤一齋, 1772～1859), 오시오 추사이(大鹽中齋, 1794～1837) 등이 반발하였으며, 이들의 문하에서 양명학을 신봉하는 많은 인물들이 배출되었다.[182] 그리하여 도쿠가와 말기 소수이긴 하나 번교(藩校)의 교관직을 지키고 있었다.

사토 잇사이(佐藤一齋)의 이름은 신행(信行)·탄(坦)이며, 자(字)는 대도(大道)이며, 강호(江戶) 사람이다. 그는 젊은 시절부터 양명학에 관심을 갖고 연구하였지만, 그의 사회적 신분으로 인해 주자학을 강의해야만 했으며, 주왕(朱·王)의 구별에 그다지 구애받지 않았기 때문에 양주음왕(陽朱陰王)이라고 평가받았다. 막부 말기의 사상계에 행동주의적인 양명학이 널리 유행했던 것은 중앙학계에 있었던 잇사이의 역할이 컸기 때문이었다고 한다.

오시오 추사이(大鹽中齋)의 이름은 정고(正高)·후소(後素)이며, 자(字)는 자기(子起)이며, 대판(大阪) 천만천기(天滿川崎)에서 태어났다. 가숙(家塾)을 세심동(洗心洞)이라고 이름을 짓고, 스스로 세심동 주인이라고 칭하였다. 그는 일정한 스승 없이 스스로 공부하였다. 그의 학설은 ① 태허(太虛)로 돌아감 ② 양지를 실현함 ③ 기질을 변화시킴 ④ 사생(死生)을 하나로 함 ⑤ 허위를 버림 등이다. 그는 인간 수양의 근본은 그 마음이 욕심이 없는 순수함, 즉 태허로 돌아가는 것, 인간 본연의 양지를 실현하는 것이라고 한다. 그는 만년에 궁핍한 백성을 구제한다는 명목으로 ‘대염평팔랑(大鹽平八郎)의 난’을 일으켜서 실패했지만, 자기의 태허양지(太虛良知)에 따라 믿는 대로 두려움 없이 행동한다는 실천궁행주의(實踐躬行主義)를 표현한 것이다.

이 밖에도 사쿠마 쇼잔(佐久間象山, 1811~1864),[183] 요시다 쇼

---

182) 요시다 코헤이(정지욱 역), 『일본양명학』(청계, 2004), 23쪽. 그 문하생이란 요시다 수요(吉田秋陽), 히가시 타쿠샤(東澤瀉), 春日潛庵, 池田草庵, 林良 齋, 山田方谷, 奧宮慥齋, 奧宮曉峰 등이다.

183) 사쿠마 쇼잔은 네덜란드어를 배워 서양문물을 익혔고, 서양식 포술의 전문가였으며, “東洋

잉(吉田松陰, 1830~1859), 사이고 다카모리(西鄕隆盛, 1827~1877) 등이 양명학을 수용하여, 일본을 근대화하는 데 있어서 적극적으로 참여하였다.[184]

도쿠가와 바쿠후(德川幕府) 말기의 지사(志士) 요시다 쇼잉(吉田松陰)은 조슈(長州)의 최하급 사무라이 가문 출신으로 존왕파(尊王派)를 이끌었다. 그는 나가사키와 에도에서 서양학문을 공부했고, 존왕파 미토(水戶) 사상가들의 영향을 받았다. 1854년 페리의 한 함선에 올라 밀항을 시도하였으나 붙잡혀 투옥되었다. 조슈에 돌아와 새로운 학교를 열어 새로운 일본을 건설하는 데 중요한 역할을 수행할 수 있는 다수의 젊은이들에게 그의 극단적인 존왕 사상을 심어 주었으며, 병술(兵術)을 가르쳤다. 그는 교토에 있던 에도의 대표 마나베 아키카스(間部全勝)를 암살하려고 모의하였다는 이유로 처형되었다.

1857년 구성된 조슈의 새로운 쇼타이(諸隊)가 요시다 쇼잉의 제자들을 포함한 젊은 과격주의자들에 의해 지휘되었다. 이 쇼타이를 지휘하던 이노우에 카오루(井上馨, 1834~1915)와 이토 히로부미(伊藤博文, 1841~1915) 등은 1861년 에도에서 영국공사관을 습격하는 데 가담하였으며, 2년 후 영국유학을 떠났다. 귀국 후 일본 근대화의 중심인물이 되었다.[185] 또한 요시다 쇼잉 밑에서 공부하였던 야마가타 아리토모(山縣有朋, 1838~1922)는 조슈의 기헤이타(騎兵隊)를 지휘하였으며, 1872년 명치유신(明治維新)의 육군을

道德 西洋藝"라는 구호를 만들어 냈다고 한다(『동양문화사 하』, 66쪽 참고).

184) 왕양명 개인의 직관적인 도덕의식과 개인적 수양, 그리고 말보다 행동에 대한 강조는 아마도 중국에서조차 적어도 부분적으로 선(禪)의 영감을 보여 주는 이들 개념들이 아시카가(足利) 시대에 선의 영향을 통해서 사무라이들의 유산의 일부가 되어 왔기 때문에 사무라이들에게 호소력을 지니고 있었다(『동양문화사 상』, 522쪽 참고).

185) 존 K. 페어뱅크 외, 김한규 외역, 『동양문화사 하』(을유문화사, 1992. 1.), 80쪽.

지도하였다.[186] 막부를 타도하고 명치유신을 이룬 중심인물 가운데에 양명학자들이 있었다.[187]

메이지(明治) 이후 1896년 전통문화에 대한 위기의식에서 동양정신으로 돌아가자는 구호 아래 양명학 연구가 이루어지기 시작하였다. 요시모토 유주루(吉本襄)가 양명학을 이념으로 하는 민간결사(民間結社)를 조직하고, 기관지 『양명학(陽明學)』을 메이지 29년(1896년)에 발간하였다. 히가시 타쿠샤(東澤瀉)의 뒤를 이은 히가시 케이지(東敬治)는 왕학회를 조직하여 활약하였는데, 양명학을 기본강령으로 하는 기관지 『왕학잡지(王學雜誌)』를 메이지 39년(1906년)에 창간하였다. 또한 오시오 추사이를 현창(顯彰)하는 일에 적극 앞장서던 이시자키 도코쿠(石崎東國)가 『양명(陽明)』과 『양명주의』를 간행하기도 하였다.

이후 삼도복(三島復)의 『왕양명의 철학(王陽明の哲學)』(1909), 야스오카(安岡正篤)의 『왕양명연구(王陽明研究)』(1922), 시마다 겐지(島田虔次)의 『중국에 있어서 근대사유의 좌절(中國に於ける近代思惟の挫折)』(1949), 『주자학과 양명학(朱子學と陽明學)』(1967), 산하룡이(山下龍二)의 『명말에 있어서 반유교사상의 원류(明末に於ける反儒教思想の源流)』(1951), 『양명학의 연구(陽明學の研究)』(1971), 구스모토(楠本正繼)의 『양명학의 정신(陽明學の精神)』(1951), 『송명시대 유학사상의 연구(宋明時代儒學思想の研究)』(1962), 아라키 켄고(荒木見悟)의 『불교와 유교(佛教と儒教)』(1963), 『불교와 양명학(佛教と陽明學)』(1979), 오카다 다케히코(岡田武彦)의 『왕양명

---

186) 존 K. 페어뱅크 외, 김한규 외역, 『동양문화사 하』(을유문화사, 1992. 1.), 91쪽.

187) 막부타도의 중심인물로는 이와쿠라 토모미(岩倉具視, 1825∼1883), 사이고 다카모리(西鄉隆盛, 1827∼1877), 오쿠보 토시미치(大久保利通, 1830∼1878), 키도 코인(木戸孝允, 1833∼1877) 등이다.

과 명말의 유학(王陽明と明末の儒學)』(1970), 『현대의 양명학(現代の陽明學)』(1992), 미시마 유키오(三島由紀夫)의 『행동학입문(行動學入門)』(1970) 등이 발표되었다.

중국의 장개석(蔣介石) 총통은 『실천과조직(實踐與組織)』에서 "일본 명치유신의 강력한 지주는 곧 왕양명의 즉지즉행(卽知卽行)의 지행합일(知行合一) 철학이다."라고 평가하였다. 러·일전쟁에서 일본에게 승리를 안겨 준 도오고 헤이하치로(東鄕平八郎, 1847~1934)는 그의 패인(佩印)에 "일생 양명에게 머리 숙여 절한다."라는 글을 새겼다고 한다.

일본에서의 양명학은 단순한 지식체계가 아니라, 실천을 강조하는 윤리학, 정치철학으로 이해되었다. 성리학(性理學) 또는 신유학(新儒學Neo-confucianism)을 집대성한 주자학은 성선설(性善說)을 바탕으로 수기치인(修己治人)을 주장하였다. 주자는 『대학혹문(大學或問)』과 『중용혹문(中庸或問)』에서 인간의 본성이 본래 선함에도 불구하고 현실적으로 그 본래성이 발휘될 수 없는 상태라는 점, 그래서 인간 각고의 노력을 통해 그 본래성을 회복하지 않으면 안 된다는 것이다. 그러나 양명학자들은 주자의 이론은 성선설에 대한 올바른 이해가 아니라고 비판하면서, 현존재에게 본래적으로 선한 본성이 완전하게 성취되어 있다고 주장한다. 일본 양명학자들은 양명학이 자력(自力)에 의한 자기 구제를 추구하는 성선설에 보다 더 철저하다고 이해하였던 것이다.

또한 양명학이 주자학에 비해 보다 실천적인 사유로 간주되었던 것은 왕양명이 지행합일(知行合一)을 주장하였으며, 개인의 수행[修己]뿐만 아니라, 도덕사회의 실현[治人]을 말하고, 군인이자 정치가로서 유학의 정신을 몸소 실천하였기 때문이다.

Ⅳ. 서양의 양명학188)

왕양명의 사상을 서구에 최초로 소개한 것은 헨케(Frederick Goodrich Henke)의 「왕양명의 생애와 철학」(1913), 『왕양명의 철학』(1916, 왕양명전집의 일부 영어 번역) 등이다.

2차 대전 이후, 서구인들이 중국사상에 관심을 갖게 되었다. 이에 따라 양명학에 대해서도 점차 주의하였다. 왕창지(王昌祉Wang Tsch'ang‒tche)의 『왕양명의 도덕철학』(1936), 무라야마(村山Milton A. Murayama)의 「왕양명과 선불교의 비교」(1950, 석사), 장군려(張君勱Carsun Chang)의 「왕양명의 철학」(1955, 『동서철학(Philosophy East and West)』, 하와이대), 「16세기 중국의 관념론 철학자 왕양명」(1962), 「신유가 사상의 전개」(1962) 등의 논문을 발표하였다. 진영첩(陳榮捷)이 『전습록과 왕양명의 저술』(1963)이라는 이름으로 양명의 전집을 편집·번역하였다. 또한 그는 「왕양명이 어떻게 불교적인가?」(1962, 『동서철학(Philosophy East and West)』, 하와이대), 「왕양명의 불교 비판」(1968) 등의 논문을 발표하였다. 또한 뚜웨이밍(杜維明Tu Wei‒ming)의 「왕양명 자아실현의 탐구」(1968, 박사), 줄리아 칭(秦家懿Julia Ching)의 「신유학과 왕양명 사상」(1972) 등이 발표되었다.

한편 『대영백과사전(大英百科辭典)』(1967)에 진영첩이 집필한 「왕양명」의 항목이 추가되었다. 또한 미국 철학계에서 편집한 『철학백과사전』(1967), 『미국백과사전』(1969)에 진영첩이 집필한 왕양명의 항목이 게재되었다.

---

188) 陳榮捷, 「歐美之陽明學」(『陽明學論文集』, 中華學術院印行, 1972), 288~305쪽 참고.

이 밖에도 다음과 같은 저서와 논문이 발표되었다.

- Lyman V. Cady, Wang Yang Ming's Intuitive Knowledge, 1936.
- Y. C. Chang(張煜全), Wang Shou－jen as a Statesman, *Chinese Social and Political Science Review*, XXIII, 1939－1940.
- David S. Nivison(倪德衝), The Problem of Knowledge and Action in Chinese Thought since Wang Yang－ming, *Studies in Chinese Thought*, Arthur F. Wright ed., Chicago University Press, 1953.
- Hwa Yol Jung(鄭和烈), Wang Yang－ming and Existential Phenomenology, *International Philosophical Quarterly*, Vol.Ⅴ, 1956.
- Hiroyuki Iki(猪城博之), Wang Yang Ming's Doctrine of Innate Knowledge of the Good, *Philosophy East and West*, Vol. XI, 1961.
- Wm Theodore de Bary ed, *Self and Society in Ming Thought*, New York, Columbia University Press, 1970.
- *Philosophy East and West* XXⅢ, Nos. 1 and 2, January and April 1973, University of Hawaii Press, Honolulu, Hawaii. (왕양명 탄생 500주년을 기념하여 1972년 미국의 하와이대학에서 학술대회가 있었으며, 여기서 발표된 논문이 수록되어 있음)

참고문헌

- 『王文成公全書』(明 隆慶6年(1572) 刊行, 38卷 본).
- 『王陽明全集』(41卷, 吳光·錢明·董平·姚延福 編校, 上海古籍出版社, 1992).
- 『新鐫砆批武經七書』(王守仁批評, 胡宗憲參評, 明 天啓元年(1621), 茅震東 刻本).
- 『陽明先生批武經七書』(민국 55년 5월 影印).
- 『王陽明 傳習錄』(송하경 역, 세계의 대사상 30, 미문출판사, 1974).
- 『經書』(四書)(丁酉(1777)본, 성균관대 대동문화연구원 영인, 1968).
- 『詩經』, 『書經』, 『周易』, 『禮記』.
- 『武經七書』(孫子, 吳子, 司馬法, 李衛公問對, 蔚繚子, 三略, 六韜).
- 『二程全書』(程明道·程伊川).
- 『近思錄』(朱熹·呂祖謙).
- 『困知記』(羅整庵).
- 『明儒學案』(黃宗羲).
- 『龍溪王先生全集』(王畿).
- 陳啓天, 『中國政治哲學槪論』, 華國出版社, 民國40.
- 山下龍二, 「王陽明」, 『講座東洋思想』, 卷2, 동경대출판회, 1967.
- 島田虔次, 『朱子學と陽明學』, 岩波新書, 東京, 1967.
- 岡田武彦, 『王陽明と明末の儒學』, 東京, 光明社, 昭和 45(1970).
- 王美奐, 「王陽明大學問之批判」, 『陽明學論文集』, 中華學術研究院, 대북, 1972.
- 唐君毅, 「陽明學與朱子學」, 『陽明學論文集』, 중화학술연구원, 대북, 1972.
- 中華學術院, 『陽明學論文集』, 臺北, 華岡書局, 중화민국61(1972).
- 宇野精一 외편, 「제6절 王陽明」, 『강좌 동양사상』 2, 동경대출판회, 1973.
- 蔡仁厚, 「陽明學的基本義旨」, 『孔孟學報』 28期, 공맹학회, 대북, 1974.

● 林振玉,『王陽明論』, 復文書局, 민국65(1975).
● 李福登,『王陽明的政治思想』, 私立臺南家政專科學校, 민국66.
● 梁啓超,『儒家哲學』, 臺灣中華書局, 민국66.
● 鄭繼孟,『王陽明傳』, 綜合出版社, 민국67.
● 韋政通 編著,『中國哲學辭典』, 臺北, 大林出版社, 民國67.
● 魏汝霖 註譯,『孫子今註今譯』, 臺北, 臺灣常務印書館, 1979.
● 黃公偉,『宋明淸理學體系論史』, 대북, 幼獅文化事業公司, 민국69.
● 魏汝霖・劉仲平 共著,『中國軍事思想史』, 臺北, 黎明文化事業公司, 中華民國 70.
● 魏汝霖,『中國歷代名將及其用兵思想』, 臺北, 中央文物供應社, 1981.
● 宋河璟,「萬物一體觀으로부터 본 王陽明의 拔本塞源論과 大學問」(『전북대 논문집』, 제24집, 1982).
● 蕭公權,『中國政治思想史』上・下, 聯經出版事業公司, 民國73.
● 島田虔次, 김석근 외역,『朱子學과 陽明學』, 까치, 1986.
● 서울대 동양사학연구실 편,『강좌중국사』4, 지식산업사, 1989.
● 朱墉 輯,『武經七書彙解』, 中州古籍出版社, 1989.
● 陳正炎・林其錟, 이성규 역,『中國大同思想硏究』, 지식산업사, 1990
● 존 K. 페어뱅크 외저, 김한규 외역,『동양문화사』(상), 을유문화사, 1991.
● 宋在雲,『양명철학의 연구』, 思社硏, 1991.
● 金守中,「陽明學의 '大同' 사회의식에 관한 연구 — 왕수인, 왕간, 하심은을 중심으로」(서울대학교 박사학위논문, 1991. 7).
● 陣高春 主編,『中國古代軍事文化大辭典』, 長征出版社. 1992. 10, 북경.
● 荒木見悟, 김석근 역,『불교와 양명학』, 서광사, 1993.
● 楊國榮, 송하경 역,『양명학통론』, 박영사, 1994.
● 杜維明, 권미숙 역,『한 젊은 유학자의 초상 — 청년 왕양명』, 통나무, 1994.
● 金吉洛,「王陽明의 經世思想 硏究」(『儒學硏究』제2집, 충남대유학연구소, 1994).
● 蔡仁厚, 황갑연 역,『왕양명 철학』, 서광사, 1996.
● 方東美 외, 박연수 편역,『양명학이란 무엇인가』, 경희종합출판사, 1997.
● 박연수,『양명학의 이해 — 양명학과 한국양명학』, 집문당, 1999.

- 정동국·정덕희,『공자와 양명학』, 태학사, 1999.
- 吉田公平, 정지욱 역,『일본양명학』, 청계출판사, 2004.

- Benjamin Schwartz(1959), Some Polarities in Confucian Thought, *Confucian in Action*, ed. by David S. Nivison & A. Wright, Stanford University Press.
- Wing—tsit Chan(1962), How Buddhistic is Wang Yang—ming?, *Philosophy East and West*, Vol.12, University of Hawaii Press, Honolulu.
- Wing—tsit Chan(1963), *A Source Book in Chinese Philosophy*, Princeton University Press, Princeton.
- F. G. Henke trans., *The Philosophy of Wang Yang—ming*, Paragon Book Reprint Corp., 1964.
- Wing—tsit Chan(1967), Chinese Theory and Practice; with Special Reference to Humanism, *The Chinese Mind*, ed. by Charles A. Moore, East and West Press, University of Hawaii.
- David S. Nivison(1967), The Problem of 'Knowledge' and 'Action' in Chinese Thought since Wang Yang—ming, *Studies in Chinese Thought*, ed. by Arthur F. Wright, The University of Chicago Press.
- David C. Yu(1969), Chu Hsi's Approach to Knowledge, *Chinese Culture*, Vol.10, no.4.
- Tang Chun—i(1970), The Development of the Concept of moral Mind from Wang Yang—ming to Wang Chi, *Self and Society in Ming Thought*, Columbia University Press, New York.
- Chung—ying Cheng(1971), Dialectic of Confucian Morality and Metaphysic of Man, *Philosophy East and West*, Vol.21, University of Hawaii Press, Honolulu.
- Wei—ming Tu(1971), The Neo—Confucian Concept of Man, *Philosophy East and West*, Vol.21, University of Hawaii Press, Honolulu.
- Shu—hsien Liu(1972), The Confucian Approach to the Problem of Transcendence and Immanence, *Philosophy East and West*,

Vol.22, University of Hawaii Press, Honolulu.

● Tome H. Fang(1973), The Essence of Wang Yang−ming's Philosophy in a historical Perspective, *Philosophy East and West*, Vol.23, University of Hawaii Press, Honolulu.

● David S. Nivison(1973), Moral Decision in Wang Yang−ming: The Problem of Chinese' Existentialism, *Philosophy East and West*, Vol.23, University of Hawaii Press, Honolulu.

● Wei−ming Tu(1973), Subjectivity and ontological Reality−An Interpretation of Wang Yang−ming's Mode of Thinking, *Philosophy East and West*, Vol.23, University of Hawaii Press, Honolulu.

● Chung−ying Cheng(1973), Unity and Creativity in Wang Yang−ming's Philosophy of Mind, *Philosophy East and West*, Vol.23, University of Hawaii Press, Honolulu.

● Wei−ming Tu(1976), *Neo−Confucianism Thought in Action −Wang Yang−ming's Youth*, University of California Press, Berkeley.

● Julia Ching(1976), *To Acquire Wisdom: The Way of Wang Yang−ming*, Columbia University Press, New York.

● A. S. Cua(1982), *The Unity of Knowledge and Action: A Study in Wang Yang−ming's Moral Psychology*, University of Hawaii Press, Honolulu.

● Jig−chuen Lee(1987), Wang Yang−ming, Chu Hsi, and the Investigation of Things, *Philosophy East and West*, Vol.37, No.1, University of Hawaii Press, Honolulu.

● Warren G. Frisina,(1989), Are Knowledge and Action really One Thing?−A Study of Wang Yang−ming's Doctrine of Mind, *Philosophy East and West*, Vol.39, No.4, University of Hawaii Press, Honolulu.

● Amy Ihlan(1993), Wang Yang−ming: A Philosopher of practical Action, *Journal of Chinese Philosophy*, Vol.20, No.4, Dialogue Publishing Company, Honolulu.

- A. S. Cua(1993), Between Commitment and Realization: Wang Yang‑ming's Vision of the Universe as a moral Community, *Philosophy East and West*, Vol.43, No.4, University of Hawaii Press, Honolulu.

- 『朝鮮王朝實錄』.
- 『退溪全書』(李滉, 1501～1570).
- 『西厓集』(柳成龍, 1542～1607).
- 『遲川先生集』(崔鳴吉, 1586～1647), 최병직 외 역주, 도서출판선비, 2008. 6.
- 『谿谷集』(張維, 1587～1638).
- 『明齋遺稿』(尹拯, 1629～1714).
- 『南溪集』(朴世采, 1631～1695).
- 『明谷集』(崔錫鼎, 1646～1715).
- 『崑崙集』(崔昌大, 1669～1720).
- 『霞谷集』(鄭齊斗, 1649～1736), 여강출판사, 1988. 9.
- 『霞谷集』(鄭齊斗, 1649～1736), 韓國文集叢刊160輯, 민족문화추진회, 1995. 12.
- 『국역 하곡집 Ⅰ, Ⅱ』, 민족문화추진회, 1972.
- 『南塘集』(韓元震, 1682～1751).
- 『恒齋遺稿』(李匡臣, 1700～1744).
- 『先藁』(李匡臣), 문중본, 한국학중앙연구원.
- 『이주풍속도』(李匡明, 1701～1778).
- 『樗村遺稿』(沈錥, 1685～1753), 韓國文集叢刊 207 · 208輯, 민족문화추진회, 1999. 12.
- 『圓嶠集』(李匡師, 1705～1777), 韓國文集叢刊 221輯, 민족문화추진회, 1999. 12.
- 『斗南集』(李匡師), 서울대 규장각 소장 필사본.
- 『李參奉集』(月巖 李匡呂, 1720～1783), 韓國文集叢刊 237輯, 민족문화추진회, 1999. 12.
- 『宛丘遺集』(申大羽, 1735～1809), 韓國文集叢刊 251輯, 민족문화추진회, 2000. 12.

- 『燃藜室記述』(李肯翊, 1736~1806), 경문사 영인, 1976.
- 『국역 연려실기술』, 민족문화추진회, 1966.
- 『信齋集』(李令翊, 1738~1780), 韓國文集叢刊 252輯, 민족문화추진회, 2000. 12.
- 『椒園遺稿』(李忠翊, 1744~1816), 韓國文集叢刊 255輯, 민족문화추진회, 2000. 12.
- 『晝永編』(玄同 鄭東愈, 1744~1808), 남만성 역, 을유문고 27·28, 1974 ③판.
- 『石泉遺稿』(申綽, 1760~1828), 韓國文集叢刊 279輯, 민족문화추진회, 2002. 12.
- 『詩次故』(申綽), 국립중앙도서관.
- 『易次故』(申綽), 서울대 규장각.
- 『書次故』(申綽), 성균관대학교 존경각.
- 『岱淵遺稿』(李勉伯, 1767~1830), 韓國文集叢刊 290輯, 민족문화추진회, 2002. 12.
- 『蕉泉遺稿』(鄭文升, 1788~1875).
- 『沙磯集』(李是遠, 1789~1866), 서울대 규장각.
- 『明美堂集』(李建昌, 1852~1898), 韓國文集叢刊 349輯, 민족문화추진회, 2005. 12.
- 『耕齋集』(李建昇, 1858~1924), 『海耕堂收草』(李建昇), 국립중앙도서관.
- 『朴殷植全集』(謙谷 朴殷植, 1859~1925), 단국대 동양학연구소, 1975.
- 『蘭谷存稿』(李建芳, 1861~1939), 청구문화사, 1971. 12.
- 鄭寅普, 『薝園國學散藁』, 文敎社, 1955. 8.
- 鄭寅普, 『陽明學演論』, 홍이섭 해제, 삼성문화재단, 1972. 8.
- 金吉煥, 『韓國 陽明學 硏究』, 一志社, 1981. 11.
- 尹南漢, 『朝鮮時代의 陽明學 硏究』, 集文堂, 1982 9.
- 鄭寅普, 『薝園 鄭寅普全集(전5권)』, 연세대학교 출판부, 1983.
- 劉明鍾, 『韓國의 陽明學』, 同和出版公社, 1983. 2.
- 정량완·심경호, 『강화학파의 문학과 사상(1)』, 한국정신문화연구원, 1993. 2.

- 閔泳珪, 『江華學 최후의 광경』, 又半, 1994. 10.
- 김교빈, 『양명학자 정제두의 철학사상』, 한길사, 1995. 7.
- 박연수, 『양명학의 이해 – 양명학과 한국양명학』, 집문당, 1999. 9.
- 鄭寅普, 『위당 정인보의 양명학연론』, 홍원식·이상호 옮김, 한국국학진흥원, 2002. 3.
- 김길락, 『한국의 상산학과 양명학』, 청계, 2004. 5.
- 鄭寅普, 『薝園文錄(전3권)』, 정량완 옮김, 태학사, 2006. 7.
- 박연수, 『하곡 정제두의 사상』, 한국학술정보, 2007. 8.
- 이상호, 『양명우파와 정제두의 양명학』, 혜안, 2008. 3.
- 강화양명학연구팀, 『강화양명학 연구(1~3)』, 한국학술정보, 2008. 8.
- 李建昇, 「啓明義塾趣旨書」(1907. 5. 24.), 『한국학보』 6집, 1977, 봄.
- 鄭寅普, 「陽明學演論」, 『동아일보』, 1933.
- 이능화, 「朝鮮儒界之陽明學派」, 『青丘學叢』 25호, 청구학회, 1936.
- 高橋亨, 「朝鮮의 陽明學派」, 『朝鮮學報』 4집, 일본조선사연구회, 1953.
- 윤남한, 「李朝 陽明學의 傳來와 受容의 問題」, 『中央史論』 1집, 중앙대학교 사학연구회, 1972. 12.
- 오종일, 「陽明 傳習錄 傳來考」, 『철학연구』 5집, 고려대 철학과, 1978.
- 유승국, 「韓國近代史에 있어서 陽明學의 役割」, 『동대논총』 제10집, 동덕여자대학교, 1980.
- 서경숙, 「初期 江華學派의 陽明學」, 성균관대학교 대학원 박사학위, 2001. 2.
- 민병수, 「陽明學의 思想的 系譜 – 한국유학사상의 지평에서 본 맥락」, 『월간조선』 7월호, 1981.
- 심경호, 「신대우론」, 『조선후기 한문학 작가론』, 집문당, 1994.
- 송석준, 「寧齋 李建昌의 心學思想」, 『儒學研究』 2집, 충남대학교 유학연구소, 1994. 12.
- 김교빈, 「실심으로 살아간 양명학자들 — 강화학파」, 『조선 유학의 학파들』, 한국사상사연구회 편저, 예문서원, 1996. 12.
- 심경호, 「항재 이광신론」, 『진단학보』 84호, 진단학회, 1997.
- 심경호, 「강화학의 허가비판론」, 『대동한문학』 제14집, 대동한문학회, 2001. 6.

● 박정심, 「박은식의 자가정신과 근대주체의식」, 『양명학』 제16호, 한
　　국양명학회, 2006. 7.
● 박연수, 「강화 하곡학파의 實心·實學」, 『양명학』 제16호, 한국양명
　　학회, 2006. 7.
● 이상호, 「일제 강점기 정인보 實心論의 주체성과 창조적 정신」, 『儒
　　學硏究』 제14집, 충남대학교 유학연구소, 2006. 8.
● 최재목, 「정인보의 양명학 이해」, 『양명학』 제17호, 한국양명학회,
　　2006. 12.
● 박연수, 「강화 하곡학파의 근대적 성향」, 『인천학연구』 제7호, 인천
　　대학교 인천학연구원, 2007. 8.
● 박연수, 「강화학파의 근대적 성격」, 『하곡학과 근대성』, 제5회하곡학
　　국제학술대회, 한국양명학회, 2008. 11, 173～192쪽.

박연수

▌약 력

육군사관학교 졸업(1972)
서울대학교 철학과 졸업(1977)
서울대학교 대학원 졸업(1980)
성균관대학교 대학원 철학박사 취득(1990)
한국양명학회 회장 역임(2007. 6.~2008. 12.)
육군사관학교 철학 교수 역임(1977. 3.~2009. 12.)

▌주요 논문 및 저서

「하곡 정제두에 있어서의 인간이해에 관한 연구」(박사학위논문)
「하곡 정제두의 지행일체관」
「강화 하곡학파의 근대적 성향」
「하곡학과 근대성」
「하곡 정제두의 인간관」
「하곡 정제두의 도덕철학」
「강화 하곡학파의 實心·實學」
「유가사상에 있어서 화합과 질서의 원리」
「유가의 전쟁과 평화사상 연구」
「유가의 공직자 윤리」
「육상산의 심 철학」
「정당한 명령과 진정한 복종」
「이순신 장군의 지휘통솔원칙의 근거」
「중국 전통의 장수상」
「군사력의 건설과 운용 — 무경칠서를 중심으로」

『인성교육의 지침』(1997)
『양명학의 이해』(1999)
『한국인의 지혜』(2003)
『하곡 정제두의 사상』(2007)
『중국인의 지혜』(2008)
『철학개론』(공저)
『국민윤리』(공저)
『군대윤리』(공저)
『인간과 도덕』(공저)
『송대심성론』(공저)
『하곡 정제두 — 한국의 사상가 10인』(공저)
『한국철학사』(공저)
『한국강화양명학논문집』(공저)
『강화학파의 양명학』(공저)
『강화양명학 연구사 1』(공저)

양명학이란
무엇인가

초판인쇄 | 2010년 3월 12일
초판발행 | 2010년 3월 12일

지은이 | 박연수
펴낸이 | 채종준
펴낸곳 | 한국학술정보㈜
주 소 | 경기도 파주시 교하읍 문발리 파주출판문화정보산업단지 513-5
전 화 | 031) 908-3181(대표)
팩 스 | 031) 908-3189
홈페이지 | http://www.kstudy.com
E-mail | 출판사업부 publish@kstudy.com
등 록 | 제일산-115호(2000. 6. 19)

ISBN   978-89-268-0880-1 93150 (Paper Book)
          978-89-268-0881-8 98150 (e-Book)

내일을여는지식 은 시대와 시대의 지식을 이어 갑니다.